探究式 研究性 多样化

INQUIRY, RESEARCH AND DIVERSITY:

——四川大学课堂教学创新实践

COURSE INNOVATIVE PRACTICE AT SICHUAN UNIVERSITY

主　编　张红伟

副主编　兰利琼

四川大学出版社

责任编辑：廖庆扬
责任校对：周　颖
封面设计：墨创文化
责任印制：王　炜

图书在版编目(CIP)数据

探究式　研究性　多样化：四川大学课堂教学创新实践 / 张红伟主编. —成都：四川大学出版社，2018.6

ISBN 978-7-5690-1937-7

Ⅰ.①探…　Ⅱ.①张…　Ⅲ.①高等学校-课堂教学-教学研究　Ⅳ.①G642.421

中国版本图书馆 CIP 数据核字（2018）第 126683 号

书名　**探究式　研究性　多样化**
——四川大学课堂教学创新实践
TANJIUSHI　YANJIUXING　DUOYANGHUA
——SICHUAN DAXUE KETANG JIAOXUE CHUANGXIN SHIJIAN

主　　编	张红伟
出　　版	四川大学出版社
地　　址	成都市一环路南一段 24 号 (610065)
发　　行	四川大学出版社
书　　号	ISBN 978-7-5690-1937-7
印　　刷	成都市新都华兴印务有限公司
成品尺寸	170 mm×240 mm
印　　张	27.25
字　　数	515 千字
版　　次	2018 年 6 月第 1 版
印　　次	2018 年 6 月第 1 次印刷
定　　价	86.00 元

◆读者邮购本书，请与本社发行科联系。
电话：(028)85408408/(028)85401670/
(028)85408023　邮政编码：610065
◆本社图书如有印装质量问题，请寄回出版社调换。
◆网址：http://www.scupress.net

前　言

课堂教学是本科教育的主阵地。推进“以本为本，四个回归，一流本科建设”，高举高等教育质量提升的大旗，课堂教学是必须深耕细作的领域，其核心是贯彻“以学为中心”的教育理念，促进学生成人成才。

近年来，我校针对传统灌输式教学、应试教育带来的死记硬背、缺乏独立思考能力等问题进行了持续的课堂教学改革创新。大力推进以“启发式授课、批判性思维、探究式讨论、全过程学业评价、非标准答案考试”为特色的“探究式－小班化”课堂教学改革。激发学生学习热情，引导学生全过程、全身心投入，全面实现知识传授、能力培养、人格养成、价值塑造。

目前，我校大批教师在课堂教学改革领域不断进行研究和实践，尝试了多路径、多维度的探索，呈现出诸多深度的思考和独到的见解。《探究式 研究性 多样化——四川大学课堂教学创新实践》遴选、汇集了近两年我校教师的课堂教学改革创新成果，涉及全过程学业评价、非标准化考试、探究式教学、慕课及跨学科研究型课程建设等前沿性内容，力求具有原创性、开拓性、创新性，具有相当的借鉴意义。期待该论文集的出版能有效促进优秀教育教学成果的交流和推广，激励更多教师参与课堂教学改革和创新，进一步提高课堂教学水平和能力，推动本科教学质量的持续提升。

目　录

1 教学理念创新

2 教学方式创新

3 信息化教育技术创新

1 教学理念创新

金融学专业本科生自主学习能力培养探究
——以“投资银行业务”课程为例

贾　立
四川大学经济学院

摘　要：本文依托金融学专业本科必修课程“投资银行业务”，构建了适合“投资银行业务”课程的自主学习教学方案，包括课前热身、课堂互动、案例分析和课堂辩论；通过调查问卷和成绩测评，对学生的自主学习能力培养以及教学改革方案设计进行了评价；最后提出自主学习能力提升的教学改革建议。
关键词：投资银行业务　自主学习　教学改革

1　自主学习的内涵及其理论基础

1.1　自主学习的内涵

自主学习是描述那些具有元认知、内在动机和学习策略的学习者。元认知能力体现于学习者能够清楚认识自己学业的优势和不足，能够运用策略来处理课堂内较棘手的学习要求。内在动机体现于学习者在增加能力的信念上，专注于个人进展、深化理解、高效学习，以及将结果归因于自己能够控制的因素(例如有效运用策略)。学习策略描述学习者如何处理较为棘手的学习要求，如何从众多策略中选择最适合的解决问题的方法，并恰当地加以运用。

1.2　理论基础

传统的教学方式以教师为主导，教学内容为教师的经验和课本知识，忽略了学生的学习兴趣和心理需求。人本主义学习理论和建构主义学习理论以培养学生的自主学习需求和能力为导向，将教师的作用转化为辅助指导，为学生自主学习能力培养的教学改革提供了理论基础。

人本主义学习理论主张人的本性、潜能、尊严和价值及其与社会生活的关系，强调学生通过自主学习掌握和积累学习方法，提高学习能力。其代表人物是马斯洛（A. H. Maslow）和罗杰斯（C. R. Rogers）。罗杰斯认为学习有两种：认知学习和经验学习。前者对应无意义的学习，只涉及心智，不涉及感情和个人意义。而后者对应有意义的学习，把学习与个人的需要结合起来，有效地促进个体发展，力求与个人各部分经验更好地融合在一起。学生作为受教育者，拥有独立健全的人格，具有主观能动性，其学习活动应该坚持以自由为基础的原则。学生只有认同所学的知识，并富有较大的兴趣时，学习才最为有效。所以，应通过发挥学生的主观能动性，努力为其自主学习创造一个正向激励的环境。

建构主义理论根源于瑞士心理学家皮亚杰和苏联心理学家维果斯基的相关研究成果，其核心思想在于以学生为中心，强调学生对知识的主动探索和发现，以及对知识意义的主动建构。课本和教师所传授的知识只是一种对客观事物较为可靠的认识，是每一阶段的真理，学生应当不断提高建构能力，对所学知识进行批判性吸收。因此，学生应该对所学知识有着全面的理解，而不是简单地重现教师的思维方式，并且建构能力应该随着自身知识的积累不断提升，而不是对知识的简单背诵记忆。建构主义学习理论强调学习是学生作为主体在与外界互动中主动建构意义的过程，否定了教师灌输知识的被动接受式教育，为探讨自主学习教学提供了坚实的理论基础。

2 自主学习教学模式中“教”与“学”的关系分析

自主学习教学模式是从“教”与“学”关系的角度，运用教学理论与策略研究，探讨如何培养学生自主学习的兴趣、习惯和能力的科学操作与科学思维的方法。

2.1 从“教”的角度

从“教”的角度，自主学习教学模式主张教师应当采取有效措施，使学生产生一种内在的学习需求，自觉地投入到学习活动中，成为学习的主人。

在自主学习教学模式中，学生的自主学习并非是要忽视或弱化教师的角色和作用，反而对教师提出了更高的挑战。教师不仅要对学习任务和材料进行分析，同时也需要对每个学生的身心发展特点和习性有所把握，通过支架式教学、抛锚式教学和随机进入式教学等不同教学方式，引导学生培养其自主学习的能力。例如，自主制订学习计划、改进学习方法和策略、自我监控以及自我评价和反思等，帮助学生以合适的方法构建学科知识体系。此外，教师应当尊重学生个体发展目标和需求的差异，分别对学习动机或自主学习能力较强或偏低的学生提供不同的支持策略，同时还应注意提供支持条件与策略的时机与程度。

2.2 从“学”的角度

从“学”的角度，自主学习教学模式主张以“教”为中心向以“学”为中心转变，确立学生在教学过程中的主体地位，具体表现为学生通过“教”的“搀扶”走向或达到“学”的独立，最终能够摆脱对“教”的依赖。自主学习教学模式强调，学生具有学习主体性，是教学活动的积极参与者，而不只是被动承受教学影响的简单客体。自主学习教学模式以提高学生的自主学习能力以及激发学生的创新能力和发展潜力作为高校人才培养质量的重要标准，将自主学习的教学理念融入培养方案、课程设置、教学方法和教学制度等环节中，锻炼并提高学生在教学活动中的参与意识和自主学习能力。

但是，自主学习教学模式并不等同于自学，也不是无教师主导的教学模式，而是一种以学生为主体、以教师为主导的发展学生自主学习能力的教学模式。

2.3 “教”与“学”的关系

自主学习教学模式，遵循以学生为主体、以教师为主导的自主学习原则和要求。在自主学习教学模式中，教师有机融入“以问题为中心”和“以案例为中心”等教学方法，并结合课外科研创新、学术竞赛和社会实践等活动，在理论联系实际的基础上，让学生基于真实的问题情境，通过发现问题、分析问题并解决问题的实践学习积累自主学习的经验、掌握自主学习的方法并理解自主学习的意义，逐步培养和提高自主学习能力。自主学习教学模式使学习不再是一种由上而下的被动接受过程，而是学生依据自身的背景、能力和需要，持续不断地自我探索并与教师进行交流互动的过程。

3 “投资银行业务”课程改革探索

3.1 模式设计

学生自主学习能力培养的教学改革依托四川大学经济学院金融系开设的专业必修课“投资银行业务”来进行。“投资银行业务”课程是金融学专业的核心课程，主要为学生讲授投资银行的发展规律、业务运营原理、风险管理以及多种形式的资本市场活动。2016 年秋“投资银行业务”课程的选课学生共计 161 人，其中金融普通班 88 人，金融双语班 73 人。由于四川大学开展专业课小班化教学改革，因此课程分为 4 个班，各班人数在 35 ~45 人。

本次教学改革依据学生自主学习教学理念设计了完整的教学模式，包括 4 个阶段：指导启发阶段、情景预测阶段、合作探究阶段和评价反馈阶段。

指导启发阶段：教师指导学生利用已有的宏观经济学、微观经济学、货币金融学等知识制订学习方案，引导学生在认识自主学习教学模式和《投资银行理论与实务》课程教材和相关资料的基础上，明确学习任务。

情景预测阶段：学生根据个人标准和学习目标，主动投入到学习中，在积累基础知识的前提条件下，能够对《投资银行理论与实务》中的 IPO、并购与反并购以及私募股权投资等知识积极地进行预测、质疑和理解，而不是单纯被动地接受。

合作探究阶段：学生正式成为学习的主体，能够主动研究并掌握《投资银行理论与实务》中的 IPO、并购与反并购以及私募股权投资等知识，教师则注重监控学生学习过程，并相机采用随堂点名提问、案例分析和辩论赛等方式检查学生的学习效果，注重加强对不同学生的个性指导。

评价反馈阶段：教师根据学生平时表现和期末考试成绩综合评判其学习成绩，收集其对教学的反馈意见。学生则对整个学习过程进行总结，配合教师的问卷调查，既对个人的自主学习能力进行正确认识，也为教师完善教学方案提供数据支持。《投资银行理论与实务》中提到的四维自主学习教学模型如图 1 所示。

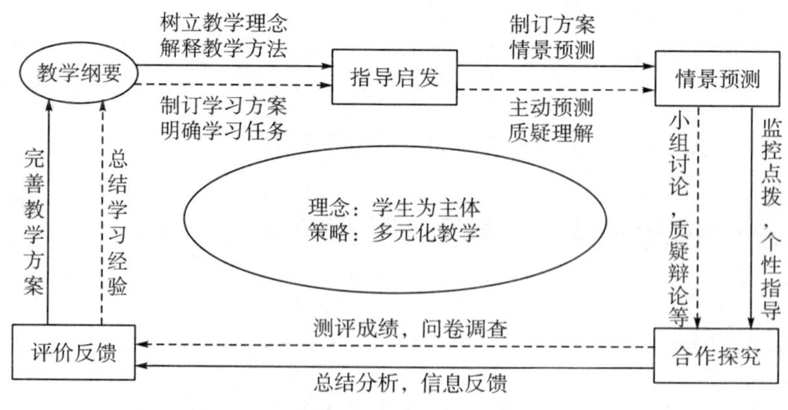

图 1 《投资银行理论与实务》中的四维自主学习教学模型

3.2 自主学习教学实践

3.2.1 课前热身环节

课前预习任务的布置是培养学生自主学习能力的重要步骤，而学生在课前热身题上的正确率也是学生自主学习能力的评估标准之一。在这一基础上，项目组将学生分成小组来布置课前预习任务，让他们能够提前接触知识，培养独立思考能力，同时小组内部的沟通讨论可以有效加强学生间的学习交流与知识分享，营造良好的自主学习氛围。为了保证学生高质量完成课前自主学习任务，项目组设计了多样化的课前热身环节，即教师在课前十分钟对学生的课下学习情况进行测评，了解学生的任务完成情况并获取大家的疑难点分布。

在这一环节中，教师为学生选取了合适的自主学习材料，并布置了具体生动的课前预习任务。测评方面则主要采取了“随堂小测 + 随机提问”的方式，随堂小测包括 5 道填空题或选择题；随机提问相对具体，几乎每个学生都有被提问的概率。本学期课程的课前热身效果明显，大多数学生能够高质量地完成课前预习。实践结果显示，学生的疑难点较为集中，这有助于教师更好地把握教学重点和方向。

3.2.2 课上互动环节

自主学习教学方式以学生自主学习为主，而传统教学方式以教师授课为主。自主学习教学方式虽然扩大了学生自主学习的比重，但是难以完全替代教师授课的重要性。而本次教学改革将传统教师授课方式做了调整，如增加重难点探讨、课堂研讨和小型案例分析等课堂自由互动环节。在传统教师授课方式中增添自主学习的因素，能够提升学生参与课堂学习的积极性，将自主学习扩大至课堂，以此提升教学质量。

（1）重难点探讨。

在教学过程中，教师随机抽取若干学生进行重难点相关问题提问，借此了解学生对重难知识点的掌握情况。在有了一定了解的基础上，与学生探讨当天学习内容的重难点。如并购章节的混合支付方式计算方法，在抽取一定数量学生上台演算的基础上，教师可与所有学生共同探讨结题思路和根本逻辑，增强他们的课堂参与感，从而提高对重难点的掌握。

（2）课堂研讨。

当课堂临近结束时，教师会对当天的课堂内容进行回顾和整理。在这个环节里，教师会抽取个别学生回答当天课程内容的主要知识点，并要求大家对主要知识点进行解释和讨论，如关于首次公开上市的股票发行、招股说明书主要内容，中国关于上市公司的法律法规乃至股票承销等知识点。之后就所学知识点对现实某些现象进行解释，如中国证券市场IPO定价的抑价、核准制和注册制的区别等，从而培养学生将理论用于实践的能力。

（3）小型案例分析。

在课堂上，教师会根据相关知识点在PPT中增加小型案例。与案例分析不同的是，这一环节的案例是由教师选择并引导学生加以讨论的。在这个过程中，教师更注意的是通过小型案例和相关知识点的结合，让学生进一步掌握相关知识点。如在并购章节的支付方式知识点中，教师选取了现金支付、股票支付和现金、股票混合支付的三个典型案例，通过比较和分析，提高学生对相关知识点的掌握。

课上互动环节一方面培养了学生课上自主学习的能力，保证了学生课上学习的注意力，另一方面将教师传统的授课形式多样化和形象化，帮助了学生更好地掌握知识点。

3.2.3 案例分析环节

“案例教学法”是指教学者使用案例，以团体和小组讨论、角色扮演等方式来增进学生间的交流，引发学生思考，并给予学习者真实状况学习的一种教学方法。面对蓬勃发展的“新兴+转轨”的中国资本市场，案例教学法能够促进学生深刻、有效地掌握一些抽象投资理念。

2016年秋季“投资银行业务”课程进行了两次完整的案例分析活动，分别是分析某公司进行IPO的利与弊以及选取国内外并购重组案例进行分析，案例分析的要求如下：

（1）案例选题。

教师提前通知学生，给出案例分析的选题及要求。所选案例应当新颖，小组之间要充分沟通，避免重复选题。

（2）案例质量。

助教讲解案例展示报告的质量要求，包括对案例的分析要紧扣选题，有说服力，观点禁止照搬照抄，结构完整、思路清晰；PPT版展示报告能够提纲挈领，Word版总结报告要内容完整等。

（3）案例制作。

每个小组的组长负责统筹协调组内工作，将任务分配给每个同学，同时安排好见面讨论的时间以及工作进度。一般组内课堂外的工作大致有：收集整理资料，纂写案例分析报告及讲稿，制作 PPT 等。学生主动地学习知识，提出问题，通过团体的力量解决问题，对同一问题从各个角度提出不同的见解，更深刻地理解需要掌握的学习内容。

（4）评分细则。

教师和助教结合学生课堂的表现以及他们提交的报告质量对其进行打分，满分为 10 分，去掉每组的最高分和最低分后，以每组的平均分作为案例展示环节的最后成绩。

案例分析的展示由教师或助教随机选取组内某个同学上台进行，避免“搭便车”现象，并设置学生点评环节，通过其他小组学生代表的点评归纳案例展示小组的优缺点，指出其需要改进的地方，供同学们借鉴。

为做好案例教学，教师除了提前布置任务和评分，还要做好课前准备，根据学生提交的 PPT 资料做好备课工作，课上、课后积极答疑。另外，教师和助教应重视课堂的互动，鼓励在座的学生积极向讲解的学生提出质疑，带动课堂的学习气氛，让学生相互间碰撞出思维的火花，为主动学习、深入理解知识点提供情境。据学生反映，案例制作这一环节花费的时间大约在每周 10 小时以上，不仅增强了自我搜集信息、处理信息的能力，也增强了同学间的互动，学会利用集体的力量解决问题。

总之，案例分析法提高了学生学习的积极性，提高了学生的自主学习能力，比较容易推广。

3.2.4 课堂辩论环节

俗话说“理越辩越明”，辩论能够考验一个人的思维活跃度、语言表达能力及心理素质等，同时也可以激发学生自主学习的动力。“投资银行业务”课程涵盖资本市场多样化的资金运作活动，资本市场的多变性要求金融系学生能够多角度思考问题，从而清晰、全面地认识问题，因此，结合当前金融市场背景，项目组设计了如下辩题：“2016 年 9 月 9 日，证监会公开发布了《中国证监会关于发挥资本市场作用服务国家脱贫攻坚战略的意见》，对此，有人炮轰证监会自作多情扶贫有失公平，有人认为证监会应该支持证券市场扶贫共同富裕。你怎么看?”

由于投行课程每个班级的人数均较多，不适宜采用常规的辩论赛规则，因此项目组前期召集具有辩论赛经验的学生参与座谈会，共同讨论、制订出适合投行课的辩论赛规则，包括分组方式、辩论规则和评分细则。每场辩论赛都包含五个环节：赛前准备、背景介绍、辩手辩论、队员辩论和评委点评。辩论赛实施细则如下：

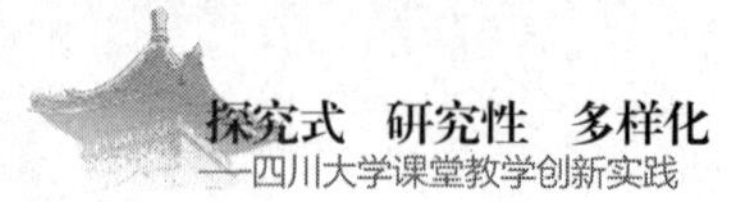

（1）分组方式。

将整个班级分为三大组，即正方组、反方组、协调组，正方组与反方组均为16人，其余具备辩论经验的同学进入协调组。正、反方内部每四人组成一个单位辩论队，各单位均有机会代表本方参加课堂辩论，具体辩论人员由教师当堂指定，其余同学进入双方智囊团。

（2）比赛流程。

辩论赛分为背景介绍、辩手辩论、队员辩论、评委点评四个环节。背景介绍环节由协调组同学进行，需要制作PPT，时间在10分钟以内。辩手辩论环节由双方被指定的单位辩论队成员进行，时间控制在40分钟。队员辩论环节由智囊团成员进行，此环节不允许辩手队员参与，时间控制在20分钟。评委点评环节主要由协调组评委进行，时间控制在10分钟以内。

（3）评分细则。

本次辩论赛得分占平时成绩的25%，给分方式根据所在组别分为两种：辩论组正反双方基准分均为80分，协调组有可支配分数10分，根据成员数量平均分配，教师及助教有可支配分数10分。协调组分数由教师及助教商议决定。

四个班级的辩论赛各具特色，其中一个班级在赛前准备、辩论水平、同学参与度和现场秩序等方面都比较出色。该班的协调组在整个辩论赛中发挥了重要作用，其在赛前为每位评委和老师、助教准备了简洁版背景介绍以及辩论打分表，便于老师和评委对双方表现进行公正评价。同时，增加了评奖环节，为最佳辩手和最佳队友准备小礼品，增添了比赛的趣味性。双方辩手能够根据比赛规则文明对辩，更重要的是其不局限于辩题框架，能够发散思维多角度展开辩论，这也是项目组安排课堂辩论的目的。智囊团不少同学都积极参与到辩论中，在辩手辩论环节认真做记录，在队员辩论环节据理力争，与对方智囊团展开激烈辩论，将整场辩论赛推上新高度。

通过辩论赛，学生不但活跃了思维，而且将所学知识与实际热点结合起来，更好地了解了证监会此次证券扶贫事件的始末，深入理解了我国现行核准制带来的利与弊，并结合相关理论探讨了证券市场扶贫为何扶、怎么扶的问题。然而，本次辩论赛还反映出同学们存在的许多问题。首先，同学们的思维与视野还不够宽广，例如对证券市场作用的探讨仅仅停留在国内，而没有结合其他国家证券市场的作用进行比较分析；其次，在进行论点阐述时，没有充分的论据支撑，尤其是缺乏数据支撑；最后，同学们过于重视辩论技巧，而忽略了课堂辩论的主要目的，即帮助同学们多方面、多角度地认识事物。

4 相关建议

在本次自主学习教学改革过程中，我们通过一系列创新措施提升了学生的自主学习能力，同时也积累了不少教学过程中的经验，这些经验有助于自主学习教学中各种实践活动的开展。

4.1 自主学习能力需从大一抓起

大学生学习不同于高中生，许多学习任务需要学生自己安排、自己计划、自己监督完成，摆脱以往依赖教师、依赖教材、依赖班级的传统学习方式。大学的学科设置与学生专业选择也要求学生能根据自己的兴趣与专业补充自己的学习资料与内容。通过本次自主学习教学改革，我们发现部分学生自主学习能力较差，通过一个学期“投资银行业务”课程的改革实践，部分学生自主学习能力有所提升，但是仍然需要持续不断的培养和推进。因此建议高校从大学一年级开始通过全面的课程安排培养学生的自主学习能力。

4.2 解决小组内部“搭便车”问题

学习小组内部“搭便车”现象依然存在，针对这种情况，项目组曾召集部分学生进行座谈，讨论实行轮流组长制，但是考虑到班级同学间的熟悉程度以及自主学习中各种实践教学法的次数，暂未采纳此建议。因此在今后的自主学习教学实践中，建议慎重选择组长，同时鼓励组长如实汇报小组成员分工及完成情况，避免个别组长碍于情面而给一些成员“搭便车”的机会。如果班级人数较少，建议采用轮流组长制，既能有效解决“搭便车”问题，又有利于同学们平等享有担任组长的机会，从而提升个人综合素质。

4.3 培养学生的学科兴趣

金融系学科分支多，各分支知识交错，掌握多方面金融知识对学生理解知识和培养某方面兴趣、促进实践开展并提高今后工作中的主动性有重要意义。在教学实践中我们发现，能够通过课堂以外的渠道坚持对某方面金融知识进行学习的学生比例还较小，这虽然不会影响学生的学科成绩，但是不利于学生找到个人兴趣点并找准个人职业方向。在今后的教学过程中，可以通过引入更多提升学生兴趣的教学方法，如在课前十分钟开辟专业新闻分享和讨论模块，让更多的学生了解新闻事实，同时以此为切入点锻炼大家的思辨能力，使学生主动将理论与实践相结合，培养学生专业方面的兴趣。

4.4 探索非标准化考试

本次自主教学改革虽然注重学生平时的课堂表现，但是期末测评方式较为传统，难以与自主教学的互动性课程安排相衔接。建议教改项目组探索非标准化考试方式，例如安排课程论文或取消期末考试等，增加平时成绩的比重，使学生更投入于互动性课堂中，鼓励学生注重平时积累而非临时抱佛脚，从而更好地提升自主学习的能力。或者探索更符合学生学习效果提升的非标准化考试，让学生改变对待期末测评的态度，全方面获得自主学习能力的提升。

4.5 探索与实践相结合的教学方法

金融系课程内容的实践性较强，将理论知识与实践相结合对学生深入了解金融实务知识从而明确工作方向有至关重要的作用。金融系教师在进行课程安排时，应注重培养学生规划时间的能力，以“投资银行业务”课程为例，教师可以采用在课堂上进行新闻时事和公司时事的讲解方式，或者由学生挑选与课程相关的感兴趣的金融时事进行课上分享，又或者能够在课上针对时事热点进行讨论。对于实操性较强的课程章节，如 IPO 和公司并购，可以采用模拟商务谈判和模拟路演形式进行，这样能够提升学生参与的热情，并加深对理论知识的理解。其他学科也应结合课程内容与实际条件采取多种理论与实践相结合的教学方式。

参考文献：

[1] Tseng C. Connecting self-directed learning with entrepreneurial learning to entrepreneurial performance [J]. International Journal of Entrepreneurial Behavior & Research, 2013, 19 (4): 425 - 446.

[2] 朱祖德，王静琼，张卫，等. 大学生自主学习量表的编制 [J]. 心理发展与教育，2005 (3): 60 - 65.

[3] 熊磊. 翻转课堂下大学生自主学习能力培养模式构建 [J]. 当代教育理论与实践，2016 (7): 89 - 92.

[4] 翟永会. 互联网金融时代高校金融教育变革模式探析 [J]. 高教学刊，2015 (17): 3 - 4.

“双一流”建设中
进一步深化我校大学外语教育教学改革的思考

赵艾东

四川大学外国语学院

摘　要：本文主要在简介国外一流大学的先进教育理念基础上，指出在深化大学外语教育教学改革过程中应遵循高等教育教学的基本规律，应依据我校人才培养目标进一步明确大学外语教学目标，同时指出教师应在教学实践中勇于尝试。本文还指出，我校“双一流”建设方案中的人才培养目标的实现有赖于每个任课教师的努力，故大学外语教育教学改革中的一个关键因素是师资建设；为此，大学外语教师应重新审视自身的使命、责任和担当，提升自己在“双一流”建设中的定位。

关键词：“双一流”　大学外语　立德树人　教学目标　师资建设

《四川大学一流大学建设高校建设方案》指出：“四川大学提出‘扎根西部、强化特色、创新引领、世界一流’的理念和建设具有‘中国特色、川大风格’的世界一流大学的总体目标。打造最好的本科教育、高水平的研究生教育和高质量的留学生教育，培养具有崇高信念、优秀品质、独立人格，具有开创未来能力的一流人才……”这一总体目标实际上为我校大学外语教育的教学和改革提出了更高要求。2018 年 1 月 5 日外国语学院段峰院长在全院教职工大会上指出，今后需“加强和改进的思路措施”之一是“以办一流大学最好的本科教育为指导”，促使大学外语教育“服务于学校‘双一流’建设人才培养”。外语学界从语言学、二语习得等理论视角对我国高校大学外语教育的教学和改革已有大量探索和论述，本文不再赘述。笔者主要从介绍国外高校教育理念、再思考和实践性探索我校大学外语教育教学目标、建设大学外语教育教学师资三方面，对如何深化大学外语教学改革谈谈个人的一些认识和思考。

1　国外一流大学等高校三个教育理念的介绍

在我校“双一流”建设和深化大学外语教育教学改革的过程中，面对层出不穷的教育理论和教学方法，以下一些比较具有代表性的国外一流大学的教育教学理念和方法具有重要的借鉴或参考价值。

一是针对大学教育教学的《高效能教学的七种方法》一书中的课程设计理念。美国教育专家李·芬克（L. Fink）在为此书所撰序言中指出，对“所有高等院校而言”，“为学生提供有意义的学习体验既至关重要又绝对可行”的领域有四个，即就业准备、公民意识、社会关系、个人生活。而要将这四个领域的设想付诸实践并成为现实，需靠任课教师在透彻理解教学理论的基础上、在教学开展之前，能够进行以“学习为中心”的科学合理的课程教学设计，即“确定自己的课程怎样开展以及希望自己的学生获得怎样的学习体验”。综合课程设计有几个关键环节：“收集关于教与学情况的资料”，确定“课程结束时学生应该掌握的知识类型”，以此为依据来“明确课程的主要学习目标”，然后“决定学生实现这些学习目标需要进行哪些学习和评估活动”。该书作者分别对七种学习方法或称七个系列的学习活动及相应的学习目标和评估活动做了讨论，得出结论：“目的更明确、更高效、更有趣的教学”能最高效地实现预期成果。

二是美国学者戴尔提出的“学习金字塔”理论，即传统的教师讲、学生听的教学方式，学习效率最低，学生学到的知识最少。“做中学”或“实际演练”、“互动式”或“辩论式”教学方式的效果分别较高和最高。这两种方式的关键作用都在于促使学生以高度主动参与式的方式学习。

三是哈佛大学杰出的物理学家艾瑞克·马兹尔（Eric Mazur）教授发明的“同伴教学法”（Peer Instruction，简称 PI）。他认为，在信息时代学生完全可以通过在线平台、电子和纸质书本、各种公开课视频等各种各样的大量材料自学的情况下，课堂上教师不应再致力于“信息的传输”（transfer of information），此任务应由学生在课前自己完成。教师在课堂上应通过提问（而非灌输）的方式让学生思考、讨论、“顿悟”。教师可通过分组鼓励学生合作学习，“让学生有机会相互争辩、讨论、交流，共同解决问题”，“学会与他人的合作、交流、协商和共享经验。学习者只有在与他人的相互接触、相互影响之中，才能达到更完善的发展”。

上述三个国外教育理念不仅开阔了我们的视野，笔者在教学实践中感到，它们在大学外语教育教学改革中也极具借鉴价值。

2 对我校大学外语教育理念与教学目标的进一步思考和实践性探索

在借鉴上述教育理念的基础上，从遵循高等教育教学的基本规律出发，围绕我校“双一流”建设方案中人才培养目标，进一步思考大学外语教育教学理念，对我校大学外语相关课程的教学目标进行更合理有效的设计，是深化大学外语教育教学改革的必要环节。为此，笔者有一些基本的认识和思考。

2.1 以我校“双一流”建设方案中人才培养目标为依据，对大学外语教育理念的进一步思考

我校“双一流”建设方案所提出的要“办最好的本科教育”和培养“具有全球竞争力人才”等目标是进一步深化大学外语教育教学改革的一个基本依据。其一，“具有全球竞争力人才”必然要求学生精通母语之外至少一门世界通用语言（如英语）。同时，众所周知，今天的外语不仅仅是一种工具，外语应用技能不仅仅是专门人才的必备技能，相应的跨文化意识和国际交往能力也同样体现了“具有全球竞争力人才”的基本素质。故从这两方面看，培养“具有全球竞争力人才”的目标必然使大学外语教学的重要性更加突出，任务更具挑战性。其二，培养学生“深厚的人文素养，具有崇高理想、独立人格、家国情怀和开阔心智”和“扩大学生国际交往知识、能力和视野”等人才培养目标也需通过大学外语教学去达成，故加强对大学外语教育教学理念的进一步认识极为重要。总的来讲，在“双一流”建设和深化大学外语教育教学改革的过程中，大学外语教学仍然应当在语言教学的坚实基础上“超越”语言教学或训练本身，即要更深刻地认识到“大学英语教学不应以掌握英语这一语言工具为最终目的，更重要的是应通过大学英语教学，提高学生外语综合应用能力，同时全面提高学生素质、发展学生的个性”。

2.2 以大学英语综合课程为例，对教学设计的进一步思考和尝试

在我校人才培养目标的总体要求下，借鉴先进的大学外语教育教学理念、制定与我校“双一流”建设相适应的大学外语教学的目标和要求，是进一步深化我校大学外语教育教学改革的重要环节和基本保障。以大学英语综合课程为例，笔者认为，在考虑如何将社会主义核心价值观融入并落实到该课程每个环节的前提条件下，同时可考虑将以下五方面纳入“以学习为中心”的大学

英语教学的主要目标范畴，从而使该课程的单元教学目标、单次课的教学目标更为合理、有效。

（1）英语语言知识与能力目标：旨在学习英语语言知识，提高听、说、读、写、译等能力和英语综合应用能力。

（2）以英语学习材料为载体，通过英语语言学习所要达成的其他方面的知识与能力目标：①有助于学生了解世界文化的多样性和丰富性、中西文化的差异，形成一定国际视野，培养跨文化意识和跨文化交际能力。②有助于获取跨学科的知识，扩大知识面，丰富文史哲知识，提高人文素养。③有助于学生获取专业知识、了解专业前沿和学术动态，帮助其专业成长和职业发展，尤其是有助于学生用英语进行学术交流、撰写学术论文并成长为具有国际竞争力的专业人才。④有助于学生了解现实社会和国际一流大学教育的知识，有助于学生准备进一步的深造、进行职业生涯规划以及形成良好的社会适应能力。

（3）“元认知”和信息获取的知识和能力目标：掌握有关英语学习必要的理论和方法、国内外各种文献和学习材料等信息搜索和获取的方法，旨在让学生学习如何在信息时代获取学习资源、提高学习能力、学会学习，为终生学习打下坚实的基础。

（4）情感目标：针对大学生的心理特点，通过生动有趣的教学，让学生在学习、分享、体验、展示学习成果的过程中产生愉悦感、获得感、成就感，激发学生的求知欲以及课后进一步探究的欲望，激发其成长、成才的强烈动机和持久的学习动力。这方面目标的达成尤需教师在面对有丰富情感的活生生的教学对象时，以尊重和平等的态度对待，一视同仁，重视以“对话”的教学方式去实现。

（5）人格塑造方面的目标：英语教材中的单元主题和课文等内容往往富含相关材料、观点、实例。以教材内容为出发点和中心，在课堂中灵活地扩展教学内容，开展讨论，进行分享，有相当大的创造性教学的空间。笔者在实践中感到，一方面在教学中辅以有关个体身心健康和个性心理的基础知识，可明显调动学生英语学习的积极性，促进学生学习态度从被动向主动的转变，在一定程度上满足其个性发展的需求；另一方面，社会主义核心价值观、积极的人生观、理想和信念等教育也完全可以渗透在英语课文学习中。

比如，有篇课文是关于一个美国盲童在父母的不断激励下，经过长期艰苦训练，克服各种障碍，在全美撑竿跳高比赛中获得冠军的故事。课文标题为“The Height”（高度），但几乎没有教参和教辅资料对标题含义有过分析。随着自己人生经验的不断丰富，笔者对整个故事，尤对标题的认识不断加深，于是近年在教学中做了以下教学设计：课前告诉学生对标题含义可展开自由的联想和理解；在讲课过程中有意识地强调并暗示与标题相关的课文细节及其理解；其后让学生围绕以下问题展开讨论——我们从这个盲童执着地追求儿时的人生梦想、终获成功的故事中可学到什么精神？对我们健康的人来讲，在现实社会中要想获得成功需具备哪些品质，有可能遇到哪些困难与障碍？如何去克服？你认为成功的要素是什么？最后，让学生归结到对课文标题的思考，即课文标题“高度”究竟有哪几层含义？在学生思考和做出各种回答的基础上，给以进一步启发——就我个人理解，“高度”有三层含义：一是这个盲童在撑竿训练和比赛中越过横杆的高度，而这个高度是在不断增加的，一个又一个高度实际上就是他所克服的一个又一个障碍的象征；二是人生的高度，即撑竿跳高的高度使他不仅成名且受众人崇敬，这使他的人生达到了一个尽可能的高度；三是心灵的高度，即他在比赛中能够越过别人而达到更高的高度，之所以能够这样，是什么东西在支撑着他呢？在父母对他的影响中，有两个重要因素：一是母亲在他小时候反复给他讲的迷人故事中所孕育的梦想，即将来有一天能像小鸟一样腾空飞翔起来，这和撑竿跳高的特点很相似；二是父亲在他不同训练阶段反复对他说的一句话，“If you want it，work for it!”（你想获得什么，就为之努力!）说到底，就是一种梦想、一种信仰和信念在背后支撑着他，使他能够达到一个令人难以置信的高度。盲人可以达到这样的“高度”，更何况四肢健全的同学们呢？更何况我们现在处于祖国发展最好的时代。这样一讲、一思考，学生豁然开朗。该课学习对一部分随波逐流、得过且过、目标不明确、学习动力不强、比较懒散、学习仅靠一时热情的学生的影响尤为明显。

（6）在各方面的目标达成过程中，实际上都包含着有关逻辑思维的知识学习和能力培养。因而，对于创新能力所需丰富的想象力和批判性思维能力的培养，应当是贯穿于整个大学英语教学过程的始终，贯穿于课堂教学和课外相应任务的各方面。

基于上述思考，笔者在教学实践中还有一些尝试性的探索。以《大学英语（综合）—1》第1单元为例，该单元主题为“Growing Up”（成长），其中A课文是一个标题为“Writing for Myself”（为自己写作）的小故事。作者讲述了最初自己如何厌倦语文课，后来老师布置的一篇小品文的写作如何改变了他对作文的看法，从而使他走上写作道路并最终成为作家。笔者抓住“小品文写作”和“成长”两个主题，使之成为贯穿于该单元英语语言和课文内容教学的两条主线，设计了系列富有启发性的问题，让学生在课前分组自由讨论、准备发言要点，再到课堂上来讲述和分享。首先，围绕写作的主线，启发学生思考写作对今后职业生涯的重要性，并提出问题："What is an essay? What steps are necessary in essay writing?"在使学生充分思考、讨论并回答问题的基础上，总结并介绍了小品文写作的具体步骤和环节，强调大学阶段写作（如英语作文）中所应注意的与中学作文的区别，突出两点，一是引征和格式等学术规范性，二是如何利用图书馆里除传统纸质文献之外的丰富的中外文电子资源（如知网、超星、Jstor、CASHL、在线牛津词典以及大量专业学术数据库等）来对所要写作的话题做一研究。这样，使学生在大学英语学习之始，便知道如何写一篇既符合学术规范又可能产生新意的英文短文。部分学生对我所介绍的中外文资源兴奋不已，称从未想到川大图书馆有这么丰富的资源可以在课堂之外自由利用。第二，围绕成长的主题，提出一些基本问题，在学生开放性的各种问答中将问题引向更深、更广的背景。例如：你是如何理解"成长"的？成长对你意味着什么？成长意味着你会承担哪些责任和义务，扮演哪些社会角色？成长意味着"长大成人"，那么一个"成熟"或"健康"或"健全"的成年人具体有哪些特征和表现？如何理解"健康的成年人"？什么叫健康，你能对健康下一个最基本的定义吗？围绕生理、心理健康和良好的社会适应等方面，笔者引导学生搜索一篇英文文献"How should we define health?"从中了解到世界卫生组织对健康的定义和近年学术界对健康认识的变化，进一步讲到：既然健康不仅仅是生理健康，同时还应保持心理健康和良好的社会适应能力，就应当认识或了解我们自己身心各方面的具体情况，由此引出并简介了刻于古希腊太阳神阿波罗神殿的名言"know thyself"（"认识你自己"）以及苏格拉底围绕人的精神修养提出的这一哲学命题，指出在认识我们自己的过程中尤需了解自身的弱点，接着从心理学角度简介了个性心理中的几大个性或人格特征，就相关英语术语的区别与使用，如"personality""trait""character"等词，提醒学生，在某些情况下一个英文单词背后实际上往往涉及一套概念或理念，对于其真正地理解和使用，并不是仅靠字典中的简单释义或对应的汉语译文就能解决问题的，更重要的是需不断拓展知识面。最后，提出课后进一步的思考问题，例如：请分析你自身的优点与弱点。你将如何克服自己个性中的一些弱点？当你 2020 年从四川大学毕业时，你希望自己成为一个什么样的成年人？请设想并描述你那时的形象。总之，通过以英语语言为载体，以教材中的单元主题及其课文内容为依托和出发点，教师可结合自己的知识经验，富有创造性地设计教学的具体环节和教法，拓展教学的广度和深度，从而达到既能提高学生的外语应用能力又能提高学生的素质、发展其个性的"育人"和"教学”的双重目的。尤其是“育人”，关系到所培养人才素质的重要构成和质量，在外语教学中同样是一种教学责任。

总之，在进一步探索并明确与我校“双一流”建设相适应的大学外语教学目标基础上，我们应认识到课堂教学设计是每个大学外语任课教师教学工作的重要内容和环节。我们只有发挥创造性和主动性，针对不同的学生和教学内容，通过精心、合理的教学设计，才能确保课堂教学质量，有效地达成我校的人才培养目标。其中，在语言教学中应如何立德树人和全面提高学生素质、培养具有国际竞争力的人才，应作为进一步深化我校大学外语教育教学改革应探索的重要问题。

3 进一步深化大学外语教育教学改革中的师资建设问题

我校人才培养目标的实现，一方面需学院采取措施，另一方面则有赖于每个教师去实施。除了重视上述课堂教学设计，大学外语教师还应当改变观念并拿出相应的行动。具体讲，应重视以下几个方面。

首先，在“双一流”建设背景下，大学外语教师应重新审视自身在其中的使命、责任和担当，明确自己应扮演的角色。2017 年夏，《人民日报》、共青团中央等公众微信号分别刊发文章《沉睡中的大学生：你不失业，天理难容!》，人民政协网和新华网等网络媒体纷纷转发此文和相关评论。文章中谈到当今国内大学生普遍存在的种种不良现象，比如，“你修了两年英语，然而，你的水平却连与外国人日常对话都打怵。有哪家用人单位需要你?”“找工作时，在工作岗位上的最大价值在于不可替代。责任心、吃苦精神、写作水平、做事能力、专业修养、操作技术、学问素养、人际处理，有哪一方面是你的看家本领？有哪一点是他人不可替代的？你不失业谁失业?”文章虽是对大学生的质问和谴责，但作为大学教师，一方面是“双一流”建设带来的紧迫感，另一方面在面对上述实际问题时，又怎能心安？姑且不论上述问题是如何造成的，显然每位大学教师对学生的成长和成才都有一份不可推卸的责任。对大学外语教师来讲，则是绝不能仅仅将自己等同于社会上的外语培训教师，绝不能仅仅满足于语言知识的传授和语言技能的训练。

然而，仅有基本的师德还不够。面临“双一流”建设的挑战，大学外语教师只有进一步转变观念，提升自己的定位，提高教学质量，才能适应“双一流”建设的需要。这是进一步深化大学外语教育教学改革的关键和保障。

其次，根据要将四川大学办成“能产生新思想、新知识、新理论、新技

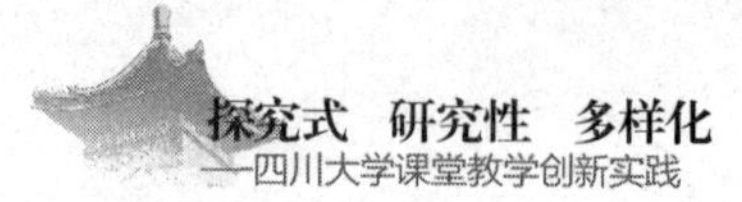

术、新方法，促进世界和人类进步的大学”、能“守护人类精神家园和社会文明灯塔”的大学之目标，我们可从以下方面着手提升自己的定位。其一，与学生一道，不断学习、成长、追寻生命的意义，努力达到立德树人的崇高境界。立德树人是当今时代中国高等教育对人才培养的根本要求。这一根本任务只有通过“全员育人、全过程育人、全方位育人”方能真正实现。大学外语教师接触的学生面广、人数多，主要面对处于中学与大学过渡时期的新生和低年级学生，对学生的影响实际上更为重要，因而大学外语教学过程中的育人问题应引起高度重视。这就需要教师增强自觉性，不断提高自己的境界。诚如台湾大学教学发展中心教师发展组组长叶丙成教授在讲座中所敲响的警钟：“如果老师对自己工作都没有梦想，怎么教学生对未来要有梦想？如果老师每天都是庸庸碌碌地活着，怎么教学生活出精彩的人生？如果老师都没有自己的中心价值理念，怎么教学生勇敢走出自己路?”就大学外语教师而言，即是同样应肩负起成为学生的行为榜样、“唤醒灵魂”的重任。若所有大学外语教师都能通过与学生的共同学习和努力提升自己、最大程度地实现人生价值，这对全校学生的带动作用将是极大的。实际上，无论是专业教师、辅导员、教辅人员，还是公共基础课的教师，所有教师自身的价值观、人生观、进取精神始终是学生眼前活生生的教材和榜样。其二，大学外语教师同样应以研究型和创新型教师为职业追求目标，既需以高度自觉的精神在教学中不断探索和创新，也必须有自己的学术追求，并要在学术道路上不断进取。其三，还需将教学与科研二者有机结合起来。唯有以研促教，才能形成自己的教学特色，适应“双一流”建设的需要。

据我所知，部分大学外语教师不仅已通过攻读博士学位和致力于学术研究提升了自己，不断跟上学校发展的步伐，且已取得了显著的成绩。倘若所有教师都能进一步认清形势和自身面临的挑战，更新观念，主动追赶，那么，学校提出的“坚持立德树人，培养具有国际竞争力的一流拔尖创新人才”目标就一定能在大学外语教学中得到真正落实，大学外语教学也就能为我校“双一流”建设“服好务”。

数学学院大学公共数学课教学质量提升初探

杨荣奎

四川大学数学学院

摘 要：本文对四川大学公共数学课线性代数和概率论与数理统计高质量教学目标和教学中实际遇到的问题进行了分析，目的是找出教学质量提升改进的方向。围绕提升教学质量，培养基础扎实且又有创新思维的新型人才，结合本人教学实践，提出了一套切实可行的教改方案，从课程教学资源组织、课堂教学实施、提升学生学习兴趣、课后辅导、作业批改、平时测验、课程论文指导以及教师自身水平提升等多方面阐述公共数学课教改方案，并在实际教学中贯彻实施，取得一定效果。我们认为，教学质量的提升需要根据课程自身特点采取不同方法，并注重教学的各个环节，确保学生有兴趣学、认真学、认真做作业、独立思考、强化测验考试，只有这样才能有效提升公共数学课教学质量，提高学生的学习水平。

关键词：大学公共数学教学　教改　教学质量提升

1　高水平公共数学教学要求及实际教学中存在的不足

高等数学、线性代数、概率论与数理统计是理工经管类专业的重要公共数学基础课，是后续学习专业基础课及专业课的数学基础，其重要性不言而喻。学校和数学学院一贯重视公共数学课的教学质量。川大数学学院教师有着丰富的公共数学教学经验，一直以来都以教学认真、总体教学水平高著称，为川大的人才培养做出了卓越的贡献。然而，时代在发展，教学环境也在不断变化，新时代对人才培养提出了更高的要求，不仅要求学生牢固掌握基础知识，更需要具有创业创新（双创）的思维和能力。川大站在历史的新起点，提出了要培养基础扎实，具有创新精神、创新能力和全球视野的复合型创新人才目标。最近，川大又进入国家“双一流”重点建设高水平大学，对我们大学公共数学课的教学质量提出了更高的要求，数学公共课教学目标、教学理念、教学内容、教学方法都需要不断提升改进，以适应当前人才培养的需求。

结合学校和学院对公共数学课教学的总体要求，以及多年的教学实践经验，我们认为，公共数学课教学应围绕以下教学目标实施：

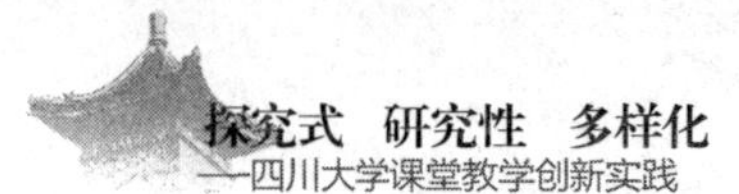

（1）要培养学生浓厚的数学学习兴趣，兴趣是学习的最好动力，应该说，大部分学生是喜欢数学的，理解数学的重要性，主动学习数学。但也的确有一部分学生对数学学习兴趣不高，甚至害怕数学，这需要我们在教学过程中不断改进教学方法，使数学的学习过程充满乐趣，充满吸引力，而不是单调枯燥。

（2）要培养学生掌握扎实的数学理论知识，首先要按大纲要求，使学生全面掌握高等数学、线性代数、概率论与数理统计的基础理论，学会基本的理论知识，掌握证明技巧和计算方法。只有基础扎实，才能更好应对后续课程的学习，也才有创新的基础。

（3）要培养学生独立解决数学问题的能力，包括解决纯数学问题的能力，以及解决与科研、生产实践相关的数学问题的能力。大学公共数学课程自成体系，知识结构完备，内含丰富知识，教师在教学过程中首先就要培养学生解决“纯数学”问题的能力，也就是说，要会做题，要使所有的学生都会做基本的题型，让绝大部分学生能做有一定难度和深度的数学题。对一部分数学基础好又对数学感兴趣的学生，要引导和鼓励他们会做一些比较难的数学题，因材施教，因人而异。

除此之外，大学公共数学是一门来自实践的基础课程，要培养学生理论联系实际解决实际问题的能力，这也是我们教学中需要解决的问题。特别是高等数学（微积分）和概率统计，跟实际问题关联紧密，更要注意这方面的教学。

（4）要强化学生计算能力培养。作为理工科学生，计算能力是最重要的数学能力，各种积分计算、矩阵乘法求逆计算、线性方程组求解计算、概率计算、数据统计分析等是公共数学的基本计算，要在教学中强化训练，力求使学生会计算，能算对。

（5）要培养学生的创新能力。创新能力有多种层次，包括理论创新、技术创新、产品创新、思维创新、管理方法创新等。刚进校的大一学生，不太可能做到理论创新、技术创新、产品创新，但可以培养学生创新思维和创新应用，对同一个问题，多角度思考，不迷信课本或老师的唯一答案，引导学生从多个角度思考解决问题的方法；对一些数学原理，可联系最新的实际问题加以应用，启发学生创新思维，感受创新实践，使创新理念成为思维中的潜意识。

应该说，我们在教学过程中一直都注重以上教学基本要求，在实际教学中也取得了很好的教学效果。但也要看到，我们的教学水平和教学效果离高水平的教学要求还有一定距离，我们的教学还存在一定不足，需要改进提升，这些不足主要体现在：

（1）学生的学习成绩很不平衡，成绩非常好的学生、成绩普通的学生、成绩较差的学生各占一定比例，期末考试试卷裸分低于60分的还占有相当的比例，这虽然符合通常的教学规律，但对于我们这种争创“双一流”的高水平大学，低分成绩占比过高是无法满足我们对高水平教学质量的要求的，也无法满足社会对我们的期待。我们的目标是让绝大部分学生掌握扎实的数学基础，让所有需要学数学的同学都学好数学，是我们教学中的一大难点，也是我们数学教学的方向。

（2）独立解决数学问题的能力不够强。从历年的教学实践发现，半期考试或期末考试，如果所出的题目与课本中的例题或习题中的作业题类似，大部分同学都会做，但如果所出的题目课本没出现过，且老师也没讲过，则大部分同学就不知道怎么做。这可能是由于大一学生课程普遍较多，没时间做足够多的课外习题，但也给我们的教学提出一个问题，如何在有限的教学时间内让学生在掌握基本的数学技能之外，还能具有独立解决未知问题的能力？这是我们教学改革要解决的问题。

（3）教学过程中总有一定的缺课率，这是影响教学效果的重要原因。总会有部分同学有各种理由常不来上课，这是影响教学质量的重要原因之一。缺课一定会影响学生的学习进度，部分学生偶尔缺课通过自学可以赶上进度，但大部分常缺课的同学都是自学能力比较差的，一旦长时间缺课，一般都跟不上教学进度，更别说学好了。如何在教学中尽可能使学生满勤上课，这也是我们教学质量提升需要做的重要工作之一。

2 数学公共课教学方法技能提升方案与实践

为达成高水平数学公共课教学目标，针对教学实践中出现的问题，我们对教学中出现的重难点问题进行了认真分析，集中讨论，提出了一套有针对性的教学改进方法。首先，积极响应学校提出的“小班教学，启发讨论，创新引领”新型教学模式，开阔思路，积极推广；其次，认真贯彻数学学院制定的以测促学的“多次数随堂测验”教改思路，强化测验，以测促学；第三，结合教学实践，注重教学的各个环节，全面提升教学质量。在此基础上，我们推出了如下教改实施方案：

（1）注重教学目的的教学，让学生一开始就知道学习本门课程的必要性和重要性，提升学习兴趣。很多学生刚进大学时都希望大学所学的课程是有用的，如果被认为是“无用”的课，很多学生就会对这门课失去兴趣。大学数学理论性较强，有的课程，比如线性代数，整本书基本都是讲数学理论，很少有实际应用的例子，如果教师不给学生讲清楚这门课的基本用途，学生会有所疑虑，经常会问学习线性代数的向量矩阵、线性方程组的求解方法究竟有没有实际用途。为解决这个问题，我们第一次上课就要跟学生讲清楚这门课的基本用途，除了讲线性代数是一门数学基础课程，是深入学习其他数学课程及理工经管各专业基础课程的数学基础，还应该讲一些更具体的应用。比如，我们有了向量矩阵的运算法则，可以将一些很复杂的工程上使用的力学微分方程用矩阵向量简洁地表示出来；绝大部分的工程问题都无法找到精确解，但可以通过多种近似方法求解，比如通过有限元或有限差分法求解，而这些方法求解的最后步骤多数是解线性方程组，而线性方程组解结构的讨论就是线性代数学习的重要内容。这样，学生就会感觉这门课是有用的，从而提升学习兴趣。当然，公共数学课的应用是极为广泛的，不同的教师可以根据自己的专业背景给出适当的例子加以介绍。总之，让学生感觉学习这门课是有用和必要的，是提升学生兴趣的重要一步。

（2）充实教学参考资源，让学生有足够多的教学资源可利用、可比较，提升知识宽度，开阔眼界。除了学习课本和配套习题册，教师还要向学生提供一些参考书目，特别是一些国内外的经典教材，并将收集到的其他兄弟学校公开的经典教学 PPT、一些历年考研试题共享到教学 QQ 群中，供学生下载学习。另外，我们还鼓励学生要多查阅使用图书馆书籍，补充教学内容的不足。总之，只有提供充分的学习资源，学生才可能学得更深入，知识面才会更广。

（3）充实教学内容，让教学内容难易程度有梯度感，学习内容有新鲜感。对课程涉及的基础知识必须深入透彻地讲解，但同时也要逐步加深难度，举的例题难度要有梯度，使学生既能掌握基础理论知识，又能掌握一些较难的解题技巧。为保持一定的教学新鲜感，可选择部分教材外的经典例题用以教学，教材上的部分例题，可让学生课后自学。比如，概率论和数理统计课程，笔者比较倾向于选择浙江大学教材的部分例子，这本教材中的很多例子来源于实际应用，学生比较感兴趣。

（4）注重课堂训练，精讲多练。要学好数学，必须多做练习。学生练习包括课堂练习和课后练习，教师通过课堂练习可以实时掌握学生对知识的把握程度，从而实时评估教学效果，把控教学进度。另外，加强课堂练习可提高学生的课堂关注度，让学生跟上教学进度。由于教学课时限制，选择练习的题目要注意难度适中，如果题目太难短时间做不出来，就达不到教学目的。适当举一些可分组讨论的课堂练习，更能提升教学效果。

（5）加强课后练习，巩固所学知识。课后练习是数学学习的重要环节，高等数学、线性代数、概率论与数理统计都配有同步练习册，完成所有习题册上的练习题是最基本的教学要求，但仅完成这些题目，训练量还是偏少。特别是线性代数，习题册作业只有二十多页，作业训练强度不够，这种情况下，应要求学生加做课本给出的习题。对于那些学习比较好的同学，鼓励其做一些往年考研试题，加深练习难度，拓展思维，也为后续考研做好准备。

（6）培养学生创新思维、树立创新理念。对刚进校的大一学生，培养其创新思维主要体现在培养创新意识和创新应用。比如在概率统计课程教学过程中，可以引导学生利用所学知识解释生活中遇到的概率问题，比如博彩问题、保险问题，或让学生思考为什么“双色球”在国内销售很火，它的概率模型有什么吸引人购买的特征？可让学生设计一种新的博彩模型，通过类似相关训练，培养其创新思维，并设计一些新的应用。

（7）通过平时测验和课程论文促进学生快速掌握所学知识。根据数学学院统一安排，公共数学课每学期除半期考试和期末考试外，还需做至少四次测验，测验可以是考试，也可以是写课程论文或其他形式。笔者在实际教学过程中根据实际需要，多数情况采用考试的方式测验，并结合课程论文考核。讲授一章或数章内容后，做一次小测验，可以促使学生经常复习所学内容，加深对所学知识的理解，提高对知识的运用能力。数学学习，需要进行经常性的考试，促进学生学习，强化教学效果。

为使平时测验达到预期目的，需重视试题题目的选择。试题题目要尽可能覆盖所学知识点，又要难易适度。教师可以出一些填空题覆盖更多知识点，再出一些经典的计算题或证明题考查学生运用知识、逻辑推断和计算的能力，此外，还可以出少许附加题供成绩好的同学训练，既照顾大多数同学的知识掌握程度，又能使优秀同学的能力得到进一步的提升和展现。

对概率统计，课程内容与实际应用关联紧密，可以通过写课程论文拓展学生的知识宽度和深度，将所学知识和实际问题结合起来，提高学习积极性，提升学习兴趣。

笔者在对2015级本科生教授概率统计的过程中，最后一次测验就是要求他们写一篇有关概率论与数理统计的课程论文。论文内容从下列要求中选取一项或多项：介绍概率论与数理统计历史发展过程，概率论与数理统计行业应用，或者为本课程的某一章或某一专题内容编写复习资料。论文的格式要求与科研论文格式相同，字数要求不少于3000字，并给出了评分标准。

学生对这次课程论文写作表现了很大的兴趣，积极查阅资料，认真撰写论文，最后都按时提交了论文。大多数同学写了概率的发展历史及概率在博彩、保险、医学统计中的应用，不少论文质量还不错。通过这次课程论文的撰写，学生了解了概率论与数理统计的发展历史，了解了课程的实际应用，应用所学知识解释或解决了一些实际问题，都感觉很有收获，很有成就感。

(8) 加强助教管理，提升作业评阅质量和习题课教学效果。助教主要负责作业的批改和上习题课，对教学质量的好坏有很大的影响，为确保高质量的作业批改和习题课教学，主讲教师需要经常和助教交流，指导助教批改作业和上习题课。对习题中易错或较难的题，提前和助教交流，提醒注意事项，对习题课的教学内容也给予指导，使习题课教学质量达到预期效果。这样，才能促进整体教学效果的提高。

(9) 注重教学秩序管理，确保学生上课率。上课率的高低直接影响着教学质量，因此要提升教学质量，必须重视学生上课出勤率。提高上课出勤率的方法，首先是教师自身的教学水平要高，教师的课上得好，学生自然愿意来听课，所以教师要首先提升自己的教学水平，当然，仅仅靠教师提升自身的教学水平并不能完全解决学生缺课的问题，还需要辅助教学管理手段，比如经常点名，对经常不来上课的同学做一次情况调查，通过沟通交流，提高其上课出勤率。此外，我们在教学过程中发现，学生所在学院的辅导员若严格管理，或者学生对自身严格管理，对提高上课率帮助很大。如果学生所在学院辅导员经常检查学生的上课情况，或者学生自行进行上课点名，其到课率一般会很高。

(10) 使用多种现代通信工具，随时为学生答疑解惑。现在，QQ 和微信成为一个很好的教学辅导工具，教师可通过 QQ 群为学生布置作业，为学生解答问题，让学生不再感觉下课后找不到老师。

(11) 提升教师自身教学科研水平，是提高教学质量的关键手段。常言道，名师出高徒，要想培养高水平的学生，必须有高水平的教师。因此教师首先要提高专业知识和教学水平，熟悉教材。钻研教材是教师教学的基本功，同时还要更进一步地掌握与课程相关的专业知识和技能，使自身有更多的知识和技能可以传授给学生。教师的专业水平好坏往往会直接感染学生，所以，不断学习，不断进步，也是对教师的要求。

3 总结

大学公共数学课教学质量的提升，需要学校、学院师生的共同努力才能完成，相互促进，缺一不可。这其中，教师的教学方法、教学水平非常关键，会直接影响到教学效果。

利用数学学院的教改项目，如前所述，教改小组围绕大学数学课教学质量的提升做了一些教改工作，取得了一定成绩，后续还需不断努力，在教学实践中不断提升自身专业水平和教学水平，适应新的时代需求，不断创新教学方法，提升教学水平，为四川大学创建“双一流”工程多做贡献。

参考文献：

[1] 张慎语，周厚隆. 线性代数 [M]. 北京：高等教育出版社，2002.
[2] 陈鸿建，赵永红，翁洋. 概率论与数理统计 [M]. 2 版. 北京：高等教育出版社，2015.
[3] 盛骤，谢式千，潘承毅. 概率论与数理统计 [M]. 4 版. 北京：高等教育出版社，2008.

“数学建模”文化素质课的教学改革研究与实践①

谭英谊
四川大学数学学院

摘　要：本文通过对我校“数学建模”文化素质课的教学现状分析与教学改革实践，分别从课程资源建设、教学内容、教学方式、考核方式等方面，对数学建模课程教学改革做了讨论，并针对教学实践中出现的部分问题进行了探讨，提出了一些解决这些问题的策略。

关键词：数学建模　教学改革　课程资源建设　教学方式　考核方式

数学建模是现实世界与数学世界的桥梁，而“数学建模”课程教学和数学建模竞赛是实施素质教育、培养大学生综合素质的有效途径。它既能使学生体会到数学的实际应用价值，了解数学与各专业的联系，增强学习兴趣和应用意识，又能提高学生运用数学知识和计算机技术分析和解决问题的能力，提高创新能力。

目前，全国大部分高校都开设了“数学建模”课程，将其作为必修或选修课程引入教学课堂，“数学建模”课程的重要性获得了广泛认同。在“数学建模”课程的基础上，逐步将数学建模的思想与方法有机地体现到一些重要的数学课程之中，是各高校数学教育的一个努力方向。另外，对“数学建模”课程实践性教学的研究也是一个重要的教学改革热点。

1　课程现状分析

我校的“数学建模”文化素质课面向全校理工科（非数学专业）学生开设，33 个学时。其基本目的是让学生通过“数学建模”课程的学习掌握一些基本的数学模型，理解数学建模的基本思想和方法，增强解决实际问题的能力，并在其他数学课程的学习中将数学建模的思想渗透其中，在生活中正确应用，进而受益。同时，我们将为学生参加大学生数学建模竞赛进行初步的知识和能力的储备。

---

①　本文系四川大学数学学院教育教学改革工程项目（第二期）研究项目“‘数学建模’文化素质课的教学研究与实践”的研究成果之一。

我校的“数学建模”课程教学经过多年的实践，取得了一定的成效，也暴露出一些问题，这引发了对传统的课程设置和课程实施的思考。

在教学过程中，我们发现，除少数学生是为了取得学分以及参加数学建模竞赛而选修本课程外，多数学生选修本课程的初衷是希望通过课程学习体会数学的应用价值，将数学建模的思想和方法用于自己专业的学习与研究，提高分析问题和解决问题的能力。但在课程学习过程中，相当一部分学生感到吃力，学习积极性不高，分析和解决实际问题的能力没有得到提高，没有达到选课的预期目的。

“数学建模”课程内容涉及的知识面广，需要学习者具备较扎实的数学功底，而一部分学生的数学基础薄弱，知识面比较狭窄。数学建模问题应用性强，大部分都是来源于工程技术和管理科学等生产生活方面经过适当简化加工的实际问题，与教科书上的知识有较大差异，难度较大。“数学建模”课程强调获取新知识的能力，注重知识的运用和解决问题的过程，这些都对学生的综合能力有较高的要求，而大多数学生已经习惯于接受传统数学课程的教学方式，自学能力较差，对数学建模的思想和方法理解不到位，不会用数学软件，从而导致学习热情减退。

因此，进行“数学建模”课程教学改革，不断探索、创新、完善和提高“数学建模”课程的教学，具有十分重要的意义。

2　教学资源建设和教学内容改革

众多学科的专业知识及其交叉融合使得“数学建模”课程教学的组织及实施具有相当的难度，因此，我们采用模块式教学，将课程所涉及的主要内容以模块的形式进行讲授，各模块之间既相互独立又相互联系，降低了难度，更容易为学生所接受。我们将“数学建模”课程分为七个模块：①绪论：主要介绍“数学建模”课程的发展历史和数学建模竞赛相关内容，给出数学模型的定义，学习建立数学模型的方法及步骤，让学生了解学习“数学建模”课程的意义；②初等模型：选择一些用初等数学方法就能解决的简单且有趣的实际案例，让学生对这门课程的学习感兴趣；③优化模型：掌握利用优化思想建立数学模型的方法，包括单变量优化、多变量优化、数学规划、启发式算法等内容；④微分方程和差分方程模型：包括微分方程、差分方程及稳定性分析等内容；⑤概率和统计模型：包括概率模型、回归模型、马氏链模型、数据处理、数值模拟等内容；⑥其他模型：包括图论模型、博弈论模型等内容；⑦数学软件的使用。

在课程资源建设方面，我们建立了教学素材库，编写了更有利于师生互动的电子教案，使得其更符合学生的认知规律和思维过程，并符合不同层次学生的学习水平；我们还给出了相当多的参考文献和阅读材料，供学生在课后进行足量的阅读，扩充知识面；同时，我们构建了包含不同类型、不同学科、不同难度问题的习题库。

“数学建模”课程的教学内容和方法应体现数学应用的思想，因此采用案例式教学方式，通过分析和解决具体建模案例，通过用多种方法对问题建立不同的模型，激发学生学习数学建模的兴趣，培养自主探索、自主学习的能力。教师根据学生的知识结构和水平选择讲授内容，并注意将结合现实背景的案例融入教学之中，将优秀的建模和实验结果不定期地展示给学生。

由于“数学建模”课程涉及知识面广，数学建模问题大多来自实际生活，因此教学案例的收集和研究是一个值得关注的问题。从事数学建模教育的教师们平时应注意积累资料，对本学科的国内外科研课题进行认真研究和改造，总结出涉及不同工程应用背景的实例和生活中常见的趣味性实例，在教学和辅导中不断完善，促进“数学建模”课程的建设。

3 教学方法改革

“数学建模”课程教学的鲜明特点是很大程度上改变了传统的以教师板书讲授为主、学生被动学习的教学方法。我们强调启发式互动教学方式的实施，适当减少课堂讲授时间，对部分内容只讲授基本概念和方法，利用事先设计好的问题启发、引导学生主动查阅文献和学习新知识。教学中广泛采用课堂讨论的形式，鼓励学生积极开展讨论和辩论，大胆发表不同的见解，让学生通过讨论寻求解决问题的方法。教师宏观把握，帮助学生进行分析，创造生动活泼的教学环境和氛围，让学生积极主动地参与到课程中，改善教学效果，真正达到提高学生素质和培养学生能力的目的。

4 考核方式改革

“数学建模”课程的练习和考核方式有别于传统数学课程。学生的平时作业多采用案例分析和小论文等方式，并相互批改作业。总体成绩采用综合考核的方式，即以平时表现（包括出勤、课堂讨论情况等）、平时作业（包括案例分析、小论文、互批作业、作业答辩等)、期末考试三部分综合评定成绩，而不是简单依靠一张试卷。学生还可独立或组队解决实际问题，完成得好的在原有成绩的基础上获得加分，这样可以提高学生学习“数学建模”课程的兴趣，培养学生的主动参与意识。

总的来说，教学内容、教学方式和考核方式的改革确实提升了学生的学习兴趣，学生能更积极主动地参与到课堂教学中，教学效果有了一定提升，学生反映较好。我们将在后续的教学和教改项目中继续深化改革，达到提高学生综合数学素质和提升培养质量的目的。

基于学习目标达成度的“机械设计”课程教学评价体系改革研究

马咏梅，魏炫宇，邹晗阳，张　弦，张国梦
四川大学制造科学与工程学院

摘　要：“机械设计”是机械类专业学生必修的一门重要的技术基础课程，提高其教学质量对学生专业素质的培养起着非常重要的作用。本文针对目前课程教学存在的不足，提出了多种优化的教学方法；基于学习目标达成度提出了“课程考核全程化、评价标准多元化、考核方式多样化、考核结果动态化”的“四位一体”的“探究式—小班化”教学考核评价体系。

关键词：机械设计　学习目标　评价体系　“探究式—小班化”

0　引言

中国是全球制造大国，制定了“中国制造 2025”国家战略。伴随着互联网、信息化、智能化技术的进步，第四次工业革命正向我们走来。机械工程技术人才的培养将面临新的挑战。“机械设计”课程教学面向机械类本科专业学生，毕业生多数从事与制造行业相关的研发、设计、生产、咨询、管理、销售和教学研究工作。身处工业信息化时代，学生具有知识面广、兴趣宽泛、思想活跃、思维敏捷、综合能力强等特点，但所接受的知识存在断续不成体系、真伪难辨、不知如何正确应用等问题。学生获取知识的方法和准确应用的能力需要及时引导和培养。而当前“机械设计”课程对学生评价和考核的方式相对比较陈旧，存在若干问题，如期末考试成绩在评价体系中占比过重、难以评价学生的专业素养、无法评价学生解决复杂工程问题的能力等，不能适应科学技术发展的需要，难以培养现代工业社会所期望的机械类人才。因此，“机械设计”课程评价体系的改革势在必行。

1 课程定位、学习目标

1.1 课程定位

“机械设计”是一门面向机械类各专业学生开设的工程技术基础课，具有较强的系统性、综合性、工程性、创新性，是培养机械工程领域高级技术人才的必修课，是机械类教学计划中承上启下的主干课程之一。本课程要求学生在掌握“机械制图”“机械原理”“理论力学”“材料力学”等先修课程知识的基础上，掌握通用机械零部件设计原理和方法；培养机械设计的正确设计思想和创新意识，具有运用各种标准、规范、手册、图册和查阅有关技术资料，设计简单机械装置的能力。“机械设计”课程力求为学生后继专业课程的学习和日后实际工作夯实工程技术基础理论。

综上所述，为了培养学生系统的专业知识技能学习应用能力、终生学习能力、自主创新能力和自身品行修养，结合学科学生的工程类专业知识和技能培训教学特点，“机械设计”课程教学采用“探究式—小班化”教学模式。

1.2 课程学习目标

“机械设计”课程包括以下六个学习目标：

（1）能够运用数学、力学和机械原理知识表达机械设计问题；建立符合适当精度要求的机械产品的零部件数理模型，并正确求解。

（2）能运用机械产品通用零部件设计准则，识别、分析和确定机械产品通用零部件设计的关键问题，判断设计参变量对评价指标的影响，提出解决方案。

（3）针对机械产品应用的工况条件及使用特性，确定机械产品的零部件结构，进行机械产品的设计；能够运用零部件设计图纸、设计说明书、设计报告等形式，呈现机械产品设计成果。

（4）能够遵守我国宪法和法律，了解机械设计的技术标准、规范。

（5）能够在机械产品设计过程中组织团队或承担团队成员的角色。

（6）利用“机械设计”课程中心和学习小组交流平台，能够针对机械产品设计中产生的问题进行有效沟通和交流，撰写设计报告并进行讨论。

2 课程教学手段、方法（教学环节设计）

课程将启发式、对比分析式、案例式、例题式等多种教学方法相结合，充分利用各种信息技术手段，使教学内容生动、形象，增加感性认识，易于理解，提高教学效果。设计如下教学方法。

（1）情境分析，设计探究。

课程伊始，提供具备多种工程背景的简易机械装置零件设计小课题，学生依据兴趣自主组队选择小课题进行机械设计活动。该设计活动贯穿本课程教学始终，并在课程结束考核时验收、结题。

（2）装置演示，启发思维。

利用多媒体技术，演示不同工况、多种形式的机械结构运行情景，包含多个典型原理、结构、设计方法等课程知识要素。演示过程设置针对性问题讨论，激发学生好奇心，培养抽象思维和概括能力。

（3）发现问题，解决问题。

演示多种典型机械装置或机构，学生依据所学课程知识对其进行分析，小组讨论，从原理运用、结构、设计方案分析、优化完善等角度陈述观点，进行辩论，让学生认知事物的非完美性，培养学生适度的批评性辩论，发现问题并解决问题。

（4）因材施教，多元培养。

小班授课，教师融入兴趣小组，参与探讨，分享所学。每次小课题的探究活动总结，需充分肯定多数人普遍认知的统一性，特别鼓励少数人个别见解的独到性。教书育人切忌一味灌输或拔苗助长，应因人而异，因材施教，多元培养。

（5）创新溯源，激发动机。

引用常见成熟技术的机械机构举证，简介其创新来源、功能和技术特点，启发学生思考该机构的创新来源和创新方法，以此阐明任何技术创新推广源于人类劳动过程的哲理，创新之源即在身边，探寻创新目标，激发创新动机。

（6）成败不类，持之以恒。

各学生的学习和分析解决问题的能力存在差异，在教学过程中适时与学生沟通交流，分析强弱之缘由，扬长补短，特别鼓励弱势学生，告诉学生知识和能力是日积月累的结果，成败不类，持之以恒，方成大器。

（7）避免盲从，树立自信。

避免提出不正确的设计方案、结构，培养学生独立思考，不盲目崇拜权威。

（8）拓宽视野，大胆创新。

展示本专业学科的各种科研、创新成果申报资料，拓宽视野，让学生了解课题研究的可行性、创新点、具体方法和实施步骤、面临的主要问题及完成成果，结合教学内容引导学生发掘研究课题。

（9）严谨治学，学为谁用。

在传授专业知识之外，活跃课堂教学氛围，丰富课堂教学内容。言传身教，类举专业学科典型的创造故事，理清做人和做事关系，分享专业前辈探索经历和研究成果。培养学生严谨、勤奋、持之以恒的治学作风和学为谁用、诚信、担当、谦让合作的价值观念。

3 考核方式

设计建立“课程考核全程化、评价标准多元化、考核方式多样化、考核结果动态化”的“四位一体”的“探究式—小班化”教学考核评价体系。

3.1 关于“探究式—小班化”学习目标与专业学生毕业要求符合性的考核

（1）考核目的：使“探究式—小班化”教学改革符合专业学生毕业培养目标要求；依据考核要求，考核有目的地展开教学工作，并实现后续量化教学成效指标考核。

（2）考核内容：考核学习目标是否符合制造学院学生培养的毕业要求，培养学生掌握的知识和专业能力是否符合课程学习目标要求。

（3）考核方式（方法）：

①设计学习目标与专业学生毕业培养要求指标符合性考核表，见表1。

②设计各章节重点掌握知识点对学习目标支撑度的考核表，见表2。

分析本课程各章节重点掌握知识点与学习目标的对应关系，设计各章节重点掌握知识点对学习目标支撑度的考核表。表2为《第四章螺纹连接》的章节重点掌握知识点对学习目标支撑度的考核部分示例，重点考核具有强支撑的章节知识点。

表1　学习目标与专业学生毕业培养要求符合性考核表示例

制造学院专业学生毕业培养要求指标	机械设计学习目标符合项
1.1　具有数学、物理、化学、力学等自然科学基础理论知识，并能够将数学与自然科学的基本理论运用到机械设计制造问题的描述中 1.2　能够针对机械设计制造系统或者过程建立数学、力学等基础理论模型，并达到适当的精度要求	学习目标1 能够运用数学、力学和机械原理知识表达机械设计问题等
……	……
10.2　能够撰写机械设计制造领域的报告、设计文档，进行陈述发言，能够回应指令并清晰表达	学习目标6 利用机械设计课程中心和学习小组交流平台，针对……

表2　章节知识点对学习目标的支撑度考核表示例

"探究式—小班化"机械设计课程学习目标	课程各章节学生重点掌握知识点（《第四章螺纹连接》）			
	①螺纹的基本参数、标准、常用螺纹类型的特点及应用	②螺纹连接的工作原理、类型、结构特点、标准及其选择	③单个螺栓连接的受力分析和强度计算	④螺栓组连接的设计、受力分析和强度计算
学习目标1	强支撑			
			强支撑	强支撑
			强支撑	强支撑
学习目标2			强支撑	
……	……	……	……	……

3.2　关于教学过程的考核

（1）考核目的：在教学过程，根据各章节内容的知识结构特点采用不同的教学方法，取得良好的教学效果；设计多种形式和内容的课程学习单元训练（测试），检验学生阶段性的学习效果，适时调整教学内容、进度和方法，并帮助学生及时调整学习状态。

（2）考核内容：各章节重点掌握知识点对应实施教学方法的考核；课程学习单元训练（测试）对各章节重点掌握知识点覆盖度的考核。

（3）考核方式（方法）：

①设计课程各章节重点掌握知识点对应实施合理教学方法的考核表。

分析课程各章节的重点掌握知识点，结合教学班学生特点，设计实施对应合理的教学方法考核表。表3为《第四章螺纹连接》的章节重点掌握知识点对应实施的教学方法考核表示例。

表3　章节重点掌握知识点对应实施合理教学方法考核表示例

章节重点掌握知识点	教学方法								
	方法一	方法二	方法三	方法四	方法五	方法六	方法七	方法八	方法九
①螺纹的基本参数、标准、常用螺纹类型的特点及应用	√	√		√	√			√	√
②螺纹连接的工作原理、类型、结构特点、标准及其选择									
③单个螺栓连接的受力分析和强度计算			√	√		√			√
④螺栓组连接的设计、受力分析和强度计算			√	√	√	√	√	√	√

②设计课程学习单元训练（测试）对应各章节重点掌握知识点的覆盖度考核表。

课程学习单元训练（测试）形式包括：章节课程作业、随堂小测验、兴趣设计小课题阶段性验收。表4为《第四章螺纹连接》课程学习单元测试内容对应章节重点掌握知识点的部分指标覆盖度考核表示例。

表4　课程学习单元训练（测试）对应章节重点掌握知识点的覆盖度考核表示例

<table>
<tr><th>章节重点
掌握知识点</th><th>章节课程作业</th><th>随堂小测验</th><th>兴趣设计小课题阶段性验收</th><th>*期末考试</th></tr>
<tr><td>①螺纹的基本参数、标准、常用螺纹类型的特点及应用</td><td></td><td>二、2/3/8/10/11/13/14/15/25/27</td><td rowspan="4">螺栓连接设计相关课题</td><td>二、2</td></tr>
<tr><td>②螺纹连接的工作原理、类型、结构特点、标准及其选择</td><td></td><td></td><td>三、4/9/10</td></tr>
<tr><td>③单个螺栓连接的受力分析和强度计算</td><td>习题4.21，4.22</td><td>二、5/7/9/12/16/17/18/19/20/21/23/26</td><td>一、3/4</td></tr>
<tr><td>④螺栓组连接的设计、受力分析和强度计算</td><td>习题4.18，4.19，4.24</td><td>二、1/4/6/22/24/28</td><td>六、3</td></tr>
</table>

说明：该表中的课程学习单元训练（测试）具体内容根据教学进程和学生学习效果，进行补充修订。表中列出的“期末考试”功能是提示期末测试题是否覆盖到本章节重点掌握知识点。

3.3 关于教学成效的考核

（1）考核目的：真实、有效地检验学生的课程学习成效，并应用大数据进行分析，总结教学的优点和不足，持续改进教学。

（2）考核内容：

①学生成绩考核：由两部分组成，一是教学过程的形成性评价指标考核，内容包括课程作业、单元训练/测试、考勤和兴趣设计小课题阶段性验收；二是期末诊断性评价指标考核，内容包括期末综合考试成绩和兴趣设计小课题结题验收。

②教学班级平均成绩与学习目标达成度的考核。

（3）考核方式（方法）：

①学生成绩的考核。

A. 形成性评价指标的量化考核：设计教学过程每一章节学生成绩记录表5，在课程结束后，通过章节评价得分总和除以章节评价次数的平均值计算方法，汇总得出每个学生及教学班级的形成性评价各项指标得分。

表5 各章节学生形成性评价指标得分记录表示例

学号	姓名	形成性评价各项指标得分									
		章节课程作业（Σ该章作业得分/作业次数）			随堂小测验（Σ该章测验得分/测验次数）			兴趣设计小课题阶段性验收			考勤（Σ考勤得分/考勤次数）
		第一章	第四章	…	第一章	第四章	…	第一章	第四章	…	
2014141411043	×××	95	95		95	95		95	95		100
2014141411054	×××	95	85		95	85		95	95		100
2014141411064	×××	95	95		95	95		95	95		100
教学班平均分（Σ教学班级学生得分/人数）		95	92		95	92		95	95		100

B. 期末诊断性评价指标的量化考核：设计表6期末诊断性成绩记录表，汇总每个学生及教学班级对各个诊断性指标的得分情况，分析期末学生对各章节重点掌握知识点的掌握程度。

表6 学生诊断性评价指标得分记录表示例

学号	姓名	诊断性评价各项指标得分												
		期末考试												兴趣设计小课题结题报告
		选择题1	…	判断题1	…	填空题1	…	问答题1	…	结构题1	…	综合题1	…	
20141	×××	1		1		1		5		5		10		95
20142	×××	1		1		1		5		5		10		90
20143	×××	1		1		1		3		2		4		95
平均分		1		1		1		4		4		8		93.3

②教学班级平均成绩与学习目标达成度的考核。

以教学班级为考核对象，设计教学班级平均成绩与学习目标达成度的考核方式，目的是判断教学成效是否达成学习目标要求。

表7将形成性评价指标和期末诊断性评价指标成绩与学习目标对应进行加权系数设定。

表7 评价指标对学习目标加权系数设定表示例

		学习目标1	学习目标2	学习目标3	学习目标4	学习目标5	学习目标6
形成性评价指标	随堂小测验	0.1	0.1	0.1	0.1	0.1	0.1
	章节课程作业	0.1	0.1	0.1	0.1	0.1	0.1
	兴趣设计小课题阶段性验收	0.1	0.1	0.1	0.1	0.1	0.1
	考勤	0.1	0.1	0.1	0.1	0.1	0.1
诊断性评价指标	期末考试	0.5	0.5	0.5	0.5	0.5	0.5
	兴趣设计小课题结题报告	0.1	0.1	0.1	0.1	0.1	0.1

依据表7中相对应的评价指标对学习目标加权系数的设定值，将表5、表6计算汇总形成：学习目标形成性评价达成度考核表（表8）与学习目标诊断性评价达成度考核表（表9）。

表 8 学习目标形成性评价达成度考核表示例

	题目类型	考题编号	学习目标 1	学习目标 2	学习目标 3	学习目标 4	学习目标 5	学习目标 6
期末考试	选择题（Σ 该项考题得分/人数/该项考题总分 ×100%）	题 1	100%	100%		100%		
		题 2	67%	67%		67%		
		…						
		题 10	89%		89%			
	……							
	综合（Σ 该项考题得分/人数/该项考题总分 ×100%）	题 1	78%	78%				
		…						
		题 5	69%		69%			
	兴趣设计小课题结题报告（教学班平均得分 ×100%）		93. 3%	93. 3%	93. 3%	93. 3%	93. 3%	93. 3%
学习目标诊断性评价达成度（Σ 满足相应学习目标试题得分/题数 ×0. 9 + 兴趣设计小课题 + 结题报告得分 ×0. 1）		82. 93%	85. 38%	85. 06%	86. 96%	78. 18%	79. 23%	

表 9 学习目标诊断性评价达成度考核表示例

形成性评价各项指标		学习目标 1	学习目标 2	学习目标 3	学习目标 4	学习目标 5	学习目标 6
第四章	章节课程作业（班级平均分 ×100%）	95%	95%	95%	95%	95%	95%
	随堂小测验（班级平均分 ×100%）	91. 67%	91. 67%	91. 67%	91. 67%	91. 67%	91. 67%
第五章	随堂小测验（班级平均分 ×100%）	…	…	…	…	…	…
	章节课程作业（班级平均分 ×100%）	…	…	…	…	…	…
兴趣设计小课题阶段性验收 1（班级平均分 ×100%）		95%	95%	95%	95%	95%	95%
兴趣设计小课题阶段性验收 2		…	…	…	…	…	…
考勤（班级平均分 ×100%）		100%	100%	100%	100%	100%	100%

续表

形成性评价各项指标	学习目标 1	学习目标 2	学习目标 3	学习目标 4	学习目标 5	学习目标 6
学习目标形成性评价达成度（Σ该目标形成性评价各项指标得分/项数）	95. 42%	95. 42%	95. 42%	95. 42%	95. 42%	95. 42%

将表 8、表 9 各学习目标达成度相应值，采用公式：

学习目标达成度 =（学习目标诊断性评价达成度 ×60% + 学习目标形成性评价达成度 ×40%）×100%

计算得出教学班级学习目标达成度考核表 10。该表直观地反映了教学班级在该学期本门课程的学习情况（达成度 60% 以下为不合格；60% ~70% 为合格；70% ~90% 为良好；90% ~100% 为优秀）。

表 10 教学班级学习目标达成度考核表示例

毕业指标点	学习目标	达成度
1. 1，1. 2，1. 3	1	87. 93%
2. 1	2	89. 4%
3. 3	3	89. 2%
8. 1	4	90. 34%
9. 2	5	85. 08%
10. 2	6	85. 71%

4 结束语

本文通过对“机械设计”课程的课程定位，结合机械专业学生毕业培养目标要求，提出了课程的学习目标；展示了多种理念先进的课程教学方法；通过考核“探究式—小班化”学习目标与专业学生毕业要求符合性、教学过程、教学成效三个方面，完成了基于学习目标达成度提出的“课程考核全程化、评价标准多元化、考核方式多样化、考核结果动态化”的“四位一体”的“探究式—小班化”教学考核评价体系，为机械类专业课程的教学评价体系改革提出了新的思路。

参考文献：

[1] 陈文远，番玉驹. 大众化教育与好学生标准——大学评价机制改革的必要性思考 [J]. 当代青年研究，2011（7）：54-58.

[2] 丁建峰，赵欣，吴毅坚，等. 面向 E-learning 系统的可定制多元化学生评价机制研究 [J]. 计算机应用与软件，2014，31（10）：34-40.

[3] 郝秀红，邱雪松. 机械设计课程设计教学改革初探 [J]. 教学研究，2011（3）：51-54.

[4] 车照启. 浅谈素质教育与学生评价机制 [J]. 安徽农业大学学报，2002，11（5）：107-108.

[5] 崔国庭，张仲欣，任广跃. 食品科学与工程专业毕业要求达成度评价——基于 2015 版工程教育认证的标准 [J]. 黑龙江教育，2016（6）：72-74.

[6] 包斌，吴文慧，张朝燕，等. 课程教学基础目标达成度评价体系的建立 [J]. 大学教育，2014（16）：53-55.

[7] 王亚林，井春丽，张朝燕，等. 高职院校课程教学目标达成度的评价研究 [J]. 河南科技学院学报，2013（6）：34-37.

基于微课的大学计算机基础课实验教学改革探讨①

孟宏源，黄泽斌，杜　义

四川大学计算机学院基础教学实验中心

摘　要：新时期高等教育的模式在“互联网 +”影响下发生了诸多改变，四川大学计算机基础教学实验中心也在积极探索通识性大学计算机基础课程的实验教学改革。基于微视频等微课环境下的开放式实验课的构建、个性化教学的新策略与新方法，创新性计算机实验课程的开设，改变了传统授课与教学实践的模式。

关键词：大学计算机　实验教学改革　微课　创新性实验

0　引言

近年来国家信息化建设规模庞大、发展迅速，学校信息网络不断完善，“互联网 +” 成为新时期重要的思想与技术潮流，为高校计算机实验室的构建提供了新的技术与方法。新时期高等教育的模式在“互联网 +”影响下发生了诸多改变，比如慕课（MOOC）、翻转课堂、开放性实验课的推广。“互联网 +”精神倡导开放、创新与自由，各个高校在实验室的构建中也在积极探索开放教学的新路径与新策略，积极转变授课与教学实践模式，为学生创新创业提供新平台和支持。

作为学校十大中心之一的计算机基础教学实验中心承担了大学计算机基础课的所有教学和实验工作。面对大学一年级近万名学生，如何有效开展计算机基础课的实验教学，是我们面临的严峻问题。

1　大学计算机实验课程现状

大学计算机基础课程，是从 20 世纪 90 年代开展“计算机文化”教育开始的。课程内容经历了从普及流行软件的操作和应用，到传授计算机基础知识、技术与方法，引导学生利用计算机解决所学专业领域中的实际问题，目前

① 四川大学 2016 年实验课程教学改革研究项目，项目编号 P16187/061。

更加强调在重技术与应用的基础上加强“思想的教学”。经过多次教学改革，现在的大学计算机课程体系结构已经确定。但是教学方法相对滞后，尤其是实验教学作为计算机教学的重要环节，其方式、手段都需要做出调整和改变。

1.1 大班授课，实验指导教师缺乏

大学计算机基础课多采用合班授课模式，学生人数多，虽然每个班都配有助教，但是学生问题多、实验项目多，教师和助教在上机实验课上对学生进行指导疲于奔命。而且多数时候不同学生会反复询问同一个问题，教师反复作答，实验效果差。

1.2 实验内容多，上机学时少

信息技术的飞速发展加大了课程容量，但是教学计划却缩减了大学计算机基础课程学时。由于课时有限，为了保证课堂教学的时间，所以实验课的学时被缩减了。实验课内容多、课时少，导致教师无法深入指导学生进行上机实验，学生的上机积极性受到影响。

1.3 教学模式单一，学生缺乏主动性

传统教学模式的缺点在于培养的学生缺乏想象力、独立思考能力，更缺乏批判精神、科学的思维方式。大学教育应该更多地启发和培养学生的想象力、独立思考能力，启迪学生的心灵，唤醒每个学生自身的潜质。启发学生的学习兴趣和想象力，才是教育的本质所在。

学生的上机实验课程仍旧采用教师“注入式”的教学已经违背了现在的教学规律。目前的实验内容仍然是以验证性实验为主，没有充分调动学生的学习积极性，学生被动学习，缺乏主动性。

2 微课的核心内容及特点

微课（Microlecture），是指运用信息技术，按照认知规律，呈现碎片化学习内容、过程及扩展素材的结构化数字资源。

微课的核心组成内容是教学视频，同时还包含与该教学主题相关的教学设计、素材课件、教学反思、练习测试及学生反馈、教师点评等辅助性教学资源，它们以一定的组织关系和呈现方式共同“营造”了一个半结构化、主题式的资源单元应用“小环境”。因此，微课既有别于传统单一资源类型的教学

课例、教学课件、教学设计、教学反思等教学资源，又是在其基础上继承和发展起来的一种新型教学资源。

微课有以下四个主要特点：

（1）教学时间较短：教学视频是微课的核心组成内容。相对于传统的45分钟的一节课的教学课例来说，微课可以称之为“课例片段”或“微课例”，容易抓住学生的注意力。

（2）主题突出、内容具体：一个微视频针对一个内容，重点突出，学生容易把握。微课将知识点碎片化，便于学生根据自身情况进行选择性学习，教师开展个性化的教学。

（3）资源容量较小：从大小上来说，一门课程的微视频的总容量一般在几十兆，视频格式是网络中的常用流媒体格式，便于学生流畅播放，同时也方便学生下载和存储。

（4）微课制作方便：不需要太专业的摄像设备，就用智能手机即可录制视频。若是录制计算机上的操作，则可以使用录屏软件（如：Camtasia Studio）进行录制，简单易学。

3 基于微课的大学计算机基础课实验教学改革

3.1 大学计算机实验教学微课资源的建立

大学计算机实验课包含三个模块的内容：

（1）计算机硬件模块实验——认识计算机主板，CPU 的安装，内存条的安装，计算机简单故障的处理。

（2）计算机软件模块实验——操作系统的使用，Word 2010 的使用，Excel 2010 的使用，Powerpoint 2010 的使用，Rapitor 软件的使用。

（3）计算机网络模块实验——无线局域网的安装，网络浏览器的使用，网络安全的防护。

我们将实验操作全部细化，将实验操作录制为 65 个微视频，每个微视频不超过 10 分钟，单个视频大小不超过 10 兆，一个微视频对应一个应用操作，即便是大班上课，也让一对一的实验指导成为可能。

3.2 新形态教材推动微课实验教学改革

新形态教材是在纸质教材的基础上利用多媒体技术和网络平台，在教材相应的地方植入二维码，学生利用自己的手机扫描二维码可以看到实验操作的微视频（如图1所示）。65个微视频配合实验教材的所有实验，都植入到教材的对应章节中。新形态教材的投入使用，使得开放性实验课顺利开展成为可能，很好地解决了学生计算机水平参差不齐的问题。同时，学生可以根据自身的具体情况选择性地完成计算机上机实验，充分发挥学习的主动性。

【实验内容】

内存条在安装时要十分小心，首先要防止因身体带静电而导致内存条被击穿，其次要防止用力过度导致硬件损坏。内存条的安装步骤如下。

（1）消除身体上的静电。其中一个简单的方法就是直接用手接触一下主机机箱，或者用手接触一下金属物体，也可以佩戴绝缘手套进行安装内存操作。

（2）在主板上找到内存插槽，一般位于CPU旁边，用手将内存插槽两端的卡子轻轻扳开。

（3）打开内存条的外包装，检查一下内存条是否有损坏，找准内存上的缺口位置（3代内存条缺口位置比较如图1.13所示），并与主板上的凸出位置进行比对，以确定正确的安装方位。

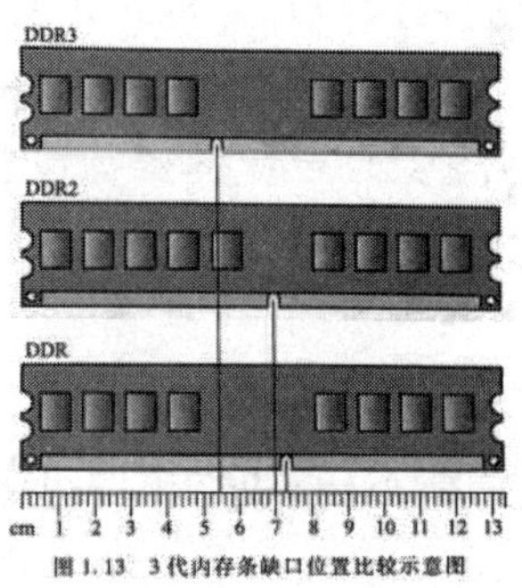

图1.13　3代内存条缺口位置比较示意图

图1　微视频的使用

3.3　BYOD的实验教学模式发挥学生的能动性

BYOD（Bring Your Own Device），指携带自己的个人电脑、手机和平板等设备进行办公。BYOD最大的优势是利用碎片化时间，无缝衔接，灵活方便，从而提高效率。

BYOD将移动设备与学习相连，丰富了信息化教学活动，有利于信息技术与课程的深度融合，便于开展自主探究、讨论协作等形式多样的学习活动，实现混合式学习。

学生利用自己的移动设备随时可以连接网络观看微课视频，了解实验操作，充分利用碎片时间进行学习，提高学习的效率。

3.4　实验室的改造提供微课网络平台

实验室共10个机房，提供近1000台计算机供学生使用——开放性实验室的构建是个性化实验教学的前提。所谓开放性实验室，并不是简单地将实验室门打开，将实验时间延长，而是要为个性化实验教学提供充分、必要的软、硬件环境。

为了配合基于微课的大学计算机实验教学改革的开展，机房提供有线网络接口并且全面覆盖 Wi-Fi，供学生电子设备的接入。同时，构建了云平台实验室，自由切换计算机桌面，为学生提供各类软件，提供了友好的上机实验环境。云平台实验室的构建满足了各专业的大学计算机实验需要。

3.5 任务驱动型上机实验的开展

任务驱动型上机实验培养学生的综合素质和及时发现问题的能力，提高学生对事物的观察、判断，分析和解决的能力。学生在实验教学中巩固基础知识，增强自信心，激发不断学习、不断实践的求知欲望和创造潜能，全方位地提高自己的综合素质。

2017 年大学计算机基础课新增设 4 个创新性实验——微型计算机组装与维护、虚拟化技术应用实验、直方图的应用与回归分析的数据处理、基于云计算网络资源池的计算机网络实验改革，以任务驱动的模式开展上机实验活动，将验证性实验改变为综合性、设计性实验，实现全开放的实验教学管理模式。

例如，微型计算机组装与维护实验，课前要求学生自学相关微课，学生分组拟定装机方案，学生兴趣高，主动参与到实验教学中。实验课上，由实验室提供组成微型计算机的各种芯片，学生在微课的指导下，DIY 组装一台计算机并安装操作系统。图 2 显示了学生分组进行微型计算机装机实验的情景。

图 2　任务驱动下的大学计算机实验课

4 结语

基于微课的大学计算机基础课实验教学改革很好地解决了学生计算机水平差异大、上机实验课大班上课缺少一对一辅导、实验课时少的问题。学生可以根据自身的实际情况，结合实验微视频来自主完成实验课程的学习。在当今“互联网+”的时代背景下，利用计算机网络的新技术、新方法来构建实验课程体系，构建特色化个性化的开放性实验室，是时代的需要，也是我们教师当前正在努力并为之奋斗的目标。

参考文献：

[1] 朱伟. “互联网+”时代下高校实验室管理开放教学的几点思考 [J]. 现代职业教育，2016（4）：176-177.

[2] 蔺伟. 高校创新创业实验室建设路径探讨 [J]. 实验技术与管理，2017（2）：238-241.

[3] 董春桥，张延荣. “互联网+实验室”建设探讨 [J]. 实验技术与管理，2017（1）：240-243.

[4] 吕善国，曹义亲. 依托开放性实验室开展个性化实验教学 [J]. 实验技术与管理，2010，27（5）：143-145.

[5] 张方方. “微课”对高校教学改革的影响 [J]. 中国成人教育，2016（1）：111-113.

[6] 罗丽苹，李相勇，贾巍. 基于“SPOC+微课+BYOD”的翻转课堂设计与应用——以《大学计算机基础》公共课为例 [J]. 西南师范大学学报（自然科学版），2017，42（8）：158-164.

通识性“大学计算机”基础课分类教学探讨[①]

夏 欣，葛 龙，李 霓

四川大学计算机学院基础教学实验中心

摘 要：“大学计算机”是高等学校非计算机专业学生的通识课程，其目的是培养大学生计算思维的能力，掌握计算机系统相关基础知识，提升学生计算机应用操作技能，培养和提高大学生的计算机信息素养，并做到本专业与计算机的跨学科融合。四川大学学科门类齐全，覆盖了文、理、工、医、经、管、法、史、哲、农、教、艺12个门类，各个门类对计算机的使用有不同的要求，因此分类进行大学计算机基础课的教学势在必行。

关键词：计算思维 大学计算机 教学改革 分类教学

0 引言

我国的“大学计算机”基础教育，从20世纪90年代开展“计算机文化”教育开始，经历了从普及流行软件的操作和应用，到传授计算机基础知识、技术与方法，引导学生利用计算机解决所学专业领域中的实际问题，目前更加强调在重技术与应用的基础上加强“思想的教学”。

2010年教育部高等学校计算机基础课程教学指导委员会主任陈国良院士根据国外计算机教育的研究成果，提出了将计算思维引入大学计算机基础教学的倡议，这对于培养具有创新复合型人才具有重要的战略意义[1]。以计算思维为指导进行“大学计算机”课程改革已经成为各大高校的普遍共识[2-4]。四川大学学科门类齐全，覆盖了文、理、工、医、经、管、法、史、哲、农、教、艺12个门类，学校探索构建了体现精英教育、个性化教育、自由全面发展教育的本科创新人才培养体系[5]，“大学计算机”这门通识性课程在其中有着不可替代的重要地位和作用。

① 四川大学新世纪高等教育教学改革工程（第七期）研究项目，项目编号SCUY7164。

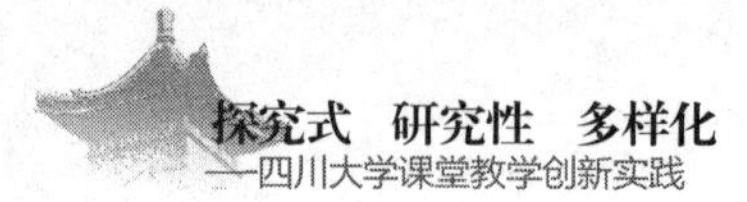

1 “大学计算机”课程现状分析

我校是综合性大学，学科门类较多，学生人数众多，来自全国各地，学生计算机基础运用水平差异大。

1.1 学生计算机基础运用水平差异大

学生在中小学基础教育阶段已经学习了部分信息技术课程，但是不同地区、不同学校对信息技术课程的开设情况各不相同，同时学生自身对信息技术的兴趣爱好导致其进入大学前掌握的信息技术相关知识和已具备的能力差异较大。学校每年有近8000名学生需要学习“大学计算机”基础课程，如果尝试使用分层教学，如何分层是个值得讨论的问题，并且分层以后会给常规教学管理带来大量额外工作，推广实施相对困难。如果按照专业门类对大学计算机进行教学，容易实现分班教学管理，同时能满足各个专业对计算机的使用需求。

1.2 “大学计算机”课程教学现状分析

“大学计算机”基础课采用合班教学，且教师大都承担多个教学班任务；信息技术的飞速发展加大了课程容量，但是却缩减了大学计算机基础课学时；由于上课人数众多，课时有限，课堂教学交互严重不足，学生参与度不高。

2 以“计算思维”为指导的新课程体系结构的建立

所谓计算思维，美国卡内基梅隆大学的周以真教授于2006年在*Communications of the ACM*杂志中提出：计算思维是运用计算机科学的基础概念进行问题求解、系统设计，以及人类行为理解的涵盖计算机科学之广度的一系列思维活动，其本质是“抽象和自动化”。

多年来，我们都在极力探索如何将“计算思维”的理念融入通识性大学计算机基础课程的教学中，培养学生的“计算思维”能力，使他们能够善于利用计算机解决问题，同时能够将计算机与本专业进行跨学科融合。为此，我们重新构建了全新的大学计算机课程体系。

对于“大学计算机”这门必修课程，我们提出了一个改革思路：围绕“计算思维”这条主线，从“教学和实验”两个方面，“硬件、软件和网络”三个平台入手，构建针对“理工、文科、医学和艺术”四个专业大类的分类教学课程体系。

从课程大纲、课程内容、课程体系的建设等方面同步进行全面改革，分专业、有针对性地实施这门通识教育课程的教学实践，引导学生认识“计算思维”、理解“计算思维”、建立“计算思维”，进而培养学生将无意识的“计算思维”变成有意识的“计算思维”，积极主动地运用“计算思维”去思考问题，开阔思路，为下一步解决所学专业领域当中的难题打下坚实基础。

3 分类教学课程体系的构建

3.1 课程内容及大纲的确定

课程内容涉及“四个领域”和“三个层次”，“四个领域”是“系统平台与计算环境，算法与程序设计，数据管理与信息处理，系统开发与行业应用”，“三个层次”是“概念与基础，技术与方法，综合与应用”。在具体教学实践中，将全校 12 个学科分为理工、医学、文科和艺术四个类别开展教学实践，并且兼顾不同层次的学生分别组织上机实践。

3.2 分类课堂教学内容的制订

课堂教学分为六个基本模块和三个拓展模块，其中六个基本模块是：

（1）什么是“计算思维”——“计算思维”与各学科融合的案例分析；

（2）什么是“计算”——各种数据在计算机中的表示和处理；

（3）什么是“计算机”——计算机的历史及人类对计算本质的认识过程、计算理论、逻辑代数与逻辑电路、冯·诺依曼体系结构；

（4）什么是“操作系统”——操作系统在计算机系统中的重要地位及使用；

（5）什么是“网络”——网络的拓扑结构，体系结构，网络的构建，网络的使用；

（6）什么是“信息安全”——数据的安全，信息系统的安全和网络安全。

三个拓展模块是：

（1）什么是“算法和数据结构”——程序设计中常用算法简介；

（2）什么是“数据管理”——数据库系统的构成，数据库的使用；

（3）什么是“多媒体”——多媒体计算机系统的构成，多媒体的关键技术。

增加一个课堂讨论，什么是“跨学科融合”——学科新思想，学科新技术，跨学科融合。

六个基本模块是课程的核心，采用教师讲授、小班研讨、翻转课堂等教学手段重点学习，相应配合课后习题、上机实验等教学环节巩固学习效果。三个拓展模块针对不同专业学生进行选讲。

针对不同的专业门类，将大学计算机分成四大类别“计算思维与计算机”“数据管理与计算机”“多媒体技术与计算机”“应用技术与计算机”。对于理工类专业学生，侧重算法和数据结构；经济管理和医学类专业学生，侧重数据管理；文科类专业学生，侧重多媒体技术的使用；艺术类专业学生，只要求基本模块，掌握常用的计算机应用技术。在课堂教学的同时，要求学生广泛调研，了解“计算思维”和本学科的融合案例，提交调研报告，从而培养学生“计算思维”的能力，激发学生的创新精神。

3.3 开放性上机实验的改革

3.3.1 上机实验内容的制定

上机实验的内容分为三大模块 11 个实验，分别为：

计算机硬件模块实验——认识计算机主板，CPU 的安装，内存条的安装，计算机简单故障的处理；

计算机软件模块实验——操作系统的使用，Word 2010 的使用，Excel 2010 的使用，Powerpoint 2010 的使用，Rapitor 软件的使用；

计算机网络模块实验——无线局域网的安装，网络浏览器的使用，网络安全的防护。

由于学校专业门类多，学生计算机水平参差不齐，上机实验课程课时数很少，针对这些问题，我们开展了开放性实验课改革的尝试。我们采用“学生为主，教师为辅”的教学形式，学生可以根据自己的计算机能力在完成必做实验的基础上自行选择创新型实验；教师对学生的实践进行适当的辅导，配合新形态教材的使用，使学生依据自己的愿望和兴趣去主动完成此部分的实验内容。为了检测上机实践的效果，采用学生提交实验报告和上机测试等方法对学生的知识掌握情况进行监督和检测。

3.3.2 创新型实验课程的开设

由于信息技术的飞速发展，计算机新技术的诞生，按学校要求新增了四个创新型实验课程：

(1) 微型计算机组装与维护；

(2) 虚拟化技术应用实验；

(3) 直方图的应用与回归分析的数据处理；

(4) 基于云计算网络资源池的计算机网络实验改革。

作为“大学计算机”基础课的补充实验，实验室提供了相应的实验平台让学生掌握计算机的新技术。

4 利用多元化的教学模式深化“大学计算机”课程改革

面对教学内容的更新、而教学学时大幅度压缩之间的矛盾，“大学计算机”必修课程必须提高教学效率，探索多元化教学模式。利用翻转课堂的新形态教材，改变考核标准和方法，进一步深化“大学计算机”课程改革。

4.1 利用云平台构建翻转课堂

利用高等教育出版社的“icc 课程平台”资源，构建大学计算机的翻转课堂（如图 1 所示）。利用翻转课堂，将网络资源、数字化资源与课堂教学融合起来，促使学生在课后积极完成课程学习，从而提升学生的计算机综合应用能力。

图 1 翻转课堂的构建

教师进行课程的个性化定制，制定学习指南、教学大纲、教学计划、教学任务，布置线下作业，完善试题及实验内容。学生按照教师给出的学习要求，在云平台上下载课件，浏览学习内容，完成课堂内容的拓展，实现线上和线下教学的完美结合。

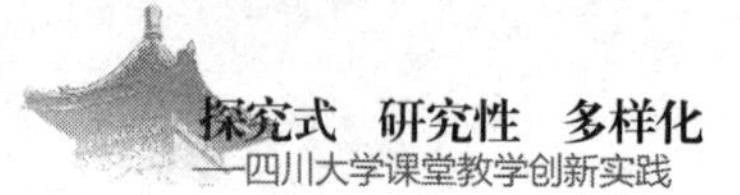

4.2 新形态教材的全面使用促进教学方式的改革

现在的大学生，使用于智能手机进行娱乐社交方面的能力远胜于使用计算机的能力，同时对新生事物有很强的接受能力。因此新形态教材很容易在学生中进行推广和使用。新形态教材是在纸质教材的基础上利用多媒体技术和网络平台，在教材相应的地方植入二维码，学生利用自己的手机扫描二维码就可以看到教材知识点的相关学习视频（如图 2 所示）。这些视频有些是教材知识点的拓展，有些是常用计算机软件的操作视频，让学生有更直观的感受，同时，也给学生提供了自学的条件。新形态教材的投入使用，使得开放性实验课顺利开展成为可能，很好地解决了学生计算机水平参差不齐的问题。学生可以根据自身情况，选择性地完成计算机上机实验。

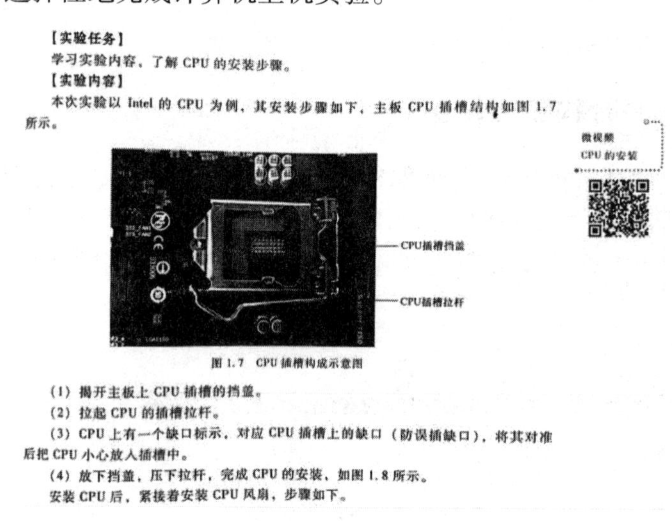

【实验任务】

学习实验内容，了解 CPU 的安装步骤。

【实验内容】

本次实验以 Intel 的 CPU 为例，其安装步骤如下，主板 CPU 插槽结构如图 1.7 所示。

图 1.7 CPU 插槽构成示意图

（1）揭开主板上 CPU 插槽的挡盖。

（2）拉起 CPU 的插槽拉杆。

（3）CPU 上有一个缺口标示，对应 CPU 插槽上的缺口（防误插缺口），将其对准后把 CPU 小心放入插槽中。

（4）放下挡盖，压下拉杆，完成 CPU 的安装，如图 1.8 所示。

安装 CPU 后，紧接着安装 CPU 风扇，步骤如下。

图 2 新形态教材示例

5 结语

深化教学改革、培养创新人才和国家栋梁是高等教育永恒的主题，随着科教兴国战略的实施和信息技术的飞速发展，社会需求以及教育对象知识水平发生变化，对高校计算机教育提出了更高、更新的要求，“大学计算机”基础教育正面临新的挑战。作为基础课的教师，我们也正在努力构建适应时代要求的新的“大学计算机”课程体系，积极推进“大学计算机”基础课程的教学改革。

参考文献：

[1] 龚沛曾，杨志强. 以计算思维为切入点的计算机基础课程联动改革与实践 [J]. 中国大学教育，2015 (11)：53-56.

[2] 战德臣，王浩. 面向计算思维的大学计算机课程教学内容体系 [J]. 中国大学教育，2014 (7)：59-66.

[3] 孙淑霞. 地方高校大学计算机基础课程改革的探索与实践 [J]. 中国大学教育，2014 (4)：59-62.

[4] 张金玲. “互联网+”时代高校文科“Internet应用”课程教学改革 [J]. 中国大学教育，2016 (1)：75-78.

[5] 谢和平. 扎实推进课堂教学改革 [J]. 中国大学教育，2016 (1)：4-7.

[6] 罗丽苹，李相勇，贾巍. 基于“SPOC+微课+BYOD”的翻转课堂设计与应用——以《大学计算机基础》公共课为例 [J]. 西南师范大学学报 (自然科学版)，2017，42 (8)：158-164.

“计算机技术基础”课程实验改革探索[①]

吴宏瑜，孟宏源，戴丽娟，李　霓，伍　琳，张　玲
四川大学计算机学院基础教学实验中心

摘　要：“计算机技术基础”课程是培养大学生信息素养的关键环节，其教学效果与目标的实现往往取决于实践教学的成败。在大数据背景下的今天，如何完成对学生学习计算机的方向引导和为学生奠定良好的学习基础和方法呢？如何引导学生学习计算机的知识和为奠定良好的学习基础，完成从高中到大学学习方法的转换呢？只能通过改进现有的实验、课外补充的方式或实践周来对学生进行数据处理的技术训练，加强对学生数据采集和处理数据能力的培养，导向学生从海量数据里面甄别和筛选有用信息，过滤垃圾和错误的学习方法，从而让学生掌握在大数据时代下学习知识的常规思路和方法。

关键词：大数据　计算思维　创新能力实验教学　数据分析

0　引言

在大数据时代下，高等院校计算机基础教育的目的从传统的计算机扫盲过渡到以培养学生的信息素养为目标。“计算思维能力的培养”是计算机基础教学的教学目标和核心任务。计算思维的培养可使学生初步掌握关于计算思维的基本知识和解决问题的一般方法，为学生下一步的深入学习及综合能力培养奠定基础。

1　“计算机技术基础”课程教学的现状

“计算机技术基础”课程是国内绝大多数普通高校的公共基础通识课，是主要面向非计算机专业学生的计算机教学。该课程的实践性、操作性很强。计算机知识的掌握与能力的培养主要依赖学生上机的实践锻炼。目前我校“计算机技术基础”是一门独立开设的公共通识必修课。教学计划 8 个学时的实

① 本文系 2016 年四川大学实验课程教学改革“直方图的应用的实验与回归分析的数据处理”研究成果之一。

验课，在教学中最多能指定学生完成4个实验，很大程度上限制了学生学习的主动性和积极性。目前开展的实验项目存在的主要问题有：理论课内容与实验课的操作脱节，实验教学在实验内容、实验教学方式、综合应用能力及创新能力培养和考核方式等存在一些问题。概括起来，主要有以下几点。

1.1 理论术语多

通常“计算机技术基础”理论课的教学内容是按照计算机教指委的规定进行安排的。任课老师的课堂教学以讲解大量的计算机学科的理论知识为主线，内容涉及大量的计算机术语，如计算思维、算法与程序设计基础、数据库技术基础等。对没有计算机学习基础的学生来说理解和掌握就十分困难，而配套的实验课程又是以操作使用为主，如 Windows、Office 的使用。这样造成了理论教学和实验教学的脱节，不利于理论知识和实际应用的结合。

1.2 缺乏应用性与创新性实验内容

理论课是按教程的章节内容组织教学。目前，实验课是以软件使用的不同操作为内容进行设计的。软件不同，导致每个实验内容相互独立，学生在掌握上没有系统性。特别是实验内容以验证性基本功能操作为主，缺乏应用性和综合性，学生很难将计算机课程中学习的知识与自己的专业联系起来，不利于学生全面掌握计算机知识在专业中应用的整体架构，更不利于学生将计算机知识与专业课知识相结合，投入到大学生创新训练项目的实施中。

目前开设的实验课是面向最基本的 Windows 操作和 Office 日常应用为主。而软件的更新，平台的改进，出现了很多新的应用功能，由于教学硬件环境的更新跟不上软件的发展，新功能的应用引入受到了限制。现在，一些用人单位对应聘学生的 Office 高级应用能力提出了更高要求，如培养起 Excel 中的数据统计函数的应用，这些内容在理论课教学和实验教学中都没有涉及，这样不利于学生掌握最新的知识，不能让学生培养起学习相关知识的兴趣和积极性。

1.3 学生计算机水平的差异大，创新性实验引入困难

新生计算机水平参差不齐，教师教学费力。随着计算机应用的普及，计算机基础教育已经进入中学。由于学生来自不同地区，受各种因素影响，中学毕业时掌握的计算机知识与操作水平参差不齐，若不采用传统的教学方法，按照从易到难、从简单到复杂的顺序循序渐进地进行教学，会导致一些基础较差的学生产生畏难情绪、厌学，无法很好地完成课程要求。而有一定计算机运用基

础的学生，这又不能满足其学习的需求。这样，一方面给教师讲课带来一定困难，另一方面也给基础较差的同学造成一定的压力。

1.4 大数据时代大学计算机基础教学面临的问题

大学计算机基础类课程和传统的数学、物理、化学等基础课程有着许多实质性区别。大学计算机基础课程必须与时代的发展同步，从传统的教学两个核心模块来看，比如操作系统、办公软件都是随着时代的步伐在不断升级改进，从而要求我们的教材和教学模式也要同步更新。因此，在目前全球网络化和信息化及大数据发展背景大环境下，大学计算机基础教学将担负起引领时代未来，培养学生信息化能力的先驱作用。在学生学习了大学计算机基础课程之后，应该具备两个方面的能力：第一，计算机基础知识的应用能力，即全面掌握传统教学模块知识的；第二，培养学生对计算机当今最前沿知识的认知和了解，特别是在大数据背景下，大数据背景和信息化形势下的新动向和未来趋势的判断将影响学生专业方向。然而，现有实验教学对于培养学生第二方面的能力还处于缺失之中。

2 “计算机技术基础”课程实验教学改进

针对上述存在的问题，在教学中对现有的“计算机技术基础”的实验内容进行改造和创新是十分必要的。创新的实质就是找到问题和解决问题的新途径。每个人的创新能力不是与生俱来的，它是通过培养形成的。计算机技术基础的教学也需要创新，根据计算机技术的发展，遵循教学大纲，通过改进实验教学的内容，减少验证性的基本功能的实验，补充增加能提高学生数据处理能力的实验内容，其目的是提高学生的实际应用能力。具体内容如下。

2.1 引入计算思维

曾任美国卡内基梅隆大学计算机科学系主任，现任美国国家自然基金会计算与信息科学工程部助理部长的周以真教授认为，计算思维是运用计算机科学的基础概念去求解问题、设计系统和理解人类的行为，包括涵盖计算机科学之广度的一系列思维活动，本质是抽象和自动化，就像所有人都具备是非判断、文字读写和进行算数运算的能力一样，计算思维也是一种本质的、所有人都必须具有的思维能力。教师在讲授计算机课程时，应该将课程与学生的专业有机结合、紧密联系，将课程和专业体现出的具有普适性的思想方法，以合适的案例传授给学生，促进学生的计算思维、应用技能的养成，达到特定的教学效果，进而突显以计算思维为指导思想的教学模式。“计算思维能力的培养”将作为计算机基础教学的核心任务。

2.2 教材改革

教学的改革首先是教学思路的改革，然而到实际的教学过程中，是以教学纲要的改革为导向，从而编写教材，以教材去引领和指导教师教学和学生学习。这个是教改的思路，大纲要以计算机基本知识为前提又要结合专业实例出发，将二维码微视频作为指导目标。教材选材内容上增加一个大数据背景下的专业方向引领教学模块和一个结合实际的新形态。面对未来大数据时代下，描述学生现在学习的专业，在未来的大数据冲击下，专业会如何发展？我们该如何准备？或者说我们该如何让大数据背景来引领我们未来的专业发展思路和方向，从而让学生的思路紧跟时代的步伐？

2.3 将验证性实验与应用实例相结合

利用 Excel 的函数及图表的功能将验证性实验和改进性实验结合，让学生能将理论知识通过实验得到验证和提高，调动他们的学习兴趣，提高理论教学的效果。例如，在教程的“Excel”中实例描述了学生成绩表，创建每位学生三门科目成绩的三维簇状柱形图，根据这个例子进行改进，将实验设计为一个数据分析的实验。改进为《直方图的应用实验》原理——说明某事件发生的频率或强度，又称为率。常以百分率（%）、千分率（‰）、万分率（1/万）、十万分率（1/10 万）等表示。频率分布指按顺序列出各组标志值范围（或以各组组中值来代替）和相应的频率形成的统计分布。让学生掌握 Excel 的扩展功能，增强数据表示的理解、数据分类和数据处理能力；引导学生用 Countifs（）实现条件统计和数据分组的处理方法掌握，拓展学生的学习能力。

2.4 增加综合性和创新性实验

通过完成这类型的实验，学生会认识到计算机技术和专业的学习是不能孤立起来的，专业应用依赖于计算机的环境，改进综合性的实验也将学生概念中孤立的计算机技能组合起来，使他们意识到计算机的应用就是帮助他们在专业的应用中完成各种复杂任务，以此培养学生的自主学习和创新能力。例如，以化学合成实验数据的分析处理来培养学生的综合能力。将计算机与化学专业结合起来设计这样一个改进综合性实验。在化学合成实验中经常需要考察压力随温度的变化情况。某次实验在两个不同的反应器中进行同一条件下实验得到两组温度与压力相关数据，试分析它们与温度的关系，并对在不同反应器内进行同一条件下反应的可靠性给出替代依据。增加《相关系数改进综合性实验》，其目的：利用与化工专业结合的实验的数据为依据进行数据分析，让不同专业的学生受到启发，能自主结合本专业特点，设计出有专业特点的综合性和创新性实验，提高学生的数据处理能力。实验内容：利用化学合成实验所收集的在两个不同的反应容器中进行同一条件下实验得到两组温度与压力相关数据，分析容器与温度的关系，推论实验容器是否能替代。

3 实施实验改进后的效果

3.1 成绩对比

2017 年秋选取 909022020 - 18（159 人）班作数据跟踪，用进校第三周做的摸底测试成绩和学习后第十三周实验测试成绩的对比分析见下表。

操作内容	第三周（平均得分）	第十三周（平均得分）
Word 操作	8.13	15.67
Excel 操作	1.85	12.69
Powerpoint 操作	1.64	15.65

分析所用数据见下表：

	A	B	C	D	E
1	准考证号	姓名	字处理	电子表格	演示文稿
2	2017141431006	王果玉	9.50	4.70	0.00
3	2017141431007	杨新飞	7.70	0.00	0.00
4	2017141431008	张士民	7.50	5.00	1.80
5	2017141431013	汪文洁	13.50	7.10	0.00
6	2017141431014	刘骏翔	14.60	7.10	2.50
7	2017141431015	孙靖山	0.00	0.00	0.00
8	2017141431016	唐嘉鸿	9.80	0.00	6.50
9	2017141431024	杨玉良	0.00	1.20	0.00
10	2017141431025	叶繁	18.80	4.20	7.40
11	2017141431026	张健	6.80	10.20	0.00
12	2017141431027	李敏	11.10	1.30	3.50
13	2017141431028	刘美龄	13.10	0.00	2.30
14	2017141431029	牛荷	14.60	5.60	4.20
15	2017141431030	孙宇宸	10.60	9.60	4.60
16	2017141431031	王思媛	15.60	2.50	1.70
17	2017141431032	晏冰清	13.50	5.80	9.60
18	2017141431033	朱凌璇	11.40	11.40	0.00
19	2017141431034	程振浩	23.30	0.00	7.10
20	2017141431035	陆云华	0.00	0.00	0.00
21	2017141431036	张淳	20.50	0.00	6.30
22	2017141431037	韦秋阳	11.40	10.20	0.00
23	2017141431038	张近知	0.00	0.00	0.00
24	2017141431046	史锰杰	7.20	0.00	0.00
25	2017141431047	叶昂	6.30	3.30	0.00
26	2017141431050	潘颖	7.70	2.50	0.00

3周摸底 13周测试 Sheet3

	A	B	C	D	E
1	准考证号	姓名	字处理	电子表格	演示文稿
2	2017141431006	王果玉	14.50	2.70	12.00
3	2017141431007	杨新飞	15.00	8.90	20.00
4	2017141431008	张士民	12.20	18.30	18.50
5	2017141431013	汪文洁	19.20	16.00	11.10
6	2017141431014	刘骏翔	10.3	20	17.10
7	2017141431015	孙靖山	14.20	7.50	13.60
8	2017141431016	唐嘉鸿	18.00	0.00	20.00
9	2017141431024	杨玉良	12.10	10.00	16.00
10	2017141431025	叶繁	15.40	6.00	20.00
11	2017141431026	张健	16.00	12.90	15.00
12	2017141431027	李敏	13.80	1.30	20.00
13	2017141431028	刘美龄	18.30	20.00	20.00
14	2017141431029	牛荷	20.00	14.60	20.00
15	2017141431030	孙宇宸	18.50	14.00	20.00
16	2017141431031	王思媛	16.80	20.00	15.60
17	2017141431032	晏冰清	17.40	20.00	20.00
18	2017141431033	朱凌璇	0.00	14.70	11.10
19	2017141431034	程振浩	18.40	20.00	17.80
20	2017141431036	张淳	18.30	20.00	20.00
21	2017141431037	韦秋阳	16.60	6.70	20.00
22	2017141431038	张近知	19.20	20.00	17.80
23	2017141431046	史锰杰	16.80	3.10	2.20
24	2017141431047	叶昂	13.30	13.80	20.00
25	2017141431050	潘颖	17.30	10.00	10.00
26	2017141431051	王珊珊	17.60	14.70	17.50

3周摸底 13周测试 Sheet3
就绪 计数: 5 100%

从测试数据可以得出，通过新形态教材和实验改进后的实验学习，学生的动手能力得到显著提高，成绩明显提升。

3.2 学生反馈

从 300 余份实验手册中，分析学生返回数据汇总。

2017 年秋在两个教学班（约 300 人）实施，学生反映不错。综合学生反馈信息如下：80% 的学生反映掌握了直方图的应用，非学实用，提高了对数据处理的能力；掌握了 countifs（）函数的使用技巧；掌握启用 Excel“数据分析”功能，对自己学习中的数据分析有很大帮助；学会了数据整理、分组和取整的方法。

对本实验学生建议：多提供几组数据巩固练习，将操作步骤录制微视频，扫二维码；希望能学习方差等其他分析方法；再多提供分析实例和思考题；多设计类似的实验课，能更好地将理论与实践结合起来；推广加入到实验教程中。

学生的建议将给本课程的后期改革提供直接资料，相信随着教师和学生的共同努力，能增强学生学习的信心和专业结合能力。从学生反馈的信息可以知道，通过该实验的改进，有效地培养了学生创新思维能力，激发他们的学习热情，从而提高了教学质量，为创新能力培养途径探索了新的方向。学生反馈信息支撑资料如下图所示。

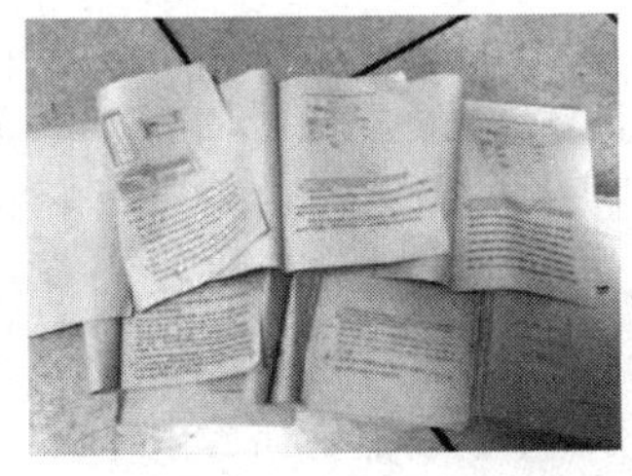
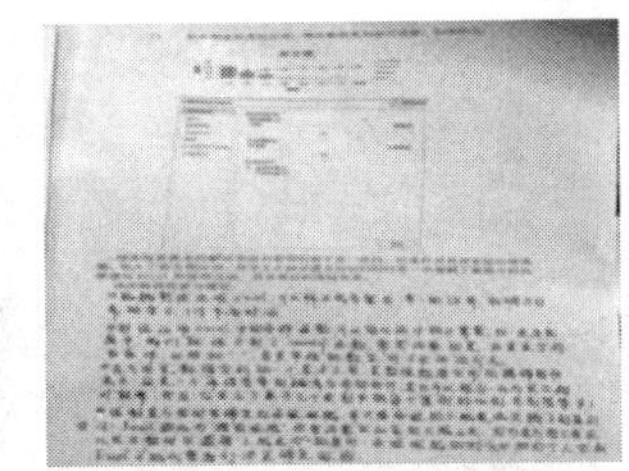
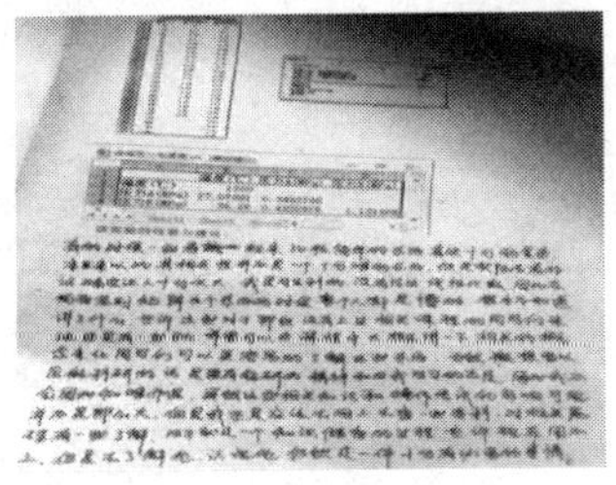
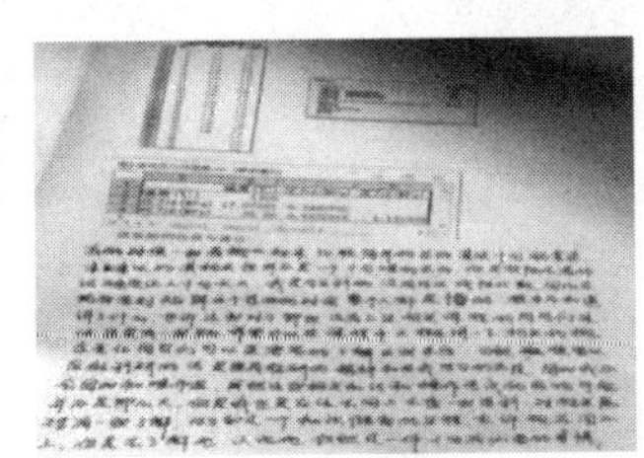
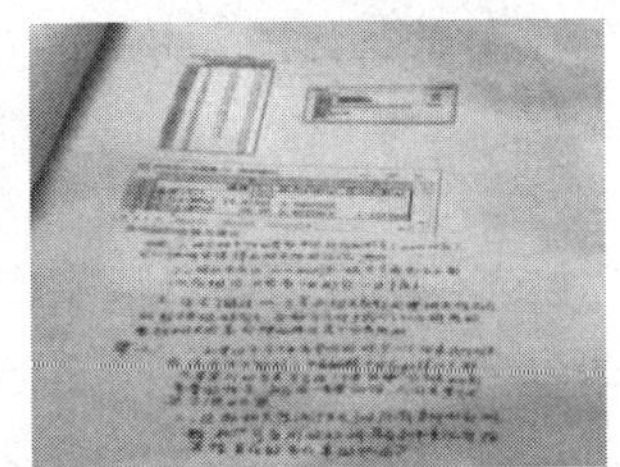

4 结束语

“计算机技术基础”课程的实践性、操作性很强，其理论知识的掌握与能力的培养主要依赖于学生上机的实践锻炼。但现行实验教学中存在诸多困难与问题，使学生的计算机实践能力不能满足社会发展的需求。只有坚持改革与创新，逐个消除阻碍计算机实验教学水平提高的各类因素，建立科学、合理、锐意进取的实验师资队伍，激发学生学习的主动性与积极性，才能确保计算机实验教学取得满意的教学效果。这门实验也是学生后期学习的一个切入点，进一步提高他们的动手能力和创新能力，只有掌握了数据处理的基本方法，才能在大数据时代下游刃有余。“计算机技术基础”课程教学的指导思路要以不改变大学计算机目前的教学纲要为核心本质，紧跟时代发展的脚步，有机地与专业相结合，学习内容与应用接轨才是“计算机技术基础”课程教学在大数据时代改革的探索思路。

参考文献：

[1] 吴元斌，熊江，陈晓峰.《大学计算机基础》实验教学的问题及改革［J］. 实验科学与技术，2014（2）：84－86.

[2] 刘菲. 大学计算机基础课程实验教学改革的科学创新与实践［J］. 计算机教育，2012（14）：104－106.

[3] 陈国良. 计算思维导论［M］. 1版. 北京：高等教育出版社，2012.

[4] 刘洁群，马婷婷. “大学计算机基础”实验教学的现状与改革探索［J］. 合肥学院学报（综合版），2015（3）：86－89.

[5] 杨敏丽. 大学生创新能力的培养是学科教学的重要任务［J］. 知识经济，2015（15）：144.

[6] 李海峰. 后现代视域中大学生创新能力培养路径研究［J］. 教育评论，2016（2）：92－94.

新工科背景下的大学计算机课程改革与探索

张　露，孟宏源，夏　欣，吴宏瑜
四川大学计算机学院

摘　要：新工科（Emerging Engineering Education：3E）是基于国家战略发展新需求、国际竞争新形势、新要求而提出的我国工程教育改革方向。新工科的内涵是以立德树人为引领，以应对变化、塑造未来为建设理念，以继承与创新、交叉与融合、协调与共享为主要途径，培养未来多元化、创新型卓越工程人才，具有战略型、创新性、系统化、开放式的特征。基于计算思维的大学计算机课程改革是内在动力，面向新工科人才的需求则是强烈的外部牵引，新工科背景下大学计算机课程的改革探索势在必行。

关键词：新工科　计算机基础课程　计算思维　改革

新工科的提出，是在新科技革命、新产业革命、新经济背景下工程教育改革的重大战略选择，是今后我国工程教育发展的新思维、新方式。新工科是以新经济、新产业为背景，一方面要设置和发展一批新兴工科专业，另一方面要推动现有工科专业的改革创新。开展新工科研究与实践，实现从学科导向转向以产业需求为导向，从专业分割转向跨界交叉融合，从适应服务转向支撑引领。

为培养大学新生自主学习的能力，构建广度优先、授人以渔，并且适应时代要求的大学计算机课程改革已成为当务之急。

1　新工科的内涵

新工科以应对变化、塑造未来为建设理念，以继承与创新、交叉与融合、协调与共享为主要途径，培养多元化、创新型卓越工程人才，为未来提供智力和人才支撑。

新工科的内涵是，以立德树人为引领，以应对变化、塑造未来为建设理念，以继承与创新、交叉与融合、协调与共享为主要途径，培养未来多元化、创新型卓越工程人才。

新工科，“工科”是本质，“新”是取向，要凸显这个“新”字，又必须基于“工科”，其内涵可从以下三个方面来理解。

1.1 理念新：应对变化，塑造未来

新工科建设以理念的率先变革带动工程教育的创新发展，积极应对变化，引领创新，探索不断变化背景下的工程教育新理念、新结构、新模式、新质量、新体系，培养能够适应时代和未来变化的卓越工程人才。

新工科更加强调主动塑造世界，高等教育作为人才第一资源、科技第一生产力、创新第一驱动力的重要结合点，与社会经济的发展十分紧密。工程教育更是直接地把科学、技术同产业发展联系在了一起，工程人才和工程科技成为改变世界的重要力量。

1.2 要求新：培养未来多元化、创新型卓越工程人才

新工科作为一种新型工程教育，其育人的本质没有变，但对人才的培养要求发生了变化。

工程人才培养质量要求面向未来。美国工程院发布的《2020 的工程师：新世纪工程的愿景》报告中提出：优秀的分析能力、实践能力、创造力、沟通能力、商业和管理知识、领导力、道德水准和专业素养、终身学习等是未来工程师应该具备的素质。2016 年世纪经济论坛报告 *The Future of Jobs：Employment，Skills and Workforce Strategy for the Fourth Industrial Revolution* 特别强调了包括社会技能、系统技能、解决复杂问题的技能、资源管理技能、技术技能在内的交叉复合技能。基于国际标准和我国重大战略需求和发展实际，未来的工程人才培养标准应该强调以下核心素养：家国情怀、创新创业、跨学科交叉融合、批判性思维、全球视野、自主终身学习、沟通与协商、工程领导力、环境和可持续发展、数字素养。

1.3 途径新：继承与创新、交叉与融合、协调与共享

新工科反映了未来工程教育的形态，是与时俱进的创新型工程教育方案，需要新的建设途径。新工科要根植于我国的历史积淀和传统优势，要面向未来全面加快改革创新。新工科必须通过人才培养理念的升华、体制机制的改革以及培养模式的创新应对现代社会的快速变化和未来不确定的变革挑战。

交叉与融合是工程创新人才培养的着力点。基于多学科交叉、产学研融合，斯坦福大学的硅谷模式、剑桥大学的科技园区等对创新人才培养提供了很好的参考。

交叉与融合是重大工程科技创新的突破点。学科交叉融合是工程科技创

新的源泉，关键核心技术和重大工程创新科技成果的突破大多源于学科交叉。

2 新工科的特征

新工科的内涵决定了新工科以下几个方面的特征。

2.1 战略型

新工科建设是战略导向的，不仅要应对当前的变化，还要塑造未来，培养未来多元化、创新型卓越工程人才。

2.2 创新性

创新是引领发展的第一动力，新工科建设是面向“大产业”的全链条创新性变革，要将经济社会发展需求体现在人才培养的每个环节，围绕产业链、创新链重塑工程教育。

2.3 系统化

新工科建设需要从系统的角度积极回应社会的需求，设计一个教育、研究、实践、创新创业的完整方案，在培育发展新工科的同时改造提升传统工科。

2.4 开放式

新工科是更高层次的开放式工程教育。新工科建设需要开放融合的教育生态环境，对外加强国际交流与合作，对内促进工程教育资源和教育治理的开放。

3 面向新工科的大学计算机课程教学改革

“新工科”要面向未来全面加快改革创新，必须通过人才培养理念的升华、体制机制的改革以及培养模式的创新应对现代社会的快速变化和未来不确定的变革挑战。

3.1 培养学生的“计算思维”能力①

2015年6月由教育部高等教育司组织的校企合作专业综合改革项目（“微软公司产学合作专业综合改革项目”），面向全国各高等院校的所有院系，通过支持计算机基础课程体系及课程内容建设，推进优质教学资源共享、提升计算机基础教学的教学质量。重点支持以“计算思维+”为核心的课程建设，推动高校建设一批随着计算技术在各学科应用的不断深入而产生的交叉型课程。四川大学计算机教学实验中心的“综合性大学基于计算思维的大学计算机课程体系的构建”项目申报成功并实施。

该项目于2017年顺利完成已经结题，原定5项目标成果已全部如期实现，重新制定了分层次、分学科的教学大纲和教学计划，两本反映“计算思维”特点的新形态教材《大学计算机》和《大学计算机实验》已于2016年9月出版，并制作了与之配套的课件和电子教学资源，在2016级和2017级学生中使用，成效显著。

由于各种研究、应用学科繁多，涉及面广，而分类又细，且当今的很多学科都需要进行大量的计算，“计算思维”对其他学科有着极其深远的影响。计算机是学科跨界的杠杆，“计算思维”有一种潜移默化之功，能够启发学生自主学习，并且做到举一反三，触类旁通。

以“计算思维”为核心的大学计算机课程改革，其目的是通过梳理大学计算机基础教学的核心知识体系，通过教学内容、教学案例和教学方法的改革，将“计算思维”培养建立在知识理解和应用能力培养的基础上。“计算思维”所蕴含的思想和方法，有助于拓展人的思维空间，掌握分析问题和解决问题的方法，与高等教育强调创新与能力的培养相吻合，符合信息化社会的需求。

研究力争探索出适合综合性大学不同专业与“计算思维”跨学科融合的路径和方法，更新教学观念，改进教学方法，从开放教学和实验两个环节，培养学生的“计算思维”能力，激发学生的创新精神，通过学生自主调研和学习，促进“计算思维”与学生所学专业的充分融合。

从课程大纲、课程内容、课程体系的建设等方面同步进行改革，探索分层次、分专业，有针对性地实施这门通识教育课程的教学实践，引导学生认识“计算思维”、理解“计算思维”、建立“计算思维”，进而培养学生将无意识的

① “2015年微软公司产学合作专业综合改革项目”的研究成果之一。

“计算思维”变成有意识的“计算思维”，积极主动地运用“计算思维”去思考问题，开阔思路，为下一步解决所学专业领域当中的难题打下坚实基础。

针对综合性大学基于“计算思维”的“大学计算机课程体系构建与教材建设”研究，在学校的文、理、工、医学及艺术学科中试点，开展“计算思维”能力培养的计算机基础课程教学改革，探索综合性大学以“计算思维”为核心的计算机课程教学改革的具体做法和实施方案。

3.2 加强学科交叉，重构知识体系

2017 年 6 月 12 日，教育部正式发布《新工科研究与实践项目指南》，如果说上述基于“计算思维”的大学计算机课程改革是内在动力，那么面向新工科人才的需求就是强烈的外部牵引。

重构人才知识体系，鼓励高校在原有基础上拓宽人工智能专业教育内容，形成“人工智能 + X”复合专业培养新模式，重视人工智能与数学、计算机科学、物理学、生物学、心理学、社会学、法学等学科专业教育的交叉融合。加强产学研合作，鼓励高校、科研院所与企业等机构合作开展人工智能学科建设。加强产学研合作，鼓励高校、科研院所与企业等机构合作开展人工智能学科建设。

更新工程人才知识体系，将产业和技术的最新发展、行业对人才培养的最新要求引入教学过程，更新教学内容与课程体系。

通识课程体系是我校 2018 年进行课程改革的重点，拟构建五大模块的通识核心课程体系：①人文艺术与中华文化传承；②社会科学与公共责任；③科学探索与生命教育；④工程技术与可持续发展；⑤国际事务与全球视野。大学计算机类课程纳入“工程技术与可持续发展”模块（如图 1 所示）。

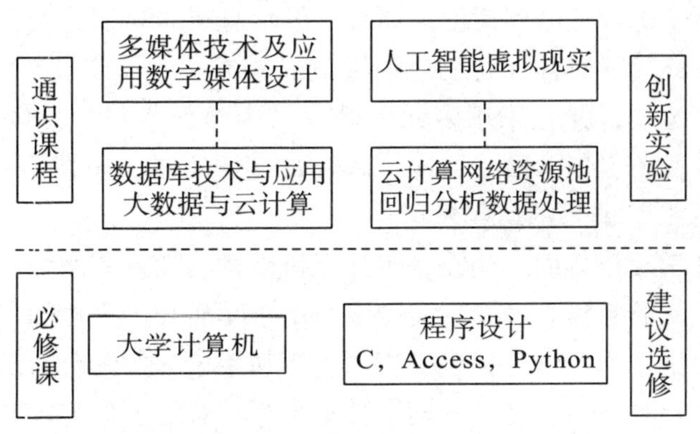

图 1 大学计算机类课程模块

推动教师将研究成果及时转化为教学内容，向学生介绍学科研究新进展、实践发展新经验，积极探索综合性课程、问题导向课程、交叉学科研讨课程。

积极探索创新创业教育，培育交叉融合的育人生态，建立创新创业教育和实践平台，将高水平科研优势和产学研资源转化为育人优势，打造从“创意—创新—创业”完整链条的创新人才培养模式。

3.3 创新教学方法和技术

以信息技术为主线，“计算思维”为中心，凸显通识类课程的科学性、基础性、支撑性和文化性等特点，构建新的大学计算机课程体系，体现计算机学科知识、操作技能与其他学科之间的融合。

与传统课堂相比，开放与融合是教学探索中的特色。根据新的教学方案，首先对教学大纲、教学日历、教案和实验讲义以及课件进行全面梳理和整合，收集并制作了大量教学案例与视频资源，建立了教学案例库、素材资源库、考试题库和在线测试网，“三库一网”相互融合，全面对学生开放。同时，配合新形态教材的使用，鼓励学生走出课堂，通过各种渠道认识和理解“计算思维”。

在具体教学实践中，将全校 12 个学科分为理工、医学、文科和艺术四个类别开展教学改革，并且兼顾不同层次的学生分别组织教学实践。在课程资源建设方面，收集、整理体现“计算思维”能力培养的典型案例和实例，挖掘与专业课程应用结合的范例，设计“计算思维”训练特征明显的各个教学片段、场景和习作题。

在教学模式的改革方面，课内、课外训练相结合，注重学生综合能力的培养。课内教师根据教材进行引导学习，加强典型例题的启发式讲解；课外鼓励学生对自己所学的专业开展广泛调研，了解计算机学科的典型方法与技术，探讨如何解决不同学科具体问题的应用案例。同时，进一步改革课程考核方式，加强考试题库建设，并且采用多元评价方式考核学生成绩，设计开放加分题目，鼓励学生勇于创新、敢于突出，锻炼其克服困难、坚持不懈的优良品质，落实“计算思维”能力的培养目标。

在实验教学改革方面，建设基于计算机硬件、软件和网络三类平台的开放实验室。传统实验室大多数是有线网络，由于学生智能手机的广泛普及和平板电脑的使用，给学生的学习提供了新的资源和手段，并配合新形态教材的全面使用。建设实验实践平台，开发网络教学平台，开放创新实验室，从而培养学生自主学习能力，引导学生发表独立见解、互动学习，激发学生的求知欲望，力求体现出“计算思维”与其他学科融合的特点。

个性化课程体系、小班化教学、双导师制等“以学生为中心”的教育模式变革，致力培养“具有深厚数理基础和人文素养，善于从工程中发现科学问题，并能运用科学原理解决工程难题，能够解决人类面临重大问题和国家重大战略需求的未来工程领军人才”。

4 结束语

把握新工科人才培养的核心素养，强化工科学生的家国情怀、全球视野、法治意识和生态意识，培养学生设计思维、工程思维、批判性思维和数字化思维，努力提升创新创业和跨学科交叉融合能力，是新工科人才培养的目标和要求，新工科背景下计算机基础课程的改革探索势在必行。

参考文献：

[1] 钟登华. 新工科建设的内涵与行动［J］. 高等工程教育研究，2017（3）：1-6.

[2] 教育部高等教育司：《教育部高等教育司关于开展新工科研究与实践的通知》，教高司函〔2017〕6号，2017年2月.

[3] 李飞，李拓宇，陆国栋. 以科教融合、学科交叉提升工科人才培养质量——中国工程院岑可法院士访谈录［J］. 高等工程教育研究，2015（4）：5-9.

“C语言程序设计”课程教学如何适应新工科下的学生能力培养[①]

吴宏瑜，夏　欣，葛　龙，张　宇，郭新明

四川大学计算机学院基础教学实验中心

摘　要：计算思维能力是未来的人类所需具备的基本能力之一，“C语言程序设计”课程对培养大学生的计算思维能力和信息应用技能是一门重要课程。针对社会发展的需要，对C语言教学改革进行探讨与实践，以此来提高C语言教学的质量，引导学生学会运用C语言这个基本工具分析问题、解决问题。

关键词：“计算思维”　新工科　创新能力　程序设计实验教学

0　引言

从20世纪末开始，国际工程教育改革风起云涌。“回归工程”“工程教育范式转移”“再造工程教育”等口号的提出，无不反映出创新工程教育的国际发展趋势。“新工科”是新时期国家推进高等教育改革的新战略。首先，它是我国新经济时代实施创新驱动战略的迫切需求，“互联网+”“工业制造4.0”“中国制造2050”带动了新一代信息技术、电力装备、高档数控机床和机器人、新材料、虚拟现实以及现代生物技术等新科技迅猛发展，相关新兴产业和创新型企业需要一大批工程实践能力强、创新能力强、具备国际竞争力的高素质复合型“新工科”人才。“新工科”的提出为工程教育的理论和实践探索提供了一个全新的视角，当前工科学生能力培养的一个重要内容是学生的创新能力的培养，让学生以主动的、实践的、课程之间有机联系的方式学习，提高自身的工程意识和创新能力。“新工科”要着眼于互联网革命、新技术发展、制造业升级等时代特征，培养学生最根本的能力——快速学习新事物的能力。C语言程序设计的学习对培养学生良好的程序设计素养和对计算机科学的浓厚兴趣，以及对学生后续专业知识的掌握都起着重要的基础作用。

① 本文系2017年四川大学实验技术立项“C语言程序设计新形态实验教学探索”研究成果之一。

1 工科学生学习 C 语言程序设计的重要性

一名合格的工科学生不仅需要学好专业课程，还应具有一定的编程能力。程序设计应该是现代人的一种素质教育，C 语言是计算机程序语言的基础，是实用的程序设计工具，学好 C 语言对学生今后学习 Java、C + +、VB 等编程语言可以打下良好的基础，因为这些语言大部分都是由 C 语言扩充或衍生而来的。C 语言可以用于开发驱动、通信协议之类，在 Unix 和 Linux 环境中也是缺一不可的，另外在嵌入式领域也大有作为。

相比较其他的编程语言（像 C + +，Java），C 语言是个低级语言。从总体上来说，低级的编程语言可以让学习者更好地了解计算机。在学生良好掌握 C 语言程序设计的基础后，其他高级编程语言的学习一般能轻松搞定。因为所有的高级语言都是以 C 语言为基础的延展。C 语言也是唯一能阐述指针的本质的语言。现在有微处理器的设备都支持 C 语言。从微波炉到手机，都是由 C 语言技术来推动的开发。因此，借助 C 语言程序设计的学习，可以开拓学生的逻辑思维能力及动手能力，更能提高学生在相关领域中的计算机应用开发能力和用计算机分析问题、解决问题的思维意识。

2 C 语言程序设计教学现状

2.1 学生的学习态度和方法不稳定

目前，我校 C 语言程序设计课程主要是面向大一新生开设，学生进入大学后，由于大学学习与中学学习相比，无论是内容还是方式都有很大不同，需要转变学习态度和方法。面对新的学习环境，那些学习目标不明确、自控能力差的学生往往一时难以适应变化，当学习出现困难时，便易产生焦虑和自卑情绪，从而丧失学习的信心。特别是大一新生，多数没有利用计算机语言进行程序设计的基础，学习过程中理解力、掌握程度相对较差，容易出现畏难心理，不能在规定的时间内完成实验项目。甚至一些学生会上网查找相关内容，复制、粘贴，不动脑子思考，没有达到学习目的，这直接影响 C 语言程序设计课程的教学质量。

C 语言强调的是模块化的思维，而学生习惯于顺序编程的思维方式。而有的学生比较依赖老师，老师讲多少就学习多少，上机时一有错误就找老师，总觉得老师的解题思路是最好的，这样就减少了自己独立思考的机会，难以培养独立思考和分析解决问题的能力。

2.2 传统教材内容陈旧

传统的教材内容和教学重点放在语言的语法知识和规则的学习上，而且传统的C语言程序设计教材的前两章也都在深入介绍程序的语法规则，导致一些教师偏重于在理论课堂上侃侃而谈语法规则，抽象、繁杂、枯燥的新概念、新名词、新规则接踵而来，使学生一时间难以接受，新意全无，也会导致对“C语言程序设计”课程产生厌烦心理，失去学习动力，进而产生恶性循环。甚至有极少学生因而产生了弃学的想法。

2.3 教学形式单一

“传统的程序=算法+数据结构”，一些教师在讲课过程中常常忽略算法的设计，而是单纯对语法知识的生搬硬套，一味照搬现有经典算法，不注重程序设计方法的讨论交互，没有给出足够的时间和空间让学生思考，容易导致学生不会积极主动地开动脑筋，不会举一反三。在教学方式上以老师讲为主体、多媒体投影为辅，学生的参与意识得不到培养，这种机械性的学习将阻碍学生的主动性思维和创造性思维的开发。

2.4 实践环节和实践效果不佳

传统的教学方法偏重于理论知识的学习，考试主要内容涉及的也是语法知识主体，从而导致一些学生为了拿学分只注重理论知识的学习，忽略了实践环节。学生对理论知识一知半解后去上机实践，由于理论与实践脱节，很难在实践课程中灵活使用语法知识。他们会在上机时把语法知识作为首要的任务进行练习，但由于C语言语法的复杂性，很多学生在一时间往往很难掌握所有相关的语法规则，程序调试时会出现很多语法错误。加之上机实践课往往只由一名教师主讲，一个教师要给一个班级的学生调试程序检查错误需要花费大量时间，往往会出现很多学生等待的现象，实验课的时间又少，教师和学生交流有限，导致很多学生在实验课结束后可能连一个小问题都没有解决，大大影响了上课的效率。

3 实施教学改进措施

基于上述问题，要适应新形势下的学生创新能力的培养，提高C语言程序设计的教学效果，在教学中可采取如下方法。

3.1 知识思维导图化，提高学生兴趣

从教学内容组织上，保证涵盖C语言的全部知识点，使其能够满足各种非计算机专业学生的学习需求，形成完整的C语言程序设计知识思维导图，帮助学生提高总结归纳的能力。

C语言程序设计因其语法知识点多且杂，是各种程序设计语言中比较难学的一种。学生面对纷繁复杂的语法知识结构，常常似是而非，概念模糊，导致在上机调试程序时语法错误多而失去学习兴趣。而现有教材介绍的语法知识和教师传统讲解的语法知识均是上下的“层次结构”，学生学到后面时，前面的知识已变得模糊。改变这种用“层次结构”方法构建学生知识结构的教学模式，以“思维导图”的方法画出每章知识结构，将一章各语法知识点、所涉及的下一级知识点、各知识点间的联系等形成一个“平面结构”，使其与人脑存储知识类似，这样一来，学生就好比看交通图一样，对各知识点一目了然，便于清晰地理解和记忆。图1是思维导图示意图。

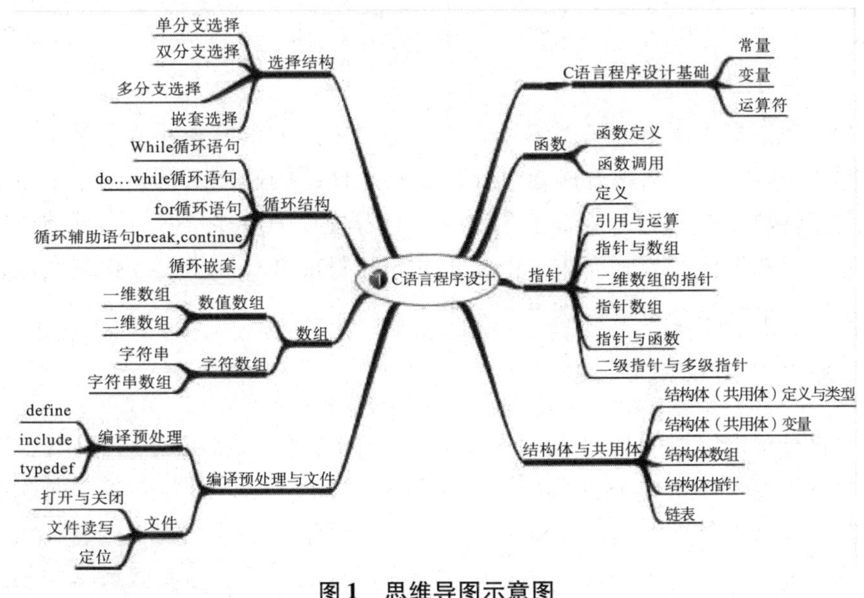

图1 思维导图示意图

3.2 改进教材内容

为适应“新工科”的要求，对教材的内容与形式做如下的改进，以期提高学生自主学习的能力，减少对老师的依赖程度。

3.2.1 知识内容微课化

对重要知识点的讲解利用微课化讲解的方式呈现，围绕某个知识点或教学环节开展简短、完整的教学活动，让学生利用碎片时间通过不断的微知识、微学习、微练习，在有限的学时内掌握C语言程序设计的基本技能和一定的应用能力。在C语言程序设计课程中引入翻转课堂不应是简单地将课堂授课内容移到课堂之外，而是要对传统课堂做一个全新的设计：教学内容上，要求有取舍，明确哪些内容可以让学生在课外学习，哪些内容需要在课内适当讲解，哪些内容需要在课堂上重点关注；教学方法上，要求在上课前规划出学生观看的教学视频内容。

3.2.2 教学内容重组化

教学内容将围绕计算思维能力培养目标进行，以适应翻转课堂的教学需要来改进教学手段，不断提升教学质量。翻转课堂中，学生要通过教师事先提供的视频来学习课程的知识，因此，视频的设计应能吸引学生的注意力，方便学生的观看，同时要具有一定的交互功能。鉴于此，视频设计应以微课形式设计为佳，即以知识点为单位设计视频，一个知识点的长度以小于10分钟为宜，切忌长篇大论。

3.2.3 网上互动协同化

课程配备自主学习的拓展练习，通过练习和网上讨论等环节，学生能进一步掌握知识点，产生兴趣开展自主学习活动。使用的制作工具和网络平台应方便使用并具备交互功能，使学生在视频的观看过程中可以及时做出反馈；视频的录制可以选择优秀教师完成，能实现共享。目前ICC课堂已经构建完成，在学生中选一个教学小班进行试点，效果不错。

3.3 编程思维训练

编程思维训练要为提高学生的动手能力，增加综合性实验。采用“循序渐进”的方法，提炼实验内容，使其少而精，以经典算法为主线，训练学生的实践、设计与创新能力。这样的实验安排能使学生感受到解决问题的快乐和成就感，提高学习的主动性，最终掌握程序设计的能力。在实践教学中采用实际案例，以实例为驱动，把实例相关的内容分解到每个实验单元中，采用堆积木的渐进的方法，最终完成一个综合程序的设计。在实验内容上，选择学生比较熟悉的一些实际问题，作为实践的任务，在每章的实验中体现出来。每次的实验可以完成问题的一部分，或是对以前完成的内容用新学到的知识进行改进。这样，可以使得每次实验中的内容不是孤立的，而是相互联系的，是一个总体项目的内容不断增加和完善的过程。在整个实验的学习过程中，始终有个总的任务在驱动，而学生又是在一个又一个小的任务的驱动下，一次又一次地亲身体验迈向成功的喜悦。同时，在实验教学过程中，把学生分成小组，让他们有意识地组织开展协作学习，通过组内协作讨论，相互交流信息，取长补短，共同完成任务。通过协作学习，学生能够相互启发，相互促进，培养合作意识，驱动自身产生更加强烈的创作欲望。

4 效果

在“C 语言程序设计”课程教学中让学生参与其中，培养了学生的“计算思维”能力，利用微视频和 ICC 平台引导学生自主学习，提高了学生的主观能动性，培养了学生的创新能力和应用能力，是实现程序设计课程学习目标的有效方法。以“新工科”为切入点为学生的后续课程的学习奠定一定的基础。由于增加了学生学习的网络平台，以及微视频的辅助，学生学习的积极性大大提高，学习目标更明确，学习中遇到困难也会主动与老师沟通，或在同学之间讨论，增强了彼此的沟通，提高了解决问题的能力。从学生成绩来看普遍有了提高，图 2 和图 3 是在同一题库平台下的两学期学生成绩分数对比。从图 2 中可以看出，学生的成绩虽然不服从正态分布，但是总体成绩在上升。

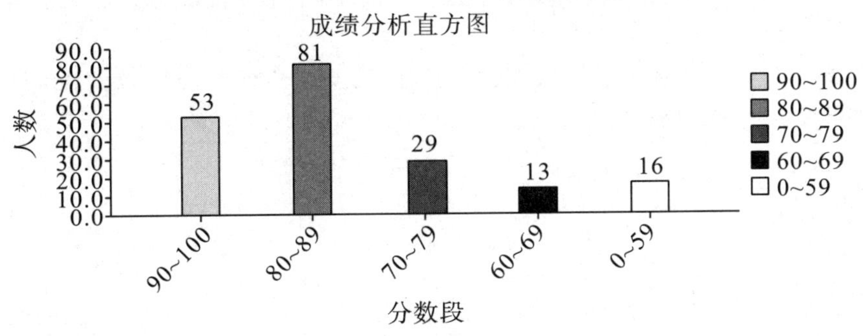

图 2　采取措施前成绩分布

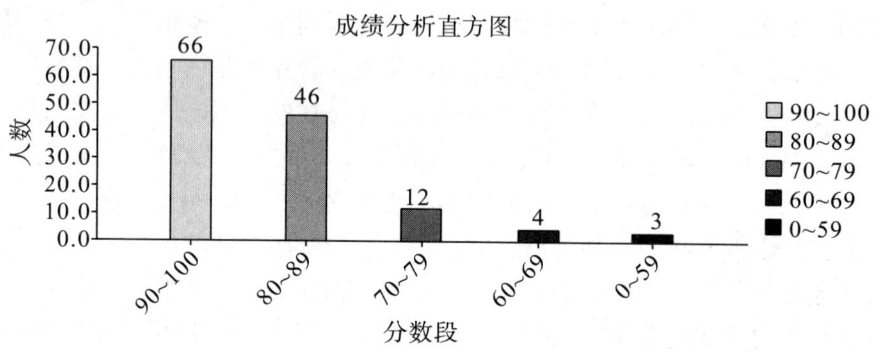

图3 措施实施后的成绩分布

5 结束语

在国家“卓越计划”下，高校对C语言的实验教学的改革迫在眉睫。基于“计算思维”的“C语言程序设计”课程实践教学是教学改革中的一大创新，学生在编程语言的学习过程中，不仅提升了C语言的编程能力，而且能够锻炼“计算思维”，这样可以帮助学生在今后的学习、工作和生活中都能够利用数学逻辑思维能力去解决复杂的问题，具有独立思考和创新的能力。

参考文献：

[1] 郑爽. C语言程序设计课程中培养计算思维的案例教学法研究［J］. 计算机光盘软件与应用，2013（21）.

[2] 武小年，韦永壮，张向利. C程序设计课程教学探讨［J］. 教育教学论坛，2014（4）.

[3] 张敏. 以计算思维为导向的C语言程序设计课程案例教学法研究［J］. 微型电脑应用，2015（9）.

[4] 刘光蓉. 以计算思维能力培养为导向的C程序设计实验教学［J］. 实验技术与管理，2013（11）：54，156，191.

环境教育公选课“知行合一”的教学创新与探索[①]

周　瑾，颜　炯，卢红雁

四川大学建筑与环境学院环境系

摘　要：党的十九大报告首次提出了“建设富强民主文明和谐美丽的社会主义现代化强国的目标”。在新时代背景下，“绿水青山就是金山银山”，核心在绿色发展、循环发展和低碳发展，通过现代化的绿色产业体系实现国民经济的绿色化。因此，环境教育类通识课程在高等教育中的必要性和迫切性随着时代的发展而日益突出，我们坚信“环境教育是绿色、循环、低碳发展的主要驱动力”。

大学培养造就未来社会的建设者，在校大学生将是未来各行各业的决策者、实践者，同时还必须是环境的保护者。大学生是否具有环境意识、是否懂得如何处理人与自然的关系和解决环境问题，将直接关系到“建设富强民主文明和谐美丽的社会主义现代化强国的目标”的实现。环境教育公选课培养大学生可持续发展意识和践行环保行动的课堂教改创新探索是用“绿色思想”培养具有综合环境素养的高素质人才的基础。

关键词：环境教育　知行合一　专题型　综合性学习　合作互动式教育方法

1　高等教育中开展环境教育是时代发展的必然趋势

2017 年 10 月，习近平总书记在党的十九大报告中指出：“加快生态文明体制改革，建设美丽中国。”人与自然是生命共同体，人类必须尊重自然、顺应自然、保护自然。人类只有遵循自然规律才能有效防止在开发利用自然上走弯路，人类对大自然的伤害最终会伤及人类自身，这是无法抗拒的规律。我们要建设的现代化是人与自然和谐共生的现代化，既要创造更多物质财富和精神财富以满足人民日益增长的美好生活需要，也要提供更多优质生态产品以满足人民日益增长的优美生态环境需要。人与自然和谐共生，既是现代化发展的不竭动力和力量源泉，也是生态文明和人类文明发展到更高阶段的体现。

① 本文系四川大学新世纪高等教育教学改革工程（第五期）研究项目“中外高校可持续发展教育课程开设及教学方法比较”的后续研究成果之一。

在这样的时代背景下，在高等教育中开展环境教育的重要性和必要性越发伴随着时代的发展而日益凸显。环境教育通过对自然环境、社会政治制度、经济制度、文化价值观以及伦理道德和审美方面的思考，促进人们对环境态度与行为的转变，而这种转变将有助于解决现存的环境问题且避免引起未来新的环境问题。从价值观、世界观的纵深层次教育人、影响人的环境教育，其目标是使每个社会公民都具有一种对人类可持续发展负责的态度，树立全新的环境伦理观念，并获得对自然世界的审美方法。这一目标无疑是党的十九大报告中提出的“加快生态文明体制改革，建设美丽中国”在人民群众中落实的强劲助力器。

相对于开展较早的中小学环境教育，我国高等教育中的环境教育最先起步和发展迅速的是环境科学和环境工程的专业教育；而非环境专业的、旨在提高大学生环境意识与环境综合素质的环境教育则起步较晚，发展较慢。当今世界的发展趋势与我国社会面临的新情况和时代呼声，要求我们在高等教育中加快环境社会科学和环境人文科学的研究和建设，因为只有把社会科学理论和自然科学理论结合起来，把这两种方法的实施与公众参与结合起来，我们才能更好地迎接环境现实的挑战，共建美丽中国。面对社会的未来发展，高等教育培养的人才不仅应具有专业的科学技术能力，还应该具有关爱环境的综合环境素养，这种综合的环境素养不可能仅仅依靠科技教育来实现，还必须进行文理渗透的综合性环境教育。环境教育中最重要的是情感、态度、价值观教育，以及责任感、使命感交织的行动力培养。

因此，环境教育是贯彻国家基本国策，实现可持续发展战略的基础工程；环境教育从理念到方法都是一种全新的教育，是大学生素质教育的重要组成部分。

2 玩转课堂的环境教育方法和途径的探索

随着环境教育在世界范围的迅速发展，环境教育方式方法的研究在不断深入，方法和途径也在不断扩展和更新。在学习和借鉴国内外环境教育方法和途径的基础上，根据我校“以学为中心”的教育理念，结合选课学生的特点以及当前社会上出现的环境热点议题，利用教师已有的社会资源，在课堂教学中灵活创造和采用各种环境教育方法，玩转课堂，在教学过程中使“以学为中心”的学校教育理念得以落实。

2.1 环境专题型环境教育课程

课程内容进行专题版块设置，以与环境教育相关的某个内容为主题设计课程，课堂讲述和活动皆围绕这一主题进行，这是一种专题型环境教育学习的方式。这种课程形式能够促进学生与伙伴密切交流和协作，共同探讨如何解决某一特定环境问题并相互鼓励付诸实际行动，同时发展学生的合作精神，共享研讨成果。

以目前社会热点环境问题之一——垃圾为例。2017 年，国家住建部颁发了《关于加快推进部分重点城市生活垃圾分类工作的通知》，垃圾的产生和处理越来越引起社会各方面的广泛重视，同时也是普通民众生活中一个具体而又现实的环境问题。为了让同学们充分理解垃圾这一社会环境问题与个人的关系，并能够在日常生活中为改善垃圾问题而付诸行动，环境教育公选课设置了垃圾专题。

这个专题分为四个部分：一是关于垃圾的讲述和视频观看，视频为中央电视台《新闻调查》栏目于 2017 年夏天拍摄的关于成都垃圾回收创业公司的纪录片，由于视频内容与学生的学习生活非常接近，观影后引起深刻反响。二是小组课题作业，在讲述应对环境问题的三种方法后，通过有趣的分组游戏让学生组队，抽签选择课后探究每一种方法在应对垃圾问题上的优势与不足，并把研究结果通过小组汇报的方式进行全班分享和讨论。三是邀请正在推广垃圾分类工作的社会环保机构负责人来到课堂，与学生面对面交流垃圾分类工作在社会中的现实状况以及在此领域的社会进步和面临的挑战。四是课后信息的补充和行动，通过已建立的课程微信群给同学们传递目前国内外应对垃圾问题的各种信息，引导学生思考其与生活的关系和中外解决之道，并鼓励学生在日常生活中推行垃圾减量和分类的方法。

这样有组织、有意识、有目的的交流、研讨和合作、分享，不仅加深了同学们对问题的认识和思考，还获得了超越预期的行动效果。

2.2 综合性学习型环境教育课程

综合性学习是当今世界基础教育课程改革的基本发展趋势之一。综合性学习型环境教育课程提倡让学生自主发现课题，引导其根据自己的专业、兴趣和关注点去发现课题，培养其主动、有意识地探究课题可行性的积极态度，锻炼信息收集、讨论、调查、思考、总结、撰写和呈现报告等多种学习方式的综合运用能力。

在环境教育公选课中，综合性学习的体现是考核方式的多样化。课程的考核有基本要求和主题范围，但没有规定具体选题，学生们可自愿组合结队。然后，各队根据课堂内容和伙伴们的关注点，甚至结合自己的专业特长来选题，并在选题后自主分工合作完成工作，最后以专题汇报的方式将成果呈现给全班同学。

综合性学习是重视问题解决的、体验性的学习，每一次课程考核其实都是同学们自我提升和各个小组相互学习的机会，也是教学相长的过程。对学生来说，由于每个小组选题不一样，汇报时对其他同学来说也是一次学习机会，即使选题一致的小组也能从对方的工作中取长补短；对教师来说，总会有一些小组的选题和思路是出乎意料的，甚至有的小组制作 PPT 的技能也是值得学习的。更重要的是，通过这样一种以体验、合作为主的自主选题、设计、实践完成课题的过程，很多学生在考核汇报时表示自己得到了意想不到的收获。

2.3 好玩的环境教育活动和主持式教学方法

学习可以是有趣的，中国古人早已发现了这一点，所以有“寓教于乐”一说。特别是在环境教育领域，要避免被动思维和不思维。如何可以做到这一点呢？当代美国自然教育家约瑟夫·康内尔（Joseph Cornell）在他的《与孩子共享自然》一书中提出了几十种在自然中游戏的方法开展环境教育，培养人们对自然的情感和对生命的热爱。书中记载的“毛毛虫”蒙眼游戏被全世界很多国家的教师采用。约瑟夫认为：当蒙上眼睛时，我们会启用我们平时很少使用的其他感官去感受自然，这能够增强我们对世界的多重感知。这些游戏和活动的神奇魅力在于，营造一种身心愉悦的氛围，触发学习的兴趣和潜能。在课堂上虽然不能像在自然环境中开展各种游戏和活动，但可以因地制宜地改造一些游戏和活动来调动课堂氛围，使同学们放下手机，投入到同学之间、师生之间和师生与环境之间的多向互动、沟通、影响和促进中。

以可持续发展观为指导的环境教育注重合作互动式的教育方法，因为环境保护事业不是依靠个人力量和少数人的行动就能够实现的，我们培养的新型人才必备的素质是合作意识和合作能力，未来一代需要具有合作精神和创造才能，才有可能实现全球携手共建人类家园的期望。合作互动式的环境教育方法通过精心准备的活动或游戏创造出轻松愉快的学习氛围，从而调动学生主动参与和积极思考，不仅学习知识，而且培养意识、重塑价值观，并锻炼实践能力。

在合作互动的课堂教学过程中，教师不但为学生提供知识，更重要的是提供参与的机会，帮助学生真正成为学习的主体。

在这样的课堂上，教师的主导作用体现为给学生创设最佳的表现平台和主动锻炼的机会：凡是能让学生完成的事都让学生自己做，使学生在学习中发挥主体作用，创造课堂的师生互动局面，培养学生的个性，激发学生的创造精神，实现提高学生环境意识和参与环境保护的行动能力的环境教育目标。教师不再是课堂的中心，但教师发挥的作用却更加无可替代，也是网络课程难以企及的。合作互动式环境教育的教学过程是活泼、生动的，也是一种有效的教育，能够使环境伦理观念在学生心中生根，有利于培养学生的思辨能力、实践能力和团队合作能力。

3 促进学生知行合一的教学收获和反馈

环境教育的目标是通过各种环境教育方式和过程使学生能够在意识、知识、技能、态度和价值观、参与和行动五个不同的层面关注和面对环境问题，其中，参与和行动是最终目标。由此，探究如何将课堂上以思考为主的学习转化为日常生活中的身体力行，即知行合一，就是环境教育公选课的重点。

在学期初介绍课程内容时，每个学生都会得知课程的考核是全过程学业评价方式，平时的课堂参与状况和课后交流、践行是考核的重要组成部分。课程有师生微信群，课后的自主学习资料和实时出现的各种社会环保活动信息都会由教师即时发布；除了这样以自愿为原则的参与方式外，还有“必修”行动，即每个同学每周必须在日常生活中做一件自己认为是环境友好的事并以周记的方式记录、在下周上课时交给教师；教师会在课堂上分享同学们的环保周记以促进同学间的相互学习和鼓励。并且，鼓励同学们把自己学习和领悟的环保心得与课堂以外的同学分享，这样做不仅可以扩大影响，而且分享的过程其实也是分享者再认知和内化的过程。这样一点一滴的积累，让同学们在课堂上学习的理念和知识得以逐步内化为自我的认知和行动，一步一步实现知行合一的教育目标。

环境教育目标实现的状况和程度可以通过开展环境教育评价来帮助教师改进和提高环境教育成效。学期结束时，在学生中进行基本的教学评估对今后继续探索环境教育教学方法提供了重要的参考依据。下面摘选部分环境教育公选课学生的期末反馈以供参考：

“经过这学期的课程学习之后，我的意识行为都有了很大的变化，我开始关注我所使用的食品的安全问题以及它们的来源，同时，我也开始关注环境污染对我们的生产生活方式造成的影响以及应对方法，我认为对于我来说，这是一大进步。关于对课程的建议，我认为当前的课堂教学形式已经很人性化了，寓教于乐，没有枯燥的理论知识，而是把学习与实践相结合。我很喜欢这种教学模式，本学期的课程令人难忘，谢谢老师的辛苦付出。”

“学了环境教育课之后对自己的改变：自己以前对环境保护有些理解，并且也一直在严格要求自己。学了环境教育课之后，更加深了我对环境保护的重视。以前只顾着自己做到不污染环境，不破坏环境，现在我觉得不能只停留在告诫自己，也应该发展身边更多的人去意识到环境的重要性，多做宣传，多做环境教育，如果每个人都把自己作为环境教育的光源，辐射更多的人去真正保护环境，那会是有非凡效果的！”

“自己正在改变的意识或行为：通过环境教育这门课，我了解到更多的环保志士与绿色创业者们做的事，同学们分享的每周做的事情也让我学到了不少。我确确实实更加留心身边的一切了。江安河什么时候又有垃圾了，长桥上的传单是否被投放到了回收箱里，收废品的阿姨们是怎么工作的，食堂的饭菜被浪费了多少，晚上熄灯后会看看寝室的灯关了没有，校园里鸟的种类是多了还是少了……我以前为了图方便，去超市时会买塑料袋，后来自己背包，东西少的话就装在包里。外出的时候，尽量避免打车，坐公交车或步行，学会了使用地图。有爱心组织会回收旧衣物用来义卖或给流浪狗做窝，我组织室友把不穿的衣服捐了出来。还有快递纸盒，小一点的拆开叠起来给阿姨，大的用来迎新晚会做道具……我相信每一小步就是一点进步，都在为环境做着一点努力。”

“通过课程学习，自己正在改变的意识和行为：课程本身给我带来了很多精彩的转变，对于环境教育这一块儿是文科生的盲区，也在日常生活中很少有接触，但是在连续每周的周记中，逐渐增强了自己对环保的自觉与向更多人宣传的责任感，在每周被念到的周记中看到了大家对环保做出的努力。一方面学习到了更多环境友好的方法，另一方面发现了环保意识的传播，增加了课程学习的乐趣和传递环保理念的信心。”

“课程学习中印象最深刻的内容：就我个人而言，我对第一次正式的小组组队讨论垃圾问题的印象十分深刻。首先来说，那次课题讨论应该算是这堂课第一次比较正式的小组讨论。我和我的小组成员，共七人，分工合作，收集资料，整理汇总，制作展示用 PPT，到最后由我上台分享我们的讨论结果。虽然最后展示的时候，由于我准备要说的东西太多，导致时间严重不足，给这次分享留下了一点小遗憾，但不可否认的是，我在这个过程中体会到了小组讨论的快乐以及和大家一起努力的满足感。”

"课程学习中印象最深的内容：互动性的教学模式是最大的亮点，不同于绝大多数课程只是灌输理论知识、播放 PPT，师生之间、学生之间没有交流和沟通。这第一节课就让我们按地域分布组队，认识了好多朋友。每节课别出心裁的分组方式和不同维度的思想的碰撞总是带来意想不到的惊喜和收获。"

"其实在选课阶段，我就对环境教育这门课十分好奇，因为无论在生活或学习中，我们所接触到最多的是环境保护、垃圾分类这一类词，所以也对这门课一知半解。其实这门课给我带来的整体感觉十分新奇，小组式的讨论、欧式的课堂和活跃轻松的氛围，对我来说，无疑是平时繁忙学业的一种解脱。这门课程带给我的一些新颖的体验，让我不知不觉地融进课堂中。"

【更多有意义的学生课程反馈请参阅附件。】

学生的真诚反馈一方面给予了教师今后继续开展教改探索的信心和勇气，另一方面也为教师未来的教改探索提供了极具参考价值的建议和意见，教学相长一直在发生。

总之，环境教育是具有强烈时代气息的新兴教育，具有创新的属性。环境教育者的一个重要使命在于运用各种创新性教学策略，培养学生的开创性思维和思辨能力，使之能够自觉发现和解决现有的环境问题并预防新的环境问题的出现；培养负责任的新时代社会公民，为实现生态环境、经济和社会协调发展奠定人才基础，从而实现在高等教育中贯彻党的十九大报告中提出的"加快生态文明体制改革，建设美丽中国"这一目标。

参考文献：

[1] 马桂新. 环境教育学 [M]. 北京：科学出版社，2007.

[2] 王凤. 公众参与环保行为机理研究 [M]. 北京：中国环境科学出版社，2008.

[3] 周儒. 自然是最好的学校——台湾环境教育实践 [M]. 上海：上海科技出版社，2014.

附件：学生期末课程回顾反馈

环境教育个人作业合辑

一、小组成员

组长：陈潇

组员：李磊、刘海若、阴浩、熊芳、毛磊、温世豪、次仁吉宗

二、个人作业

（一）学生反馈1

1. 课程学习中印象最深刻的内容：

第一次生态农场三位嘉宾分享的她/他们的经历，从一开始的艰难前行到逐渐走上正轨，能停止亏损到自给自足；并且许多目前专职从事与环保有关的事业的人的专业与环保甚至没有关系，说明环保并不一定是专职人员才能做的事，任何人都能从业余到职业。

2. 课程学习让自己正在改变的意识或行为：

（1）做公益不能当作完全公益化的事业来做，商业化的模式反而能使公益事业做得更大、更远，因为公益事业往往需要大量的资金支持，商业模式能提供足够的资金和活力支持。

（2）任何一件商品给环境造成的损害往往不是它的价格能完全反映的，在厂商将商品成本外部化之后，许多代价都是由环境承担的。所以我们应该理智消费。

（3）环境教育课程的目的不是让我们成为保护环境的专职人士，而是让我们成为有意识保护环境、带动他人保护环境的人。并且，保护环境是大家一起要努力做的事情，提高社会总体意识很有必要，这就是环境教育课程的意义吧。

3. 意见或建议：

期末考核可以提醒同学们开始组队行动，一周时间太短。

（二）学生反馈2

1. 课程学习中印象最深的内容是：

有一次嘉宾分析，嘉宾说了她女儿和蜻蜓的故事，让我印象深刻。女儿因为住在城市中、闹市区，所以认为任何东西都是可以买到的，包括漂亮的蜻蜓。由于城市化发展，现代的孩子们缺少与大自然接触的机会，在他们的世界里只有高楼和商场。所以我认为带孩子们提早接触大自然，对他们来说是非常好的也是十分必要的体验。

2. 通过课程学习，自己正在改变的意识或行为是：

老师让我们交的周记，记录我们每周做的有益环保的事，通过半学期的周记使我养成了随手关闭电源、熄灯前关灯、少点外卖等好习惯，也带着室友和身边的好友一起做些有益环境的小事。以前我从来没有意识到自己的一个小小的坏习惯甚至一份小小的外卖会对环境造成破坏，现在我慢慢养成好习惯，并且认为每一个人都与保护环境息息相关。生活中一件小事，每个人都去做，就能积少成多，给我们生活的地球带来好处。其实，环保并不需要我们做出什么惊天地的大事，而是做好自己分内的小事。

3. 对课程形式或内容的建议：

我认为请外来嘉宾与同学分享经验进行交流是一个很好的形式，希望能继续下去！另外，我觉得每周的周记以书面形式上交比较浪费纸张，我的建议是课程签到可以用签到表集章的形式进行，同学们每周做的有益环境的事可以分享在微信群中，这样既能继续周记的传统，又可以节约纸张。

（三）学生反馈3

1. 课程学习中印象最深刻的内容：

就我个人而言，我对第一次正式的小组组队讨论垃圾问题的印象十分深刻。首先来说，那次课题讨论应该算是这堂课第一次比较正式的小组讨论。我和我的小组成员，共七人，分工合作，收集资料，整理汇总，制作展示用PPT，到最后由我上台分享我们的讨论结果。虽然最后展示的时候，由于我准备要说的东西太多，导致时间严重不足，给这次分享留下了一点小遗憾，但不可否认的是，我在这个过程中体会到了小组讨论的快乐以及和大家一起努力的满足感。

2. 通过课程学习，自己的意识和行为的改变：

事实上在学习这门课程之前，我个人在生活中还是比较注重环保的，曾经也有过从事环境教育宣传活动的想法，但一直没有一个我觉得我会去实际操作的项目。现在，看过这么多从事环境教育事业的前辈分享的经验，我觉得在不久的将来，也许就会有这么一个机会让我能够实现自己长久以来的想法。

3. 课程内容或形式的改进意见：

经过这段时间的学习和体会，我希望在以后的课程中能稍微延长小组讨论时间和小组活动筹备时间，给大家更多的空间和时间去实现自己的想法。也许并不是这堂课的每个人都有特别高的热情去做这些事，但是只要能发动一部分人的力量，改变他们的想法，我觉得这堂课的目的就达到了。

（四）学生反馈4

1. 课程学习中印象最深的内容：

我印象最深的是老师放的一些拓展照片中关于国外的小学老师带着同学们去野外做调研、参加活动的场景，当时看到这些就在想，大多数的国内小学不组织这类有科研意义的活动，不是说没有能力，其实是没有这个意识，让我意识到教育改革对环保项目的不重视。

2. 通过课程学习，自己正在改变的意识或者行为：

通过对本门课程的学习，我改掉了曾经的一些不环保的坏习惯，就比如扔垃圾这件事，曾经的我虽然也有意识地将垃圾扔到垃圾桶，但是如果周围没有的话，我是会嫌麻烦随手将垃圾扔掉，学习这门课之后我知道了，像把垃圾扔到垃圾桶这样的小事其实不只是一种形式上的规范，而是我义不容辞的责任。

3. 对课程形式或内容的改进建议：

我对这门课程有一点建议，我觉得对环境的保护在实际活动中更能深入人心，得到更多的收获，在封闭的环境学习毕竟知识有限，如果有条件，我更希望这门课以后可以到外面开展，这样能让我们学到更多东西。

（五）学生反馈5

1. 课程学习中印象最深的内容：

印象最深的是寇敏老师的演讲，那是在川大上学以来第一次在课堂上听见创业者分享有关创业、公益与英语学习方面的内容。记得寇老师很努力地用她的热情来打动我们，来感染我们。而且和我们分享创业经历的她，真的不像是一个经历了社会洗礼的人，她真的就像是一个大姐姐一样，和我们一起分享当初自己经历的喜与乐。最感动的是，她认真地收集了我们的疑惑，还制作了精美的PPT分门别类地回答我们的问题。

2. 通过课程学习，自己正在改正的意识或者行为：

（1）环保不是靠一部分人就可以做到的，它需要我们所有人尽可能多地参与。环保也需要变成商机，让做环保的人有一份保障。

（2）自从上了这门课以后，我就很少点外卖了，即使偶尔点一次外卖，也开始给店家备注不要筷子。而且，这次“双十一”，我还专门给自己买了一套餐具。除此之外，我也开始学着节约用纸，正反面都用。而且在买了东西后，我还把可以再利用的快递盒拿来当储物盒。

3. 对课程形式或内容的改进建议：

（1）分组还是提前比较好，最好老师那边要有一份相应的分组名单，这样落单的人也比较好联系组员。

（2）结业课题提前安排，一周的时间可能准备得不太充分。

（3）可以多安排几次户外采风活动，带着同学感受自然。

（六）学生反馈6

1. 课程中印象最深的内容是：

成都根与芽环保公益组织向我们分享了他们的一个运行模式。他们介绍了成都的垃圾问题，以及他们是如何处理这些城市的环境问题的。这使我印象十分深刻。还有他们用参与式的环境教育方式为青少年组建课外活动的平台，鼓励根与芽小组开展各种形式的关心环境、关爱动物和关怀社区的活动和项目，我觉得这一点是做得最好的。

2. 通过课程学习，我自己正在改正的意识或者行为：

在没上这门课之前，我一直觉得环保是我只要自己不去做一些污染环境的事就行了，随着课程的进行和一些经验分享，我对环境问题有了更深的了解。我认为我们也有必要向他们宣传环保，动员他们形成一个良好的环保大环境，一定可以对目前的环境问题有所帮助。

3. 对于课程的内容的改进建议：

我觉得这门课已经很成熟了，最想提的一个建议是可以组织一次户外实践，我觉得这样能让学生感受更多。

（七）学生反馈7

1. 课堂学习印象最深刻的部分：

印象最深刻的有三个。第一个是老师讲的环境教育、环境监管和科学发展，还有第一次和同学组队来完成任务。这让我印象深刻，一方面我知道团队中应该怎样承担自己的责任，也深深地感到自己的不足。我懂得了人应该有自己的长处，不然做什么都不会很成功。另一方面我懂得了跟人交流的重要性。从学习环境来说我明白了保护环境不仅仅是一个口号，也包含了很多知识。我明白了教育的潜移默化的作用，也明白了科学技术的发展不是万能的，更加知道保护环境对环境监管的作用。第二个是那位台湾的农场主跟我们分享的事情，这让我明白在这个社会中还有很多人心里装着环境，还在为环境而努力。就算他们的力量微不足道，他们也在努力。第三个是垃圾分类的那个公司，其实自己看电视剧时都会看到剧中有很多这样的场面，而且会分得很细，但还是感觉离自己很远，不会在意。学了这门课，看了那个视频后，才恍然知道，原来自己身边就有这样的人和事。

2. 通过课程学习自己正在改变的意识或行为：

在学了这门课以后，再在路上看到乱丢的垃圾时，看到垃圾分类的标志时，更甚于看到视频中出现关于环境的问题时，我都会回想起课上的事情，也会敏感地觉得哪些事是好的哪些事情是不好的。在行动方面，以前不会垃圾分类，现在会很有意识地看一下垃圾桶的标志再分类丢垃圾。还有也会跟寝室的人探讨关于环境的问题，会提倡垃圾分类。睡觉前拔掉插座。反正影响很大。

3. 关于课程内容的改进建议：

我觉得课程已经很完美了，有视频，有生动的例子。PPT 也是很吸引人。而且也会邀请外面的人讲解。如果可以我觉得应该加上实践的内容，可以动手做东西或者参观垃圾处理厂之类的，那就更加完美了。

（八）学生反馈8

1. 印象最深的部分：

印象最深的是看的一个视频，里面讲的一个公司做垃圾回收。里面说人们分好类的垃圾如果被一股脑地丢在一起，那样是没有人会愿意再分类扔垃圾的，只有垃圾处理者每周都来收可回收垃圾，让人们看到他们的分类是有价值的，垃圾回收才能长久。让我意识到垃圾分类应该从垃圾分类处理开始做好。

2. 通过课程学习自己正在改变的意识或行为：

在课程学习之后，我发现了身边原来有那么多的公益组织在从事环境保护方面的工作，原来有这么多人在为保护环境而奋斗。做好日常生活中的点点滴滴都可以对环境有益。

3. 对于这门课程的建议：

我认为可以从同学们的专业入手，想一想从自己的专业角度可以做什么对环境有益的事。

（九）学生反馈9

1. 课程中印象最深的：

外籍老师讲述自己有关环保的亲身经历，并与国内相似情况做比较，开阔了我们的视野，增强了我们思考的能力。比如讲地球日那天美国幼儿园开展的活动，让我们学习到美国教育对学生环保意识的培养和对动手能力的激发；让孩子们走出校园与大自然接触，用废物废品制作手工品，教师通常会将孩子们的手工品张贴或悬挂在四周墙壁上，以促进儿童的学习；等等。第一次看到这些，感觉也很新奇。这让我产生对我国教育的思考。我国教育大都停留在书面讲学，让孩子们亲身接触大自然的机会极少。听过之后的几次讲座才知道，常规教育做不到让孩子们接触大自然，但是却有那么一群人，一些社会组织和公益团体为孩子们提供这些机会。我从中学习到，关于环保领域有很多不同形式的创业。

2. 对个人的改变：

我养成了环保意识。老师让我们每周写周记，开始是因为“作业意识”，便慢慢开始在白天出门时随手关掉客厅和厕所的灯。这学期跟室友学会了骑自行车，每次出门便使用共享单车。将喝完的饮料瓶集中放在寝室一角，等人来收集带走。

3. 对课程的改进和建议：

希望能在上课时，除了小组讨论，还能有一些手工制作。能有一些课外实践。

（十）学生反馈10

1．课程学习中印象最深的内容：

对周老师课上播放与垃圾分类有关的视频印象深刻。看到了一群年轻有为的高素质人才投入到垃圾处理的事业中，他们拥有将垃圾分类回收的独特创意。一个勤奋、有理念的团队一起为事业拼搏，并且能够利用互联网进行线上活动，很好地让越来越多的居民参与到活动中来，这是一支充满激情，富有理想的创业团队。这不仅让我更加意识到环境保护的重要性，低碳环保经济的重要性，更让我看到了对事业的激情与热爱。我认为，我们大学生就应保持这种心态投入到社会之中，无论从事什么行业，热情总会提高你的工作效率。同时，我认为我们应像创业者那样，将自己的想法告诉更多人，让每一个人都知道环境教育的重要性。我们社会的环境保护意识还不够深刻，只有通过环境教育让社会真正感受到环境恶化给自己带来的威胁，才能引起人们的关注，才能让人们自觉，而不是被强迫去保护。我认为环境教育的意义亦在此。所以，我们要让大家看到自己的行动是有意义的，让每个人都知道，让每个人都乐意行动起来，一起呵护我们的家园。

2．自己正在改变的意识和行为：

自己现在更加关注环境问题，比如会收拾大寝客厅的垃圾，小寝需要打扫时也会自觉清扫，也会顺便把室友的垃圾扔掉，而且更加注意校园内有没有被乱丢的垃圾，会尽自己所能把垃圾扔到附近的垃圾桶里。看了课上的视频后，发现自己像那些从事环境工作的人一样更乐于去做公益的事情，愿意无偿地让世界变得更好，因为内心的受益是巨大的。地球的寿命是有限的，我们对待她应像对我们自己一样，身边的每一株植物、每一只动物都有权利享有美好的环境和绝对的保护。希望自己的行为做法让身边的朋友、同学也能形成环保意识，让更多的人参与进来。

3．对课堂的建议：

（1）尽量将考核课题提前布置，可以给小组充足的时间规划并完成项目，让作业完成效果更加。

（2）为了让更多人知道环境教育的重要性，可以增设组织同学在青广进行宣传的课程内容。

（十一）学生反馈11

1．课程学习中印象最深的内容是什么？

我个人在此课程学习中印象最深的还是那次“绿色创业者与我们——身土不二的践行者”的讲座。三位演讲者都给了我很大的感动与力量，他们为了中国绿色事业投入了全部的身心与财力，为了脚下我们生活的这片土地，践行者生“身土不二”的内涵。尤其是胡妈，年轻时放弃了优厚待遇，投身绿色行业中奋斗了二十多年，历经坎坷与辛酸，饱受着众人的质疑，依旧没有放弃。这份精神与坚持都是弥足珍贵的。也正是因为他们，中国才能变得愈加优秀，我也为之尊敬。

2. 通过课程学习，自己正在改变或打算改变的意识或者行为是什么?

经过一个学期环境教育的课程学习，我学到的不仅仅是保护环境应该怎么做，还学到了如何去带动更多的人保护环境。保护环境的意识也渐渐深埋于心，今后的日常生活中也将这份意识传递给他人，让更多的人行动起来，去践行“人与自然和谐相处”的原则，我觉得自己正在改变的意识，便是自觉地保护环境，而正在改变的行为，便是让意识变成现实，从我做起，从小事做起。

3. 对课程内容或形式的建议:

我觉得老师已经做得很好了，我提出以下建议:

(1) 可以增添更多的课堂小游戏，游戏形式的教育不仅增添了趣味性，更容易让学生接受知识。

(2) 可以带着学生去校内或者校外亲身实践一次环境教育，更有意义且更为印象深刻。

(十二) 学生反馈12

1. 课程学习中印象最深的内容是什么?

课程中我印象最深的是“随缘”地与同学组成一个小组，共同完成课堂作业。在这个过程中，通过一种全新的组队方式，我结识了许多不同学院、不同地区的新同学，同时提高了自己的团队协作能力和交流能力。每一次的组队对我来说都是一次深刻的印象。

2. 通过课程学习，自己正在改变或打算改变的意识和行为是什么?

在课程学习中，我通过每周做一次环境友好小事，已逐渐培养了一种自觉的环保意识，身边的人或事物要是不符合环境友好的标准，我都会主动尝试去改变他们。通过了解其他同学每周做的环保行为，我也反思了自己的不足。因此我有了许多的改变，比如之前一直点外卖，现在则很少再点；出门的方式更加倾向绿色出行；去超市买东西时会自己准备一个袋子；在扔垃圾时会想一想这种垃圾应该是什么类。

3. 对课程内容或形式的建议:

对我而言，本课程的内容和形式都非常新颖，很难提出更好的建议。唯一能提出的建议就是希望教师在讲授课程相关的知识时能更加系统一些。

（十三）学生反馈13

1. 课程中印象最深的内容：

要论印象最深的一节课，要数罗丹老师来做讲座的那次了。罗丹老师向我们介绍了“根与芽”这所致力于环境保护公益事业的非营利性机构的理念，以及他们向不同人群如何进行环境教育。比如对于青少年来说，因为他们还没有形成一个完整的思维体系，最容易接受环境教育思想和去实施，也容易影响其他人。而对于社区，“根与芽”也有开展活动，实行垃圾减量。后来罗丹老师又向我们具体介绍了如何进行垃圾的最大化循环利用。我对“根与芽”这个组织有了一个全新的、全面的、近距离的了解后才发现这个组织的魅力，以及机构所做的事情的意义所在。

2. 通过课程学习自己正在改变的意识和行为：

我觉得要说正在改变的意识和行为，最明显的应该是每周一份环保周记。我以前从来不会主动去做环保，而现在似乎已经养成了这个习惯。我觉得以后就算不用写周记了，我也会有意识地去寻找或者思考自己做的事情是不是对环境有好的影响。

3 对课程内容形式改进的建议：

我认为如果能有更多的机会参与户外活动会让环保教育这门课的内容更加有效，但鉴于人数太多，如果能够配一到两名助教协助，同学们分批参与活动，应该会更可行更易管理。

环境教育期末个人考核

（十四）学生反馈14

1. 课程学习中印象最深的内容是什么？

答：我影响最深刻的内容是绿色组织和绿色创业者们带来的交流。我觉得他们在绿色环保方面做出的努力和坚持都令我感到敬佩和感动。他们的出身、学识都不尽相同，做环保的初衷也不同，但是他们都选择了同样的一条道路。他们与我们交流了践行环保这一事业所经历的挫折、困难，也分享了在探索过程中的收获与喜悦。其中，胡妈是个生意人，但她却从台湾来到成都做生态农场，在农场创业的过程中，也是充满曲折，不仅付出了很多精力，还付出了很多金钱的代价。但她却没有放弃，还立誓要在自己的余生中一直坚持这个事业，因为这是一个充满可持续发展理念、绿色的事业。他们的故事充满了真实的力量。在这些交流中，我也认识了实现环保梦想和目标的不同途径，而他们不仅仅是自己致力于环保事业中，他们也将环保的理念传播给更多的人，这是最打动我的地方，也是让我影响最深刻的地方。

2. 通过课程学习，自己正在改变或打算改变的意识和行动是什么？

答：通过课程学习，自己对环境保护、绿色生活更加坚持了，也希望自己能在日常生活中去影响身边的人，纠正他们不环保的行为，激励他们和自己过“低碳”生活。之前的自己虽然也爱好自然科学，向往绿色环保的生活，但是一直觉得环境教育是一件很难有所成就的事情，特别是对于国民素质有限以及人口基数过于庞大的中国来说，环保意识的建立实在是一件太困难的事。通过交流活动，自己了解了很多环境教育的形式和案例，觉得环境教育是一个可实现的、有价值、有意义的提高环境意识的方法。首先是我自己应该坚持那些绿色环保的生活习惯，勿以善小而不为，特别在环境教育课堂每周的周记中，我听取了很多值得学习的生活习惯，也受到了一些启发。另外，环境教育最重要的是号召更多人参与，虽然个人对于整个大环境的影响很小，但如果我们可以感染更多人，激励更多人从身边的一点一滴做起，那我们就能实现环境教育的目的。所以以后自己打算多去感染身边的人。

3. 对课程内容或形式的建议。

答：我很喜欢课程中参观农场的过程，保护环境和从事环保工作对于大多数人来说，还是一个比较模糊的概念。只有在切身接触相关工作者，以及参观真实工作场所或者体验具体的工作内容后，才会有更真实的感想。希望课程的实践活动能够更加丰富，这样也可以吸引更多同学参与这门课程并且了解环保、为环保做出一点改变。

（十五）学生反馈15

1. 课程学习中印象最深的内容：

我在这学期的课程中印象最深的内容是老师给我们分享的关于垃圾处理已经成为当代社会非常严重问题的内容。这其中我印象最为深刻的就是“许多城市已经被垃圾包围”这句话。通过课堂老师讲授的内容和相关视频的分享，我清晰又直观地感受到了垃圾处理的严峻形势，也从我的日常生活里发现了造成这一困境的原因，一方面是日常生活中大家对不必要资源的滥用导致了垃圾产生量日益增多，另一方面是在产生垃圾后未对垃圾进行合理分类而最终导致许多原本可以回收再利用的垃圾得不到相应的循环利用。过量且未适当处理的垃圾不仅浪费了许多资源，还污染了我们周围的环境，破坏了生态系统。

2. 通过课程学习，自己正在改变的意识和行为：

通过学习，我认识到了保护环境的重要性，我也会在日常生活中注意身边点点滴滴的小事，并且邀请身边的人和我一起共同行动起来，尽量为环保做一份贡献。比如，我以前经常点外卖或者是从食堂打包带回宿舍吃，但在认识到这些一次性餐具频繁使用产生的大量垃圾对于环境的危害后，我现在都尽量在食堂里吃饭，避免使用一次性餐具。另外，我现在在寝室里会随时注意大寝里用电情况，如果无人使用，我就会把不需要的灯关掉，避免不必要的资源浪费……

3. 对课程内容或形式的建议：

我觉得这门课程的授课形式和内容相对于其他课程已经是很丰富多彩了，我们不仅可以学到老师讲授的科学知识，还可以听到许多校外从事相关工作的人给我们分享的他们的经验与感受。另外，我觉得老师还可以教我们一些把生活中不可回收的垃圾变废为宝的小方法，让大家从多种方法着手来一起保护环境。

环境教育课程感想

为期十二周的环境教育即将结束了，一开始知道这门课程，是因为室友的大力介绍，向我叙述了这门课程的有趣、不一般。由于本身对环境保护这个课题又比较感兴趣，因此，在补退选的时候，日夜守在电脑旁，终于抢到了这门课程。

在我很小的时候，父母就很重视对我环保意识的培养。我至今还记得，小时候吃冰棍时，随手将包装袋扔在了地上，父亲严厉地批评了我，要我捡起来，哪怕附近一公里都没有垃圾桶，也到攥在手上，带回家扔进垃圾桶里。这件事对我的影响很大，因此，从小到大我一直很关注环保问题。

在环境教育课程中，可以看出老师的用心，请了很多很多的嘉宾给大家进行分享，其中，给我印象最深的要数成都亮亮农场创始人唐亮的分享了。

唐亮 2008 年从西南大学毕业后在一家公司工作，月薪曾经达到 6000 多元，但在 6 年前，他却辞职回家种地了。这在我们看来有点不可思议，但唐亮却义无反顾地去做了。

跟一般人不同的是，唐亮种地怪招频出。地里长满了各种虫子不让打，草甚至长得比菜还高。草长、莺飞、虫多。让所有人没想到的是，唐亮这么种出来的菜竟然卖出了让众人想不到的高价，并且还卖断了货。像这样的辣椒，市场上只卖 4 元一斤，唐亮竟然卖到了 10 块钱；像这样的姜市场上卖 10 元一斤，唐亮也卖到了 15 元一斤。

唐亮在分享会上说到，他的经营理念是“家庭农场”，“亮亮农场”不用农药，不用化肥，按照节气，遵循自然种植，劳动力全部来自家人。如今唐亮的农场在成都和网络上都已经小有名气。唐亮随时都在通过微信、微博广播自己农场播种的情况，常常有市民闻讯前来预订生态蔬菜。

这样的经营理念为我打开了一个新世界的大门，让我明白了，有时候逆流而行，会达到一个意想不到的效果。将自身与土地结合，不知不觉中，就可以达到最好的环境保护效果。

环境教育学习总结

其实在选课阶段，我就对环境教育这门课十分好奇，因为无论在生活或者学习中，我们所接触到最多的是环境保护、垃圾分类这一类的词语，所以也对这门课一知半解。其实这门课整体给我带来的感觉十分新奇，小组式的讨论，欧式的课堂和活跃轻松的氛围，对我来说，无疑是平时繁忙学业的一种解脱。其实，这门课程带给我的更多的是一些新颖的体验，让我不知不觉地融入课堂。

其实说起环境教育，许多人还真的不知道这门课程的核心和内容。环境教育是以人类与环境的关系为核心，以解决环境问题和实现可持续发展为目的，以提高人们的环境意识和有效参与能力、普及环境保护知识与技能、培养环境保护人才为任务，以教育为手段而展开的一种社会实践活动过程。在这个过程中，逐渐培养人的环保意识和对环境的认知态度。

1. 在这门课程的学习中，让我印象最深刻的是老师给我们播放的一个关于“成都奥北环保科技有限公司”的视频。视频中讲解了以汪剑超带头的垃圾分类处理公司，他们用实际行动告诉我们，垃圾分类处理的可行性。小时候，在父母的教育下，我其实也形成了较好的环保意识，也对垃圾分类处理有较多的理解，虽然每次都践行自己心中所坚持的垃圾分类这一要求，但是从小到大，在我身边的垃圾处理车都是不管哪种类别，所有的垃圾全部都一视同仁。这也让我逐渐磨灭了自己一直所践行的垃圾分类。身边所有的人，也渐渐忽略了设立在我们周围的垃圾分类处理箱，留它们在风雨中凌乱。其实在早些时候，也看过一些关于美国的垃圾分类处理的一些方法，当时还有一些“如果这个是我们国家的该多好”的念头滋生。因为看到周围的环境改变，小时候嬉戏的小河，外婆家的绿油油的一片田，都是我曾经回不去的过去。垃圾这个东西，本身并不构成威胁，而是我们的肆意和散漫，让它们逐渐填满了我们生活中的美好。奥北公司的方式就十分适应我国的大众心理，不让所有的人动起来，而是让愿意动起来的人先动起来。对于民众来说，他们手中的垃圾最终能给他们带来实质性的好处，这就能够调动他们的积极性。

每周的垃圾定点回收，每周的走亲访友式的垃圾回收路径，加上垃圾回收的积分兑换和线上 App 在线服务，让垃圾分类看到了真正的曙光。奥北公司用它微小的力量和一体化的垃圾回收方式，让民众看到了他们的付出没有白费。这样的双向刺激和双向受利，会让这个工程一直延续下去。希望在大家的努力下，在政府的支持下，能够让垃圾回收真正地动起来，能让我们的下一代依旧骄傲地说出，我爱周围的山清水秀。

2. 通过这门课程，自己正在改变和形成的意识。

这门课带给我的，更多的是环境理念的改变。曾经的我，其实并不真正了解环境以及我们周围的一切。对垃圾的去向也只是一知半解。当我接触这一门课程后，从垃圾回收直到垃圾的去向都有了一个相对清晰的认识。其实自己也没有改变许多，最多是在平时的生活中更加注重一些细节。但是这其实已经足够了。因为环境教育的最终目的，就是在细节方面培养人对环境的认知和态度。真正改变环境的事务应该交给那些有能力和有决心改变环境的人，而我们所需要做的就是继续践行和完善他们的相关知识成果。对于我来说，其实形成的新的环境理念，无非就是垃圾分类的重要性，节约生活中的一些细枝末节的东西。但是对于我来说，最重要的是改变自己的意识——如何更好地与周围的环境相处。这才是最有价值以及最有实践性的理念吧。和之前的我相比，我开始有了随手关灯的习惯，开始随身携带一些替代一次性用品的东西，开始自备垃圾袋和一些塑料袋，开始认真地观察周围的环境和周围环境的改变。我开始关心和投身于一些公益性质的环境保护组织，甚至有意识地参加一些环保知识公益大赛。想要的并不是结果，而是在这个过程中能够给环境带来什么。就像我们的小组活动一样，我们所选择做的是，为大家宣传一些垃圾分类的基础知识，虽然微不足道，甚至可能并没有什么预期的结果，但是积少成多，相信在他们心中埋下的这颗种子，能够在多年后，唤起大家的共识。

3. 对这门课的内容和形式的改进建议。

可以增加一节课的时间让大家到户外去感受和体验自然，让大家对环境的了解和认知有一个全方位的概念。

可以适当增加一些环境知识的相关趣味问答题，调动大家的积极性。

减少重新分组的次数，增加小组的凝聚力，更有利于大家积极参与各种小组讨论和小组活动。

跨学科项目制实践课程探索
——以游戏项目实践为例

李　茂
四川大学软件学院

摘　要：新经济的快速发展，需要具有跨界、融合、创新能力的综合性工程科技人才。作为新经济重要内容之一的互动娱乐产业的人才需求，针对其跨学科的特点，通过跨学科项目制实践课程为不同专业学生提供参与游戏项目实践的机会，提升大学生工程实践和创新能力，以满足社会和产业发展的实际需求。优化项目立项、灵活管理方式、加强校企对接和创建跨界平台则是跨学科项目制实践课程的优化路径。

关键词：新工科　跨学科　项目制　实践课程

0　引言

为适应以新技术、新产品、新业态和新模式为特点的新经济发展，2016年我国提出“新工科”的概念后，关于“新工科”的建设与发展，众多机构和部门都进行了讨论，形成了“复旦共识”和“新工科行动路线”等一些宏观的指引性文件。而“新工科”接下来的发展，需要在一些具体领域推进。浙江大学陆国栋教授认为，建设和发展“新工科”的核心在于，如何改变传统学科、专业之间的壁垒和限制，校企之间的隔阂以及师生对“新工科”缺乏热情等方面的问题。

作为中国新经济重要形式的游戏行业的蓬勃发展，对中国高等教育游戏人才的培养提出了新的要求和挑战。国外高等院校开设游戏专业和课程相对较早，美国娱乐软件协会近几年公布的数据显示，美国大多数高校提供游戏相关课程，包括一些知名高校如加州大学洛杉矶分校、纽约大学、卡内基梅隆大学等。中国近几年开设游戏专业或相关课程的高校也逐渐增多，如北京电影学院、中央美术学院、四川美术学院等以游戏美术为专业方向的艺术类院校，以及开设游戏程序研发方向课程和研讨课程的，如北京大学、四川大学、浙江大学等综合性大学。通过专业的学习，学生在游戏开发技术、设计思维等方面更具有专业化能力。但是，根据互动娱乐跨学科的特点，计算机、软件工程数字娱乐专业方向的学生与艺术类院校游戏美术专业方向的学生，在实践教学环节都需要与对方合作组队完成完整的游戏工程项目。结合两者的优势与不足，建设一门跨学科的项目制课程，以项目制带动实践教学是目前游戏相关专业教学领域的现实需求。

为满足互动娱乐行业对人才的需求，近年来，结合软件学院数字娱乐系互动娱乐实践课程的需要，四川大学软件学院先后与四川大学艺术学院、四川音乐学院等艺术类院校美术专业学生进行了游戏项目的实践合作，两种专业的学生共同组成学习团队，进行了有益的实践探索，也为最终形成一门完善的、有影响力的跨学科项目制游戏实践课程，从而培养学生工程实践和创新能力，为国内高校跨学科项目制课程建设提供参考和样本。

1 跨学科项目制实践探索的背景

游戏设计与开发的完整流程，主要包括美术、程序和策划三个方面的工作，涵盖计算机软件、美术两个主要学科，而策划所涉及的学科专业更广泛。但在教学活动中，由于传统的学科设置，美术类与计算机类专业的学生不太可能在一起组队进行实践。游戏美术专业的学生，难有机会参与到具体的实践项目中，而软件工程学生在实践环节也需要美术团队的配合，才能实现真正意义上的工程实践，培养工程能力，满足产业对人才培养的要求。这也是近几年国内高校互动娱乐人才培养教学研讨中经常探讨的话题。

在国外，游戏教育在十多年前就已开始进入一流大学，向游戏产业输送人才。在国外的游戏相关专业的课程教学活动中，学生既要学习系统的游戏理论和专业技能，还要参与到项目团队中进行实践训练。这些进行教学项目实践探索的院校，如美国的南加州大学互动媒体及游戏专业，培养以创意总监为目标的游戏设计师，主要课程包括了游戏制作的商业实践项目；纽约大学游戏中心，艺术学院和计算机专业学生之间能够方便地组成游戏开发小组，进行交流合作。项目课程中，学生自由组队设计不同主题的电子游戏，一学期完成多个项目；卡内基梅隆大学娱乐技术中心，由计算机学院和设计学院联合开设完全基于项目的专业，强调在项目实践中学习理念。学生一开始就要参与完成各种不同的项目。项目实践训练使学生具备了较强的工程能力，毕业生大都进入了美国游戏产业。

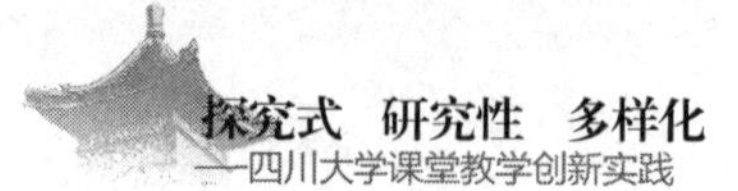

2 跨学科项目制实践探索

作为综合性大学，四川大学与卡内基梅隆大学、纽约大学等有相似的学科背景，在互动娱乐人才培养方面，有很多可供借鉴的地方。四川大学历来提倡和鼓励跨学科的课程建设实践探索，软件学院数字娱乐系学生的专业背景，已有游戏设计基础理论课程和游戏编程的知识和能力，具备实践的基本条件。先后与四川大学艺术学院、四川音乐学院以及电子科大成都学院的美术专业团队进行了多年跨学科项目制实践探索，同时也邀请了行业从业人员指导，完成了多个实践项目，学生参与积极性高，积累了一定经验。实践探索的项目类型大致分为以下几种形式。

2.1 小游戏项目

实践项目的最初阶段，选择了一些玩法成熟、规则明确的传统益智小游戏。这些项目开发工作量较低，以便在短时间内，能够达到一定的完成度，使学生获得成就感，也初步了解项目的大致开发流程。Cocos 游戏引擎创始人李嘉图（Ricardo）就是一个例子：他早期和一群朋友每个星期使用一种编程语言完成一个小游戏。这些开发实践经历，使他们成为一个国际主流商业游戏引擎的开创者。作为一个完整的项目流程，即使我们通常认为的小项目，从设计开发到项目完成，并最终能够上线正常运行，都涉及方方面面的技术和能力，是培养学生解决复杂工程能力较好的方式，实现从面向课程的教育转向面向产业的教育。

这一阶段，软件学院数字娱乐系与四川音乐学院数字艺术系的同学组队合作，完成了多个实践项目。学生对这些传统益智游戏，也加入了一些当下的元素，进行了一定程度的创新设计，完成的部分实践项目如图 1 所示。

图 1 学生完成的部分游戏项目

2.2 独立游戏项目

基于大多数学生都有对创新想法的表达，想设计完成一款自己独立创意的游戏。这个阶段的合作实践项目，是由学生提出一些创意方案，然后小组成员讨论，最后确定一个能够达成共识的方案。这类项目体现了独立创新的精神，具有一定的价值和意义，也有利于学生以此为基础，参加各类游戏设计开发竞赛活动，如加入手势识别技术进行操作的《方 VS 圆》项目（图 2）。但创新玩法缺乏实际的验证，加上设计及开发时间的因素，这类创新项目难以完成需要的迭代更新，因此最后的完成度和完整度都还需提高。

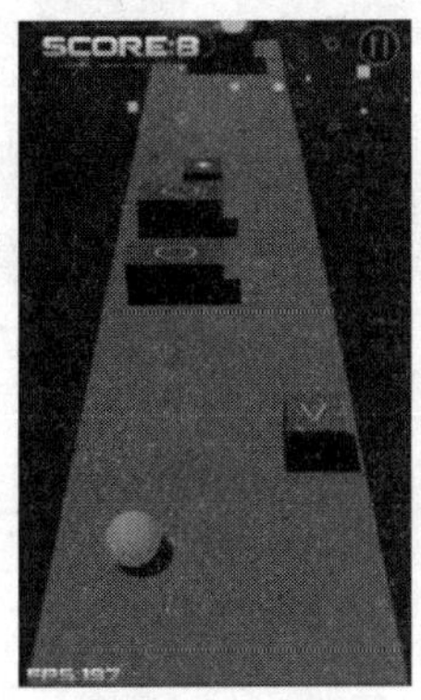

图 2　学生完成的独立游戏项目《方 VS 圆》

2.3 商业游戏项目

很多游戏爱好者都有自己亲手创建一个大型游戏的梦想，但往往不可能实现。即使像暴雪这样世界顶级的游戏开发团队，也很难做到在预计的时间内完成项目开发。从学生学习的角度，最有效的方式之一就是研究一个现有游戏的结构。因此，这一阶段的项目实践，是提供给学生具有一定完成度的游戏，先学习其基本框架和规范，再做一定程度的修改和完善。与独立游戏相对较高的创作自由度不同的是，学生在这样的项目实践过程中，能够了解到一些商业标准和行业规范。实践期间，学生完成的项目如图 3、图 4 所示，美术资源分别由四川音乐学院数字艺术系、四川大学艺术学院数字艺术系以及电子科技大学成都学院图形艺术系学生参与合作完成。

图 3 《大箭师》《泡泡星球》游戏项目

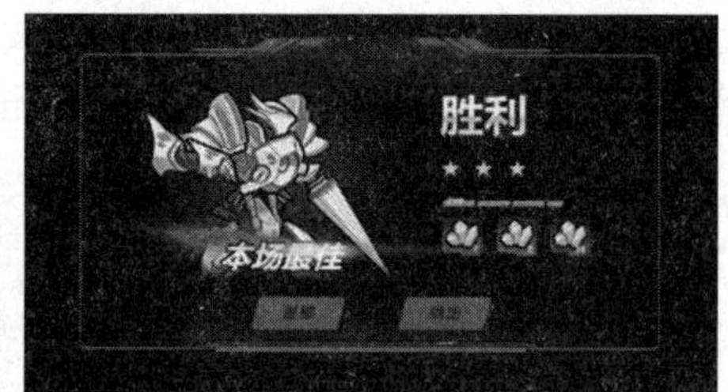

图 4 《泛星帝国》游戏项目

3 跨学科项目制实践课程实施的基本路径

跨界是“新工科”的特征之一，学科交叉融合，是近几年学科发展趋势。除了交叉专业建设，更灵活、更宽泛的方式是在学生具备本专业的基本技能和基础理论后，在特定的时间内与其他专业在实践环节进行工程项目实践合作，建立实践应用型课程。通过实践探索，形成的可供借鉴的路径选择主要包括以下几个。

3.1 优化项目立项

前期的探索更多是基于学生兴趣，由学生在课余时间进行，部分项目也没有学分。因此，实践项目的选择就很重要，如果只是某一位同学感兴趣的方案，其他同学没有足够的热情，那很难持续接下来的设计开发工作。因此，有兴趣参与项目实践的同学组队后，在多个可能的方案中，基于可把握的工作量，确定一个能达成共识的项目，是项目顺利进行的基础，也是新工科建设中实现让学生积极主动参与教学活动的前提。

3.2 灵活管理方式

跨学科的项目制实践，从学校管理的角度，也涉及对过去传统条块管理的变化，如教师工作量的考核等，要使教师能够积极投入到跨学科的建设实践中。吴军在比较中美两国跨学科发展时发现，推动美国跨学科成功发展的一个重要因素就是：在美国，参与跨学科的各方都能够将成果拿回各自所在单位，记同等工作量；而在中国，同一合作项目往往是按照排名进行工作量的递减。项目工作的考核也体现在学生方面，包括对其学习任务的认定、效果以及学分的给定等。

跨学科项目制实践课程的灵活管理，还体现在与其他课程的授课方式的时间选择上，学生可在实训期间进行，也可以在课余时间进行。同时，项目以小组的方式有效合作，确立学生负责人；团队有明确的共同目标，容易形成凝聚力，也有利于培养学生的领导、沟通的能力和技巧。在更大程度上让学生实现自主管理，逐步达到科学合理的运行机制和管理模式。

3.3 加强校企对接

根据国务院“十三五”科技创新规划，促进人才培养与产业需求结合的综合性应用人才培养的要求，加强与行业的对接，是使人才培养满足行业需求的重要条件。项目制实践指导教师团队应由教师和行业人员共同组成，建立校企合作关系，形成有效的沟通协作机制。

项目制实践，不仅使学生的创新及工程能力得到培养和提升，同时也让学生的实践成果得以推广，实现其商业价值。尤其是项目完成后，可增加一些向公众展示的环节，并邀请行业相关机构参加，使学生获得更多的机会。

3.4 创建跨界平台

产业高层次的人才需求，需要学生有跨界融合的能力，有对跨学科的共识和对不同学科的认知。游戏设计开发，除了程序与美术，还涉及其他学科领域，是综合学科的体现。人才除了跨软件工程和美术两个主要专业领域，也要涉猎文学及历史专业，这对游戏故事、剧情的编写有优势。对游戏设计开发感兴趣的学生，在目前的专业背景下并不一定能进入到相关专业进行学习。跨界实践平台是改变传统学科与专业学习的灵活方式，给相关专业学生提供了一个学习的机会，也是一个创新、创业、创客的基础。

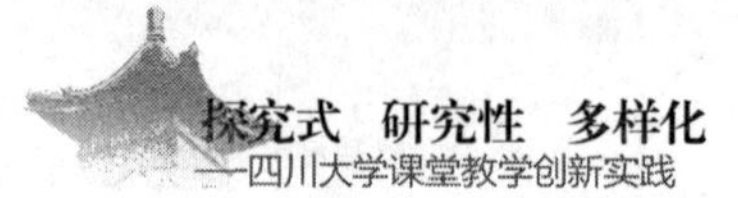

4 结语

新经济时代，我们面临的问题常常体现出综合性、跨学科的特点，需要我们运用多学科知识来解决，不仅仅需要理、工科专业知识的结合，有些问题也需要自然科学与人文艺术相关知识的结合。本文根据学科特点，借鉴国外游戏设计开发实践教学经验，以项目为导向，结合计算机软件专业和艺术专业的学生共同参与进行跨学科项目制实践，打破了传统学科界限，是主动适应新经济发展的有效方式。跨学科项目制实践有利于提高学生的创新实践和工程能力，顺应行业发展对人才培养的需求，在实践探索中也形成了可供其他高校借鉴和参考的模式，取得了良好的效果。

参考文献：

[1] 钟登华. 新工科建设的内涵与行动［J］. 高等工程教育研究，2017（3）：1－6.

[2] 陆国栋，李拓宇. 新工科建设与发展的路径思考［J］. 高等工程教育研究，2017（3）：20－26.

[3] 李茂. 游戏学基础理论体系构建. 中国高校游戏艺术设计大赛优秀作品集［C］. 成都：四川美术出版社，2017：184－189.

[4] 李茂. 2016中国独立游戏发展报告. 中国游戏产业发展报告（2017）［C］. 北京：社会科学文献出版社，2017：38－53.

[5] 郃明松，洪玫，秦燕，黎红友. 工程教育在软件人才培养中的实践探索. 国际化、工程化软件人才培养探索与实践［C］. 成都：四川大学出版社，2017：3－8.

[6] 李茂. 开设企业类课程的探索—游戏设计与开发. 国际化、工程化软件人才培养探索与实践［C］. 成都：四川大学出版社，2017：394－398.

[7] 吴军. 大学之路［M］. 北京：人民邮电出版社，2017.

[8] 琳达·B. 尼尔森. 最佳教学模式的选择与过程控制［M］. 广州：华南理工大学出版社，2014.

医学机能实验学教学改革探索

植茂辉，廖诗平，郑焱江，李嘉豪，刘莉华，王玉芳
四川大学华西基础医学与法医学院机能学实验室

摘　要： 机能实验学作为基础医学教学一门重要学科，其教学改革和探索是一项长期而艰巨的任务。针对目前机能学所出现的生理、病理生理、药理学这三门学科融合难的问题，以及以培养具有创新精神和终身学习能力的本科生为目标。四川大学机能学实验室十八年来在整合教学资源和创新实验教学方面积累了丰富的经验，探索出医学机能学实验教学的新模式，提高了学生的基本技能和自主创新能力，为造就出具有科学探索精神、活跃的创新思维能力和熟悉科研技能的全能型人才打下了坚实的基础。

关键词： 机能实验学　创新　教学改革　探索

随着我国医学卫生事业发展的需要，培养高水平医务工作者，已成为一项十分紧迫的任务。从国外一流大学的培养理念可以看出，以学生为主体的教育方式就是把学生看作是处于实习阶段的学者和研究者，和教师一样主动参与探索未知的事物或检验现有假设和解释，从而开发大学生的创新潜能，培养出能够独立钻研的具备创新意识的人。因此科研型教学（即实验教学）在人才培养中的地位举足轻重。因此充分发挥学生的自主性和创造性，给予学生最大的空间，为学生提供一流的实验平台[1]。

医学机能实验学是基础医学的实验性课程，是以人体和整体动物以及离体器官组织为主要研究对象，研究机体各种生理活动及规律，疾病发生发展过程的机能及代谢变化规律，并涉及发病机制和药物与机体相互作用及其作用规律的一门综合性实验学科。作为一门重要的医学基础实验课程，目的在于使学生不仅能获取最新的理论知识且还能掌握一些医学实验的基本技能，对提高医学生的综合素质，培养学生创新精神和实践能力具有十分重要的意义[2]。

四川大学华西机能学实验室在长期实验教学的实践中，从整体观的角度通过精心设计形成了一个新的综合性实验课程体系，有助于培养医学生实践能力、创新意识、科学思维方法和严谨的工作态度，为医学科技创新人才的培养提供了很好的摇篮。

1 机能实验教学的特点

1.1 机能实验教学的目的

实验学是一门重要的、具备独特教学内容的独立学科[3]，机能实验学使学生将生理学、病理生理学和药理学这三门学科的理论知识融会贯通，培养学生实事求是、严谨的科学作风，以及观察、分析、解决问题的综合能力。实践教学是保证和提高医学人才培养质量的重要环节和必要手段。机能实验过程中团队合作要求高，动手能力要求强，通过不断的实验，学生相应的综合能力也得到提高。深化机能实验学的教学改革，打破现行课程框架，开展以创新能力培养为主线，重新整合教学内容、调配实验仪器，创立新的实验教学模式是非常必要的[4]。

1.2 机能实验教学改革之路

当前，大多数医学院校都已成立了机能实验中心，完成了将生理学、病理生理学、药理学实验整合在一起，形成了实验教学改革的第一步。但各校情况不一致，有的就是单纯地将三门课实验放在了一个实验室，行课时依然分三个不同的内容独立进行，甚至相关教学人员、仪器设备、实验室空间、实验教材等都还是分开的，即物理性融合而非有机结合。第二类就是部分实验内容整合在一起，实验内容偏向性严重，基本还是按原来三门实验课各自的内容开展。第三类是一开始就将三门课实验课程的内容有机整合，有独立的实验教材，实验教师、实验室空间、仪器设备都紧紧围绕机能实验学一门课程来进行配置。四川大学基础实验教学中心机能实验室于1999年就开始了机能学教学改革的工作。经整合后的机能学实验解决了传统教学模式造成的学生对所学知识缺乏系统的认知和理解，综合素质和能力无法提高的问题，同时避免了课程重复设置，造成的人、财和资源的浪费[5]。

1.3 机能实验教学存在的问题

机能实验学对象以活体动物为主。学生在医学课程中，真正的医学实验是从机能实验开始的。实验动物的种类多，很多学生第一次接触因害怕动手而不敢动手，不同原因和心理因素在不同程度影响教学。实验室空间、仪器设备配置程度及完好率、教师对新仪器的熟悉程度等也会直接影响实验教学的效果。

不同专业实验内容的设置和小组人数的多少对实验效果的影响较大。我们在多年的教学工作中不断思考提高教学质量的方法。

2 机能实验教学改革途径

实验教学的改革步伐从没有停止过。不同院校的自身情况不同，改革的程度和途径也不尽相同。为了提高实验教学的整体水平，优化教学效果，培养基础扎实、知识面宽、能力强的高水平高级医学人才，我们在现有的工作条件基础上，以支撑学生创新性实践活动为核心，进行了多方面的教学改革举措。

2.1 继续加强实验教材的建设

从1999年开始，吸引相关专业的专家成立了机能学实验编写组，编写《机能实验学》教材，先后由四川大学出版社和高等教育出版社出版，并成为高等教育出版社“十一五”规划教材。在编写过程中，机能实验学编写组成员负责实验的预试，从发展创新的角度对每个实验进行梳理，做到可行性、综合性和创新性统一。

2.2 创新实验技术

受益于四川大学重视实验教学工作的大环境，机能实验室每年都有新的实验技术得到学校的立项支持，并运用到本科实验教学中。比如家兔急性右心衰模型复制；中心静脉压测定方法的改进使学生在实验中以更简便的操作得到真实的数据；激光多普勒技术和微循环图像观测仪的在失血性休克实验中的联合运用使学生既能直观观察失血性休克时微循环的改变，又能得到灌注量的数据用于分析。以上新实验技术均已成功开展到实验教学中，获得学生良好评价。

2.3 提高实验教学队伍的综合素质，建立实验预试实验制度，统一教案

长期以来，为了更好地保证教学质量，我们实验室建立了实验预试制度，要求新教师必须全程参加培训。对于新开展的实验，所有参与实验教学的教师必须参加。

每个实验的教案统一发给每位教师，教师再将自己的教学特点融入，这样既保证了实验教学的相对标准统一化，也体现出教师各自的教学特色。

此外，学校教务处组织有学生评教和督导评教二维一体的教学质量评价系

统，每学期中期和期末对每门课程进行两次评分，并反馈给学院及其任课老师。这种教学质量管理体系和质量保证系统，有利于监督和激励教师做好实验教学工作[6]。

2.4 加强小班化教学，控制实验小组人数

实验教学与理论教学不同，实验教学更注重学生的实践能力。我们在实验教学中采用以“学生为主体的引导、启发式教学模式”，即教师引导、学生动手实验、教师答疑和教师总结的模式[7]。为提高学生动手、创新能力，我们将每个实验小组学生人数控制在 3 ~4 人，学生每次实验动手实践的机会增多，实践能力得到提高，从而保证教学的质量。实验动物的准备也按照课程实际需要量的 1.2 倍进行配备，以防实验中各种意外造成动物死亡而迫使实验终止。整个学期下来，学生的动手能力得到显著的提高，为以后创新性实验打下坚实基础。

2.5 优化实验仪器设备和实验室空间布局，创建创新实践平台

1999 年至今，实验室的电脑和生物信号采集系统有了三次大的升级和更换，保证仪器设备的完好率、使用率。实验设计创新是实验教学中重要的组成部分。为了给学生提供一个自由进行科学研究的平台，根据实验方向和空间要求，我们 2015 年创建开放性的实验创新基地，包含了心血管、病理模型复制、分子病理、动物行为学等实验平台，为学生实验设计创新实验提供良好环境。在教师引导和启发下，学生综合运用所掌握的基础理论知识、医学专业知识和基本实验技能，针对自身兴趣与特长，在相关文献检索中发现、选择医学科学问题，并自行拟定研究方案，根据实验内容，与实验室协调好时间，自主的在实验室进行实验，主动探索[5]。以学生为主的创新性实验是在机能实验方法学的基础上，进一步改革探索性实验教学方法，并以开放实验室为载体，以训练学生的主体意识和问题意识，激发学生创新愿望，培养创新精神和实践能力为目标定位的机能学实验教学体系[8]，使具备“独立思考能力，创新能力和能协作有担当的”学生自由在科学的世界里探索。

2.6 虚拟仿真医学实验系统的建设

虚拟仿真实验教学系统将计算机虚拟仿真技术与互联网结合，无须实验动物和实验仪器，利用计算机模拟医学实验的操作过程，是伴随科技发展应运而生的先进教学手段[9]。我校基础医学实验中心机能学实验室的虚拟仿真医学

实验系统经历了两个重要的阶段，即实验室局域网阶段和互联网阶段。2015年，我们成功建设了虚拟仿真医学实验系统，并利用互联网，给学生提供了任何时间、任何地点、任何移动终端学习的可能。该系统覆盖了100多个机能实验仿真。由于模拟仿真实验无须实验动物，无须实验准备即可帮助学生理解实验的操作步骤和实验效果，可以作为实验教学的一个有益补充，对教师而言起到辅助教学的作用，对学生而言起到知识的预习、熟悉和强化的作用。该系统由基础知识、实验仪器、实验录像、模拟实验、实验考核等部分组成，结构完整、内容丰富。学生在网上学习的时间记录，也作为学生平时成绩的一部分。

2.7 改革机能学实验教学考核体系

实验教学考试主要是检验教与学的效果，促进教学内容的完善、教学方法的改进，促进素质教育和人才培养。目前我校实验中学机能学实验设置有4个层次。不同的专业选择层次不同，考核的方法不同。以机能实验Ⅰ层次为例，总学时为80学时，学分5学分。期末成绩由两大部分组成，实验成绩（80%）和理论笔试（20%）。实验成绩又由平时成绩（20%）、虚拟实验（5%）、实验设计（15%）、实验操作（40%）等组成。进一步细化学生考核的内容，全方位的考核学生的学习情况，促进考核的公平性，以此能调动学生学习的积极性和主动性。

3 结束语

机能实验学的教学改革与实践，符合高等医学教育课程体系综合发展趋势，及时研究解决教学改革中遇到的新问题，达到了实验室管理体制与实验教学内容、方法、模式改革同步推进、相互促进效果[10]。我们实验室经过十几年实验教学改革，实验教学已取得一定的成绩，先后成为校、省级精品课程。并连续19年成为国家级继续医学教育项目，每年有众多院校的同行借助该平台汇聚成都相互交流学习。在实际的教学过程中，学生的兴趣浓厚，积极性高。多个大学生创新项目进入实验室创新平台并取得实验成果。

我们在机能实验教学中，运用现代化教学理念和方法，建立较完备的机能学创新性实验教学环境，显著提高医科相关专业大学生的实践教学质量，通过加强医学生的科学思维和研究能力训练，提高医学生的科学研究素质，为培养更多具有创新能力、实践能力和创业精神的高等医学人才打下了坚实的基础[11-12]。

参考文献：

[1] 童学红，张丽娟，候晓梨，等. 医学机能学实验室标准化管理的实践与探索［J］. 实验室研究与探索，2011，28（4）：148－162.

[2] 刘萍，王菊英，马剑锋，等. 开放式医学机能学实验教学体系的探索与实践［J］. 中国高等医学教育，2006，10：62－64.

[3] 郭志英，任启伟，巴再华，等. 在机能学教学中开展设计性实验的探索［J］. 医学教学探索，2010，33（1）：93－95.

[4] 张团笑，牛彩琴. PBL 教学法在医学机能实验教学中的应用［J］. 四川生理科学杂志，2010，32（1）：43－45.

[5] 王靓，于荣光，龙子江，等. 改革机能学实验教学模式培养学生创新能力［J］. 实验室研究与探索，2012，31（4）：277－279.

[6] 李金莲，杨静，张慧，等. 机能学设计性实验教学的现状与对策研究［J］. 西北医学教育，2010，18（5）：1008－1010.

[7] 龚其海，徐尚福，金凤，等. 启发式教学在机能学实验教学中的应用［J］. 遵义医学院学报，2010，33（6）：370－371.

[8] 谢忠好，陈醒言，范小芳，等. 医学机能学教学虚拟实验的设计［J］. 温州医学院学报，2011，12（2）：168－169.

[9] 陈麟东. 浅析医学机能虚拟实验中仿真技术和网络技术的应用［J］. 计算机光盘软件与应用，2013（8）：84－85.

[10] 龙子江，于荣光，王靓. 机能学实验教学改革的探索与实践［J］. 实验室研究与探索，2012，31（4）：330－332.

[11] 黄钢，顾鸣敏，唐红梅，等. 医学新目标与上海交通大学医学教学改革新思路［J］. 上海交通大学学报，2008，28（zl）：1－3.

[12] 马剑峰，徐红岩，马湉，等. 基于技术创新的医学机能学实验改革［J］. 实验室研究与探索，2017，36（3）：203－206.

以问题研究为导向提高医学本科生形态学实验技能的改革探索

郑　翔，冯　颖，潘　倩，周　雪

四川大学华西基础医学院与法医学院

摘　要： 形态学实验技能是医学本科生的一项重要基础技能。传统教学模式下学生进步慢，遗忘快，在实际工作中难以灵活应用。作者根据形态学实验教学的具体问题，探索改革，采用以问题为导向的理念，按照分阶段递进式的能力提升模式，兼顾了操作基本功训练和实验研究训练，为医学本科生的实验室学习和发展提供了新的解决方案。

关键词： 问题研究　形态学实验　医学本科生　分阶段训练　实验教学

医学本科生在基础知识和研究技能方面的培训，不外乎形态学、机能学、分子科学、病原生物学这四个方面。其中，形态学不仅是学生最早接触的内容，也是临床疾病诊疗的基础。解剖学、组织胚胎学、病理学都属于形态学的范畴。本科阶段形态学的实验技能训练，主要针对正常与异常人体结构的辨识这一核心技能；对于基础医学专业学生，还要求掌握显微标本制备和检测的方法。在传统的教学模式下，学生的形态学实验能力进步缓慢，遗忘快，在临床或实验室实习中难以灵活应用。近年随着国内高校科研建设的加强，高年资的教学人员通常兼有研究任务，而新进人员虽强于科研，但专业化水平下降，在所教课程上的基本功普遍有待提升[1-2]。按传统方式教学，对教师来说也如沉重负担。以解决具体科学问题为导向开展实验教学，是当前的一大趋势[3-4]。不过万事开头难，过去几年的实践显示，单纯以问题为导向的教学模式存在教学内容少、课堂效率低、教师和学生任务负担重等弊病，学生的实验技能基本功反而有减弱的趋势。怎样既保证实验基本功的训练水平，又能切实提高学生的研究性学习和独立进行探索性实验的能力水平呢？本文作者在过去实验教改的工作基础上，借助四川大学教改项目（七期）的支持，进一步对组织胚胎学实验、基础医学形态学实验技能培训等医学形态学实验课的教学进行了改革。改革后已取得多项积极成果，现将这些探索经验、成果和思考汇报如下，抛砖引玉，希望对其他学科的实验教学也具有参考意义。

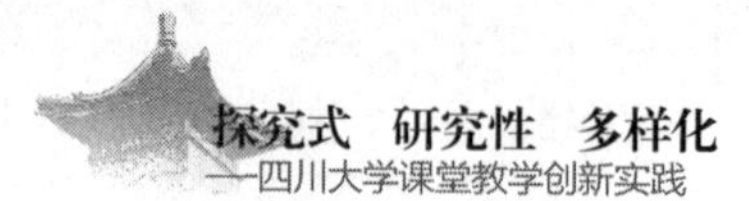

1 分阶段展开实验能力训练，多途径反复强化核心技能

实验技能的训练要以问题研究为导向，不能指望一蹴而就。应根据学习的自然规律，帮助学生依次实现从不会到会、从了解到熟练和从熟练到灵活应用的3次提升，学生才能具备研究性应用的能力。与此同时，学生逐渐克服畏难、信心不足和经验不足的心理和技能障碍，才能喜爱并善于从事相应的研究工作。已有学者提出分阶段训练实验能力的方案[5]。但光借助课堂时段内分阶段还远远不够，下面是我们的实践经验。

1.1 形态学实验技能的分阶段训练方案

形态学实验课程中，显微切片的识读和制作是组织学、胚胎学和病理学相关技能训练的两个核心内容。此处就以显微读片和制片为例。传统的教学中始终以书本知识为先导，实验课的读片训练从属于理论教学，属于验证性实验。这一模式下学生和教师思想上都容易产生惰性。教学方式多年不变，医学生高年级进入临床或实验室实习后，由于制片技术基础完全不具备，形态学问题的研究能力停留在“纸上谈兵”的阶段。近年很多单位意识到这个问题，开始搞研究性学习的改革，比如多样化评定实验课程的成绩[6]，引入数码互动系统提高读片教学效率[7]，减少验证性实验项目，做好关键技能的训练，实现“少样多量”的目标[1]，等等。这些改革的成效有的并不显著，因为一方面，这些措施绝大部分只针对基本功训练，未涉及研究应用；另一方面，学生感觉训练目标和能力基础之间还有一定距离，生硬拔高难以适应。结果，显微制片技术仍然是国内所有高校医学生实验能力培养中明显的短板。

我们针对上述问题，在基础医学专业本科实验教学改革时采用了分三个阶段递进的训练方案。如图1，第1阶段是基本操作练习，围绕灌注固定、石蜡制片、常规染色、组织化学反应这4个操作环节，展开操作练习和相关知识的学习。第1阶段的课程为24学时，学生重点掌握上述关键操作环节的技能，实现从不会到会的转变，克服陌生情绪。第2阶段，在已具备关键操作技能的基础上，给出一些很小的观察任务（如“在肝和脑中找到小鼠感染寄生虫的证据”），引导学生自己完成所有的实验准备，并用第1阶段掌握的技术完成实验操作。第2阶段的课程为48学时，经过训练，学生就已具备显微制片的全套技能，并同时实现了从了解到熟练的转变。第3阶段训练中，学生的主要任务是解决一个具体的科学问题（如“小鼠延髓哪些部位的神经元损伤后血糖水平会改变”），耗时40学时。此时学生已具备完整的实验技能，不再具有畏难情绪。在专心解决科学问题的同时，通过扩展学习和操作巩固，学生能更好地建立科学研究的经验和信心。

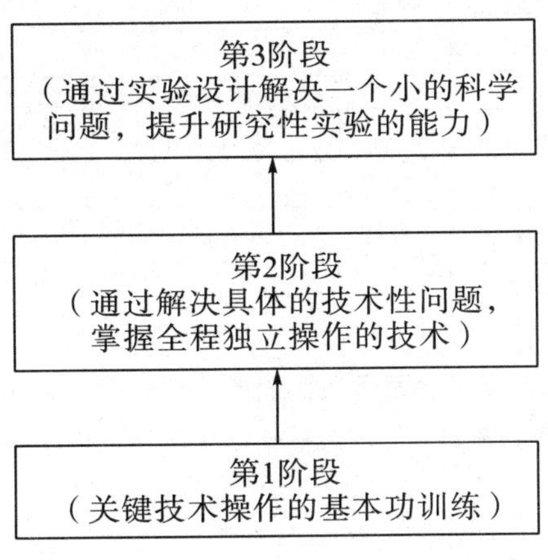

图1　实验技能分阶段训练方案

1.2　多途径反复巩固基本功

分层次递进式训练，解决了科学提升能力的问题。同时，还要使学生的技能基本功变扎实，才能支撑日后的应用实践。如前所述，在显微形态学的实验课程中，结构辨识（读片）和标本制片是两个主要的基本功。传统的教学法是专门训练读片，制片训练与读片训练脱节，高年级学生通常对早期获得的读片技能有显著的遗忘。这样就形成了一个不牢固的技能根基，对展开以问题研究为导向的教学不利。

我们的改革方案是，从第1阶段的基本操作训练到第3阶段科学问题的研究实践，始终融汇读片和制片这两个基本功，通过各种途径使学生有反复练习和巩固的机会，逐渐变得熟练和精通。以大鼠与人颌下腺结构比较的问题为例。如图2，传统教学中，人颌下腺显微结构、大鼠颌下腺比较结构以及大鼠标本显微制片这三个内容的学习是分别独立进行的。学生的学习成果没有得到巩固和应用，相关知识和技能相互孤立，遗忘快且在医学研究的实践中难以派上用场。改革后，每次训练的任务和解决的问题，都与相关的读片、制片知识和技能密切相关。经过反复巩固，在锻炼学生研究能力的同时兼顾了基本功训练。

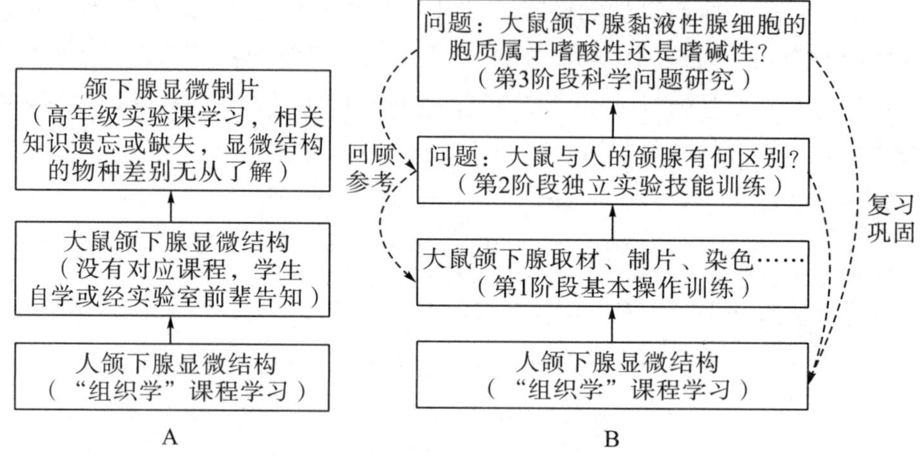

图2 多途径反复巩固显微读片和制片基本功

A为传统教学模式，各个环节孤立；B 为基于三阶段递进教学的模式，各环节相互促进

此外，生物绘图[8-9]这一看似古老的教学内容，现今在形态学实验教学中仍有必要坚持。一方面，画过的结构记得牢，有利于巩固学习成果；另一方面，教师能通过绘图作业直观地了解学生是否正确理解了观察到的显微结构。通过显微数码互动系统提交拍照作业，其教学效果不能与绘图训练相媲美。

形态学实验课程中让学生写日后不用的实验报告[10]，徒增负担，实非可取之道。改革后，第 1、2 阶段的实验报告不能像传统教学那样写。我们要求学生按“操作规程”的标准完成实验报告作业。这一要求的目的有两个：一是使学生详细记录操作细节和条件，既有利于自己复习也便于教师判断学生掌握的技能是否正确和准确；二是该作业将在第 3 阶段的研究实践中，作为学生自己的操作规程继续指导实验操作，确保实验操作和结果的延续性与稳定性，有助于学生建立工作信心。

1.3 核心教学环节仍然要放在实验课堂

以问题研究为导向的实验教学，其核心环节必须在课堂上完成。见诸报道的教改案例中，有的新增了很多课堂参与和体验式任务[11]，有的把讨论式教学引入实验课堂[12]。我们通过实践发现这些方法并不适用，因为学生的时间和精力分散较严重，技能掌握的水平反而下降（未显示该数据）。此外，有的单位建设基于网络的虚拟形态学教学资源，目的是代替课堂教学[13]。这种观念对发展学生的实际操作能力不利。实验课堂的时间是宝贵的，主要的指导和实践锻炼均应在课堂上完成，确保达到效果。学生在课外的活动属于预习、复习和扩展学习的性质，不能本末倒置。

2 利用技术手段，提高课堂效率

既然要高效利用课堂时间，就必须改革教学方法，达到提质增效的目的。形态学实验课的改革尤为困难。还以显微制片教学为例，常规石蜡制片的脱水、包埋、染色等操作分别需要 2 ~ 4 小时，边做边讲，操作课时已经占满。因此长期以来既无法新增教学内容，又难以改革教学方法。为此，我们近年先改进了实验技术[14]，并将常规显微制片的基本技术培训课时压缩到 16 学时[15]。余下的课时新增了当前实用的特殊制片法、原代细胞培养和生物分子原位检测技术的教学项目。新增教学实验项目的目标得以实现，第 1 阶段的训练内容覆盖了显微形态学的全部常规技术。

接下来的问题是，由于技术操作有一定的时长和难度，学生在实验课堂上只有一次练手机会，离开实验室后无法再复习操作。唯有改革教学方法才能增加每节课的效率。我们把主要的实验示教操作和设备使用方法拍摄成教学影片，片长根据内容从 5 min 到 45 min 不等。示教片借助四川大学课程中心挂网共享（课程网址：http://cc. scu. edu. cn/G2S/LBMS1. cc）。这样，学生在课前可以通过网络预习，课堂操作时可以随时通过移动终端查阅参考，课后还能继续回顾复习。为督促学生预习，教师每次上课都有随机预习提问和下次课预习任务布置的环节。实验课堂上不再集中示教，每次课又节省出不少时间。

经过实验技术改进和信息化教学改革，仅在形态学实验第 1 阶段的教学中，就在实验项目数和学生平均每学时操作时数上实现了翻倍的成绩（图 3）。

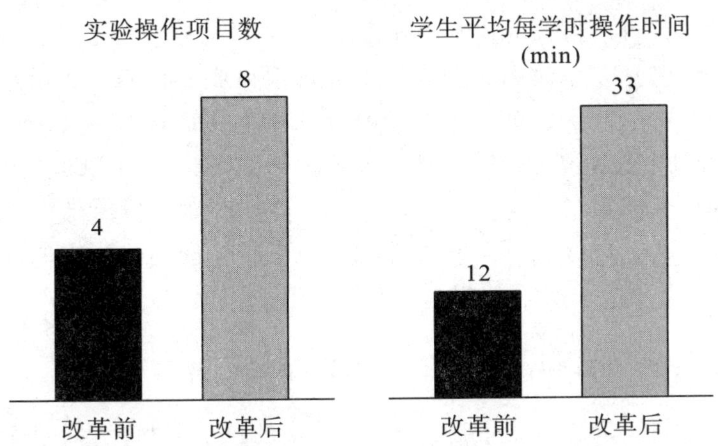

图 3 改革前后第 1 阶段学生基本实验操作的比较

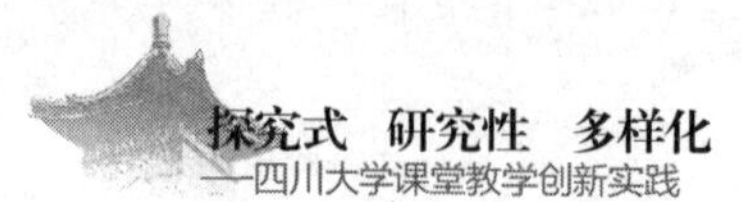

3　以解决实际问题为中心，巩固和应用实验技能

实验技能训练的最终目的，是要为今后的研究工作奠定基础。能灵活应用于实际工作、能解决问题的技能才是活的技能。实验教学除了克服光学不练，还要改变光练不用的状况。我们在第 2 和第 3 阶段的实验教学中，贯彻了以问题研究为导向的原则，引导医学生在实验室逐步适应以解决实际问题为中心的学习和发展方式。

3.1　仔细选择适合学生能力发展的科学问题

要保证以问题研究为导向的实验教学达到预期效果，首要因素是研究问题的选择。第 2 和第 3 阶段对研究问题的要求是不同的（第 1 阶段为基本操作培训，不设定研究问题）。其中，第 2 阶段重在提高操作技能和掌握完整的技术，所选问题应能促使学生尽可能多地用上已学过的操作。用上文“在肝和脑中找到小鼠感染寄生虫的证据”这一题目为例，学生要解决该问题，必须依次进行动物解剖、灌注固定取材、常规显微制片、生物染色等一系列操作，最后在显微镜下观察、拍照，证明寄生虫囊蚴等结构的存在。仅以显微制片第 2 阶段教学为例，我们用过的问题还有“大鼠与人的颌下腺在显微结构上有哪些区别”“怎样在显微镜下观察和确认大鼠小肠潘氏细胞”等，都能起到类似的锻炼作用。

第 3 阶段重在训练探索研究的能力，教学所选的问题应满足 4 个条件：1）需要进行研究设计和对照实验才能得到答案；2）研究所需技术手段以本课程所涉及的为主，可适当采用其他学科的技术；3）文献未报道过相关研究的结果；4）在不超过 40 学时的时间内学生能自主完成。我们的教学选题都基于近期实际研究中的问题，如“2 月龄雌性 KM 小鼠的卵巢究竟有多少卵泡”“成年 SD 大鼠坐骨神经的感觉纤维汇入哪些脊髓节段”“小鼠延髓哪些部位的神经元损伤后血糖水平会改变”“大鼠颌下腺黏液性腺细胞的胞质属于嗜酸性还是嗜碱性”等。这些问题看上去简单，但学生能够完成一个问题的研究并达到合格标准，就已经具备了科研实验的基本能力。

3.2　学生科研项目和高年级实习课相结合

学生掌握了实验技能，并能自主研究给定的科学问题，接下来就要通过完成研究项目来进一步提升能力，争取有所产出。本科生科研和创新训练在国内高校已开展了多年，涌现出不少优秀团队和成果，但也同时暴露出一些问题[16-17]。我们分析认为，本科生科研活动中存在的大部分问题都和两个因素有关：训练不足和动力不足。其中，动力不足的主因在于立题随意性较大，未做长期考虑，浅尝辄止，虎头蛇尾。我们在指导第3阶段实验教学、本科科研训练和大学生创新训练的时候，引导学生把目光放长远，在以训练为目标的研究项目中建立和检验自己感兴趣的科研题目，然后持续深入，在高年级实习课程甚至毕业设计中去完善相应的工作。按照这个模式去做的学生，目的性和积极性能持久保持，成果更容易达到公开发表的水平。

3.3 鼓励和帮助优秀学生发表、展示自己的成果

经过上述训练，医学生的科研实验能力和信心已经具备。不少学生已有可观的实验室经验和成果产出。但是，成果要发表或转化才有意义和价值。学生在这方面的经验和信心还未建立。我们遇到过几次这样的情况：本科生已经做足了研究工作，却迟迟不见成果报告；换个有经验的研究生恐怕早已写论文投稿了。说到底还是缺乏信心。此时鼓励是最有效的方法。如果成果确有价值，一定要让学生知道价值体现在哪里，怎样去完善与发表相关的工作，克服这个最后的心理和技能障碍。本科阶段能靠自己的能力发表成果的学生今后在专业兴趣和成果产出上的表现要明显好于同一届的其他同学(跟踪调查数据未显示)。教师必要的帮助是不可缺少的，比如写作指导和期刊选择等。但是，帮助有个度：论文正文写作、图表整理和投稿的手续，就算麻烦再多也要鼓励学生自己完成。这些环节如果教师代劳，学生以后还是做不来。

4 结语

全程按改革后的以问题研究为导向的实验教学模式培养的医学生（包括基础医学本科生、大创学生、毕业实习生)，虽然在写作本文时尚仅有两届，但成效已经显现。过去在我室参加培训的医学本科生，平均每30人仅1人在毕业前有论文发表，最近两届上升为3人；大创团队的成果目前都能达到发表的水平。除了论文，学生的实验技能也有很多看不见的提升。以形态学实验为例，显微制片和读片是国内几乎所有医科高校毕业生的短板；但我们的学生到外单位深造或工作，这方面技术的优良基础就给兄弟单位留下过深刻的印象，口碑良好。我们在实验教学中坚持以问题为导向进行培训，配合采用三阶段递

进的能力提升模式，实践效果满意。这一实验教学的改革兼顾了基本功训练、应用能力和研究能力的发展，对其他专业的实验教学也有推广价值。

参考文献：

[1] 刘实. 对生命科学本科研究性学习教学模式的探索［J］. 亚太教育，2015（35）：217.

[2] 李春香，姜兆华. 高校青年教师教学能力提高策略［J］. 继续教育研究，2017（9）：68－70.

[3] 胡林峰. 研究性学习在本科医学细胞生物学实验教学中的应用［J］. 基础医学教育，2013，15（2）：146－147.

[4] 丁肖华，张婧婧，赵庆伟，等. PBL在临床检验基础实验教学考核中的实践［J］. 中国高等医学教育，2011（4）：9－10.

[5] 袁丽环，段江燕. 研究性学习在高校生化实验教学中的探索与实践［J］. 实验技术与管理，2010，27（6）：12－14.

[6] 谢青，吴元喜，杨广笑. 用研究性学习理念指导系统生物学实验教学［J］. 实验室研究与探索，2008，27（9）：105－106，156.

[7] 郭蕊，张涛，乔从进，等. 数码显微互动实验教学在组织学与胚胎学中的应用［J］. 基础医学教育，2014，16（12）：1086－1088.

[8] 秦纹，廖礼彬，姚雪萍，等. 绘图技能在组织胚胎学实验教学中的重要性［J］. 现代生物医学进展，2013，13（26）：5137－5139.

[9] 曾征伦，柯立珊，徐秋英，等. 加强中医本科生早期科研能力培养［J］. 临床和实验医学杂志，2008，7（7）：182－183.

[10] 赵文珍，何颖红，杨勇琴，等. 实验报告在组织学与胚胎学实验教学中的应用［J］. 中国继续医学教育，2014，28（5）：66－67.

[11] 任艳华. 参与式教学在本科组织学与胚胎学实验课中的应用［J］. 中国继续医学教育，2017，9（20）：30－32.

[12] 蔡玉瑾，宋励，李爱红，等. 组织学实验教学中讨论课加强学生自主学习的探索［J］. 基础医学教育，2017，19（8）：588－590.

[13] 赵琪，孙红，孙艳梅，等. 基础医学虚拟仿真实验教学平台构建研究［J］. 实验技术与管理，2016，33（11）：135－138.

[14] 郑翔，毕文杰. 以四氢呋喃为脱水剂的石蜡显微制片经验及优势分析［J］. 解剖学杂志，2014，37（4）：560－562.

[15] 郑翔，周雪，潘倩. 基础医学专业本科16学时显微制片技术课程的教学经验［J］. 解剖学杂志，2016，39（1）：127－129.

[16] 沈剑敏，冯虎元，李星波，等. 大学生科研训练过程培养和管理体系建设的研究

[J]. 实验技术与管理, 2016, 33 (9): 12-14, 21.
[17] 郑翔, 周雪, 潘倩. 医学本科生科研训练的反思和改进 [J]. 实验技术与管理, 2016, 33 (1): 28-31.

学科整合在牙髓-修复序列治疗实验教学中的应用

张　鑫，王　剑
四川大学华西口腔医学院修复科

摘　要：临床思维和操作技能的培养是口腔医学本科实验教学的核心内容。本文结合专业特点以及我院长期的教学经验对传统的实验教学方式进行改革，在口腔医学生根管及修复治疗实验教学中采用“学科整合教学法”。实施效果显示，该教学方法能全面提高学生的综合能力，帮助其从理论知识平稳过渡到临床实习，并且得到了教师和学生的认可。学科整合教学法有望在其他学科得到进一步的应用和拓展。

关键词：学科整合教学　牙体牙髓病学　口腔修复学　序列治疗　实验教学

口腔医学是一门实践性很强的临床医学，尤其注重临床思维以及实践操作[1]，两者共同决定了一项诊疗活动的成效。临床前期实验教学作为口腔医学生从书本理论到临床实践的桥梁，对培养学生的口腔临床思维和操作技能至关重要[2]。因此，如何帮助学生在较短的时间内形成正确的临床思维、掌握基本的操作技能，是实验教学的主要任务，也是教学改革的重点。为此，我们基于整合学科思想，开展了一项将修复与牙体牙髓学科教学内容整合的新实验教学流程，在与过去一年的学生教学效果认可调查比较中获得了较好的教学效果认可，现论述如下。

1　“牙体牙髓病学”与“口腔修复学”两门实验课教学内容整合情况

根据口腔专业特点及临床实习需求，口腔修复教研室、口腔内科教研室认真研究，决定从本院 2012 级本科生开始，将“牙体牙髓病学”与“口腔修复学”两门实验课相互整合，在实验教学中模拟“牙髓-修复序列治疗”。一方面加强学生遇到实际临床问题的思维训练，一方面尽可能把临床常用技术整合进实验系列中。整个实验共分为 8 个部分（上颌中切牙开髓、根管预备、根管充填、贴面预备、全冠预备、桩核预备、桩核印模制取以及纤维桩粘结），共5次课，20个学时。课程具体安排如下。

1.1 根管治疗

操作前以小讲课形式向学生讲解根管治疗的适应证。本实验中模拟不可复性牙髓炎，操作包括开髓、根管预备及充填3部分，学生在2次课程共8个学时内完成相关操作。

1.1.1 开髓及根管预备（第1次课）

（1）开髓：在舌窝近舌隆突处开髓，钻针垂直于舌窝，洞形呈圆形；待出现落空感后调整钻针方向与牙长轴平行，揭开髓室顶。开髓洞形的预备应该在尽量保存牙体组织的前提下，彻底去除髓室顶，使治疗器械能直线进入根管。开髓后的牙齿可直接进行根管预备。

（2）根管预备：采用手用器械进行根管预备，预备的方法主要包括标准、逐步后退、根向以及逐步深入技术等，学生可根据手中器械自行选择一种预备方法。对于非感染根管，经预备后可直接进行根管充填；而对于感染根管，在充填之前还需要经过根管消毒处理，以预防根管再感染的发生。在实验课中，为了让学生学习到更加完善的治疗流程，我们要求学生都按照感染根管进行操作。最后，根管消毒后的模型用暂封材料封闭，留待下一次操作使用。

1.1.2 根管充填（第2次课）

采用侧方加压或垂直加压法进行根管充填，充填过程中应使充填物致密并严密封闭整个根管系统，充填物末端应到达牙骨质牙本质界[3]。经根管治疗以后的牙齿同样用暂封材料封闭开髓孔，学生在模型上署名后老师统一收集起来并拍摄充填牙片，评估充填效果。具体操作步骤如下：

（1）侧方加压法：根据主尖锉大小与根管操作长度选择合适的主牙胶尖；使用次氯酸钠（0.5%）溶液冲洗根管后用纸尖彻底干燥；选择与主尖锉匹配的侧方加压器；放置根管封闭剂；主牙胶就位后侧方加压；放置与侧方加压器相同大小或者小一号的副尖，侧方加压，如此反复直至根管紧密充填；最后完成髓室的充填。

（2）垂直加压法：选择锥度与根管匹配的主牙胶尖；冲洗干燥（同侧方加压法）；选择合适的垂直加压器；放置根管封闭剂；主牙胶就位并垂直加压；完成上段及髓室充填。

1.2 修复治疗

经根管治疗后的牙齿根据牙位、缺损范围等不同，需选择不同的修复方式。因此我们要求学生在根管治疗操作后自行查阅资料，熟悉不同修复治疗的适应症，然后在修复治疗操作前以小讲课形式统一进行讲解。本实验课程修复治疗操作包括贴面预备、全冠预备、桩核预备、桩核印模制取以及纤维桩粘接5个部分，分3次课程完成，共12个学时。

1.2.1 贴面及全冠预备（第3次课）

（1）贴面预备：预备范围尽可能局限在牙釉质内并尽量少磨除牙体组织。具体操作过程如下：①切端定深（1.0 mm）并磨除1.0～1.5 mm；②使用贴面专用定深车针或直径1.0 mm的球钻在颈部、中央和切端分别形成0.3mm、0.5mm、0.7 mm的引导沟；③用车针的圆形末端形成浅凹形的平滑肩台；④完成唇面的预备；⑤精细修整。因贴面预备中磨除牙体组织少，且主要局限在唇面和切缘，不影响后续全冠的预备。

（2）全冠预备：全冠根据材料组成的不同可分为铸造金属全冠、烤瓷熔附金属全冠、全瓷冠、烤塑冠等。不同材料全冠的预备量亦有所区别，实验课程中要求学生以全瓷冠为例进行预备，同时要求学生掌握其他材料全冠的预备方法。注意在完成全冠预备时应减去贴面预备时已经磨除的牙体量。具体操作如下：①切端均匀磨除1.5～2.0 mm牙体组织；②唇面定深（1.0 mm）并磨除1.0～1.5 mm牙体；③完成唇面颈部边缘预备，形成0.8～1.0 mm宽的平滑肩台；④去除邻面倒凹，形成与唇面连续的肩台，近远中聚合度约2°～5°；⑤舌侧使用火焰钻或轮形车针均匀磨除0.5～1.5 mm并形成连续肩台；⑥精细修整。在预备完成后的离体牙上再次磨除部分冠部牙体组织，人为造成更大面积的缺损，以备桩核预备使用。

1.2.2 桩核预备及印模制取（第4次课）

（1）桩核预备：桩核系统根据材料组成的不同分为金属桩、纤维桩以及全瓷桩等。不同的桩核系统所对应的牙体预备与治疗流程也有所不同，在实验课程中，为了方便后续纤维桩的粘接，我们要求学生以纤维桩为例进行根管预备，同时要求学生熟悉不同桩核系统的适应证及操作。具体操作如下：根据之前拍摄的充填片确定根管的有效长度，并进一步确定桩的预备长度；根据根管的长度、外形和直径选择合适的钻针；使用纤维桩配套的钻针逐号预备直至所需要的预备直径；去除侧壁牙胶、根管内倒凹及薄壁弱尖。在预备过程中应注意在保证根尖封闭的前提下，桩的长度不短于临床牙冠的高度且骨内桩长度大于骨内根长度的1/2。桩道的横截面形态与根的横截形态相似且直径约为牙根直径的1/4～1/3。此外，在冠边缘以上应至少有1.5 mm的牙本质肩领[4]，以免牙根受到过大的侧向力而导致根折。

（2）直接法制取桩核蜡型：在牙面及根管内涂布一层分离剂（液态石蜡），将嵌体蜡条烤软后插入桩道并尽量将其填满，再把一根较细的金属丝在酒精灯上烧热后插入蜡条的中央并直达桩道最深部。等蜡凝固后使用喷枪吹冷再小心取出，确认模型完整后再次就位，同样使用嵌体蜡在冠部完成核的堆塑。核的外形应按预备体形态修整，待彻底凝固后即完成模型的制取。

（3）间接法取模：首先在根管内注入流动性较高的轻体硅橡胶印模材料，为了防止模型在取出时该部分材料变形或折断，可在中心插入一根质硬的金属针或塑料针，然后在根面及周围注满相同印模材料，最后放入装有重体硅橡胶印模材料的托盘，待材料凝固后取出，完成根管印模的制取。

1.2.3 纤维桩粘接（第5次课）

由于纤维桩具有良好的美观性，并且随着机械性能的不断改进，是目前临床上最常用的桩材料[5]。因此在实验课程中，让学生以纤维桩粘接为例熟悉桩的粘接流程。首先，对根管进行冲洗处理后进行隔湿；选择与预备针匹配的纤维桩，放入根管内确认合适后用乙醇分别消毒根管及纤维桩，并吹干；将注射头尽量深入到桩道底部，注入树脂黏合剂并使其充满桩道；插入纤维桩至预定位置，再在桩上部注射树脂黏合剂完成核的堆塑；彻底光固化后按照全瓷冠的标准进行预备，再一次巩固了全冠预备的操作。

2 实施效果评估

研究采取回顾比较方式，以2011级采取传统教学方式学生的教学效果评估为对照。具体来讲，对华西口腔医学院2011级共190名学生采用传统教学方法，即根管治疗和修复操作单独授课，修复操作中贴面、全冠和桩核预备分别开展并在不同塑料牙上完成；对2012级共195名学生采用学科整合教学法。两种教学方式在相同实验室中完成，采用相同的教学时数和考核标准；技能考核评分由相同的2名老师完成，在学生考核之前制定详细的考核评分标准，并对2名评分老师进行标准一致性试验，计算得到kappa值为0.74，具有较高的一致性；用于分析的病例均为相同的病例并采取考试的形式完成，学生独自完成病例分析，因此数据具有可比性。数据采用 SPSS 18.0 软件进行独立样本的 t 检验以及χ^2检验分析。

表 1 结果显示，2012 级学生在实验课程结束后的考核中展现出更加优秀的操作技能（$p<0.05$）；并且在相同的病例分析中，同样有更高比例的学生正确地制订出了治疗方案（$p<0.05$）。这些客观数据说明使用学科整合教学法能有效提高学生的操作技能及临床思维。

表 1　不同教学组的学生考核（$\bar{x}\pm s$）

组别	人数	技能考核（分）	治疗方案制订正确人数（比例）
学科整合教学组	195	90.2 ±4.16	179（91.8%）
传统教学组	190	86.3 ±3.57	142（74.7%）
P 值		<0.001	<0.001

同时，课程结束后对两个年级学生进行问卷调查。问卷主要为封闭式问题，并采用 Likert 5 点式量表，1 分、2 分、3 分、4 分、5 分各自表示非常少、比较少、一般、比较显著以及非常显著，并将其中 4 分和 5 分定义为认可，内容根据相关研究[6]并结合本实验特点，共包含 7 个条目，总分 35 分。问卷全部收回，结果如表 2 所示，表明 2012 级学生普遍认为本实验教学方案可以从多个方面提高自身水平。使用 SPSS 18.0 计算可得该问卷信度为 0.79，效度为 0.86，说明该问卷具有较高的可信度，且能真实地评价学生相应能力。

表 2　学生对两种教学方法的评价

评价项目	平均分数			认可度（%）		
	学科整合教学组	传统教学组	P 值	学科整合教学组	传统教学组	P 值
培养临床思维	4.85 *	4.43	<0.001	99.5 *	84.7	<0.001
提升适应证辨析能力	4.69 *	4.26	<0.001	97.9 *	78.9	<0.001
提升操作技能	4.80 *	4.58	<0.001	99.5 *	91.6	<0.001
学到了更多知识	4.88	4.84	0.412	97.9	96.8	0.536
激发学习兴趣	4.37 *	4.12	0.002	86.7 *	70.0	<0.001
促进自主学习	4.59 *	4.45	0.039	94.4 *	86.3	0.009
提高综合能力	4.83 *	4.68	0.005	97.4	95.2	0.287

与传统教学组相比：$*p<0.05$

另外，一份对本教学方法整体满意度的调查问卷显示，所有教学老师及大部分2012级学生对整合教学表现出非常高的满意度（老师100%；学生98.5%），并希望继续沿用。

3 讨论

口腔本科医学生的专业课程大多在第四年的时候进行，课程较多，而第五年即进入临床实习，时间也较紧。实验课作为口腔医学生从理论到临床实践的桥梁课程，对培养学生的临床思维及技能等多种能力至关重要。而牙体牙髓疾病患者从根管治疗到修复治疗是一个完整的治疗流程，不同修复方案的选择也涉及各自的适应证。然而，在传统的实验教学方法中，“牙体牙髓病学”与“口腔修复学”实验课单独开展，要求学生在不同的牙上面分别完成实验操作，往往造成学生对整个治疗程序没有更加深刻的理解，也不能更好地区别不同治疗的适应证，导致学生在进入临床实习前还没有形成正确的临床思维，无法灵活运用所学知识多层次、多角度地思考和制订整体的治疗方案。此外，修复操作在塑料牙上进行，学生无法获得更加真实的操作体验，对操作能力的提升很有限。因此传统的实验教学方法具有一定的局限性。

为了更好地培养学生的综合能力，目前已经有多种教学方法应用于口腔本科实验教学中，如PBL（problem based learning）、CBL（case based learning）、模块化教学法等[1,6-9]。这些方法通过病例分析，小组讨论等方式来强化学生自主学习能力及理论联系实际能力的培养，主要侧重于临床前教学探索。而学科整合教学法在提升学生自主学习能力的同时，更有利于临床思维及操作技能等多种能力的培养，能帮助学生顺利过渡到临床实习阶段。

本实验中，我们对2012级本科学生采用学科整合教学法。与接受传统实验教学方法的2011级学生相比，2012级学生在最终的技能考核及病例分析中取得了更好的成绩（表1），说明学科整合教学法有利于提高学生的操作技能和临床思维。此外，有更多的学生认可学科整合教学法，因为该教学方法更加有利于培养临床思维、操作技能等多项能力，虽然两个年级的学生在“学到了更多知识”以及“提高综合能力”两个问题中表现出的认可度并无明显差异（$p>0.05$），但认可度都非常高（表2）。

在学科整合教学法中，我们完整地模拟了牙体牙髓疾病患者从根管治疗到修复治疗的完整过程，有利于更好地培养学生的临床思维及操作技能。具体来讲，实验课操作之前先进行理论讲解，实现理论指导实验，实验巩固理论；每次课程中间间隔约3～4天，使学生拥有充足的时间对整个治疗流程及操作进行思考与总结，并主动查阅相关资料来解答实验过程中遇到的问题。这有利于培养学生的临床思维以及解决问题的能力。同时，我们实现了在一颗牙上面完成全部实验操作，最大程度上利用了每一颗离体牙。一方面，所有操作均在离体牙上完成，且离体牙都是灌注到石膏模型后再放置在仿头模上，最大限度地模拟了真实的口腔操作环境，有利于操作能力的提升；另一方面，为了避免对后续操作的影响，在牙体预备过程中要求学生能更加精确地磨除牙体组织，从而更大程度上提高了学生的操作能力；此外，课程中要求学生在完成上一步治疗后人为形成下一个治疗所需要的牙体缺损模型，从而激发学生对各种治疗适应证的进一步思考。在不断思考和查阅的过程，学生的学习兴趣和自主学习的能力也得到了极大的促进。

总之，学科整合教学法在牙髓－修复序列治疗实验教学中取得了显著的成效，全面提高了学生多方面的素质，并有望在其他学科得到进一步的应用和拓展。但是该教学法的实施还有一些需要进一步完善的地方，比如在进行以上教学流程的同时，我们可以为每位学生准备不同牙位、不同缺损类型的离体牙，要求学生制订出完整的治疗方案并进行相应操作，以更好地培养学生的临床思维和操作技能。

参考文献：

[1] 胡建，陈亚明，孙亚洲，等．模块化教学在口腔修复学实习教学中的应用［J］．南京医科大学学报（社会科学版），2011，11（3）：219－222.

Hu J，Chen YM，Sun YZ，et al.．The application of modular teaching in the practice teaching of prosthodontics［J］．Acta Universitatis Medicinalis Nanjing（Social Science），2011，11（3）：219－222.

[2] 周永胜，江泳，徐军，等．仿真头颅模型在口腔修复学临床前期教学中的应用［J］．中华医学教育杂志，2006，26（3）：74－76.

Zhou YS，Jiang Y，Xu J，et al.．The use of head－simulator in preclinical teaching program of prosthodontics［J］．Chin J Med Edu，2006，26（3）：74－76.

[3] Hansrani V．Assessing root canal fillings on a radiograph——an overview［J］．Br DentJ，2015，219（10）：481－483.

[4] Sorensen JA，Engelman MJ．Ferrule design and fracture resistance of endodontically treated teeth［J］．J Prosthet Dent，1990，63（5）：529.

[5] Sorrentino R，Di Mauro MI，Ferrari M，et al.．Complications of endodontically treated teeth restored with fiber posts and single crowns or fixed dental prostheses－a systematic review

[J]. Clin Oral Investig, 2016, 20 (7): 1449 - 1457.

[6] 马楚凡，田敏，方明，等. PBL教学法在口腔修复学教学中的应用 [J]. 基础医学教育，2015，17 (7)：630 - 632.

Ma CF, Tian M, Fang M, et al.. The application of problem - based learning (PBL) in prosthodontics [J]. Basic Med Educ, 17 (7): 630 - 632.

[7] Keeve PL, Gerhards U, Arnold WA, et al.. Job requirements compared to dental school education: impact of a case - based learning curriculum [J]. Gms Zeitschrift Für Medizinische Ausbildung, 2012, 29 (4): 1 - 14.

[8] 刘翠娟，经典案例分析联合PBL教学法在口腔修复学实验教学中的应用效果观察 [J]. 中国继续医学教育，2016，8 (22)：15 - 16.

Liu CJ. The application effect of classic case analysis combined with PBL teaching method in the experimental teaching of oral rehabilitation [J]. China Contin Med Educ, 2016, 8 (22): 15 - 16.

[9] 韩伟光，口腔修复学实验CBL和PBL教学方法初步实践 [J]. 赤峰学院学报（自然版），2014，30 (6)：52 - 54.

Han WG, Preliminary practice of CBL and PBL in the experimental teaching of oral rehabilitation [J]. J Chifeng University (Natural Science Edition), 2014, 30 (6): 52 - 54.

教学方式创新

美国“方法派演技”在四川大学戏剧影视表演人才培养上的应用与变化[①]

付文芯

四川大学艺术学院

摘　要：美国“方法派演技”是美国戏剧教育家李·斯特拉斯伯格对俄国的斯坦尼斯拉夫斯基表演体系的延伸和补充。创造力是斯氏体系的中心原则，斯特拉斯伯格在此基础上发展了他训练演员的方法——“方法派”。著名演员马龙·白兰度、阿尔·帕西诺、达斯汀·霍夫曼、梅里尔·斯特里普都是“方法派演技”的代表人物。“方法派演技”注重自我呈现、注重细节感受、注重简练直接的表现方式，需要演员以自身经历来激发表演。

四川大学表演系自建立以来一直采用斯氏体系设置教学大纲与教学课程，培养戏剧影视表演艺术人才。为了补充四川大学培养戏剧影视表演艺术人才的教学方法和手段，我借鉴了美国表演“方法派演技”的方法，并总结和创造出一些新的教学手段，以此让学生体验更多不同的表演教学风格，帮助学生多元化地学习表演，丰富四川大学的表演教学。

关键词：美国“方法派演技”　斯坦尼斯拉夫斯基　四川大学　表演教学　演员培养

目前，我国高等艺术教育中，培养戏剧影视表演人才所采用的教学方法主要沿自俄国的斯坦尼斯拉夫斯基表演体系。斯氏体系强调现实主义原则，强调演员在舞台上的首要地位，发展演员的创作主动性，讲求演员与角色合二为一，进入“无我之境”，通过逼真的生活化的表演，在时空集中的舞台上再现生活。

“方法派演技”（method acting），是美国戏剧教育家李·斯特拉斯伯格对俄国斯坦尼斯拉夫斯基表演体系的延伸和补充。“方法派演技”主要通过言语外在的肢体和表情深入地挖掘出人性、人心的复杂性，要求演员在镜前幕后都要保持同角色一样的精神状态。“方法派演技”注重自我呈现、注重细节感受、注重简练直接的表现方式，需要演员以自身经历来激发表演，而不是仅仅作为僵化的类型人物出现。

---

① 四川大学2016教学成果奖二等奖，2017四川省第八届大学生艺术节艺术教育论文一等奖。

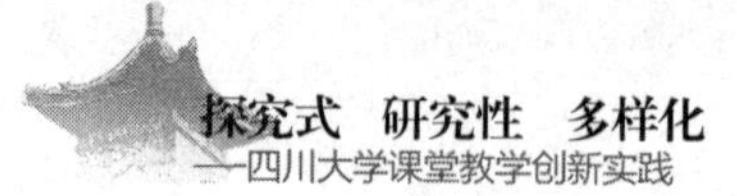

著名演员马龙·白兰度、阿尔·帕西诺、达斯汀·霍夫曼、梅里尔·斯特里普等都是“方法派演技”的代表人物，我国著名演员姜文（毕业于中央戏剧学院表演系，曾获得多项国内外表演大奖），其表演风格也深受“方法派演技”的影响。

四川大学表演系自建立以来一直采用斯坦尼斯拉夫斯基体系设置教学大纲与教学课程，培养戏剧影视表演人才，经过十几年的实践，已经起到了一定的成效，为四川大学的戏剧影视表演人才培养打下了坚实的基础。为了补充四川大学戏剧影视表演人才培养的方法和手段，我根据自己多年的戏剧学习和实践经验以及对“方法派演技”的研究，在教学中借鉴了“方法派演技”的方法，并总结和创造出一些新的教学手段，以此让学生体验更多不同的表演风格，帮助学生多元化地学习表演，更好地丰富四川大学的戏剧影视表演教学，以更好地进行戏剧影视表演人才培养。

这是四川大学表演系初次使用的教学方法，也是我在表演教学上的新尝试，从 2011 级开始到 2015 级，三年的教学实践中，也根据表演系每一个年级的学生的实际情况不断地进行调整和补充，通过此种表演教学法，学生在理解人物、塑造人物各方面有了很大的进步，很好地掌握了表演技巧方法，创作的主动性也大大提高。

这三年间，我采用“方法派演技”的表演教学方法，带领学生排演出的教学作品经受了实践的检验，收获了良好的成效。除了在校内演出，还积极参加各项专业比赛、展演，都得到了业内专家和观众的认可。这些认可体现在：获得的多个专业展演集体奖项（包括国家级、省部级、厅级、市级、校级），比如获得中国戏剧家协会主办 2017 第七届全国优秀小戏小品展演“优秀展演剧目”、中国戏剧家协会主办 2016 中国第七届长江文化艺术节“优秀入选剧目”、四川省戏剧家协会主办 2016 四川省大学生校园戏剧展演“优秀展演剧目”、四川省委宣传部及四川省文化厅主办四川省 2015 第十五届戏剧小品（小戏）比赛“优秀剧目奖”、四川省教育厅主办 2014 四川省第七届大学生艺术节“艺术表演类二等奖”，等等。

同时，有学生通过“方法派演技”训练掌握了表演方法，在比赛中获得了个人的表演奖，如 2015 级表演专业本科学生刘诺获得四川省戏剧家协会主办 2016 四川省大学生戏剧展演“优秀男演员”。还有学生根据表演训练的心得体会，尝试着创作更加接近真实生活的剧本，如 2014 级表演专业本科学生马培煌在四川省文化厅主办期刊《剧作家》2016 年第 2 期的杂志上发表剧本《老伴儿》。这些都是通过“方法派演技”的实践带来的收获。

1 “方法派演技”教学法主要解决的教学问题

（1）打破了表演上固有的创作“套路”，摆脱类型化的人物创造，培养学生的创作个性，打开他们的想象力与创造力，做到每个所塑造出来的人物都是“活生生的人”，都是独一无二的，都有自己的个性与特点，从而更立体丰满。

（2）让学生由模仿外在表演的被动思维转向积极的独立的思考，通过“方法派演技”对角色的分析和联系，让学生心中有所体验，从情感上融入角色，对角色感同身受，有了“体验”，再通过一定的表演技巧来“体现”，从而更真实地由内而外地呈现出角色特征。

（3）加强了表演的人性化，真实感，强调对细节的重视，帮助学生调整自己的表演状态，从线条式、僵化的表演，逐渐到真实、生活、自然、流畅的表演。

通过“方法派演技”的训练，学生之间有了更多的协作、交流，很多的表演都是互相配合相互刺激完成的，极好地锻炼了学生之间的沟通能力、合作能力，也增进了学生之间的情感。

2 “方法派演技”教学法解决教学问题的方法

（1）打破了表演上固有的创作“套路”，摆脱类型化的人物创造，培养学生的创作个性，打开他们的想象力与创造力，做到每个所塑造出来的人物都是“活生生的人”，都是独一无二的，都有自己的个性与特点，从而更立体丰满。

我们的学生基本都是来自普通高中，应试教育使得他们的思维模式具有固定的框架；除此之外，在进入大学之前，很少有人接触过表演，对表演可以说是一无所知，更谈不上去想象去创造。但是在艺术创作尤其是表演创作中，需要演员具有丰富的想象力与创造力，才能创造出“活生生”的人物形象。在教学实践中，通过一些“方法派演技”的表演练习和人物分析，循序渐进，让学生们认识到不同人物有不同的认识与表现方式，培养学生们的创造个性。另外，通过一些“方法派演技”的表演练习，用类似游戏的气氛，让他们在“玩要”中潜移默化地受到影响，培养学生的想象力。

比如，给低年级学生做的“模仿练习”。“模仿练习”在表演教学中一直占有重要的地位，练习的目的大多是让学生对物品或者动物在经过模仿后再现，或者将其以拟人化的方式表现。在四川大学传统的表演基础教学中，多采用的是“动物模拟练习”，比如模仿一只鸭子，学生往往会从外观上呈现一只“鸭子”：两只脚分开、撅着屁股、摇摆着往前走，并发出“嘎嘎”的声音，甚至还会像人那样说话。这个练习的目的是要求学生“模仿得像”，但是很容易出现千篇一律，每个学生模仿的鸭子都是一样的这种情况。而“方法派演技”的教学，更多的是引导学生去观察，去注意每个鸭子的不同，注意鸭子之间的交流，注意细节。比如，鸭子就有很多种：公鸭子、母鸭子、刚出生的鸭子、老年的鸭子、瘸腿的鸭子、谈恋爱的鸭子、生蛋的鸭子、做妈妈的鸭子、打架的鸭子、胆小的鸭子、鸭子王，等等。每个鸭子都是独一无二的，所呈现出来的当然也是各有各的不同。通过这样的教学训练，帮助学生了解自己本身和角色之间的不同，起到最初级的创造人物形象的训练作用，学生们用肢体语汇表现的动物逐渐从具象进入精神领域，于是简单的模仿练习就提高到了戏剧表现的层面。这样学生在进入高年级扮演人物的时候，就很容易将扮演鸭子的经验“代入”，做到去观察各种各样的人，理解到每个角色的不同，做到每个所塑造出来的人物都是“活生生的人”，都是独一无二的，都有自己的个性与特点，从而更立体丰满。

（2）让学生由模仿外在表演的被动思维转向积极的独立的思考，通过“方法派演技”对角色的分析和联系，让学生心中有所体验，从情感上融入角色，对角色感同身受，有了“体验”，再通过一定的表演技巧来“体现”，从而更真实地由内而外地呈现出角色特征。这一点，通过“动物模拟练习”已经为低年级学生打下初步的基础。将此进一步深化，就是“物品想象变形练习”。

举一个很简单的例子：学生选择用拉锁这样一个日常生活中必不可少的物品来进行展现，已经从简单的外形体现进入到精神领域，通过拉锁表现一种不可抗拒的、不以个人意愿为转移的力量。因为，拉锁无论在拉上或拉开时，都不是它自己的意愿所能决定的。这个时候，拉锁已经具有了思想。做这个练习的过程是从开始表现具象的物品，再逐渐进入到表现抽象物品中所包含着的精神或灵魂。学生们通过模拟拉锁，会开始思考拉锁在被人拉的情况下，有什么样的反应，从而情感上也逐渐地进入到拉锁的世界，会以拉锁的角度去看拉拉锁的人类。当人类对拉锁暴力，或者温柔，拉锁都会有相应的感受。当拉锁生锈了拉不动了，拉锁也会有内心的活动，诸如此类。

在低年级的学生中，通过这些“方法派演技”的训练，学生们的想象力逐渐丰富、大胆，我也鼓励他们按照自己想要做的去实施，要求他们展开想象，让他们按照对生活的理解，用他们自己的方式去表演，不把他们拉到原来的套路上来。这样他们呈现出来的是鲜活的形象，真实可信，非常丰满。

在高年级学生中，通过“方法派演技”的表演教学方法，让学生学会在创作中赋予人物生命，引导他们去思考，真实的人是怎么样的？怎么去表现？这是我们传统教学手段比较欠缺的一环：怎么样在各个环节渗透以人为本的理念，“人”在舞台上应该怎么生活？他真实的生活状态是什么样的？

我给表演系2014级学生指导《婚戒》这个戏剧作品的时候，他们是大二下学期，由于有了大一的时候“方法派演技”训练打下的基础，他们从接触剧本的初期，就非常容易理解我上面所强调的内容，一直贯穿到整部剧完成。整个过程中，他们从刚开始接触角色有初步印象但比较表面化，再根据老师的指导逐渐培养出自己独立思考角色分析人物的能力，到可以对角色有一些想法，并提出问题大家讨论，甚至对对手的角色提出一些意见和看法。在整部剧不断完成的过程中，学生们也在不断地进步。通过一点一滴的教学训练，学生用心去看到更多生活中的东西。他们不但保持住自己真挚、鲜明的个性，还形成了积极的独立思考的习惯，并持续下去，到之后2014级学生进入大三上学期，我们排演戏剧作品《伴侣》的时候，学生已经很明显的成熟许多，甚至主动帮助低年级的同学分析人物，当“小老师”，教他们一些表演的方法技巧，分享表演经验。

（3）加强了表演的人性化，真实感，强调对细节的重视，帮助学生调整自己的表演状态，从线条式、僵化的表演，逐渐到真实、生活、自然、流畅的表演。

感觉是刺激物对感觉器官产生的作用，再经过神经系统的处理产生了对这个事物的属性的反映。对于表演来说，感觉在舞台上起着非常重要的作用，它决定演员扮演的角色是否具备真实性和人类应有的一切特性。如果没有真实的感觉，就不可能塑造鲜明的人物形象，更不可能去谈人物的情感。

表演系每一届学生，在毕业的时候，必须要排演一出毕业大戏，以检验大学四年的专业能力。我有幸在2014年担任了2011级学生的毕业大戏《红色的天空》的指导教师，采用“方法派演技”的教学训练方式，跟学生们共同完成了这部戏。

《红色的天空》是一出关于老人院的戏，展现了一群六十多岁到八十多岁的老年人在养老院的生活。对于才二十岁出头的学生们来说，这部戏的角色无论在表情、声音、肢体上的塑造难度都是非常大的。在这样的情况下，我除了带他们去养老院体验生活、观察人物，让他们阅读相关资料、观看相关影碟，一步一步给他们做剧本分析及人物分析之外，还给他们做了一些“方法派演技”的训练。其中，感觉练习占了很大的比重。感觉练习是可以训练演员在舞台上获得真实感的有效练习。当学生在扮演老人的时候，就必须让他拥有老人应有的一切特性，从感觉入手，对他详尽地描述出人物所处的一切环境（强化规定情境练习），以及他此时此刻身体的一些感受，让他迅速掌握到规定情境，建立起真实可信的人物形象。

比如，《红色的天空》中，有一个老金（男）的角色，有一场戏是老金回忆当年在火车站寻找妻子慧芳的情景。老金是一个七十多岁的老人，身体非常虚弱，平时说话都是慢条斯理有气无力的，但是在这场回忆中，他就像个小孩子，激动兴奋。在做练习的时候，我让舞台上空无一物，让学生闭上眼睛，听我所描述的环境，去感受一切，但是要求他的身体还是一个七十多岁生病的老人的身体。随着描述，我会让另一个女学生配合，假装是慧芳，在不同的地方呼唤他，于是扮演老金的学生在闭上眼睛的想象中，会跟随声音去寻找，会奔跑，会激动，会大声呼喊，也会因为现实中身体的虚弱而喘气。当这个练习做完，学生再次扮演老金的角色，进入这场戏的表演当中，就显得非常自然真实。

（4）通过“方法派演技”的训练，学生之间有了更多的协作、交流，很多的表演都是互相配合相互刺激完成的，极好地锻炼了学生之间的沟通能力、合作能力，也增进了学生之间的情感。

美国戏剧教育家李·斯特拉斯伯格在其著作《激昂的幻梦》中谈到斯坦尼斯拉夫斯基时写道：“他（斯坦尼斯拉夫斯基）越来越清楚地认识到，作为演员不仅要有生理化妆的必要，而在每次演出之前，精神的化妆也是必不可少的。”在平时“方法派演技”的教学训练中，以及在剧目的排练和演出前，我都会花一些时间来帮助学生们做心理和身体的热身和放松练习，进行“精神化妆”，这样他们在演出的全过程中就能非常顺利地进入角色并且投入。

还是拿《红色的天空》中的人物来举例。老金（男）和老李（男）是老人院年纪差不多的两个老人，老金性格比较温和，老李性子比较暴躁，老李总是与各种人吵架，而老金总是去当和事佬。有一场戏，是大家在吃晚餐，老李走进来宣布说医生让他想吃什么就吃什么、想玩儿什么就玩儿什么、想抽烟就抽，然后老李一边不停说着话一边大口吃东西。在座的人都知道老李的病治不了了，纷纷离席，只剩下老金。老金面对不停说话的老李，然后什么也没有说就离开了，舞台上就只剩下老李一个人。

在这场戏排练初期，学生们虽然能够演下来，但不显得感人和辛酸，然后我就给扮演老金和老李的学生做了一个“方法派演技”的小练习，进行了“精神化妆”：选天色渐暗的时候，让老李站在教室里不动，只是说自己想要吃的东西，不停地说，而老金就站着不动，保持距离，看着他。看到一定程度，自己顺从自己的意志，做一些事情。我用了两个小道具来完成这个练习，一个是给老李的药瓶放在桌上，一个是给老金的烟让他夹在耳朵上。准备工作完成后，练习开始。天色渐渐暗下来，周围的人把桌上的菜都端走了，只剩下一个药瓶，老李在一边念着自己想吃的东西。老金默默看着老李，看着他临死前一直发泄着自己想要完成的心愿。由于扮演老金的学生在私底下跟扮演老李的学生关系较好，有一定情感基础，所以当老金注视着老李，老李也转头看向老金的时候，两个人有了眼神交流，老李的声音就渐渐地放慢、变小，老金慢慢走过去，情不自禁将自己耳朵上的烟放到了老李手里，再拍拍他，慢慢地走下场。老李看着老金的背影，眼泪流了下来。在这个练习之后，我同学生们进行了讨论，两位学生都说在练习当中，双方有很自然的交流，互相刺激，情感非常投入，而且找到了角色心中的难过情绪，两个人根本不需要语言，就能够达到默契，达到情感的碰撞。不但如此，两个学生通过这个练习，他们之间的友谊也更加深厚了。在后来的排练和正式的演出中，他们所呈现出来的这场戏都非常感人。

3　“方法派演技”教学法的创新点

3.1　舞台上的思考

斯氏体系提出“演员应该在舞台上想人物所想、思人物所思”，而我在实践中，让学生在台上真正地去想，而不是努力地让自己的思想与角色一致。也就是说，一个演员在台上思考问题的时候，观众并不能够看见他脑子里思考的东西，但可以看到他现在在“思考”。当学生扮演角色的时候，比如演一个科学家，但是他的脑子里并不能够一模一样地思考科学家所想的那些知识。所以在教学中提出了“代替”方法，可以去想一些别的内容，当你真正进入到思考的状态中，演员脸上露出的表情、眼神和表演状态绝对真实，叫人信服。

3.2　情感的记忆

另一个比较突出的地方，是发展了斯氏的“情绪的记忆”的“情感的记忆”。“情感的记忆”练习可以帮助学生找到能够刺激想象力的原点，这种被刺激出来的想象会使学生更真实地传递出被激发出来的情感。这样，他们每一天的排练就不仅仅是台词和行动的重复，而且还传递着自己真实感情的记忆。

学生还属于很不成熟的演员，不一定次次在舞台上都能够即时地体验，然后创造及表现出人物应有的情感状态。如果遇到“灵感缺失”问题，我平时给他们长期通过做“情感的记忆”练习可以刺激出具有创造性的、活生生的情感，以备“灵感”缺席时替代。

比如，我在给学生排演《伴侣》的时候利用特殊物件引发情感的方法，以保证每一次演出时所需要的“灵感”到位。在这部剧中，饰演妻子的学生一上场就会跟丈夫吵架，可是戏才开始，怎么可能产生那么高的情绪呢？于是，在每次女生上场之前，就会把男生弄坏的她的心爱之物拿出来，她只要一看到就会生气，然后同他争吵。当然，“方法派演技”的“情感的记忆”更多的是利用自己经历过的情感往事作为“勾引”自己心理、身理感觉的“鱼饵”，具体地真切感受想象中的五感。“情感的记忆”可以帮助演员充实内心，达到真正意义上的体验，是一种很具体、细致的梳理人物内心情感的有效方法。

3.3 放松练习

让学生学习放松的目的不仅仅是为了演出，而且是为了加强舞台演出时最佳的演出状态。“方法派演技”的放松练习包括头脑的放松、身体的放松和气息的放松。由于放松练习不应该是纸上谈兵的事情，而是需要老师在实际中指导的，每一次的练习也都不同，所以就不在这里叙述放松练习的步骤了。我在给 2011 级表演班上课的时候，每一周最少做一次这样的练习，每次坚持一个多小时。身体的放松自然随之能够提高学生在表演上注意力的高度集中。

4 总结

总之，美国“方法派演技”的表演教学方法在四川大学戏剧影视表演人才培养中的应用，给我们的表演教学带来很大的帮助，为四川大学艺术学院的表演教学注入了新鲜的血液。作为教师，我们所要授予学生的知识是多方面的，不管采用什么样的方法，只要能够给教学带来积极的改变，能让学生很好地吸收、进步，就可以坚持实践下去，更好地为我国的表演艺术人才培养服务。

参考文献：

[1] 赖声川. 红色的天空［M］. 台北：台北群声出版社，2005.

[2] 李・斯特拉斯伯格. 激昂的幻梦. 姜若瑜，译. 中央戏剧学院内部资料，教育部优秀青年教师资助计划项目.

在法学院“双学位”和“政法干警”本科课程中进行慕课教学的探索与思考[①]

——以“马工程”《民法学》教材配套慕课的运用为例

王　竹，杨力莉

四川大学法学院

摘　要：法学课程较少涉及试验，以课堂教学为主，这是推行慕课教学的天然优势。法学院“民法学”慕课团队通过4年来《侵权责任法》慕课制作与运行经验的积累，已经具备了在整个民法教学领域制作和运行慕课的经验和能力，并正在制作“马工程”《民法学》教材配套慕课。在法学院“双学位”和“政法干警”本科课程中进行慕课教学在可行性方面又各有不同考虑。法学院“民法学”慕课团队计划于2018年在“双学位”和“政法干警”本科民法课程中全面开展慕课教学，这一探索具有可扩展性。

关键词：法学院　双学位　政法干警　本科教学　慕课教学

1　在法学院“双学位”和“政法干警”本科课程中进行慕课教学的可行性

法学课程较少涉及试验，以课堂教学为主，这是在法学类课程中推行慕课教学的天然优势。在法学院“双学位”和“政法干警”本科课程中进行慕课教学，根据二者受众的不同特点，在可行性方面又有不同考虑。

1.1　在法学院“双学位”本科课程中进行慕课教学的可行性

根据四川大学法学院2017年3月3日发布的法学第二专业（双学位）教学计划，“双学位”法学生需要修读的课程包括法理学、中国法制史、宪法、刑法总论、刑法分论、民法总论、民法分论、劳动和社会保障法、刑事诉讼法、民事诉讼法、经济法学、国际公法、行政法与行政诉讼法学、商法、法律文书、知识产权法、国际私法、国际经济法、环境与资源法、毕业（学位）

---

① 本文系中国高等教育学会高等教育科学研究“十三五”规划课题子课题：“中国特色社会主义法治理论在线课程群（民法学）”（16ZG004－38）中期成果。

论文。一共20门，排除无须教师进行授课的毕业（学位）论文一项，需要开设的课程共计19门。其中，中国法制史、宪法、劳动和社会保障法、法律文书、环境与资源法为2学分，其他课程为3学分。在法学院“双学位”本科课程中进行慕课教学的可行性体现在：

第一，第二专业辅修法学的同学，相比于第一专业是法学的同学而言，通过“双学位”课程学习到的主要是最基础的、框架性的法学知识。而慕课通常也课时较少，以最重要的知识为重心，适当展开。所以“双学位”课程的需求特点决定了它采用慕课方式进行教学是非常合适的。

第二，慕课教学方式本身具备差异化的优势。① 根据美国心理学家B. S. 布卢姆的掌握学习理论，只要给予足够的时间和适当的教学，几乎所有的学生对几乎所有的学习内容都可以达到掌握的程度。学生在学习能力上的差异并不能决定其能否学会教学内容，而只能决定学习时间的长度。慕课教学的差异化优势便能较好地解决学习能力上的差异问题，有助于每个学生最大限度的发展，有助于解决学生人数众多与学生差异性需求难以得到满足之间的矛盾。辅修“双学位”的同学法学素养可能参差不齐，对于各模块知识的掌握能力差异较大。慕课教学可以实现学生反复观看同一模块知识的讲解，反复揣摩授课教师的思维。另外一方面，慕课又可以让学习能力较强的学生加快学习进度。传统课堂学习进度固定，不太容易满足不同层次的学习要求，对高层次学生和理解有困难的学生均带来不便，② 此时慕课教学的差异化优势便体现出来。另外还可以通过见面课、实体课堂或网上课程论坛实现与授课教师的互动，解决不同学生在观看视频和完成随堂测试、章节测试中所产生的问题。也就是说，慕课不仅包括视频文件，还包括微教学设计、微练习、微反思、微互动等各个方面，其本质是具有高度互动性的教学资源。③ 不可否认的是，面授课有其不可替代的优势，所以慕课教学方式配合实体课堂的开展，学习者和讲授者能实时地沟通和交流。

第三，“双学位”本科学生的第一专业或许与法学毫无关联，可能是理科、工科、医学类，学生对于法学的学习或许缺乏恰当的学习方式，这种情况

---

① 包运成：《“慕课”教学的差异化及对本科院校法学教学的启示》，《贵州警官职业学院学报》2015年第2期。

② 马小飞、郭粹：《后MOOC时代计算机网络技术课程混合教学模式实践》，《无线互联科技》2017年第20期。

③ 刘雪蕾：《探究监狱法学新教法的发展——以慕课教学为例》，《理论观察》2017年第9期。

下学习支持服务[①]是十分必要的。但就现在四川大学法学院的“双学位”课程开课情况来看，并没有针对新生的导学课、研讨课之类的课程，“双学位”学生相互之间也联系并不紧密，尤其缺乏法学专业学生经常开展的学术探讨。在慕课教学方式下，学习支持服务的首要体现即是导学课，[②] 对初学者开展导学活动，[③] 让初步接触法学课程的“双学位”学生对于法学，或进一步而言，对于该门课程的大纲、教学要求等有更准确的定位，对于学习该门课程的方法有更准确的认识。对于许多研究发现的 MOOC 教学形式注册率高、流失率大、通过率低的情况，[④] 为防止“双学位”教学出现上述问题，运营平台所提供的学习支持服务应该提供相应的保障。

第四，“双学位”课程的时间安排也可以通过慕课进行改善。就四川大学法学院现在的双学位教学来看，课程通常安排在双休日。从师生的角度来看，都丧失了很好的休息时间，选课学生的学习效率通常显得极其低下，授课教师也需要周末加班加点进行授课，非常辛苦。从学校管理的角度来看，周末亦须在教学楼安排和工作日同等数量的安保人员和保洁人员，为双学位课程的正常行课提供保障，增加了管理难度，提高了管理成本。若采用慕课教学形式对双学位学生进行授课，从师生的角度来看都增加自由的时间和空间，学生可以自主选择碎片化的时间进行双学位辅修，这种碎片化学习也有利于降低学生的认知负荷。

1.2 在法学院“政法干警”本科课程中进行慕课教学的可行性

根据四川大学法学院 2017 年 3 月 3 日发布的四川大学法学政法干警第二学士学位定向培养方案（试点班），“政法干警本科”学生需要修读的课程包括社会主义法治理念、法律职业伦理与职业道德、法理学、宪法、刑法总论、刑法分论、民法总论、民法分论、劳动与社会保障法、刑事诉讼法、民事诉讼

---

① “学习支持服务”概念是 20 世纪 80 年代由丁兴富教授于《远程教育学》一书中提出，系远程教育院校及其代表者为远程学习者提供的以老师与学习者或学习者之间的人际面授和基于技术媒体的双向通信交流为主的各种信息、资源、人员和设施支持服务的总和。构建学习支持服务系统，需从远程学习者的课程选择、学习时间管理以及学习动机激励三方面提出策略。

② 笔者在智慧树网“WEMOOC”平台开设的“侵权法”课程每学期均对选课学生开展导学课，导学课通常于开学后第三个星期开展，由课程总助教对学习该门课程的方法等内容进行详细讲解并现场答疑。

③ 樊文强：《基于关联主义的大规模网络开放课程（MOOC）及其学习支持》，《远程教育杂志》2012 年第 3 期。

④ 郭继远、张立国、张艳：《基于 MOOC 的远程学习支持服务模型构建》，《西安工程大学学报》2017 年第 5 期。

法、经济法、行政法、行政诉讼法、商法、知识产权法、婚姻家庭继承法、证据法学、审判实务、检察实务、法律文书、刑事侦查、专业实习、毕业（学位）论文。一共24门，排除无须教师进行授课的专业实习和毕业（学位）论文两项，还剩22门课程。其中，4学分的课程有：刑法总论、民法总论、刑事诉讼法、民事诉讼法；3学分的课程有：法理学、宪法、刑法分论、民法分论、劳动与社会保障法、经济法、商法、知识产权法、婚姻家庭继承法；2学分的课程有：社会主义法治理念、法律职业伦理与职业道德、行政法、行政诉讼法、证据法学、法律文书；1学分的课程有：审判实务、检察实务、刑事侦查。

在法学院“政法干警”本科课程中进行慕课教学的可行性体现在：

第一，“政法干警”本科学生相比于普通法学专业学生而言略有不同，该部分学生毕业后会进入确定的司法机关的岗位工作，对于理论运用于实践的能力要求更强、更紧迫。对于“政法干警”本科课程采用慕课方式进行，最大限度保障学习效率，同时也能为政法干警同学节省更多时间。

第二，政法干警在校学习时间较为紧迫，基于此，慕课教学方式可以凸显其优势，因为在慕课中，教师不再是传统课程主导者的角色，而转变为课程的发起人和协调人。[①] 因而慕课教学方式非常有利于培养即将进入定点工作岗位的政法干警学生的自主性。

第三，虽然慕课相比于传统教学方式更为自由，但慕课的课程要素是十分完整的，“慕课”按照教育学、心理学的规律，分别对学习目标、教师、学习活动、时间安排、练习和作业等各个环节进行了精细安排。[②] 智慧树网“WEMOOC”的“侵权法”课程的每小节内容有相应的配套视频弹题，会在一小节讲解结束后弹出测试题目，考核内容紧跟视频教学，回答题目后方可继续观看教学视频。这种视频弹题能够让学生及时复习所学内容，并且提醒学生集中注意力听课，有学者将此喻为电子游戏的通关过程，[③] 通过视频弹题实现过程性评价。所以，从对教学质量和教学效果负责的角度来看，采用慕课方式进行政法干警本科的教学并无不妥，完整的教学过程、简便的教学方式，更加适合取得学士学位后将会直接进入定点工作单位的政法干警本科学生。

---

① 李燕：《慕课背景下中国高校法学教学模式改革研究》，《科教导刊》2016年第8期。

② 杜社会：《“慕课”模式下的法学教育改革刍议》，《科教导刊》2014年第25期。

③ 许红霞：《法学双学位教育的现实困境及其化解策略》，《公民与法》2015年第5期。

第四，政法干警学生可以根据未来的工作岗位实际情况及所涉领域，有针对性地选择某些课程或某门课程的某些知识反复观看，这一点也是传统面授课堂不能做到的。

2 四川大学法学院民商法教研室慕课运行情况与制作规划

2.1 四川大学法学院民商法教研室慕课的运行情况

四川大学法学院民商法教研室慕课教学团队（以下简称法学院“民法学”慕课团队）从2013年秋季学期开始，连续4年在“中国大学MOOC”和“WEMOOC”两个平台运行《侵权责任法》慕课，累计选课人数超过6万人，有来自100所国内高校的超过1万名学生跨校取得该门课程的学分。该课程入选首批“国家精品在线开放课程”。法学院“民法学”慕课团队同时还从2017年春季开始，在“中国大学MOOC”平台运行《侵权责任法总论：“侵权责任法专题讲座系列”第一辑》，运行效果良好。可以认为，法学院“民法学”慕课团队已经具备了在整个民法领域制作和运行慕课的经验和能力。

2.2 “马工程”《民法学》教材配套慕课的制作情况

法学院“民法学”慕课团队正在筹备拍摄“民法学”慕课，是即将出版的“马克思主义理论研究和建设工程”（以下简称“马工程”）《民法学》教材的配套慕课，由高等教育出版社委托拍摄。该系列慕课合计64课时（每课时45分钟），具体课时安排为：民法总论（12课时）、人格权法（4课时）、物权法（12课时）、债与合同法（12课时）、婚姻家庭法（6课时）、继承法（6课时）和侵权责任法（12课时）。由于《民法总则》于2017年3月15日通过，并为贯彻党的“十九大报告”精神，“马工程”《民法学》教材的出版时间两次延期，预计2018年春季出版。“马工程”《民法学》教材配套慕课也计划在2018年春季完成制作工作。

3 在法学院“双学位”和“政法干警”本科民法课程中全面开展慕课教学的具体设计

经教务处同意，法学院“民法学”慕课团队首先在2017年秋季学期“双学位”本科“民法分论”课程的“侵权法”部分用《侵权责任法》慕课进行部分课堂翻转，并由“WEMOOC”平台提供一个半月的临时账号用于在线教学。根据对选课同学的抽样了解情况，教学效果良好，且对于部分因个人原因无法上课的同学起到了“补课”的作用，得到了同学们的认可。在此基础上，法学院“民法学”慕课团队计划在2018年在“双学位”和“政法干警”本科民法课程中全面开展慕课教学，具体设计如下。

3.1 对法学院“双学位”和“政法干警”本科民法课程课时安排的修改建议

法学院“政法干警”本科民法课程课时原安排为“民法总论”4学分，对应《民法总则》1部法律；“民法分论”3学分，对应《物权法》《合同法》和《侵权责任法》3部法律；“婚姻家庭继承法”2学分，对应《婚姻法》《收养法》和《继承法》3部法律。法学院“双学位”本科民法课程原安排为“民法总论”4学分，对应《民法总则》1部法律；“民法分论”3学分，对应《物权法》《合同法》《侵权责任法》《婚姻法》《收养法》和《继承法》6部法律。这两组课时安排都不尽合理。

较为简洁的做法是，将法学院“双学位”和“政法干警”本科民法课程课时安排统一修改为“民法总论”3学分，对应《民法总则》1部法律和未来可能立法的“人格权法”部分；“民法分论”4学分，对应《物权法》《合同法》《侵权责任法》《婚姻法》《收养法》和《继承法》6部法律。

3.2 在法学院“双学位”和“政法干警”本科民法课程中全面开展慕课教学的课时设计

2018年春季学期，“双学位”和“政法干警”本科的“民法总论”均采用“马工程”《民法学》教材配套慕课的《民法总论》和《人格权法》部分授课，视频900分钟，按照此前“侵权法”运行情况，每25分钟视频配合随堂测试作为一个课时，记为36课时，剩余12课时，作为4次见面课讲授，合计48课时（3学分），并在期末考试中对实体课堂授课部分与视频部分进行教学效果对比。

2018 年秋季学期，“双学位”和“政法干警”本科的“民法分论”均采用“马工程”《民法学》教材配套慕课的《物权法》《合同法》《婚姻家庭继承法》和《侵权责任法》授课，视频约 2160 分钟，按照 45 分钟视频作为 1 课时（随堂测试自选），记为 48 课时，剩余 16 课时，作为 4 次见面课讲授，合计 64 课时（4 学分）。

3.3 “双学位”和“政法干警”本科民法课程慕课教学的实体课堂授课方式

“双学位”和“政法干警”本科民法课程慕课教学的实体课堂授课主要采用三类教学方式：

第一，内容更新。当前我国正在进行《民法典》的编纂工作，每年都会有新的立法进展，相应地也可能通过立法修改和司法解释来体现。慕课制作完成后，具有一定的滞后性，可以通过实体课堂来进行更新。

第二，内容补全。慕课的课时较少，因此录制过程中选取的是最为核心的内容进行讲解，并专门为见面课预留了接口。在实体课堂上，选取不宜通过录像方式展开的授课内容进行讲解，能够在较大程度上补足授课内容。

第三，案例教学。在卓越法律人才培养计划的指引下，法学院“双学位”和“政法干警”本科课程还应该加强案例教学。通过在课堂上组织案例讨论，对同学们加强实务分析能力的引导，达到实践性的教学目标。

4 在法学院“双学位”和“政法干警”本科课程中进行慕课教学的可扩展性

法学院“民法学”慕课教学团队在《侵权责任法》慕课建设和运行中的经验，能够较为迅速地扩展到整个“马工程”《民法学》教材配套慕课的建设和运行中来，这是因为前期制作和运行过程中，认真地对教学经验和教训进行了总结。① 如果这一经验能够在法学院的其他部门法中予以推广，有更多的优秀教师投入到法学慕课的制作与运行中来，那么就可能在法学院“双学位”和“政法干警”本科课程中更大范围、甚至全面地推行慕课教学了。

---

① 王竹主编：《慕课的制作与运行指南——以“中国大学 MOOC”首门法学类课程“侵权责任法”为例》，高等教育出版社，2015 年。

翻转课堂教学方法在“中外经济史”课程教学中的应用探索

杨　林

四川大学经济学院

摘　要：翻转课堂是21世纪初由美国教育界探索出的一种新型教学模式，作者在“中外经济史”课程的教学中进行了尝试，取得了良好的效果。本文首先探讨了翻转课堂的内涵，并分析了“中外经济史”课程的特点，提出这门课程特别适合翻转课堂教学模式的观点。然后，分析了翻转课堂应用中涉及的7个环节，最后对翻转课堂教学探索中取得的效果进行分析和归纳，指出这种教学模式具有很多传统教学模式不可比拟的优势。

关键词：翻转课堂　教学改革　教学模式

1　前言

1.1　翻转课堂的内涵

翻转课堂教学方法最早由美国学者提出的，2000年，美国三位学者（*Maureen J. Lage*，*Glenn J. Platt* 和 *Michael Treglia*）在 *The Journal of Economic Education* 期刊上发表了论文“Inverting the Classroom：A Gateway to Creating an Inclusive Learning Environment”，在文中阐述了他们在讲授“经济学入门”这门课程中使用的一种全新的教学方法，虽然他们没有提出“翻转课堂”这个概念，但是这种教学方法与后来的教育工作者所提出的“翻转课堂”内涵是一致的，他们对这种教学模式取得的成效进行了分析，认为这是行之有效的一种方式。这篇论文发表以后，引起了广泛的关注，更多的高等教育工作者开始尝试“翻转课堂”这种教学模式，提高了学生学习的兴趣，达到了很好的教学效果。也有很多高等教育工作者对“翻转课堂”教学模式进行了广泛而深入的研究。

“翻转课堂”在英文中称为：“Flipped Classroom”或“Inverted Classroom”，也有学者将其翻译为“颠倒课堂”或“反转课堂”。无论哪种表达方式，所阐述的内容是一致的。就是改变过去在课堂上由教师讲述学习内容，学生被动接受知识的状况，课前由学生通过各种方式自学将要学习的内容，在课堂上由学生来讲述自己对知识的理解和掌握。学生既是知识的接受者又是知识的传播者，在向其他同学传播自己掌握的知识的同时，也加深了自己对知识理解的深度和广度。学生在探讨和交流的过程中，各自修正自己理解上的偏差。课堂上教师进行引导、点评和重点问题的辅导，这样课堂的主动权和参与权在学生手中。

1.2 “中外经济史”课程特点

“中外经济史”是经济学专业学生的必修课，这门课程向学生阐述人类社会经济发展的历史过程，使学生通过学习，理解人类社会经济如何由简单到复杂一步一步发展到今天这种状况。经济的发展总是遵循一定的轨迹，有规律可循，了解了过去的发展历程，就能够更加深刻地理解当前的经济模式，对学习经济学的其他专业课程起到了有力的支撑，而且通过大量经济事实的认知，也可以从中发现规律性的东西，将其分析归纳，可以从中发掘出新的经济理论，推动经济学的发展，所以学习经济史是经济学院学生提高经济学素养的一门重要课程。

“中外经济史”是一门边缘性学科，是由经济学和历史学两门基础学科交叉、渗透与融合而形成的一门学科，它既有经济学的特点，也有历史学的特点，所以要求学生在学习的过程中以经济的视角看待历史，以历史的眼光看待经济。要用经济学的理论和思维方式去分析和研究历史中与经济有关的史实。

1.3 “中外经济史”适合采用“翻转课堂”教学方法

“中外经济史”既要阐述人类社会经济发展的历史，又要用经济学的理论、观点和方法去分析和阐释其中的规律。它要求经济学与历史学相结合。

历史是过去发生的事情，对于大学生来讲，不论是文科生还是理科生，对人类社会的历史都有或多或少的了解，要补充历史知识，有多种途径和工具。因此这门课程天然具备采用翻转课堂这种教学方式。在讲授这门课程中原则上与历史有关的内容都由学生课前通过自学来了解，课堂上由学生讲解这部分内容，并由学生用经济学的思维方式进行分析，阐述自己理解的它对人类社会经济发展产生的影响，然后学生之间进行讨论和补充，最后由老师进行点评，肯定其中合理的成分并指出存在的问题。

这样的教学模式提高了学生学习的兴趣，改变过去灌输式教学沉闷的课堂氛围，并且能够无形中督促学生课后进行广泛的阅读与思考。

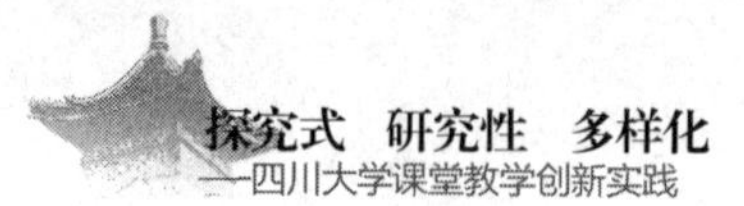

2 翻转课堂在“中外经济史”课程教学中的运用

2.1 教材的采用

中外经济史这门课程是我校经济学院所有专业方向学生的必修课，所使用的教材是由我编写、由四川大学出版社出版的《中外经济史》，全书共分16章，课堂上每次课讲授一章，整个课程学习共需要16次课。一般来讲，一个学期的时间是18周至20周，用16周的时间完成课程内容的学习，第17周是复习和答疑时间，第18周以后进入学校的考试周，由学校负责安排这门课程的考试。从内容安排上看，这门课程从农业革命开篇，至第二次世界大战结束，讲述这一时间范围内人类社会经济发展的历程，使学生理解人类社会经济如何由刀耕火种的原始生产方式发展到今天机械化大生产的方式，如何由以物易物的落后交易方式发展到今天复杂的商业模式，如何由男耕女织的自然经济发展到今天的市场经济模式，其中经历了复杂的过程，存在着规律性和必然性。通过学习，学生能理解人类社会经济发展的逻辑规律，从而为学习其他经济学理论打下基础。

2.2 翻转课堂的应用方法

从2017年春季这个学期，我开始尝试使用翻转课堂的教学方法。在这门课程第一堂上课时，就把我的教学思路明确向学生进行介绍，并且让学生明白课程评分与教学过程的表现密切相关，取得了学生的支持与配合。

具体来讲，翻转课堂的应用可分为七个环节：

2.2.1 报名环节

每一次课程结束，我会布置下一次课学生讲述的内容，由学生自愿报名，报名的方式是给我发电子邮件，为此我专门在学校网络管理中心申请了一个专用邮箱，邮箱名（zwjjs@ scu. edu. cn）就是这门课程的缩写，以便于学生记忆。

2.2.2 确定任务环节

每一封学生投寄给我的电子邮件我都会进行回复。由于每次报名人数超过我课堂需要的人数，因此要从中进行筛选，尽量保证尽可能多的同学有展现的机会。所有的电子邮件中，我都会明确回复这位同学讲述的题目、内容范围和控制的时间，没有机会的同学也会明确告知。

2.2.3 学生课后准备阶段

学生接到任务后，通过自学和查阅资料，梳理自己讲述的内容，并将其制作成课件。

2.2.4 课堂讲述阶段

授课过程中，凡涉及需要学生讲述的内容，我就会邀请相应的同学来到讲台，由学生来向其他同学讲述这个问题的内容及自己的思考。

2.2.5 学生提问阶段

学生陈述结束后，由其他同学就这个问题进行提问，并由陈述的同学来回答。

2.2.6 教师点评阶段

学生提问结束以后，我再就学生讲述中精彩的内容进行表扬，起到鼓励和引导的作用，对讲述不当的地方进行纠正，对学生提出的问题如果回答不全面或不正确，则进行补充。

2.2.7 评分阶段

学生对讲述的同学进行评分，评分的依据包括准备是否充分，资料收集与分析的能力，课件制作的质量，语言是否流畅，分析问题的深度与广度等方面评分，计入平时成绩。学生的课程成绩由平时成绩与考试成绩进行加权而得到。

3 翻转课堂的效果分析

使用翻转课堂教学模式后，发现同学参与热情高涨，一个学期下来，共收到学生各类电子邮件 743 封，其中绝大多数是报名参加课堂讲述的电子邮件，各位同学的积极参与和配合，使得翻转课堂的教学模式取得成功，也使我进一步增强采用这种教学模式的信心。具体来讲翻转课堂取得的效果主要有以下几点：

3.1 学生学习兴趣高涨

在当今开放的时代，大学生普遍具有自我展现的愿望，但是很多时候，学生得不到这种机会，翻转课堂给学生提供了自我表现的平台，激发了学生学习的兴趣。学生通过学习掌握了新的知识，在翻转课堂上与其他同学分享，在学习与交流的过程中收获了快乐，提高了学习兴趣。

3.2　提高了学生学习的主动性

传统教学模式中，教师在讲台上讲述，学生在教室听课或记笔记，学生处于一种被动学习的状态，久而久之形成学习成了应付老师，学习的过程仅限于完成老师布置的作业，缺少学习的主动性。这不利于挖掘学生的创造力和求知欲。翻转课堂的教学模式改变了这种情况，学生必须主动学习，通过自学了解相关主题有关的各方面内容，在这个过程中要认真研读教材，查找大量资料，对数据和资料进行分析、归纳、总结。这无形中培养了学生的主动性。

3.3　锻炼了学生分析问题的能力

在课堂上，学生主要学习的是理论知识，而对于应用理论分析现实问题方面，一般没有这种需求和机会。但是在翻转课堂模式下，学生要站在讲台上，面向其他同学讲述自己对知识的学习和理解的情况，要求他们不但要全面理解自己要讲述的问题，而且要对这个问题进行深入的分析。经济学属于社会科学的范畴，经济学的理论问题与现实紧密联系在一起，学生在学习理论的过程中需要不断分析，才能加深对理论的认识程度。翻转课堂锻炼了学生分析问题的能力。

3.4　培养了学生团队合作的意识

在翻转课堂实践过程中，发现很多同学希望组队来就某一个问题进行研究。对于这种情况我采取了支持和鼓励的态度，所以很多时候一个问题的讲述是几个同学合作的结果，在合作的过程中，每个人发挥自己的特长，有人进行资料收集整理，有人制作课件，有人代表小组进行陈述，分工合作。在这个过程中培养了团队合作的意识。

3.5　提高了学生的综合素养

当代大学生的素养具有综合性的特点，成绩好坏并非衡量大学生能力的唯一标准。除此以外，还要求他们具有良好的口头表达能力、团队合作意识、收集资料的能力、分析问题和思考问题的能力等。而且在翻转课堂过程中，还要制作课件，要掌控课堂进程。这一系列操作提高了大学生的综合素养。

3.6 加强了师生之间的交流

传统教学过程中，师生之间缺少交流，通常老师上完课就离开教室，学生缺乏与老师沟通的渠道。但是在翻转课堂过程中，师生之间交流频繁，除就具体问题进行探讨以外，作为老师还能够更加深入了解学生的心理动态，了解学生对这门课程存在的疑惑和问题，了解学生对课程学习的意见和建议。这对进一步改进教学方法，提高教学质量打下基础。

3.7 学生课程分数评价更科学合理

传统教学过程中，成绩的评定注重结果，通常以一次考试的分数来判定学生对这门课程的掌握程度并给出评分，这种方式既不科学，也不合理。而翻转课堂教学过程中，学生的能力与表现是评分的重要依据之一，能够使分数较为准确地反映学生对课程学习的情况。

4 总结

翻转课堂教学模式虽然起源于西方，但是对我国高校教育依然具有很多可借鉴的地方。采用这种教学模式，能够提高学生的学习兴趣和学习的主动性，培养学生的综合素养并锻炼他们分析问题的能力，在这个过程中也培养了大学生团队合作的意识，增强了老师与学生之间的沟通与交流，更加重要的是使学生的成绩评定更为科学合理。这种教学模式的推广对于提高我国高校教学质量能够起到重要的作用。

参考文献：

[1] Maureen J. Lage, Glenn J. Platt and Michael Treglia. Inverting the Classroom: A Gateway to Creating an Inclusive Learning Environment. The Journal of Economic Education. Vol. 31, No. 1 (Winter, 2000), pp. 30-43.

[2] 郑晓芬，吴依凡. 翻转课堂在高等教育中的发展与应用前景 [J]. 科技视界，2017，(7).

[3] 丁培荣，陈美玲. 国际经济学课程翻转课堂有效实施探析 [J]. 内蒙古财经大学学报，2017，(4).

[4] 胥果. 关于翻转课堂的思考 [J]. 教育现代化，2017，(37).

[5] 王军，吴洁，刘静沙，郭云鹏. 基于实验方法的“土地经济学”翻转课堂实践 [J]. 河北农业大学学报（农林教育版），2016，(1).

[6] 陈小兰，黄茜. 基于翻转课堂的本科课程改革与实践 [J]. 现代教育论丛，2015，(1).
[7] 邬晓霞. 翻转课堂在经济地理学课程教学中的应用研究 [J]. 教育教学论坛，2015，(33).
[8] 王小丽. 翻转课堂教学模式在经济法学课程中的应用 [J]. 科教导刊（中旬刊），2016，(12).

互动体验式教学模式探究

段海英

四川大学经济学院

摘　要：目前，高校学生选择教学资源已经出现自主化和多元化的趋势，传统的教学方式亟待变革。面对本科课堂教学模式改革这只缓缓逼近的灰犀牛，高校教师若不主动应对必然会带来学生"用脚投票"。要实行"有意义的传递与教师主导下的自主探究相结合"的教与学活动，高校教师应将以教师讲授为中心的知识课堂向以学生需求为导向的高效课堂转变，需重视学生与老师共同参与课程建设。本文介绍了四川大学经济学院"人力资源管理"课程互动体验式教学模式的设计理念，梳理其具体实施方法并评价了实施效果。本文认为，互动体验式教学方法提倡将结果导向型教学考核转向过程考核，可以帮助学生在吸收有用知识的同时快乐学习，具有应用价值。

关键词：教学互动　体验式教学以　角色扮演　过程考核

目前，"翻转课堂"、"慕课"、非标准答案考试等教学模式正在促进本科教学内容、方法和管理机制发生变革，学生可以选择的教学资源已经自主化、数字化、多元化。教学改革宛如一只缓缓逼近的灰犀牛，高校老师对新的教学模式的挑战若不主动应对必然就会带来学生的"用脚投票"。但事实上，很多高校的本科课堂教学仍停留在 PPT、Flash 动画以及视音频文件等多媒体演示层面，学生缺乏主动参与的意识，师生、生生互动缺乏等现象普遍存在。要实现以教师讲授为中心的知识课堂向以学生需求为导向的高效课堂转变，需重视学生与老师共同参与课程建设。若要真正实现"以学生为中心"，实行"有意义的传递与教师主导下的自主探究相结合"的教与学活动，高校教师应推进课堂教学的结构性变革。

1　互动体验式教学模式的设计思路

互动体验式教学模式是在四川大学经济学院段海英副教授负责的四川大学教改项目"构建课程 MECPN 教学模式探讨"的课题成果基础上，通过多年教学实践提升出的一种强调"主动参与""体验""互动"等教学理念的教学模式。该模式是通过分析学生的学习需求，结合课程教学内容提供教学案例或布置任务，营造各种工作（社会实践）情景逼真的环境，要求学生进入情景，运用所学专业知识分析和解决问题，增强学生与老师教学互动的教学模式。

整个教学模式强调学生在课堂上和课堂下的主动学习，老师对学生能力进行多维度立体考查。老师对学生的能力考核主要分为四个方面：一是课堂回答问题及出勤考核，侧重于考查学生学习态度、基础知识掌握情况以及解决问题的能力；二是期中案例分析，考试无标准答案，优秀答卷上传 QQ 学习交流群进行分享，老师对案例知识点及学生案例分析技巧进行讲评，侧重于考查学生分析能力和思维拓展能力；三是以团队形式自选话题进行案例分析并提交课程作业，所有作品在 QQ 交流群分享，优秀作品在课堂上进行展示和竞选，最后由老师点评及颁奖，侧重于考查学生的创新能力和团队合作能力；四是在期末闭卷考试进行综合能力测试，其中非标准答案的测试题占比不低于 50%，侧重于考查学生知识应用能力。老师在这四个方面设置考查权重，给学生得出加权平均分作为最终成绩。该教学模式于 2014 年 8 月设计完成并应用于经济学院本科生“人力资源管理”课程教学环节，受到学生的欢迎和好评。

2 以学生自主学习为绳串起教学环节

“人力资源管理”课程是一门应用性很强的管理类课程，但传统教学模式下学生学习多是被动式知识获取，理论知识和实践能力都有待提升。突出问题表现为对人员管理的基本原理和工具的理解有些片面和模糊，提出的解决办法通常“隔靴搔痒”或不接地气。此外，大学生社会经验少，缺少人际交往，部分学生的情商有待提升。互动体验式教学通过教学设计，强调学生自主学习，要求学生虚拟地成为案例中的主要人物，应用某些管理技巧给出解决方案，老师点评并提出建议。这种教学方式既可以引导学生主动思考和参与教学，也可以引导和鼓励学生展开小组合作和同伴交流，在合作中形成共识求得共享，从而营造师生之间和生生之间的轻松、合作、和谐的学习氛围。

2.1 引导学生主动参与学习，增强师生之间的互动

教学中通过案例视频、情景模拟、游戏等手法让学生参与到课堂学习中，亲身体验教学内容，让学生从感性认知逐步上升到理性思考。通过提问、集体回答、简单讨论、思考问题、讲故事、小组竞赛、团队游戏等技巧，增加学生与老师之间的、学生和学生之间的交流与知识分享，激发学生的学习动机，使其主动对课程知识要点进行提炼和总结，提高学生对知识的理解深度。

2.2 提供角色扮演式的课程体验

提供大量案例，让学生进行角色扮演式的课程体验，强调学以致用。在人员招聘、培训、绩效管理等知识的学习中，笔者通常会设定一些场景或分享一段与课程主题相关或者关键知识要点相关的教学视频，让学生假想自己身临其境去分析处理，培养换位思考的思维习惯，最后老师再回顾和点评。学生通过角色扮演可以快速获得、感知到经验与心得。这样的教学既不会让学生感觉枯燥沉闷，也不会因为纸上谈兵而给人华而不实的印象。在课程作业设计中，笔者利用周末到新校区组织班里的同学进行“无领导小组讨论”测试，让学生在实战中看到自己面试经验的不足和改进的方向。在教学过程中老师力求渗透给学生一种角色意识，把课堂上所学的管理知识和学生的生活经验很好地结合在一起，让学生体会到管理不是干巴巴的理论，而是和实际的生产、生活有着紧密联系的实用性很强的知识，更好地提高学生适应社会和工作的能力，提升整个课程的实用性。

2.3 由学生自主组队，自由选题，提倡团队合作

课程作业由学生组成团队，自己选题和搜集材料并分工合作完成。该方式提高了学生的课程参与度，也培养了学生的团队精神。老师对选题提出意见，起到了指导和监督作用。因此，这种教学方式增强了对学生主动学习能力的要求。学生在结合自己的兴趣爱好进行多形式的选题和论证时，其独立思考能力得到了提升。而且，由于老师要求学生必须团队合作完成任务，促进了学生之间的沟通和交流，培养和锻炼了学生的协作能力和团队精神。课程作业需要学生在堂下充分交流合作，若找不到合作伙伴独立提交作品会被扣分。这样的学习要求可以有效倡导学生加强团队合作，提升学生沟通能力和人际交往能力。在作品打分评奖环节，老师通过提供小奖品的方式，也增加了小组竞赛的激烈程度和趣味性。

2.4 加大非标准答案方式的考查

在课堂讨论中案例探讨无标准答案，期中考试案例分析无标准答案，占期末考试总卷面 50% 的测试内容也是无标准答案。老师结合课程特点设计非标准答案考查方式来鼓励学生开拓思维，评价时注重学生是否“言之有理”，提倡清晰展示逻辑分析过程，强调分析过程比得出结论更为重要。课堂上老师侧重于点评学生回答问题的思路，涉及案例的考试不会给出具体的标准答案，而

是给学生指出哪些方面应该考虑到，可以怎么做或建议怎么做，并把学生的优秀答案上传至公共交流平台供参考，鼓励大家见仁见智地分享自己的观点。这虽然提高了老师的教学投入，也对老师在评价学生能力和实施教学反馈的要求更高，但对开拓学生的思维和培养创新意识有很大的帮助。

2.5 鼓励学生进行知识分享

在课堂教学中，鼓励学生进行观点的分享。老师在教学中搭建的QQ学习交流群，是师生沟通交流的平台。除方便学生与老师及时沟通外，老师还把优秀的期中考试问卷、学生的作品上传到群文件里进行共享。虽然很多环节的考试和考查，没有标准答案，但学生可在群文件中找到多篇值得学习借鉴的优秀试卷和作品，从得分情况、老师点评中了解考核导向并以优秀版本作为参考答案，及时找出自己的学习差距和未来提升的方向。

3 教学改革的探索一直在路上

互动体验式教学模式，是多维度对“人力资源管理”课程的教学改进，尽管这些教学方法单独看并没有什么原创性的成果，但将多种方法组合起来运用到一门本科课程教学的这种教学设计，具有一定的探索价值。特别是结合课程特点，通过案例视频、情景模拟、游戏等手法让学生进行角色扮演式的课程体验与参与，自选题目进行课程作品设计，搭建平台实现老师和学生之间实时互动和知识分享等做法，具有一定的教学方法创新。

互动体验式教学模式比较适合对学生知识应用能力要求比较高的管理类课程，但这种模式强调的“互动”和“引导学生主动学习”的教学理念可以应用于其他课程。在经济学院“财政学”课堂上，笔者尝试运用案例讨论以及学生自选论文题目在某一专业领域进行深度钻研从而完成课程作业。例如，2017年课堂教学中的案例分析就要求学生从川大食堂销售甘洛县土豆这一事件探讨精准扶贫活动，从“人民的名义”电视剧中“改窗口”剧情分析如何进行财政预算调整等。这些来自身边的案例，学生参与度高，快乐度也高。

从这两门课程的学生反馈情况来看，互动体验式教学模式对学生能力进行了全方位的考查和提升，受到学生普遍欢迎。由于这种教学方法操作简单易行，教学者如果在教学理念上认同了，精心做好教学案例的准备和教学环节的设计，改变常见的以结果为导向的教学考核转而注重学习过程考核，注重教学互动，就容易取得较好的教学效果。

总之，互动体验式教学方法，可以帮助学生实现快乐学习，在吸收“有用”知识的同时能够得到“愉快”的享受。这种“注重学习过程”的教学方式可以有效提高学生探究能力，让学生从互动中体验，从体验中感悟，从感悟中获取。当然，互动体验式教学设计理念是从教学设计技巧、方法、手段出发的，一切好的方法技巧都是服务于内容的。在设计课程和教学项目的时候，老师应结合课程的内容选择不同的教学技巧，这样的本科课堂才会百花齐放，生机勃勃。

参考文献：

[1] 何克抗. 从“翻转课堂”的本质，看“翻转课堂”在我国的未来发展［J］. 电化教育研究，2014，7.

[2] 缪静敏，汪琼. 高校翻转课堂：现状、成效与挑战——基于实践一线教师的调查［J］. 开放教育研究，2015，10.

[3] 蒋立兵，陈佑清. 高校文科课程翻转课堂有效性的准实验研究［J］. 中国电化教育，2016，7.

[4] 廖宏建，张倩苇. 高校教师 SPOC 混合教学胜任力模型——基于行为事件访谈研究［J］. 开放教育研究，2017，5.

金融类全英文与双语课程教学模式对比研究
——以四川大学“货币金融学（全英文）”课程教学为例

赵　智

四川大学经济学院

摘　要：本文以四川大学院级平台课程“货币金融学（全英文）”的教学实践为例，分析了当前金融环境变化对金融类课程教学提出的全新要求，基于对金融类全英文课程教学模式和双语课程教学模式的对比研究，探讨了开展金融类全英文课程教学的必要性，进而针对这一模式在教学运用中存在的问题，最终从重视度增强、师资队伍打造、学生英文能力培养、教学案例开发和教学方法改进等方面提出了提升高校金融类全英文课程教学效果的对策建议。

关键词：金融类　全英文课程教学模式　对比分析　对策

0　引言

金融类课程以金融问题为中心，围绕货币发行与流通、信用产生与发展、金融市场运行、金融机构运转、风险管理等多个方面进行深入研究与探讨。随着我国金融对外开放的不断加速，结合金融越来越明显的全球化特征，为了更好地实现金融类课程教学的效果，我国高校在金融类课程的改革中不断摸索，虽然逐步开设了多门双语课程，但总体上与预期教学目标的实现还有一定的差距。相对于金融类双语教学模式而言，推进金融类全英文教学模式的必要性体现在哪些方面？当前金融类全英文教学模式存在什么样的问题？本文以笔者多年来所从事的“货币金融学（双语）”（2006 年—2015 年）和“货币金融学（全英文）”（2016 年—2017 年）课程教学工作为例，对于以上问题的回答，和保障金融类全英文课程教学效果的对策探讨具有重要的现实意义。

1　文献综述

所谓模式，是指解决问题的方法，将针对一类问题的解决方法提升到理论高度即形成了特有模式。金融类课程教学模式则是指为了更好地取得金融学教学效果而选择的方法。随着教学改革的进一步深入，如何提升金融人才的培养能力逐渐引起关注。已有高等教育教学模式改革的文献中，取得了不少具有启发性的研究成果。

第一类文献重点研究双语教学模式的意义。Strotmann，Birgit 等（2017）通过向中国、西班牙、马来西亚、土耳其高校的168位教师发放问卷，运用统计方法进行分析，认为内容与语言融合的教学（CLIL）中，高校教师具有更大的内在动力、更强的语言能力、在双语课堂中能够更有意识地选择适合的教学材料。马江（2008）的研究表明我国高校双语教学模式的推广具有地区性、二元性和实践性三个方面的特征。赵武（2015）认为高校双语课程存在认识分歧、设置不规范、师资匮乏等问题，故而尚未形成科学合理的双语教学模式。

第二类文献探究全英文教学模式的发展方向。这类文献中，较多选择以一门课程为例进行研究。李清、张大成（2016）结合“物流管理”全英文课程设置的特点，对教学效果进行了评估，认为全英文课程设置沿袭了欧美和国内高校的案例教学法，能够通过多元化教学方式帮助学生掌握基本概念和理论。詹君恒（2017）通过对全英文课程“管理学”的教学实践分析，提出全英文教学中除了授课语言采用全英文以外，在授课方式上也应该注意吸取西方教学的长处，重视教学互动，以提高学生学习自主性和课程参与度。

综上所述，在有关研究中，课程教学改革综合研究多，对金融类课程的专项研究少；双语课程教学研究多，对全英文课程教学的研究少；单一课程教学模式研究多，对双语课程与全英文课程教学模式的对比研究少。基于以上研究，本文通过双语和全英文教学的对比分析，对推进金融类全英文课程教学模式发展的对策进行探讨。

2 金融环境变化对金融类课程教学提出的全新要求

人类社会进入20世纪以后，经济全球化发展方兴未艾，迅速推开。金融作为经济的核心，随着各国管制的放松也不断实现了国际化。自2008年国际金融危机爆发以来全球经济陷入持续低迷，国际金融市场动荡不居，2016年全球生产总值增长率仅为2.5%，FDI投资额下降12.5%，世界贸易量增长1.8%①，均创下5年来新低。一方面，当今世界的金融环境可谓日新月异；另一方面，目前中国正处于由发展中国家向发达国家过渡的阶段，作为中国经

① 数据来源：万德数据库。

济日益融入经济全球化的重要举措，我国金融业对外开放战略得以逐步实施。但是，随着开放程度的不断加大，我国金融稳定的发展不得不面对更多全球化金融安全隐患。

以“货币金融学”课程为例，此类以金融问题为研究对象的金融学课程由此处于一种变动不居的金融环境下，不仅对全球问题的考察需要国际视角，而且出于对本国金融应对外来冲击的策略思考也需要全球化视角，这是金融环境变化对金融类课程提出的全新要求，运用与国际接轨的全英文教材，开展培养学生国际化视野的全英文教学成为一种好的趋势。

3　基于对比的金融类全英文课程教学模式必要性分析

目前多数高校金融专业推进的双语教学工作取得了一定的成效，但在全球化浪潮风起云涌的大背景下，开展金融类全英文教学则代表着一种全新的趋势。采用对比分析法能够更好地看出两种教学模式的差异性，进而对教学模式的未来发展指明方向。

3.1　金融类双语课程教学模式中的瓶颈

首先，全英文教材所要求的思维与中文式思维之间的转换问题。高校包括金融学在内的各种专业所开设的双语课程，基本都采用了全英文版教材，但是教师在授课中采用中英文两种语言进行教学，常常存在中西方文化思维上的切换问题，容易造成学生在听讲时无法把握重点的现象。

其次，对课程专业性的体现有一定影响。在我国，高校双语教学模式主要属于“保持式”（Maintenance Bilingual Education），授课中同时采用两种语言而不分主次，目的是帮助学生理解学科内容，并同时提高外语水平①。但是，在一门课程中，如果使用两种语言，也有变专业课程为翻译课程的可能性。金融专业课程重在对金融专业知识的讲授，如果在教学中过多强调某个词汇的中文含义、某句话的中文意思，则势必影响专业课程预期的教学效果。

再次，学生听课不易达到最高效率。教学中同时以外语和母语为授课语言，不论所采用的是何种语言比例的“保持式”双语教学模式，都无法避免学生更倾向于专注母语内容，而忽视外语内容的情况，使得学习效率无法实现最高水平。

---

① “保持式”双语教学模式在教学中采用母语和外语两种语言，交替使用，不分主次。

3.2　金融类全英文课程教学模式的优势

结合以上金融类双语课程教学模式问题的分析，可以对比发现全英文课程教学模式的一些优点，体现全英文课程教学开展的必要性。

第一，全英文教材的使用能够更好地实现教学的国际接轨。全英文课程教学的开展首先以全英文版教材为基本条件，目前国内已经引进“货币金融学(全英文)”课程相关的若干知名教材，具有权威、实时、全面等多个特点，教材内容与国际金融环境的变化保持了相当的匹配性。当然，这一优点在双语课程教学中也得到了一定体现。

第二，“完全沉浸式”教学①能够更好地保持教学思维的连贯性。全英文课程教学属于典型的“完全沉浸式”教学模式，不论对于教师还是学生，教与学思维的连贯性都是教学效果的重要影响因素，全英文授课中的外语成为真实的沟通语言，不仅能够完成专业知识的教学，而且能够切实保障学生对外语的深入学习。

第三，采用一种语言授课能够更好地确保金融专业知识的传授。全英文授课即使用一种语言进行知识传授，不拘泥于简单掌握某个专业术语或段落的翻译，也不侧重于语法的学习，而是运用一门语言工具来向学生讲解专业知识，能够很好地提升金融学教学的效果。

第四，全英文课程教学能够更好地发挥案例教学法的优势。起源于美国哈佛商学院的案例教学法是一种很独特的教学方法，在金融学全英文教学的框架下，由于语言工具的统一性，案例可以更便捷地选自全球金融市场的任何一个部分。全英文环境的打造，也可以帮助学生更快地融入语言情景，提高运用英文思维思考金融专业问题的能力。

总体而言，我们从金融学双语课程教学模式和全英文课程教学模式的对比分析中，可以看到全英文课程教学模式的诸多优点，这表明了在高校金融专业中推进全英文课程教学模式运用的必要性和全新趋势。

---

① “完全沉浸式”教学模式是指课程中授课与交流完全脱离母语，直接以外语讲授课程。

4　金融类全英文课程教学模式运用中存在的问题与对策

4.1　“货币金融学（全英文）”课程教学模式中反映出的问题

虽然金融类全英文课程教学模式从多个方面体现了提升金融学课程教学效果的优势，但由于这种模式的发展尚处于初步阶段，高校在课程设置中尝试还不充分，因此在具体教学中必然存在着一些问题。本文根据笔者在四川大学“货币金融学（全英文）”课程中的教学实践进行总结分析，主要发现了以下几个方面的问题：

首先，教学资源有待进一步开发。广义教学资源是指教学过程中教学者所利用的一切要素，包括教师资源、教材、课件、教具等多项内容。就本门课程而言，最重要的教学资源当属合格的师资力量，全英文课程教学需要大量专业能力、课堂教学能力强英文水平高的师资，而短期内这类教师还比较匮乏；此外，本门课程虽有较好的教材来源，但相对而言课件、学生学习资源却仍然非常有限，一定程度上影响了教学效果的发挥。

其次，学生英文能力存在一定的欠缺。当代大学生在学习中已经有了较好的英文环境，但在运用英文工具分析金融专业问题的能力方面还有提升空间，但这也是本门课程要努力实现的目标。此外，笔者在教学中也发现学生中存在英文水平参差不齐的现象，这种情况导致不同学生的学习效果存在较为显著的差异。

再次，课堂规模对教学效果产生较为明显的影响。通常一门课程的学生人数在很大程度上会对教学效果产生影响，人数较多的班级在课堂活动参与度方面往往低于人数较少的班级，这种情况不仅存在于普通课程教学中，而且在全英文课程教学中更为显著，如果没有较好的教学方法与技巧，将难以调动大部分同学的课堂积极性，从而不利于提高整体教学效果。

4.2　充分发挥金融类全英文课程教学模式作用的对策

如何实现教学效果的最优化一直是高校教学改革关注的重要课题。针对金融类全英文课程教学中存在的问题，为了在不断摸索中促进教与学的成效，笔者给出以下对策建议。

4.2.1　提高对全英文课程教学的重视度

如前所述，金融类全英文课程教学模式在当前金融大环境下显得越来越重要，高校的重视和支持将极大地促进这项教学改革取得成功，为金融类专业课程教学质量的提升提供强有力的支撑。此外，对全英文课程教学的重视还要求引导学生了解这种全新教学模式的特点，与学生就教学目标与意义进行沟通，以更好地开展教学活动。

4.2.2 增强金融类全英文课程教学师资力量

对教学师资力量的提升涉及丰富的内涵。着力培养全英文课程教学骨干教师，一是要提高教师金融知识水平，要求具有相当的专业能力；二是提升教师英文的口头、笔头能力，从而在课堂上能准确表达思想、实现沟通、传递知识。而这两者兼具的双师型教师目前数量还比较有限，需要努力打造一支年龄、学历、职称结构合理的全英文课程教学教师梯队。

4.2.3 帮助提高学生英文能力

学生是教学活动的目标受众，教师准确传递信息给学生后，最终要以学生准确有效接收信息作为沟通成功的标准。因此，应该先行或同步开设能够帮助学生提高英文水平的课程，从听、说、读、写各个方面切实增强英文能力，与此同时创造环境训练学生的全英文思考能力，鼓励学生运用英文思维方式进行金融问题的思考和讨论。

4.2.4 不断开发适合课堂教学的案例

对于教学资源中资料不足问题的一个重要解决对策是教师根据需要自己开发更多适合课堂教学的案例。如上所述，在金融环境瞬息万变的背景下，一方面教师要紧跟国际金融形势的变化不断搜集可供课堂使用的相关英文案例，另一方面更需要将中国金融置于全球化的框架下，开发出更多本国的金融案例，这对专业课教师提出了很高的要求：既需要具备较强的金融学专业知识能力，也需要掌握语言上的翻译能力，制作出大量有中国特色的英文金融案例。

4.2.5 运用先进的全英文课程的教学方法与技巧

好的课堂需要好的教学方法，不论班级规模大小，学生参与度如何、课堂是否活跃，其实很大程度上取决于任课教师的教学方法运用情况。目前学术界对全英文课程教学方法的探讨也有不少，其中四川大学鼓励采用的 EMI（English as a Medium of Instruction）教学法是一套非常有效的教学工具，主要针对英文为非母语的大学生进行专业课知识讲授，教学中采用分组讨论、头脑风暴、课堂展示等多种多样的方式激励学生参与，能够起到活跃课堂的作用。

5 结论

金融类课程的教学对象与不断变化的金融环境密不可分，伴随着全球金融活动的日益复杂与多样化，相比金融类双语课程教学模式而言，开展金融类全英文课程教学已经成为大势所趋。但在我国高校作为新兴事物的全英文课程教学仍然存在不少问题，未来需要从重视度增强、师资队伍打造、学生英文能力培养、教学案例开发和教学方法改进等多个方面着手努力。

参考文献：

[1] Strotmann，Birgit；Bamond，Victoria；Lopez Lago，Jose Maria；Bailen，Maria；Bonilla，Sonia；Montesinos，Francisco，Improving Bilingual Higher Education：Training University Professors in Content and Language Integrated Learning [J]. Higher Learning Research Communications，v4 n1 p91 －97 Mar 2014. 7 pp.

[2] 马江. 对我国高校推进双语教学模式的思考 [J]. 西南民族大学学报（人文社科版），2008（10）：146－148.

[3] 詹君恒. 国际化人才培养中的全英文教学模式探索——以华侨大学全英文课程《管理学》为例 [J]. 学周刊，2017（6）：7－9.

[4] 李清，张大成. 高等教育国际化背景下物流管理课程全英文教学模式研究 [J]. 教育教学论坛，2016（8）：194－195.

[5] 程昕. “保持型”双语教学模式在大学物理课堂教学中的应用 [J]. 教育探索，2011（6）：87－88.

[6] 曲燕，王振波，王建军. 中国高校双语教学模式研究现状 [J]. 高等理科教育，2014（2）：104－108.

[7] 安亚娜，段志雁，孙晓春. 浅谈我国双语教学模式的改进 [J]. 价值工程，2014（18）：275－276.

探究式—小班化课堂教学体系的构建及优化
——以保险精算系为例

曾忠东，肖　江，刘芳楼
四川大学经济学院

摘　要： 探究式—小班化教学是集理论、实践和策略为一体的动态开放体系，本文阐述了实施探究式—小班化课堂教学的意义和理论基础，在此基础上，进一步从组织模式、教学策略、教学内容与课程体系、教学评价方法四个方面，探讨了探究式—小班化课堂教学体系如何构建，并结合我校保险精算系小班化教学的具体实践，提出了改进和优化策略。

关键词： 探究式—小班化课堂教学　体系构建　优化

1　探究式—小班化教学的重要意义

1.1　充分挖掘学生的学习潜力和创新能力

现代教学理论认为，知识来源的多渠道化有利于创造性思维的形成，其中学生的个人经验知识更有价值，因此，教学过程中应该充分发挥学生的经验知识，将学生的经验知识作为一种教学资源来开发，学生之间的知识分享可以更好地促进知识结构的优化。探索式—小班化教学将传统的“单向输入”的教学模式转变为“老师引导、双向交流”的模式。小班教学，使老师和学生有时间和条件就某个问题进行深入探讨。在教师层面上，老师提出问题，通过有效的引导、激发，与学生形成思维的碰撞，从而让学生充分发挥、挖掘其潜在的学习潜力和创新能力；在学生层面上，学生围绕老师提出的问题，通过文献研读、课外实践和课堂展示，充分表达自己的观点和构想，并能够在课堂上得到老师及时的反馈。在此过程中，学生的求异思维会得到尊重，学生能对自己的知识进行检验与重组，也会使一些知识得到复活，并在新知识的启迪之下产生新设想，使思维达到飞跃。

1.2　调动学生学习的积极性和自主性

有关学者通过对清华大学两院院士的调查发现，自主学习的积极性、自觉性是培养创新精神和创新能力的关键和前提。① 因此在拔尖创新人才培养中，学习的主体性精神显得十分重要。“主体精神是对自身的一种契约……是教师对知识活动的精神品质负责，学生对建立自己思辨、思想的独立性负责。”② 心理学研究表明，学习主体意识强的学生表现出强烈的进取性、自觉性、虚心好问，在学习过程中具有良好的自我调控能力与自我效能感，并在很大程度上影响今后工作与学习的态度、情绪与坚持性。相比传统的大班教学，探究式—小班化教学在调动学生的自主性和积极性上有着相对优势。大班教学由于规模过大，学生的学习效果和成就大多被平均化，学生的问题也得不到老师的及时反馈，这将极大打击学生的积极性；而传统的大班教学师生之间交流太少的教学形式、课堂作业和期末考试的考核形式也无法充分激发学生的自主学习兴趣。探究式—小班教学强调师生之间的零距离交流，老师能够针对不同的学生给出差异化的评价和指导，充分调动学生的积极性和自主性。

1.3 创设平等的师生交流氛围，促进师生科研水平的提高

传统的大班教学师生交流很少，几乎没有条件进行深度的学术交流。这种师生关系下不可能有很好的教学效果，更不可能促进教师科研水平的提高。小班化教学通过让师生零距离交流，为教师与学生、学生与学生之间的交往拓展了空间。师生可以实现角色的互动甚至互换，可以就某一问题从多维度、多方位进行探讨与争辩，更好地发挥教学对科研的推动作用；学生可以在教师的指导下进行自主、合作与探究学习，提出质疑、发表观点与实践操作的机会增多。

2 探究式—小班化教学的理论基础

2.1 建构主义理论

建构主义理论是20世纪70年代在瑞士兴起，主要强调个体对于世界理解和思考的方式，最早是从儿童认知发展理论出发，来研究人类学习过程的认知规律的理论学说。建构主义学习理论从学习的角度，提出了什么是学习、如何

① 高宝立．论大学生创新精神和创新能力的培养［J］．江苏高教，2003（4）：1-4.

② 章雪富．让教学成为一种改变［J］．中国大学教学，2015（2）：7.

进行学习两大方面的内容，从而形成了建构主义理论的学习观与教学观。[①] 建构主义理论认为学生是信息的主动建构者。学习是建构内在的心理表征的过程。学习者并不是把知识从外界搬到记忆中，而是以已有的经验为基础，通过与外界的相互作用来建构新的理解。在整个教学活动中，知识的建构并不只发生在学生身上，教师必须随着教学情境的变化不断建构自己的知识，改变教学方式以适应学生的学习。

2.2 主体性教育理论

主体性教育思想源于主体性哲学研究。主体性理念在20世纪80年代开始应用于教育领域，逐渐形成主体性教育理论。主体性教育理论认为，主体性是人的本质的重要体现，通过培养学生的主体意识和主体能力，使学生具有健全的人格，具有自我教育、自我管理和自我服务的能力，进而成为教育活动的主体和自我发展的主体，进而培养出既有健全人格，又有社会竞争能力的创新社会实践人才。[②] 主体性教育是发展学生主体性，建构学生主体的过程，同时也是非理性教育和理性教育统一的过程，它还是在教师的指导下学生自主探索和自主发现的过程。教师在教学过程中调动学生的积极性和主动性是十分重要的，因为任何成功的教学都是在学生的积极参与下完成的。

2.3 有意义学习理论

奥苏贝尔（Ausubel）是美国当代著名的教育心理学家，是认知学派的学者。他在吸取其他心理学家研究成果的基础上，针对西方传统的学习理论在不同程度上忽略了人的学习特点的共同缺陷，提出了以确认人的学习特点为前提的有意义学习理论，并将其学习理论与教学论有机结合。在他看来，有意义学习就是指“新知识能够与学习者认知结构中已有的有关旧知识建立一种实质的和非人为的联系”。[③] 学习有意义与否，取决于学生是否把新旧知识之间建立了联系：学生认知结构中新知识与旧知识之间的相互作用导致它们之间的同化，不但新知识获得了意义，而且旧知识也得到修饰从而获得了新的意义。教师能够根据不同的教学内容设计教学，调控教学进程，从而促进学生有意义地学习。奥苏贝尔按照不同的角度对学习进行分类，为探究式教学实践中选择具

---

① 陈连军. 建构主义理论视角下引导—互动式教学模式的探讨［J］. 黑龙江高教研究，2014，(4)：150－152.

② 方正泉. 主体性教育理论视角下的高校社会实践教育［J］. 江苏高教，2014，(2)：145.

③ 林崇德. 学习理论［M］. 武汉：湖北教育出版社，1999：189.

体的学习方法提供了理论依据和标准。

2.4 终身教育理论

终身学习和终身教育是一种古老的思想。古谚语中提到“活到老，学到老”。孔子自己“十有五而志于学，三十而立，四十而不惑，五十而知天命，六十而耳顺，七十而从心所欲，不愈矩”。列宁强调要“学习，学习，再学习”。陶行知也说过：“活到老，学到老，进步到老，追求真理到老。”联合国教科文组织在其《学会生存——教育世界的今天和明天》一书中提到，为了使人们适应21世纪时代发展的要求，教育应围绕四种基本学习加以安排，可以说，“这四种学习将是每一个人一生中的知识支柱：学会认知，即获取理解的手段；学会做事，以便能够对自己所处的环境产生影响；学会共同生活，以便与他人一道参加人的所有活动并在这些活动中进行合作；最后是学会生存，这是前三种学习成果的主要表现形式。”我们教育的宗旨应立足于如何教会学生学习，也就是说在教学过程中应该更努力寻求获得知识的方法，教会学生如何通过自己的探究思考学会学习，而不是单纯地将教育致力于传递和储存知识。正如美国著名的未来学家阿尔温·托夫勒所言：“未来的文盲不再是目不识丁的人，而是那些没有学会怎样学习的人。”未来的学校必须把教育的对象变成自己教育自己的主体，受教育的人必须成为教育他自己的人，别人的教育必须成为这个人自己的教育。①

3 探究式—小班化课堂教学体系的构建

3.1 探究式—小班化课堂教学的组织模式

小班化教学首先是要将班级的规模设置在合理的规模范围内。1978 年G.格拉斯和M. 史密斯运用关联分析的方法，得出了班级规模的缩小对教育实施效果有积极影响的结论，并认为学生的平均学习成绩随着班级规模的缩小而提高，当把班级规模缩小到20 人或者更进一步缩小到15 人时，其效果将会迅速提高。② 班级规模的缩小将有利于提高师生之间交流的效率，老师能关注

---

① 联合国教科文组织. 学会生存——教育世界的今天和明天［M］. 北京：教育科学出版社，1996：103.

② Gene V Glass，Leonard S. Cahen，Mary Lee Smith & Nikola N. Filby，〈School Class Size〉，1982 by Sage Publication. Inc：52.

到每一个学生的成长以及学习动态，从而给予针对性的指导，构建系统的课堂管理体系。在教学过程中，能让学生有更多的机会参与到教学中，提高学生的课堂参与度，集中学生的注意力，对问题进行更加深入的探究。但是在组建小班化教学的过程中也需要考虑到学校实际情况，如学校的人力、物力以及资源的配置效率等因素。

3.2 探究式—小班化课堂教学的教学策略

探究式—小班化课堂教学与过去传统的大班教学的一大差别是教师将不再是教学的主体，教学的方式也不再是“填鸭式”教学，教与学之间互动增多。首先，探究式—小班化教学中，更强调师生关系的平等。教学在本质上来说不仅仅是一个知识的传授过程，还是一个通过师生之间、生生之间的平等对话，取得心灵的沟通，实现双方主体性的构建与发展的过程。它在平等的基础上达到爱心与教育责任的有机统一，教师尊重学生的主体地位，让学生能生动、自由地发展。小班化教学的目的不是消除教师的作用，而是将教师的作用置于一种关系的框架中。“教师作为平等者中的首席，教师的作用没有被抛弃；而是得以重新构建，从外在于学生情境转化为与这一情境共存。”教师将不总是一个可以依靠、可以信赖的权威，作为学生也不只是盲目地接受教师的看法，而是运用理性不断检验和重新确立权威。教师的“权威”在教学过程中接受着学生理性思考的检验，师生之间进一步的平等关系的确立和由此带来的课堂互动将使学生培养出独立思考，敢于挑战权威，坚持理性的能力。①

其次，探究式—小班化教学的过程中将更多地体现因材施教。教师要关注到每一位学生，采取直接而积极的关心方式，了解不同学生学习上的困难，并有针对性地提供学习建议与辅导。传统的大班化教学中，由于学生人数众多，教师不能完全掌握学生的实际情况，只能依靠自己的经验和教学过程中的观察进行教学。学生被动地接受老师统一性的教学，教学效果很大程度上受到学生对教师教学方法的接受程度的影响。小班化教学增加了教师了解每位同学实际情况的可能，有助于教师针对不同学生采取不同的教学方法。教师还应增加在教学过程中的适应性，通过修改或变化教学形式和教学计划来适应不同学生的学习，在探究过程中不断进行改进。教学过程的分享将有助于教学的进一步推进。教师提供学习者可以与他人分享的问题和困难的方式，让学生在开放、互通的环境中逐步找到解决问题的方法。

---

① 多尔．后现代课程观［M］．王红宇译．北京：教育科学出版社，2000：238.

3.3 探究式—小班化课堂教学的教学内容和课程体系

相比于大班化教学，探究式—小班化教学更多的是以提问题的形式引导、启发学生，“问题”成为探究式教学的核心理念。教学过程中，教师针对课程内容，以提问的方式积极引发学生思考，诱导学生对问题的探究自始至终都贯穿在整堂课中，这种持续性的问题在一定程度上可以激发学生的好奇心和引导自主思考能力。

通过拓展教学内容，丰富课堂的组织形式延伸课堂。在课堂上针对问题进行“探究性”学习，尤其是针对一些存在争议或开放性问题进行讨论时，需要提前准备充足的资料，同时为了支撑自己的观点，学生需要在课外进行知识的延伸，对知识进行综合利用。此时教师可以通过对资料的收集途径等进行指导，提出具体建议，鼓励学生自主学习、主动思考。将教学不仅仅局限于学到特定的知识，而是让学生学到获得知识的方法。

3.4 探究式—小班化课堂教学的有效评价方式

小班化教学的最终目标在于促进学生的全面发展，小班化教学评价的目的是创造课堂中的“众声交响与复调”。评价不仅要关注学生的学业成绩，而且要发现和发展学生多方面的潜能，了解学生发展中的需求。首先，评价内容应多元化。小班化教学提倡的是对学生综合素质的评价，尤其是学生创新、探究、合作与实践能力的评价。其次，评价方式应多元化。传统大班的评价追求效率和划一性，往往采用定量的方法评价学生，然而人的很多方面仅仅用定量的方法来评价是不可能得出真实可靠的数据的，如人的态度、情感等方面就不容易量化，再加上人的发展的差异性，仅靠单一的方法去衡量所有的受教育者是非常单薄的。因此，在小班化教学中，评价方法应由单一向多元转变，即用多样化的评价方法去评价学生的不同方面，甚至用不同的评价方法去衡量每一个个体，在于促进每个个体积极主动的发展。第三，评价主体应多元化。小班化教学中更加凸显学生的主体性，学生也将参与到对自己的评价中来。学生自评包括学生对自己的学习态度、学习习惯、实践和动手能力以及自律能力等进行综合评价；同时以合作小组为单位，对学生的团队意识、参与意识、合作意识、任务完成情况等进行综合评价。①

---

① 张光陆. 小班化教育的课堂组织：形式、特征与构建［J］. 教育发展研究，2013（18）：36－39.

4 保险精算系探究式—小班化课堂教学的改进及优化

4.1 面临的主要问题

4.1.1 课程的探究性和实践性有待进一步提高

保险精算系建立以来，一直推行研讨式小班培养模式，突出三个特点：在班级规划上，力求小而精，学生人数不超过30人；在教学方法上，实施研讨式教学；在教学形式上，采取讲授与实际操作结合。虽然取得了一定效果，但是学术型课程、实践型课程和创新型课程仍显不足，校外专家授课和企业专家授课偏少，开放课堂和实习实践课堂开展不够，课程的探究性和实践性有待进一步提高。

4.1.2 课程教学的互动性和时效性有待进一步加强

大多数课程互动性教学还需加强，教学方法不够丰富，多媒体运用不够，师生之间的知识流动更主要体现为单向的传递与承载的过程。师生互动少，互动性和时效性不足，师生、生生之间相互交往、和谐互动的教学机遇受到限制，难以实现在师生、生生互动合作中，关注每一个学生，使每一个学生获得机会，不能充分调动学生的积极性和自主性，增加学生实践的机会，把课堂的时空交还给学生。也难以形成和谐的师生互动、生生互动、学习个体与教学媒介的互动，不能很好地产生教学共振的效果。

4.1.3 课程的评价体系较为单一

目前我们主要的课程评价体系基本上是以专业知识为主要评价内容，以考试为主要手段的学业成绩鉴定体系，一般通过平时成绩+期末考试测评学生学业。但由于期末考试成绩所占比重较大，从某种意义上讲，期末考试就成为衡量学生学业水平的主要手段。这种忽视过程评价、缺乏诊断性评价、只重终结性评价的单一评价方式，不利于学生个性的发展和潜能的激发，考核重在“考”而非“学”，目的仅是给出一个终结性的成绩结果，学生在评价体系中处于消极的被评价地位，缺少自评和交流互评的环节，没有机会提出评价建议和个人见解，压抑了学生自主探究、自我发展的精神，过多强调共性和统一性指标，而忽视学生的个体差异和个人创新能力。实行标准化考试和等级评定的最终结果，只是在引导学生关注分数的多少、等级的高低，对成绩的追求弱化了学生的深入探究意识。无法有效测评出以铸造学生创新思维、培养学术研究能力为主旨的教学目标的实现程度。

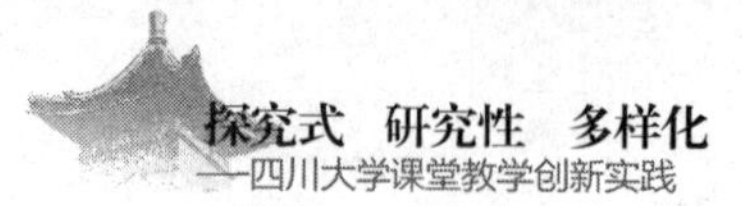

4.2 改进及优化措施

4.2.1 构建前沿性、探究性的课程内容体系

我们设立了保险理论前沿课程，参照国际一流大学经典教材设计课程内容体系，同时整合国内外优秀科研成果作为补充，将经典教材与论文文献相结合，以进一步突出风险管理与保险课程内容的科学性、前沿性和探究性，使课程体系得到不断完善。同时整合国内外优秀科研成果，课程内容体系和国外一流大学逐步接轨。

4.2.2 优化教学组织模式，设立开放课堂和实习实践课堂

我们采取了班级授课、小组合作学习、开放课堂相结合的教学组织模式。以教师班级授课为主，学生小组合作学习为辅，校内老师授课、校外专家讲座和企业课堂等相结合，邀请校外风险管理与保险领域的专家参与开放课堂，实习基地提供实习实践课堂，增进了课程的创新性和实践性。

2016—2017 年举办校外专家开放课堂共 6 场，邀请了湖南大学保险系系主任姜世杰教授、微云保贝公司金辉总经理、中怡保险经纪有限公司丁巍研究员为学生开办了金融保险专业知识和保险实务讲座，增强学生对专业知识的学习兴趣，拓展学生对专业知识的应用能力。2016 年 11 月举办了“平安财产保险公司模拟面试演练培训”等实习实践课堂，取得良好效果。

4.2.3 提高学生科研参与力度和实习基地集中实习参与力度

我们鼓励学生通过创新实验计划、科研训练计划，积极参与教师的科研工作，并积极组织学生参与了平安财险、太平人寿、太平养老三家保险公司的集中实习。

学生参与本系教师科研工作的积极性明显提高，2017 届本科毕业论文来源于教师科研题目数占总题目数比例达到 40%。学生到本专业实习基地进行集中实习的积极性得到了明显提高，参与集中实习的学生数由 2016 年的 9 人上升为 2017 年的 20 人，占学生总人数 67%，2017 届本科毕业论文通过实习、实践完成的题目数占总题目数的比例达到 50%。

4.2.4 优化人才培养方案，突出个性化和创新能力培养

我们通过改革完善专业教学计划，增加创新创业教育系列课程、保险理论前沿课程，以突出课程的前沿性、实践性和创新性，加强对学生的个性化和创新创业技能培养。

2016 年我们更新修订了保险本科专业教学计划，健全了创新创业教育课

程体系。新设“保险创新思维与创业教育”“保险创业技能实践”课程，并对课程内容、课程结构进行了补充、修改、重新开发和编制，建立了包括学科前沿、创新训练、创业基础、就业创业指导等方面的必修课和选修课，建设依次递进、有机衔接、科学合理的创新创业教育专门课程群。将创新创业教育与专业教育、通识教育、思想政治教育相融合，把创新创业教育理念体现在人才培养体系各环节，突出个性化和创新能力培养。

4.2.5 改进教学方法，架设课程讨论平台，建立教师开放日

在授课中，实施启发式讲授和探究式讨论相结合方式，鼓励使用先进教学手段，提倡运用课题模拟、项目参与、社会实践、角色扮演等多种教学方法，以达到激发兴趣、启发思维、传授方法的教学目标。通过分组合作和角色转换，组织学生分组完成案例讨论并做堂上陈述，探索学生参与教学和师生互动的教学方法，利用微信、QQ 把传统课程和课程论坛结合在一起，并建立了教师开放日，让学生与教师成功架设起一个互动性强、个性鲜明的课程教学讨论平台。

4.2.6 开发校外课程资源，共建校企协同育人新机制

我们通过和校外实习基地（太平人寿、平安财险公司）共建校企协同育人新机制，联合企业家和行业优秀人才对课程体系不断更新，增加课程的实践性和创新性，将理论学习与创新能力培养相结合，将学术前沿发展和实践经验有效融入课堂教学，拓宽了课程的教学空间。目前已和太平人寿保险公司初步拟定了《人才合作培养协议书》和《优秀潜质人才引进方案》，共同制订人才共建计划，和平安财险公司初步拟定了“金种子”奖学金计划。除太平人寿、平安财险实习基地外，我系还与太平养老保险公司初步建立了实习基地合作意向，实习合作协议正上报学校审核中。

4.2.7 构建多样化的课程教学综合评价体系

改革教学评价体系，通过多种评价方式的比对，确立多样化的具有探究式特色的课程教学综合评价体系，改变原来只评价学生知识的掌握，而对学生的综合素质、创新能力、学习过程等的评价较少的做法，让评价不仅成为教学质量的反馈、教学调控的依据，而且充分发挥其激励和导向功能，进一步提高学生的创新创业技能。

我们建立了期末考试、课堂讨论表现、小组案例展示和平时作业成绩相结合的综合评价体系，今后我们将继续探究以下可供参考的评价手段，包括过程评价、项目评价和团队评价等。

参考文献：

[1] 李峻．基于小班化探究式教学的拔尖创新人才培养模式［J］．中国大学教学，2016，(7)：32－36.

[2] 高宝立．论大学生创新精神和创新能力的培养［J］．江苏高教，2003（4）：1－4.

[3] 章雪富．让教学成为一种改变［J］．中国大学教学，2015（2）：7.

[4] 陈连军．建构主义理论视角下引导—互动式教学模式的探讨［J］．黑龙江高教研究，2014，(4)：150－152.

[5] 查有梁．课堂模式论［M］．桂林：广西师范大学出版社，2001：36.

[6] 靳玉乐．探究教学的学习与辅导［M］．北京：中国人事出版社，2002：27.

[7] 方正泉．主体性教育理论视角下的高校社会实践教育［J］．江苏高教，2014，(2)：145.

[8] 李亚伟．探究式教学在思想政治课中的应用研究［D］．东北师范大学，2011.

[9] 王惠来．奥苏伯尔的有意义学习理论对教学的指导意义［J］．天津师范大学学报（社会科学版），2011，(2)：67－70.

[10] 林崇德．学习理论［M］．武汉：湖北教育出版社，1999：189.

[11] 联合国教科文组织．学会生存——教育世界的今天和明天［M］．北京：教育科学出版社，1996：103.

[12] Gene V Glass，Leonard S. Cahen，Mary Lee Smith & Nikola N. Filby，〈School Class Size〉，1982 by Sage Publication. Inc：52.

[13] 多尔．后现代课程观［M］．王红宇译．北京：教育科学出版社，2000：238.

[14] 张光陆．小班化教育的课堂组织：形式、特征与构建［J］．教育发展研究，2013(18)：36－39.

[15] 朱红，马莉萍，熊煜．“大班授课、小班研讨”教学模式效果研究［J］．中国高教研究，2016，(1)：42－47.

[16] 孙燕君，卢晓东．小班研讨课教学：本科精英教育的核心元素——以北京大学为例［J］．中国大学教学，2012（8）：16－19.

[17] 崔晓艾．探究式教学理论在文学理论教改中的运用研究［J］．科教导刊，2016(14)：107－108.

[18] 熊金菊．小班化教育背景下学生个性化学习的实施路径［J］．教育发展研究，2012(18)：40－44.

[19] 吕军莉．我国高校实施小班化教学现状分析与发展策略［J］．青海师范大学学报，2015，(1)：161－164.

项目驱动式教学方法在经济类应用型人才培养中的实践探索
——以“STATA 统计分析与应用”课程为例

陈晓兰，李　丽

四川大学经济学院

摘　要：针对传统经济学科本科阶段教学模式存在的弊端，在项目驱动式教学理念的指导下选取应用性强的经济类课程进行教学实践的探索，并探讨了项目驱动式教学法中项目的选取、实施以及结果评价的方法。论文介绍了四川大学经济学院“STATA 统计分析与应用”课程进行项目驱动式教学的模式设计，梳理其具体实施方法并评价了实施效果。根据调查问卷反馈信息，发现使用项目驱动式教学能够充分调动学生的积极性与主动性，激发学生的学习兴趣，培养学生的团队协作能力与自主学习能力，同时，能有效地提高教学质量与教学效果。

关键词：项目驱动　教学改革　STATA 统计分析与应用

0　引言

当今高校人才培养目标之一是为社会培育具有一定创新能力的应用型人才，然而目前各高校的经济类课程本科教育中，基本上仍沿袭着传统的教学模式，即“灌输式”教育。这种教学方式过于专注于帮助学生建立并强化“扎实的理论知识体系”，忽视了对其实践操作能力的培养。经济学科的教育也不例外。尽管经济学是一门应用广泛、容易理论实践的学科，但是以计量经济学的教育为例，理论教学占的学时比重达到 90% 左右，学生虽然能掌握一定的理论基础，但由于实践训练不足，碰到实际问题时仍然束手无策，只能纸上谈兵，导致“学过忘”“背过扔”，难以契合应用型人才培养的目标。有研究发现，高达 85.3% 的学生认为，教师不善于采用多种教学方法并及时变化教学方法，习惯采用单一的讲授法。也有研究发现，讲授法、问答法、演示法等仍是教师主要运用的教法，读书指导法、实验法、讨论法等教法运用相对过少（姚利民和段文彧，2013）。因此，经济学专业相关课程的教学改革迫在眉睫。

引入项目式教学方法正是实施经济类本科生教学改革，探索培养应用型人才教学模式的一个积极尝试。

项目驱动式教学方法以“学生为主体，教师为主导”，融合了包括构建主义、人本主义及多元智力理论等多种新的教育理念。在教学过程中，主张以项目为主线，通过多次、分步骤的教学活动以及师生共同实施一个或多个完整的项目的方式实现最终的教学目的。这一教学方法在计算机及软件教学领域应用广泛，且被实践证实能够充分发挥学生的主观能动性、培养学生的创新能力。比如，林岭（2010）、徐雅斌等（2011）均在软件工程类的课程中实施项目驱动式教学方法，对教学计划、项目选择、团队项目教学、成绩评定等方面进行了实践探索，取得了比较好的教学效果。这一教学结论得到了徐凯等人（2011）的验证，他们发现在“C 程序设计”教学中采用项目驱动式案例教学方法，能够更充分调动学生的积极性与主动性，激发学生学习的兴趣，培养学生的实践动手能力与创新能力。但是，徐雅斌等（2011）也提出，要将项目驱动教学模式全面推广或进行更大范围的应用，还存在一些实际困难。

由于学科特点，目前高校文科类专业教学过程中过分重理论、轻实践，对此也有许多学者呼吁将项目驱动式教学方法运用到文科专业的教学过程中，如董素音等人（2008）提出应该建立以教师为核心、学生为主体、项目研发为主线的项目驱动式教学模式。不少教师进行了一定的实践探索，如王欣和张毅（2012）通过在“企业资源计划”课程中运用项目驱动式教学，验证了该教学模式在文科课程中的可行性；刘春英（2013）以“环境影响评价课程”为例，阐述了项目驱动式教学法的项目设计、实施步骤以及项目评价，同时提出教学中应注意的一些问题。

当前，关于在经济类专业教学过程中采取项目驱动式教学方法的研究较少。经过对课程的筛选发现，“STATA 统计分析与应用”作为经济类专业中对应用性要求较高的偏实践型课程，对项目驱动式教学模式接纳程度高，同时，由于要求动手能力强，这门课也被本科生认为学习难度较大。因此，在学校实验教改项目的支持下，经济学院在 STATA 软件应用教学过程中进行项目驱动式教学模式的实践及探索，一方面希望有助于学生掌握 STATA 的软件应用技能，同时也希望能借机为其他应用型经济类课程教学改革总结经验。

本文首先对项目驱动式教学方法的设计思路进行介绍，然后通过项目驱动教学法在 STATA 软件教学中的实践来探讨项目驱动式教学方法的有效性以及存在问题，最后给出相应的结论与建议。

1 项目驱动式教学法的设计与执行

项目驱动式教学法以构建主义教学理论为理论基础，源于20世纪80年代德国在职业教育过程中大力推行的行为引导式的教学形式，即以项目为主线，学生在教师的引导下通过自主探索和互助协作具体实践一个或多个项目，从而实现教学目标的教学形式。因此，尤其适用于各类实践性和操作性较强的知识和技能的传授。与传统的教学方法相比，项目驱动式教学法具有从解决实际问题出发，理论联系实际，能调动学生学习的主动性与积极性，培养学生的团队协作能力与自主创新能力等优势。在教学过程中，教师不再是单一地把现成的知识技能灌输给学生，而是指导学生自行探寻“项目”的结果，引导学生根据项目需求来学习。教师随着项目的不断推进和层层深入来引领课程的学习、带动课堂教学的开展的能力是影响教学效果的关键因素。在教师的引导下，学生通过不断探索和自主解决需要解决的问题，自然而然地进行新知识的学习，进行开始发现问题和解决问题能力的训练（徐雅斌等，2011），可以不知不觉中由被动地接受知识转变为主动地寻求知识，从而增强主观能动性以及学以致用的能力。

一个典型的项目驱动教学包括项目设计、制订计划、实施计划、项目成果评价等几个模块（流程如图1所示）：

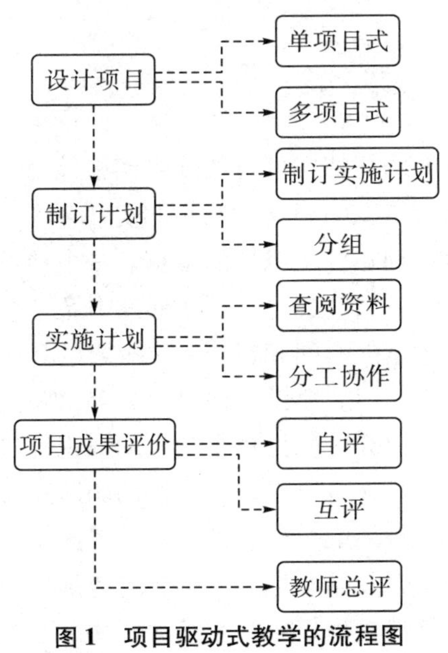

图1 项目驱动式教学的流程图

1.1 设计项目

根据不同的教学目标，项目驱动教学模式可分为单项目驱动和多项目驱动两类。当教学目标是单一目标或多个教学目标间关联性非常小时，可以设计单个项目来实施。反之，当多个教学目标之间有很密切的关联，那么就可以采用多项目驱动的教学模式，从而增强知识的系统性与连贯性。

无论是单项目驱动还是多项目驱动，在项目的选择上都应当遵循趣味性、启发性、系统化和渐进性四个原则。兴趣是最好的老师，一个有趣的项目能使学生充分发挥自己的积极性、主动性、创造性；启发性的问题能给予学生一定的思考空间，拓宽学生的思路的同时更有利于激发学生创新探索的兴趣。系统化是项目式教学与一般式教学实践最大的区别。一般的教学实践都是对各个知识点单独强化，各个击破，弱化了对知识点关联性的整体把握。系统化的项目设计能够将前后所学知识衔接起来，有助于学生对该学科知识的整体理解和掌握，从而形成系统的知识结构，实现学科总教学目标。最后，项目难度最好符合学生认知规律，采用由浅入深，由简单到复杂的递进方式设计。

设计项目是整个教学实践的第一环节，也是项目驱动教学模式成功实施的前提。只有根据学生已有的知识水平、经验和兴趣来选取适合他们的项目，才能保证整体教学项目的顺利实施。为了更好的实践结果，教师在设计项目的过程中可以尽量让学生参与选题的议定，并让学生明确自己在项目解决过程中所需的理论知识范围。

1.2 制订计划

项目设计好后，需要制订切实可行的项目实施计划。一个好的项目实施计划应当包括对学生进行分组，明确学生的项目分工和设计可行性方案等环节。对学生进行分组是项目驱动式教学成功的重点。一个项目的成功执行，包括查阅资料、讨论制订可行性方案、执行方案、修改方案、继续执行方案等一系列复杂过程，必然要付出大量的时间和精力。在有限的教学周期内，如果学生单打独斗地完成项目，不但学习效率低，而且容易陷入闭门造车的境地。以团队的形式执行项目，一来可以充分发挥每个学生的知识优势，提高工作效率，二来学生之间的相互交流与协作也可以提升他们的团队意识和自信心。

一个有利于增强学习效果的合理分组，除了考虑学生的个人偏好外，还应当根据学生自身的特点，尤其是学生的优势与劣势加以权衡。在这一环节，教师应鼓励学生根据自身特点自由组队，帮其评估团队的综合能力是否足以完成项目。除此之外，教师应该在组队阶段公布一个清晰且合理的团队成果的评估方案，从而激励组内所有学生都能更负责任地参与到解决问题的过程中，并依据自身特点制定组内最佳的分工方式。在这一过程中，教师需根据学生的分组及分工情况进行把关，从而确保项目的切实可行性。

1.3 实施计划

分工完成后，学生即可按照已确定的方案和程序实施项目计划。项目计划的实施要以学生为中心，教师起协助作用。项目实施过程中，学生根据所要完成的项目内容，多方查阅资料，充分发挥自己的主动性和创新精神。教师在过程中要负责整个项目教学的设计、组织讨论和监督项目执行，不仅需要及时了解学生的需求和知识结构，在课堂教学中提供相关的知识补充。同时，教师还应积极创设学生“协同合作”的交流讨论环境，鼓励学生积极思考，大胆提出不同的观点，协商解决项目实施中出现的问题，从而达到共同完成项目的目的。Teambiton、QQtim、Trello 等项目协作共享软件均可以作为项目实施过程中的辅助手段。

1.4 项目成果评价

项目成果评价是对学生的学习情况与项目完成情况做出反馈和评价的过程。通过评价结果可以总结经验、发现不足，学生能及时地获得对整个项目执行的客观评价，对学生起到激励、促进的作用。

为了获得更好的评价效果，首先应当制定合理的评价标准，其次应该具备综合的评价方式。评价标准应当多方面考虑，既要看到最终完成的结果，又要重视实践过程，既要体现科学性，又要体现公正性。项目的评价方式应当包括学生自评、小组互评以及教师总评。自评与小组互评可以提高学生的参与度，教师总评的目的则是使得学生能够客观认识自己的优点以及不足之处。学生在完成项目后可以首先参照评分标准进行自评，然后将自己的结果展示给同学和老师，启动小组间互评、教师总评，最终得到项目完成情况的排名等次和个人完成情况的等次。一个积极的成果评价体系，还可以设置对项目完成较好的小组和个人的激励措施，这将更有利于培养学生学习的主动性。

项目成果评价可以只有一次，也可以根据项目执行阶段进行多次。评价的实质是学生温习旧知识和学习新知识的过程，经过精心设计后，评价过程既可以增强学生对项目的理解和判断的能力，又可以实现以评价促进学习和进步的目标。

2 项目驱动教学法在STATA软件教学中的实践

我们选取了“实证分析与STATA应用”这门课程作为项目驱动式教学实践的对象。STATA是一个专业的计量统计分析软件，使用界面友好，原理简单，但是要求使用者必须掌握一定的计量经济学理论和实践知识才能够合理操作。计量经济学是经济学科的主要课程之一，是以经济理论为指导、运用数学和数理统计方法，对实际统计资料进行计量分析以验证经济理论中关于经济变量之间依存关系的假设①。计量经济学的学科性质决定了其理论与实践并重的属性。然而，在当前计量经济学的教学中，普遍采用教师讲授的模式，学生建模能力以及实践应用能力几乎为零（王艳清，2014）。为了解决这一问题，部分教师课堂上会安排少量Eviews或Stata等计量软件的演示课，向学生演示计量软件的操作方法及命令实现过程。但是由于课时、教学环境等多重限制，改进后的教学方式虽然离实践更进了一步，却没有留给学生练习的机会，依然无法解决学生“纯理论无实践或少实践”的困扰。为了弥补这一缺憾，部分高校专门设置了配套的计量软件使用课，作为计量经济学的辅助教程，“实证分析与STATA应用”的创建由此而来。

自我校2015年开设“实证分析与STATA应用”以来，虽然取得了一定教学成果，但是课程教学的最初目的在于教会学生使用计量软件，而非应用计量软件做计量分析，因此教学设置倾向于细碎化、模块化。旧的教学方式将知识无形中划分成许多看似不相关的板块，导致学习严重缺乏系统性以及连贯性，学生通过课堂学习，或许对每个模块的操作命令都能熟悉掌握，但是一旦遇到具体的问题时仍然不知从何下手，缺乏实践性，更无法达到融会贯通的境界。为此，在引入项目驱动式教学方法的指导思想下，我们进行了教学实践的改革。以下是具体的设计与实施过程：

2.1 STATA课程的项目驱动式教学设计

改革后的教学安排包括三个递进的阶段。第一阶段：将课堂教学移到文科计算机实验室。课堂教授“听”与“做”并重。教师讲授完知识点后，学生立刻上机操作，通过实践来强化STATA的基础操作知识，掌握项目所需要的基本功能命令。第二阶段：首先，教师向学生介绍整个项目所涉及的基本理论

① 中国百科大辞典. 中国知网：http：//kns. cnki. net/kns/brief/default_ result. aspx.

并进行相关命令的讲解与示范，然后学生开始执行各个子项目，并进行阶段性的汇报。第三阶段：组队自选题的研究报告。根据学生特点组成的3人左右的学习小组，从文献查阅，课题论证，研究思路拟定到论文撰写，均通过小组成员分工协作的方式共同完成。在期末阶段，以小组为单位撰写项目研究报告，并以PPT形式进行汇报，与其他小组交流研究成果。主讲教师进行总结并对各小组的研究成果进行点评。

2.2 项目驱动式在STATA中的具体实施过程

2.2.1 拟定合适的项目

STATA是一个用于分析和管理数据的功能强大的实用统计分析软件，因此大部分的计量经济分析案例均可以使用STATA完成。由于修习此门课的本科生均为大三下学期的学生，仅仅掌握基础的计量经济学理论，因此在设计项目的过程中，根据他们的知识体系和兴趣点，制定了三个原则：①多项目循序渐进制原则，通过从简到繁的阶梯制项目设计，引导学生进行学习；②小项目定死、大项目放活原则，具体地，操作简单的小项目，由教师设计统一的研究项目，旨在让学生通过练习掌握相关的知识技能，大项目设计成一篇实证论文，内容更为丰富，挑战性更强，因此学生的兴趣更会影响项目的实施结果，让学生自主选题和设计研究内容可以保证其具备更好的学习动力；③实用性原则，大三下期的学生即将面临大四的本科论文压力，部分优秀的同学还需要准备保研的夏令营参营论文，因此设计项目时考虑学生的需求，以实用性为原则进行设计，可以让学生更有动力参与。

基于以上三个原则，共设计了四个基础项目，采用递进+并列的项目组织形式，项目设计见表1。

表1 STATA课程项目设计

项目	知识点	项目设计
1	数据处理与简单分析	研究34个省（市、区）受访者收入与年龄、性别、婚姻情况、受教育水平、就业类型、工作时间等变量之间的关系
2	主成分与因子分析	构建34个省（市、区）受访者的社会经济地位的衡量指标并计算因子得分
3	聚类分析	对34个省（市、区）受访者的社会经济地位进行分类，并探究出现该结果的原因
4	一般线性回归	构建34个省（市、区）居民收入的影响因素模型

2.2.2 具体实施

协助学生根据各项目的目标和任务，确定工作步骤和程序。如项目3的目的是对34个省（市、区）受访者的社会经济地位进行分类，并探究出现该结果的原因。要完成这一项目，就必须了解数据的特点。因此，首先，通过教师的讲解，介绍数据类型以及缺失值、异常值等的处理方法，指导对“34个省（市、区）受访者”的数据进行初步清理；其次，布置文献阅读，让学生自学因子分析的基本理论与研究方法；第三，教师课堂讲授，介绍构建指标常用的方法，如“主成分法”“主因子法”“迭代法”和“最大似然法”等，举例示范如何运用STATA完成“主成分法”“主因子法”等方法提取反映社会经济地位的公因子。最后，由教师引导学生掌握对样本进行分类的常用方法，即聚类分析。了解其原理及思想，将34个省（市、区）受访者的社会经济地位进行分类，分析其形成原因。

由于项目的设计阶段已经注意到了技能的嵌套和递进，因此当完成四个项目后，学生就具备有了基本计量统计分析的操作技能，可以进行自主选题的研究。

2.2.3 项目评估

受限于课时安排，本教学探索过程中的成果评价根据项目阶段的不同分为两种，每个基础小项目均会进行小组课堂展示，教师会给出参考答案，学生根据课堂展示的结果进行自评与互评，教师也会给出总评成绩。总体项目由于时间的限制，仅完成了项目组内的自评与教师总评。但是，总体项目的产出还有一项隐形的评价体系，即保研夏令营评价。以2016年课程情况为例，共有10篇课程论文被用于参加保研夏令营并取得很好的结果，参营学生分别去了北京大学、中国人民大学等国内一流的高校。

3 项目驱动教学法在STATA软件教学中应用的结果

项目驱动式教学方法会给学生带来什么变化？我们对2016年参加教学实践的部分同学进行了匿名问卷调研，回收到有效样本73份。在学生反馈意见以及问卷调研的基础上，通过归纳整理得出以下结论：

3.1 项目驱动式教学模式能有效改善教学效果

如图2，对于本课程更适合的教学方式的调查中，接近一半的学生认为最好采用教师授课和课堂练习各占一半的方式，只有6.85%的学生认为应当采取完全教师授课的方式，这表明相对于传统的“满堂灌”的教学模式，学生其实更喜欢边听边操作练习，这也与项目驱动式教学方法的初衷一致，即“以学生为中心”，培养具有实践应用能力的人才。

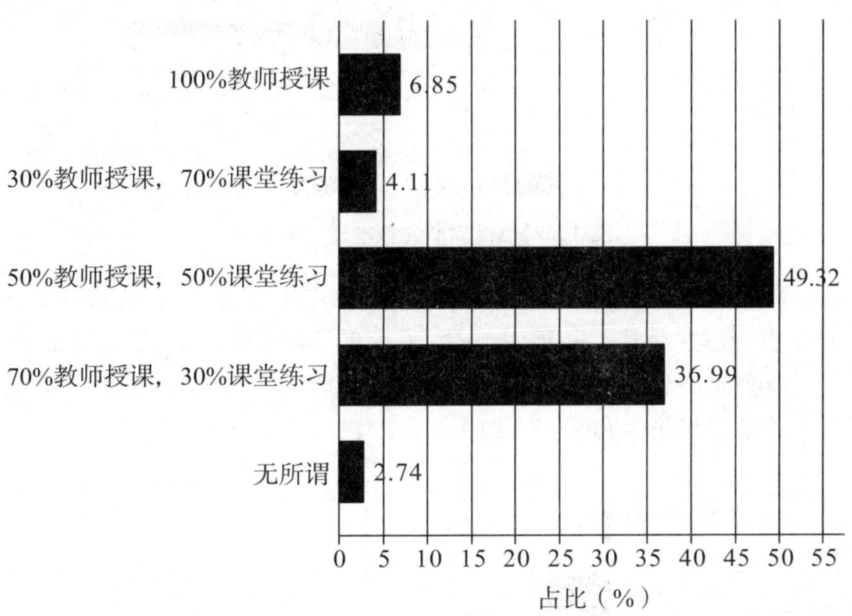

图2　学生反映的本课程更适合的教学方式

对于项目驱动式教学的看法如图3所示，67.13%的学生认为采用项目驱动式教学方法对STATA软件的学习效果影响很大，同时68.49%的学生认为项目驱动式教学方法提高了团队协作能力，78.08%的学生认为项目驱动式教学方法提高了自主学习能力。这表明，引入项目驱动式教学方法确实符合当今人才培养的目标，对学生个人能力及团队协作能力的提高都有很大帮助。

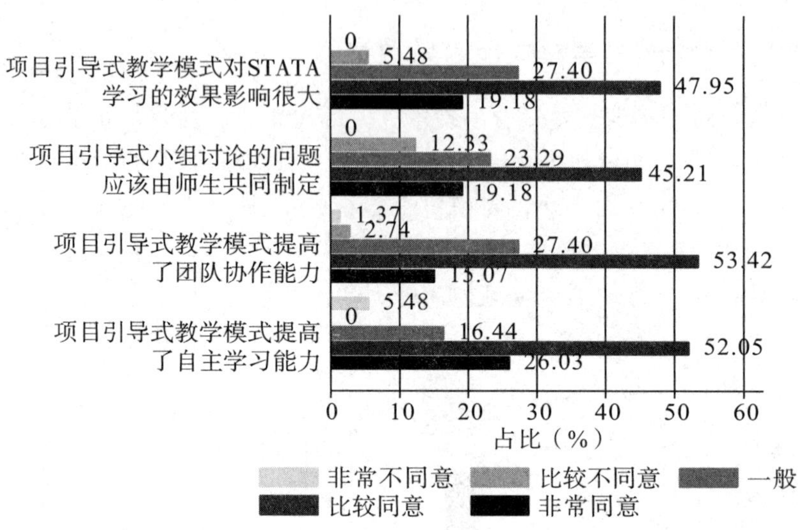

图3　对项目驱动式教学模式的看法

在对现有的项目驱动式教学模式的满意程度上（图4），比较满意和非常满意的学生超过一半，占到总调查人数的64.38%，非常不满意的只有1.37%，说明项目驱动式教学模式确实满足了学生对教学方式改革的需求，激发了学生的学习积极性和学习兴趣。

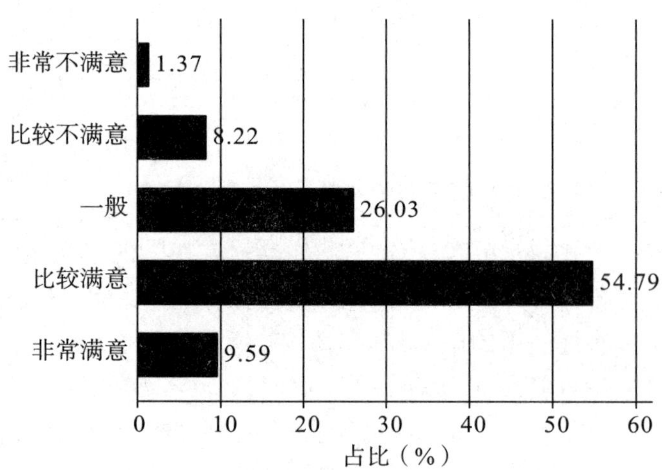

图4　对项目驱动式教学模式的满意程度

3.2 项目驱动式教学模式能多方面提高学生能力

对于采用项目驱动式教学后，哪方面能力得到提高的调查，如图5所示。学生普遍认为自己的实践操作能力、分析和解决问题的能力以及自主学习能力得到了很大的提高，说明这种教学方式的改革是卓有成效的，较好地解决了传统教学模式重理论轻实践的弊端。

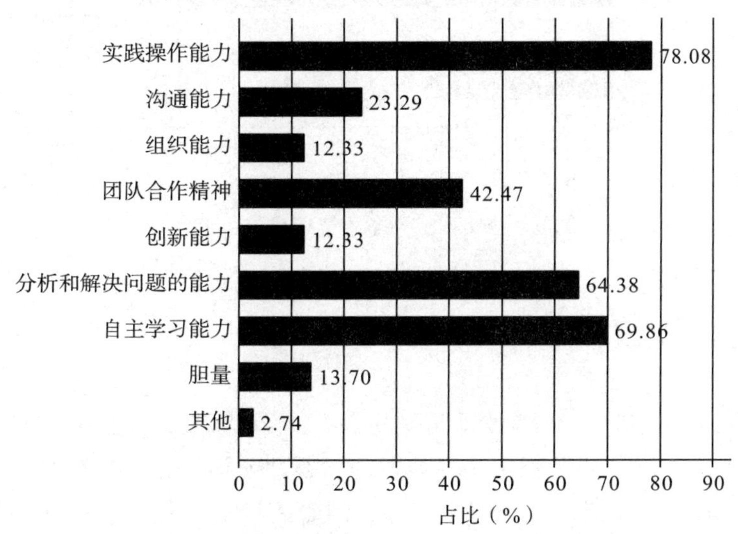

图5 项目驱动式教学对学生能力的提高

3.3 项目驱动式教学的挑战之一是小组考核方式引致的搭便车问题

由于采取小组考核的方式，项目驱动式教学的挑战之一是如何避免搭便车现象。如图6所示，超过六成同学认为在这种情况下搭便车的概率是比较大，10.96%的学生明确表示自己只是作为普通成员参与项目，不会积极投入。这说明在项目实施过程中应当注意合理分组以及组员之间的任务分配，确保每个同学都积极参与进来，尽量避免搭便车行为。约40%的学生建议应当更多地依靠组内互评和任课教师的评价，而不是组长评价和自评。

通过以上的分析可知，项目驱动式的教学方法能够有效地提高学生的实践操作能力、自主学习能力，对STATA软件的教学有着非常积极的影响。同时，在项目设计的实际操作过程中需要警惕搭便车行为，对小组的划分要合理，同时对于最终成绩的评定应当综合考虑各方的意见，做到公平公正。

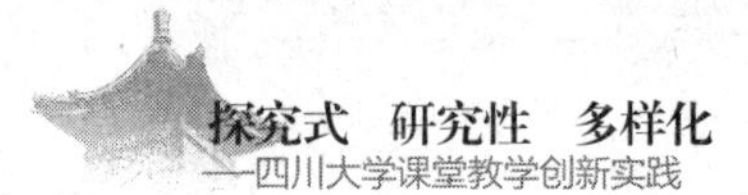

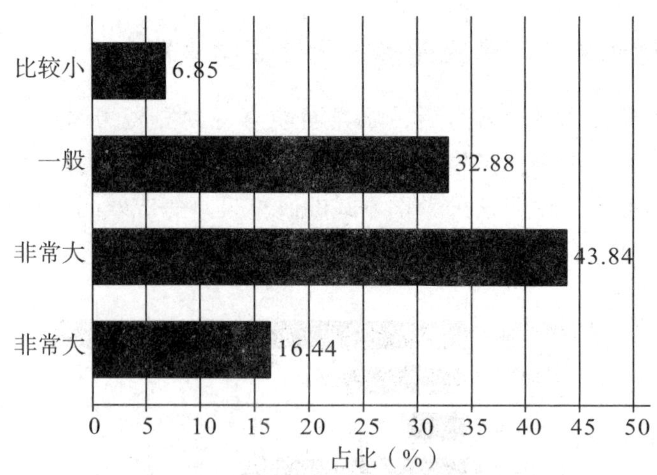

图6　分组形式下学生搭便车的可能性

4　结论与建议

项目驱动式教学方法将教师重新定位为引导者，让学生在“做”的过程中“学”。在“做”的过程中主动地发现问题并分析问题，根据需要并带着问题主动去“学”，最终有效地解决问题，同时获得最有价值的知识，使学生原有的知识、经验和技能得到进一步的充实和提升。与此同时，在项目实施过程中学生通过合作与讨论并不断克服所遇到的各种困难，主动性和创造性不断被激发，分析解决实际课题研究过程中遇到的问题的能力得到加强，有助于应用型人才的培养。

通过在STATA软件教学过程中采用项目驱动式教学方法，我们证明，项目驱动式教学方法不仅可以被有效应用在经济学科的教学中，并且可以有效改善教学效果，提升学生实践操作能力、分析解决问题的能力以及自主学习能力。为了更好地实现教学目的，项目驱动式教学方法还需要进行一些设计上的改革，如更好地设置分组与考核的方法，避免学生搭便车行为。为了保证教学成果，还可以采取小班教学，并可以尝试结合翻转课堂的教学方式。

参考文献：

［1］董素音，蔡莉静，卢纪临，闫丽珍．项目驱动式竞争情报教学模式实证研究［J］．图书情报工作，2008，(04)：70－73.

［2］刘春英．基于项目驱动式教学法的环境影响评价课程教学设计［J］．中国电力教育，

2013，(34)：109－110.
[3] 林岭．软件工程的团队项目驱动教学模式探讨［J］．福建师范大学学报（自然科学版），2011，(03)：14－17.
[4] 王欣，张毅．基于“项目驱动”的新型教学模式研究［J］．东北电力大学学报，2012，(02)：108－111.
[5] 王艳清，统计软件课程在财经类院校的开设现状与探讨——基于中南财经政法大学［J］．电教科技，2014，(22)：177－180.
[6] 姚利民，段文彧．高校教学方法改革探讨［J］．中国大学教学，2013，(08)：60－64.
[7] 徐凯，宋麦玲，薛思清．项目驱动式案例教学法在“C 程序设计”课程中的应用［J］．长春理工大学学报（社会科学版），2011，(11)：171－172.
[8] 徐雅斌，周维真，施运梅等．项目驱动教学模式的研究与实践［J］．辽宁工业大学学报（社会科学版），2011，(03)：125－127，130.

项目制教学：将课堂教育与项目实战相结合
——“编辑出版学概论”探究式—小班化教学“长征主题出版项目”实操及分析

段　弘

四川大学文学与新闻学院

摘　要：“编辑出版学概论”探究式—小班化教学是在“编辑出版学概论”通识性教学任务完成的基础上开设的。在2015年秋季课程“编辑出版学概论”探究式—小班化教学试点中，我采用项目制教学，借助新闻学院部校共建的卓越人才培养的契机，将春季所上的专业大类通识性课程“编辑出版学概论”“升级”，创造性地把春季课程非标准化考试遴选、秋季探究式教学小班组建、出版选题策划立项与实施、课堂讨论与项目实操等环节结合起来，实现了学生出版选题创意的成果转化，既可以调动学生的学习主动性与积极性，也可以实现教与学、研与产、供与需的有效结合，有效改善编辑出版专业教学中出现的学用严重脱节的现状。

关键词：项目制教学探究式—小班化教学长征主题出版项目

“编辑出版学概论”是高校编辑出版专业学生的基础理论必修课，其目标是为该专业的学生奠定编辑出版方面的基础理论，介绍编辑出版的流程环节，让学生初步掌握编辑出版的相关知识与技能。

根据教学计划安排，四川大学文学与新闻学院的“编辑出版学概论”通识课被放置在大一下半学期开设。由于学院在本科招生上采取大类入学，一年级不划分具体专业。在教学安排上，新闻传播类新生在大一均采用通识教学。与其他概论课基本相同，“编辑出版学概论”的选课学生在200人左右，由于学生众多、大类招生，通识教学只能采用单向授课方式，无法实现有效互动，教学效果可想而知。

将课堂教学与实战操作相结合的项目制教学设想就是在此基础上形成的，探究式—小班化是其宗旨。

1　“编辑出版学概论”项目制教学的课程设计

瑞典斯德哥尔摩大学国际教育研究所前所长 T. Husen 和德国汉堡大学比

较教育学教授 T. N. Postlethwaite 在其主编的《国际教育百科全书》一书中，对课程设计的定义："课程设计是指拟定一门课程的组织形式和组织结构。它决定于两种不同层次的课程编制决策，广义的层次包括基本的价值选择，具体的层次包括技术上的安排和课程要素的实施。"[1]

2015 年秋季学期设计的"编辑出版学概论"项目制教学课程之所以能够作为教学探索试点模式顺利推行，主要基于以下两个助力。

1.1 政策支持带来的技术安排

教学改革得以顺利推进，离不开政策的支持。在外部政策的支持下，"编辑出版学概论"探究式小班课程才能组建。

其一，此课程是在四川大学本科教学改革中产生的。在本科教育改革中，学校提出要体现精英教育、个性化教育和自由全面发展教育的"323 + X"本科创新人才培养体系及相应的改革思路与举措。[2]这为项目制教学的推进奠定了政策基础。

其二，此课程是在新闻部校共建的基础上开展的。2013 年 6 月，中宣部、教育部联合推出了《关于加强高校新闻传播院系师资队伍建设，实施卓越新闻传播人才教育培养计划的意见》，本人作为四川大学编辑出版专业的教师，承担此项计划，自 2014 年 11 月到 2015 年 11 月，前往四川党建期刊集团下属的四川民族出版社汉文出版中心任副主任，深度参与出版社的日常工作。以此为契机，我萌生了教学改革试点的想法，一方面为常规性课堂教学引入创新机制，希望用项目实战带动教学智力成果的转化，另一方面为出版社引入学生宝贵的原创资源，最终在教学供给方与市场需求方之间搭建双赢的合作平台。

1.2 设计课程基本要素

从课程体系上来说，"编辑出版学概论"项目制教学以探究式小班为载体，是大类通识班的"升级班"，课程开设需要满足以下基本要素：

1.2.1 按通识课的非标准化试卷成绩选择学生

组成项目制教学的首要环节是确定学生的选择机制。在此次试点中，本人主要按照 2015 年春季学期非标准化考卷的成绩作为主要标准，同时辅之以学生能力与兴趣的标准。

根据学生在通识课程的期末考试成绩，尤其是选题策划非标准化试题的成绩，结合学生小组作业、平时课堂讨论与展示环节，将学生提交的选题策划书分为四个档次，优秀、良好、合格、不合格。入选的资格是必须处于“优秀”一档的策划人。

接下来，教师要通过一一征询的方式，确定初选者是否对出版实践有兴趣、有创意能力、踏实勤奋，尊重他们的选择。最终，确定探究式小班成员。

需要指出的是选课人数有一定的限制，一般以30人为上限，以保障在开课过程中，每位同学都有时间充分发表意见，并得到授课教师与出版机构的及时反馈与指导。

小班课程开设时间为大学二年级，根据教学计划，此时，绝大多数选课学生已经进入二年级，专业已经选定，可以从自身所在专业的角度为项目制教学提供多维视角和专业建议，满足业界对“大出版”的实战需求。

1.2.2 项目为主

不容否认，当前编辑出版教学基本对应的是传统出版中以编辑部为核心的组织结构，而项目制教学对接的是现代出版机构以项日制为核心的职能结构。在课程教学实施中，可分为实战型项目与虚拟型项目两种，前者是与出版机构联合开展、可直接变现；后者则是建立在虚拟出版流程上的、以考查学生创新性思维为主。

从效果上看，实战项目可迅速直接地将学生创意转化为真实的出版项目，容易调动学生的积极性和参与性。虚拟项目虽然未进入现实出版流程，但可以考查学生的创意能力。二者之间并非壁垒森严，而是在一定情况下可以互相转化。

1.2.3 互动探究

与传统课堂不同，小班化教学更强调项目主导的互动式和探究式授课，教师可将课程分解为以项目为中心的小组，根据民主集中原则或项目主导原则确定项目成员与负责人，最大限度地发挥学生的自主性，由学生开展基于项目基础上的自我管理、优势互补与彼此协作。

具体程序如下：教师对通识课非标准化考试中的策划案按创意性与可行性等标准开展全面遴选，将位于“优秀”档的学生创意报告提交到出版社，与出版社反复讨论选择1~2个最佳方案，组建小班课堂后向学生介绍出版社许可的项目情况，由学生根据兴趣与能力进入实战项目小组，以项目小组为单位开展学生自主的资料准备，课堂上开展项目创意环节展示，小班课堂的所有成员采用“头脑风暴法”开展讨论，授课教师对项目进行评点并部署具体工作，学生以项目组为单位分工开展批准孵化的项目，项目完成后由教师审阅后提交至出版社，完成一个教学循环。

2 “编辑出版学概论”“长征主题出版”项目制教学实操

项目是为创造独特的产品、服务或成果而进行的临时性工作，指有一个明确目标的，在特定的时间、预算、资源限定内，依据规范完成的一系列独特、复杂且相互关联的活动。项目管理就是一种注重范围、时间、成本、质量的管理方式。20 世纪末，项目管理模式和运行机制才被引入出版业，成为一种新兴的出版组织结构。当前，出版主体主要由纵横两套管理系统组成，一套是纵向的职能领导系统，另一套是为完成某一任务组成的横向项目系统。[3]

本次课程改革是与四川民族出版社汉文出版中心的选题项目制实务相对接，针对其 2016 年的长征主题出版项目，在探究式—小班化教学中采用了项目制模式。

2.1 长征主题出版项目的前期准备

2015 年春季“编辑出版学概论”通识课非标准化考题中，我有意识地将四川民族出版社 2016 年重点选题策划项目纳入必考内容，共收到 191 份有效选题策划书，其主题比例如下：长征主题 64 份，民族主题 39 份，其他主题 88 份。按照策划方案的质量，我将其分为优秀、良好和一般。其中，长征主题的优秀方案 16 份，占该主题提交方案总数的 25%，涉及与长征有关的历史、政治、区域、民族、情感、少儿等各个领域。

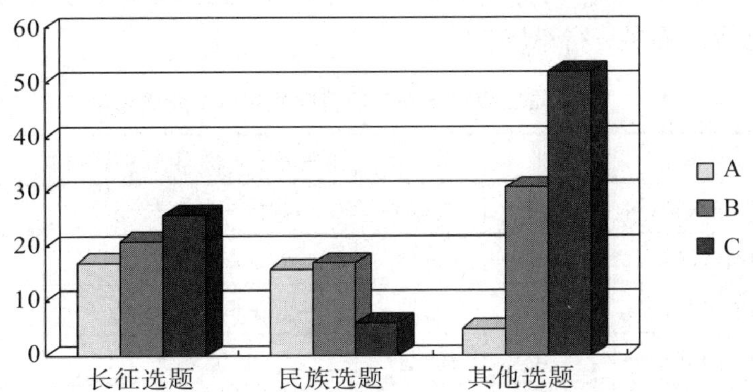

图 1 2015 年春季“编辑出版学概论”期末试卷非标准化试题学生策划稿件数及比例（A：优秀档，B：良好档，C：一般档）

2015 年 10 月中旬，四川民族出版社在申报“2016 年度四川省宣传文化事业发展专项资金项目”时，将部分优秀的学生策划书列入，最终有 2 篇入选

“长征主题策划申报书”项目，即《长征中的动人爱情故事》和《一起走长征路》。

2.2 项目制教学的课程设计

根据上述课程设计原则，结合此次与四川民族出版社汉文出版中心的项目运营，我将项目制教学具体化为如下程序：

其一，项目制教学的成员构成。

由于本次承担的任务是长征主题，因此，我将获得长征主题策划“优秀档”的学生们甄选出来，逐个征求这16名学生的意见，经四川民族出版社副社长兼汉文出版中心主任胡华认可，最终组建项目制小班：从年级划分来看，12名是大二学生，4名是大三学生；从专业归属来看，3名为广告专业，10名为新闻学专业，1名为广播电影电视专业，2名为编辑出版学专业。从实际操作层面看，这样的年级梯度、多元专业有利于项目创新和实际操作。

其二，组成两个项目小组。

根据审核，最终被列入四川省民族出版社“省宣文资金”立项的学生策划选题有两个，为方便实操，我按照这16名学生的策划书主题及现有专业、兴趣和能力，组建了两个项目小组，即偏向于叙事的“君问归期未有期”项目组和偏向于体验的“走访长征纪念馆”项目组，分别设置负责人与参与者若干。由于所有参课同学都在前期做了大量的与长征主题有关的资料准备，因此对这两个项目有基本的了解，同时，还可以将自己策划但未中选的内容与此项目有机融合，提供可行思路。

表1 “编辑出版学概论”项目制教学小班成员名单

年级	学号	专业	姓名	非标准化试题策划书题目	侧重
大三	2013141482144	编辑	张燎原	我们一起去长征	体验
大三	2013141061011	新闻	王堃	君问归期未有期	叙事
大三	2013141241091	新闻	赵轶	小平同志与长征	叙事
大三	2013141241156	广电	徐茂祝	长征风景	体验
大二	2014140143169	广告	赵启南	图说历史，漫谈长征	体验
大二	2014141043003	广告	步彦冰	走访长征纪念馆	体验
大二	2014141043030	新闻	何林蔚	路上的故事	叙事 + 体验
大二	2014141043050	编辑	黎璐鑫	沉默的远征	叙事

续表

年级	学号	专业	姓名	非标准化试题策划书题目	侧重
大二	2014141043061	新闻	刘成苑	图说长征路上的四川	体验
大二	2014141043028	新闻	韩兴华	小栓和我一般大	叙事
大二	2014141043078	新闻	罗跃	巴蜀长征路	体验
大二	2014141043082	新闻	欧阳素芳	川人长征	体验 + 叙事
大二	2014141043103	新闻	田思齐	情满蜀道	叙事
大二	2014141043119	新闻	吴达剑	走过蜀乡的红色征途	体验
大二	2014141043131	广告	薛奥	新旧长征路	体验
大二	2014141043155	新闻	张婧怡	长征路上的昔日与今朝	体验

2.3 探究式、互动式的项目制教学方式

小班化的人数限制与项目推进中的实务研讨，保障了拟真态的出版业务流程，激发了学生的参与热情，同时又让学生将问题带入专业学习中，拓展了他们的“大出版”观念。下面，我以“长征留在四川的足迹”项目（此项目标题改过若干次，也反映了学生们的观念演变和实操结果）为例，介绍项目制教学改革的具体内容。

其一，项目策划主创概述其创意源起及操作内容。

步彦冰作为策划主创人员，在小班化课堂上概括叙述了自己的选题立意及收集到的资料：介绍长征尤其是在四川境内的具体情况；介绍市场上已经出版的长征同题图书的整体情况，并重点分析了与此策划有直接关系的重访类图书；介绍选题策划的立意与构思，即通过走访四个四川省内长征纪念馆（红军长征翻越夹金山纪念馆、红军长征邛崃纪念馆、红军飞夺泸定桥纪念馆、彝海结盟纪念碑和冕宁红军长征纪念馆），讲述长征文物及背后的故事；展示已经收集到的四家纪念馆的基本资料，如所在地、占地面积、修建时间、展馆情况、重大意义、联系方式等，为今后的项目实施奠定了基础；介绍其策划的图书定位、图书出版意义、读者预设、作者邀约、营销策划等各个环节。

其二，项目组成员开展“头脑风暴”，进行深入的课堂讨论。

在互动讨论环节，参课的 16 名同学，尤其是步彦冰项目小组成员，纷纷从自己现有的专业角度出发，结合课外收集到的相关资料，展开激发彼此思维创意的头脑风暴，形成了一些创意点。

内容策划方面：在图书相关页面上印制纪念馆提供的二维码，使此图书成

为多媒体的便携本；图片可以采用手绘线路图来区别于其他同题图书，贴近青年读者群体；刊登纪念馆或当地旅游局的摄影作品，丰富其内涵；图书中可以加入明信片、纪念邮票、旅游区纪念章等内容，增强其纪念意义；可以与当地有关部门联合制作有声书。

版式策划方面：图书可以制成偏正方形的开本；图文比例偏重于图，适合现在读图时代和中低龄的读者对象；纸张可以采用轻型纸和环保型纸张，便于携带同时传达环保理念；广告系的同学可以承担图书的封面及内文设计等工作。

发行策划方面：图书上市前后可以联系成都或当地的中小学校开展长征宣传的主题活动；与中小学校联合开展“重走四川境内的长征路”征文比赛，推广图书；与四川省内四家长征主题纪念馆联合发行图书，开发深度游图书。

营销策划方面：在组稿、设计、出版、发行等环节要有创意，通过四川民族出版社汉文出版中心微信公众号“茶马书社”开展营销推广工作，在图书上市时期可以邀约多家媒体开展宣传工作。微信推送内容要面向青少年，形式上要先锋、时尚，项目组成员要结合新媒体课程的学习为其提供足够的制作支持。

其三，教师指导、补充与提升环节。

主课教师在前两个环节中尽可能不干扰和约束学生的思路、陈述甚至争辩，给项目组成员较为充裕的互动时间。特别值得肯定的是，学生们在课堂讨论中“脑洞”大开，并未停留在策划创意环节，而是将话题延展到组稿、设计、印刷甚至是市场营销等环节，注重其实践操作的可行性和对出版机构品牌建构的自觉意识，体现出未来编辑应有的“大出版”意识。

在肯定同学的创意与讨论后，我进行了理论总结，指出出版业的编辑是一种文化生产力与执行力的结合体，一定要考虑图书产品的市场定位与特色定位，并在此基础上开展文化设计、创造与引导。为此，我引入一个有关终极目标的公式：（innovation + planning） × design = purpose，具体到出版业，出版终极目标与创意成正相关，与革新与计划的统一成正相关，据此说明，编辑选取最佳策划方案，就是要把有限的人力、物力、财力集中到社会效益、经济效益俱佳的作品设计、编辑和出版上，推出精品。

另外，我还将自己查找的学生们未系统展现的、在市场上有一定影响的五类长征主题丛书（长征文化系列丛书：成都军区组织编写，国防大学出版社2012年出版，共分四册；红军长征纪实丛书：中央党史研究室科研管理部、解放军总政治部、军事科学院编纂，中共党史出版社2006年出版，共分七册；

红色记忆系列丛书：萧锋著，知识产权出版社 2012 年出版的《长征日记》；长征纪实文学丛书：石钟山著，解放军出版社 1995 年出版，共分三册；红色少年励志丛书：青岛出版社 2013 年出版，共分六册）提供给他们，供学生在接下来的工作中参考。

为了提升此书在文化生产中的重要价值，我还引入了法国当代思想家列斐伏尔在其著作《空间的生产》中提出的“空间生产三元论”，以提升学生在实践中的理论积淀。

其四，课堂宣读出版社启动项目的文件，正式组建项目组。

有一个充满仪式感的宣读文件环节是非常重要的，在项目制教学行进中，我接到四川民族出版社启动项目的文件，为此，我专门召集所有项目组成员，宣读汉文出版中心的相关函件。他们已经从组织上认可由学生组建实战型项目，并提出了时间进度表。

接下来，根据前一阶段的具体实施中的表现，我指定步彦冰和罗跃两位同学具体负责项目的宏观管理、整体进度，与主课教师、出版社领导联系等工作，并让项目制成员结合自己的兴趣与实力，双向选择项目实施的各个环节，如方案细化、市场调查、文稿写作、图片拍摄、联系展馆、版式设计、推广营销等。最终按实战项目要求学生“上岗”，用项目责任制进行考评。

3 “编辑出版学概论”项目制教学改革中暴露出的问题及改革方向

在具体推行中，作为任课教师，我觉得项目制教学的确可以打破原有的供需壁垒，学生是带着出版社的项目、在教师的指导下边做边学的，既贡献了自己的创意，又学会了按实际需要改变原有理想化状态的做法。

但是，不得不说，这种项目制教学改革是否具有可持续性，是否可以全面推广，还存疑。

3.1 项目制教学的体制保障

项目制教学的最大不确定因素来自体制，包括内部与外部两个体制。相对来说，内部体制的两个变量——教师与学生——相对可控，教师作为其中的决定性因素，可以项目制为核心，科学立项、科学指导、科学决策，充分调动学生的主动性与积极性，激发他们的创意潜能。

而外部体制的两个变量，即校方与出版方，主讲教师是难以把控的，需要得到外部的大力支持。

首先，学校要支持开设探究式—小班化教学。根据常规教学计划，开设了编辑学专业的高校必定会设计“编辑出版学概论”基础理论课程，但是否要开设探究式—小班化教学的“升级课程”，把探究式—小班化教学打造成特色课程与品牌课程，就看学校的支持力度了。

其次，形成与出版机构长期合作双赢的机制。探究式—小班化课程是要搭建起学界与业界的双赢平台：对学生而言，实战效果肯定要远远高于虚拟项目对于自己的肯定；对出版社而言，项目制教学可以有效扩展其创意策划储备，降低创意方案的获取成本。

3.2 项目制教学的评估体系建设

对于主讲教师而言，探究式—小班化教学花费的时间与精力远超通识教育课，不仅需要与出版机构沟通，了解他们目前的项目制进程，而且每次开课都要制订全新的教学计划，也就是说，教师不能拘泥常规授课模式，甚至不能平均分配课时，而是要根据项目需求，将时间与精力放在任务导向式教学上，根据项目制灵活调整授课内容，大量时间要用于课外指导学生查找资料、专题讨论、打磨方案。如按照现有教学评价体制，主课教师在课时酬金、职称晋升、科研考评等指标上都难以与之相匹配，会挫伤主课教师的积极性，后续课程难以为继。

对于选课学生而言，至少要在平时花费比其他课程更多的时间、精力，如果按常规考核，也不能反映他们的实际付出，需要确立与之课程相配套的评价体系。

当然，除此之外，涉及学生创意成果版权保护、出版社按出版合同应当支付的报酬等，虽属《中华人民共和国著作权法》等范畴，但也需要在立项、启动、进行、结束等各个阶段，对出版社、学生、教师、学校等主体进行特别的关照，但这并非此文的重点，因此不在文中涉及。

民国英语教学：文幼章直接法英语教学模式探析①

薛舒文，孟　炜
四川大学外国语学院

摘　要：《直接法英语读本》② 是传教士文幼章先生在四川地区传教期间出版的一部英语教材，一共6册。本文拟从文幼章直接教学法的特色入手，并加以分析《直接法英语读本》的编写以及教材主要特色，同时辅以历史事实，说明《直接法英语读本》对于加拿大传教士传教活动和四川英语教学的积极推动意义，最后得出《直接法英语读本》对于当今英语教学的启示。

关键词：文幼章　《直接法英语读本》　特色　启示

1　文幼章其人

文幼章（James G. Endicott）从小便跟随父亲文焕章（James Endicott）和母亲从加拿大远渡重洋来到中国，并深入中国内陆，传播基督教。由于中国国内民族主义的高涨，文焕章不得不带着自己的儿子文幼章等子女返回加拿大躲避“灾祸”，暂停在中国的传教。但儿时在中国乐山和成都的生活影响了文幼章的一生，1925 年长大后的文幼章毅然决定追寻父母的脚步，再次踏上四川的土地，成为一名传教士。父亲文焕章曾在多伦多枫叶公园万人大会上公开表扬文幼章在中国的传教活动，“……现在幼章和千万个牧师之间的差别就在于：他们说，‘要敢于赞美但以理！‘但他们却很少想到要说：‘要敢于做一个但以理！’”[1]。

动乱时期，大多数传教士不肯响应中国本土基督徒的号召，即“放弃不平等条约给予他们的特权，以显示教会有别于西方为维护其军事和商业利益而推行的强权政策”[1]109，而文幼章则表示传教士应该在中国国民情绪高涨的情况下，适时调整传教策略。文幼章是自由主义的神学的倡导者，他认为，“任

①　本文系四川省教育厅西华师范大学区域文化研究中心项目“民国时期华西传教士的英语教学活动”系列成果之一。项目编号：QYYJC1704。

②　本文中所提到的《直接法英语读本》均指 1936 年出版的改订版。

何把神学的桎梏强加在中国青年身上的企图都是徒劳的；一成不变的按老模式先讲基督的奇迹，不仅对他们（指青年）没有任何感染力，他们还会感到格格不入。"[1]161 他的想法遭到了老一辈传教士的抨击。

同时，一些中国的老年教徒的经济纠纷把文幼章卷入了一场诉讼。得不到主流基督传教士的认可以及卷入诉讼，迫使文幼章不得不辞去自己的牧师职位。但这却成为文幼章新的传教生活的契机：致力于教学英语，改革英语教学法。他不仅仅是一位传教士，也是一位英语教育家。

文幼章先生辞去在重庆小什字教堂的工作不久，华西差会又给他安排了一项新的任务：顶替他的同事，给中国学生上英语课。这给辞去牧师职位的文幼章带来了新的契机，并且以此为渠道真正"卷入了中国的政治生活。"[1]162 文幼章先生曾编写过许多有利于中国学生学习英语的读物，如：《瑞士鲁宾孙一家》《罗拉·杜恩》《莫比·狄克》《新法英语词典》等。上海书局也曾出版了他写的十五种课文和教师手册，文幼章牧师的名字由此在中国传播开来。当提到关于文幼章先生"文幼章阐述他的理论时，总是目光炯炯、笑容可掬、语言流畅、热情满腔，并且还辅之以最新的图表和教学用具。"[1]163

不管是作为一位传教士还是一位英语教学家，文幼章先生都展现了自己极具魅力的个人性格。在他的努力和感染下，重庆军阀刘湘将军终于同意在重庆大学英语系采用并出版文幼章的《直接法英语读本》。

2 文幼章直接法英语教学

2.1 文幼章直接法教学和哈罗德·E. 帕尔默

文幼章关于英语教学方法的认知来自哈罗德·E. 帕尔默（H. E. Palmer）先生，从 1927 年拜访帕尔默先生之后，文幼章便成为哈罗德"英语直接教学法"的推广人。可以说文幼章先生在英语教学方面完全师承于帕尔默。在其编写的《直接法英语读本》的介绍中，文幼章先生这样写道："直接法这套教学系统不归我的原创。此本《直接法英语教学》是基于'英语教学研究所'的工作和设想并得到其负责人帕尔默（H. E. Palmer）的许可印刷而成的。"[2] 因此，我们可以将文幼章先生的直接法教学看作是帕尔默先生的直接法教学在中国的推广。

2.2 《直接法英语读本》的编写特色

2.2.1 编写内容特色

《直接法英语读本》出版于1936年，按照传统划分属于英语教科书的编辑发展的成熟时期。成熟时期的民国英语教科书在“其编写过程中有意识地体现了当时的先进教育理论。”[3]因此，此套由文幼章先生编写的英语教材最主要的特色便是对“直接法”这一教学方式的贯彻。在此套教材的简介中，文幼章先生这样写道“直接法这一新名词可以将其概括为以下内容：第一，在学习语言中我们首先需要倾听，这被叫作‘观察’，在这一阶段我们不应思考语音的意义，相反，我们应该只是倾听；第二，模仿，这一阶段我们模仿说话者的语音和行为；第三，延续，我们重复的以同样一种方式表现同一段音节或者一种行为，直到这些行为能够被我们不假思索的展现，在这一阶段我们同样不要过分在意这些音节或者行为的意义；第四，语义化应该将语意和音节相结合；第五，通过类比进行构成，这是一个相对复杂的过程，在这个过程中，学生将已经记忆好的材料以类比的方式以构成词汇，短语和句子，这种类比在很大程度上以替代和转换的方式实现”。[3]2 整套教材的安排均是围绕“直接法”教学理论而展开的。“直接法”理论在此套教材中最直接的体现是语法次要性，语法次要性并不是说不讲语法，而是把语法摆在相对次要的地位。语法次要性这个特点主要体现在该系列教材的第一册和第二册。随着第三册到第六册教学内容的逐渐复杂，语法教学也相应增多。而如果不增多语法的教学，很大程度上会造成学生学习上的干扰。尽管如此，语法的教授在这套教材并不显得举足轻重。

除开在“直接法”指导下的语法次要性特点，该套教材还具有通俗性和普及外国文学文化的特点。其教学内容通常和实际生活息息相关，几乎看不到生僻奇怪的词汇。这套教材除了常规的语言教学，还有对外国文化文学的介绍。前三册的语言教学只是略微介绍相关国家的知识，比如地理位置，城市名字等。后三册则完全以外国民间传说、小说和戏剧为课文，通过语言的学习的方式来宣传外国文化文学。其中主要介绍了杰克和豆茎，罗伯特·布鲁斯和蜘蛛，铁路之旅，绿林好汉罗宾汉，阿里巴巴和四十大盗，鲁滨孙漂流记，威尼斯商人等故事。

2.2.2 编写结构特色

《直接法英语读本》从其编写结构上来讲具有如下特点：必要的课后练习

和语法讲解，难度逐渐上升，词汇表附后。

首先，必要的课后练习和语法讲解。从第一册到第六册，从最开始最简单关于实物和动作的描述到复杂句型句式都配有相应的练习。这样能够及时反馈学生的学习情况，以便教师调整教学策略。

其次，难度逐渐上升。第一册到第三册主要是培养学生对于陌生语言的熟悉，让他们能够在毫不思索的情况下做出和语音意义相符合的动作，因此所教授的内容大多能够找到具体的实物和动作来表示。第四册到第六册，则在前面铺垫的基础上加入了复杂的整段逻辑严密的故事，到了第六册甚至出现了莎翁的戏剧。因此，从其教授难度上来讲其趋势是呈递增的。

最后，词汇表附后。直接法教学强调在外语教学中尽可能少概率地使用母语，但依然不否认母语在外语教学中起到的作用，因此，词汇表并没有出现在每一课的后面，而是出现在了整册教材的最后。

3　结语：直接法英语教学意义和启示

3.1　直接法英语教学的意义

关于英语教学，传教士曾在全国范围内进行过传教活动使用哪种语言的探讨。传教士的一方支持使用英语教学，他们被称为“英语派”；另一方则持相反态度，认为应该在教会教学中使用本土的汉语，他们被称为“汉语派”。“英语派”认为使用英语，“教会老师可以推广更广泛的教育，这种教育旨在促进社会的变化和培养学生对外国文化和进步的欣赏能力。”[4]而“汉语派”则主张：“教会学校应当主要通过本族语（汉语）提供集中的教育，旨在促进个体的变化，为培养虔诚的基督徒做准备。”[5]最终这场争论以“英语派”的胜利而结束了这长达三十年的“英语之争”。各个教会大学开始开设英语课程，全面对中国学生进行英语教育。文幼章的直接法英语教学便是在这样的大背景下诞生的，从本质上来说，文幼章的直接法英语教学是为传教而服务的。而事实证明：英语教学确实为文幼章在四川地区的传教活动提供了一条有效途径，正是通过这条渠道，文幼章结识到许多教育界的人士，认识了许多中国本土的官员，逐渐深入到中国的政治生活中。

文幼章的英语教学活动除开其本质是为了传教外，他的教学法也为四川地区的英语教学做出了贡献，推动了四川地区英语教学的发展，成为四川地区英语教学历史的一部分。

3.2 文幼章直接法英语教学的启示

文幼章先生的《直接法英语读本》在编写内容和结构上给了我们一种新的思路。首先是在当代教材的编写过程中编写者应该适当注意引进先进的教育理论知识并与中国学生实际相结合。其次是不要将语法摆在那么重要的位置，虽然语法能够在很大程度上帮助我们理解一门新语言的构成，但语法并不是语言的全部，适当而不过分的语法讲解更能帮助接受一门新语言。然后，语言学习的初级教材可以尝试将多样化和通俗化相结合，简洁的语言和适当的文化文学学习可以引起学生的兴趣，激发他们主动学习的动力。最后，外语教学教材的编写也应该继续配以必要的课后练习，这样才能积极巩固学生所学到的知识体系。

参考文献：

[1] 文忠志. 文幼章传 [M]. 李国林，周开颀，译. 成都：四川人民出版社，1983.

[2] James G Endicott. *Direct Method English Reader* [M]. Shanghai：Chung Hwa Book Company，1936.

[3] 郭坤. 晚清英语教科书编辑发展考述 [J]. 编辑之友，2017 (1)：96－99.

[4] 张广勇. 晚清教会学校“英语争论”的历史分析. 贵州民族学院学报，2001 (3)：206－208.

[5] Ross，Heidi A. *China Learns English* [M]. New Haven and London：Yale University Press，1993.

任务驱动型学术英语听说教学合作学习路径及策略探讨[①]

曾　薰

四川大学外国语学院

摘　要： 本文聚焦任务驱动型学术英语听说合作学习教学方式，主张“外语能力发展+学术素养培育+学术交流技能拓展”要素的有机结合，从学习任务的多元、动态、互动、有质量的合作学习教学设计着手，提出了构建以拓展学术英语能力为目标导向的学术任务驱动的合作学习英语听说教学新形式，拟从理论到实际操作层面，给出有建设性的和操作性强的具体实施框架。

关键词： 学术英语听说　任务驱动　合作学习　课堂文化

在我国高等教育领域实施“建设世界一流大学和一流学科”战略措施的大背景下，面向广大本科生的大学外语教学从战略层面到具体教学实践应如何顺应高校教育教学改革发展之大势，是摆在外语教学工作者面前的具有挑战性的新考卷。本项研究提出，在积极推动大学英语教学改革进程中，我们应当着力做好的文章是，将学术英语听说教学纳入高校“培养具有国际竞争力创新人才”培养的课程体系中，并围绕高校国际化创新性人才培养目标，突出学术英语能力和素质培养中研究性、思辨性和创造性学习的教学理念和新型课堂文化，使教学活动有清晰的目标，并达到优化大学生知识结构与能力结构的目标，以使学术英语听说教学在高等教育课程体系中发挥应有价值。

1　传统大学英语听说课堂的突出问题

大学英语听说教学因长期未改基础语言教学的定位，传统教学模式以基础听说机械化操练为主导，以“考试导向”“思辨缺乏”为主要特征，教学目的不明确。传统的大学英语听说教学模式实质上以教师为中心，课堂听说活动常规形式是“应试导向”的“听音、答问、填空、对答案”，缺乏有意义的语言交际互动，浅层次的机械模仿和结构松散的对话居多，学生缺乏深度学习

① 【支撑项目】1. 四川大学新世纪高等教育教学改革工程（第六期）研究项目（SCUY015）；2. 四川省社会科学“十三五”规划2016年度外语专项研究项目（SC16WY016）。

(彭青龙，2000；靳昭华，2015)。而英语课“放音听音”模式，以及被动式学习形成的“思考缺陷”、创造性学习机制缺失，还带来英语教学“娱乐化”“低能型”“思辨缺席症”等通病（蔡基刚，2017，2015；孙有中，2015；黄源深，1998)。

大量研究证明，中国大学生在学习参与的诸多维度上（如课堂讨论、师生互动、生生互动、批判性思维和推理等)，都明显薄弱，落后于欧美大学(吕林海等，2015)。因而，深度变革课堂学习模式已是当务之急。

需要追问和反思的是，课堂上，学生探究性、创造性的学习和对问题独立、深入的思考如何体现，大学英语课程的价值究竟是什么，大学生在学习中的主体地位怎样发挥，师生及学生间有意义、有真实互动的交流和知识与技能实际应用的实践、体验机会如何创造，大学生的学习潜能如何在教学中去挖掘。

2 学术英语听说教学情境下的学术任务驱动的合作学习

2.1 学术英语听说任务型教学含义界定

学术英语听说教学主要包括学术讲座理解、学术阅读、学术交流策略和学术演示陈述等多方面的学术素养与用英语进行专业学习和交流的学术能力培养。英语学术能力包括学术阅读、学术听力、学术口语、学术写作以及批判性思维能力和创新思维能力。以学术任务为导向英语听说教学，以增强学生更高层次的英语交际能力为目标，着眼于有效提升学生运用英语在从事学术研究、国际学术交流、国际技术合作以及技术的应用、宣传、推广等学术活动时进行口头和笔头的信息交流能力，为学生进行有质量的学术交流、应用和研究奠定良好基础。

从长远看，我国高校英语教育的主流应该是学术英语教学，而不是中学基础英语训练的延续。从多重意义上说，注重培养学生的学术英语交流能力是大学英语教育的必然要求，是破解大学英语听说教与学中“被动、低能、低效”难题之对策。

2.2 任务驱动学术英语听说合作学习之核心思想及教学意义

2.2.1 任务驱动学术英语听说教学模式的性质与目标

任务型外语教学法是指以使用交际任务和互动任务为中心的、为学习者提供更多创造性使用语言机会的课堂教学模式，是借助开放互动教学活动和通过任务的完成来激发学生学习动机、实现教学目标、提高学习效率的一种教学方式。任务如同一种驱动力，促使学习者认清目标，主动承担起学习责任，并在实施和完成任务的过程中，通过合作与互动，积极主动和探索性地学习，构建知识体系。

任务型学术英语听说教学的根本着眼点，是以培养学生学术英语能力和思辨能力的发展为核心目的，以学术性任务为驱动，力求任务活动有动力、有意义，把大学英语听说能力训练从单纯基础语言教学形式提升到一个新的层次，即瞄准专业学习和学术交流所必备的学术英语知识及其应用技能发展目标，创设以培养具有创造性学习和批判性思维能力、创新精神、科学精神、学术素养和合作精神为特征的学术性英语听说训练教学框架以及新型课堂文化。

教学过程中，学术性英语听说任务突出有效输入和输出的多向互动的教学原则：一方面，以有信息、有质量、互动合作性强的学术性输入任务为引导，强化学习者探索求知的主体意识，带动有效输入；另一方面，设计真实的学术交流情境和合作互动活动任务，注重交际的真实性和互动性，学生通过积极协商、互动、互学、互帮、信息交换等，实现知识建构和技能发展。这恰恰体现出英语教学的出发点和语言学习的根本目的与更高水平的语言运用。

2.2.2 合作学习在学术英语听说教学中的作用和价值

合作学习是现代教育所倡导的新型、开放、互动的学习模式。合作学习是能真正体现学生的主体作用的一种重要学习方式。合作学习以人本主义、社会互动主义以及建构主义学习理论为基础，是一套完整的教学方法。合作学习倡导的是参与体验、激发学习动机、开放互动型教学模式，体现出“各教学动态因素之间的多向交流”（王坦，2005），其教学理念与策略已经在国内外教学实践中得到了很好的验证。

合作学习的基本特质是强调思维、情感、行为的互动，即是任务导向，又是目标导向。任务驱动的合作学习方式便是利用合作学习的优势，对学生的思维模式施加积极的影响，激发和推动学生向更高层次迈进，推动学生相互学习、相互启发、互相激励，开发学习潜能，形成完成任务的合力。

合作学习模式下任务驱动型的学术英语听说教学重在学习的过程，突出强调主动探究地研究性学习、合作互动，能够体现语言教学的本质和根本要求。教学研究发现，合作学习讨论中，学生围绕相关问题展开详细阐述有助于训练他们的批判性思维（Webb，1982；Dansereau，1988）。任务驱动的合作学习模式的活力还体现于多样性、丰富性的教学形式和任务设计，而活动任务提供满足多种目标的机会——包含“学习目标”（运用所学语言知识和展示应用能力)、“情感目标”(Affective goals，如有支持性互动环境、有积极结果预期、有成就感的活动)和“社会性目标”(social goals，如人际交往、团队协作等)。研究表明，满足学习目标越多，就越能激发学生的学习动机，并且把学习情境看作加深知识理解的机会(安布罗斯等，2012：46 -51)。

3 任务型驱动学术英语听说教学合作学习设计思路

3.1 “学术任务 + 学研小组探究与合作互动”教学模式

基于学术任务驱动的多元、动态、互动、有质量的合作学习，以真实交际学术任务拓展学生语言输入途径和学术交流技能为基本目的，遵循的基本原则是:

第一，“学术任务驱动的合作学习”教学新模式将积极互动、责任、分享、实践、体验成长的理念贯穿于学术英语听说的教学过程中，并将研究性和创新性教学要素融入真实性的交际任务和交际目标，营造真实有意义的交际环境以及积极的情感和合作互动氛围，实现“外语能力发展 + 学术素养培育 + 学术交流技能拓展”的有机结合。

第二，着力于学术语境中的英语交流能力培养，设计有意义的、富于思考性，挑战性、激发创造性思维的合作学习任务(Hijzen，2007)，通过任务型合作学习的学术英语听说教学互动，有效激活学习者的“合作动机”和深度参与的内在动机。

第三，学用结合作为学习任务内在的驱动力，对学生学习习惯、合理学习方式方法和策略、主动学习、研究性学习等进行积极引导，使学术英语听说课堂成为激发学生思辨、潜能与创新力和展示自己学习成果、思维品质的平台，从而建立“学研一体”教学情景下的新型师生关系和新型课堂文化，为学生英语学术性应用技能发展、专业学习、科学研究和国际交流提供有力支撑。

3.2 视听说系列任务激发深层次学习

借助有意义和清晰的合作学习任务、目标、责任，创设出“动态任务环境”，以此激发学生投入“深层的学习”，即努力使足够的可理解性语言输入转化成有效的语言技能输出，使学生成为创造性学习语言和运用语言的主体。如将教学环节“输入与输出”两大板块有机关联：基础性学术英语听力技能训练、快速笔记技巧及演讲策略学术讲座等穿插配合话题讨论、要点概括、观点辩论、专题演讲等学术口语交流。

更具体地说，听说学术任务活动大致分为三个阶段，即输入段（视听材料理解、小组讨论、协商）、交流段（小组和小组间互动、辩论、交流）和输出展示段（小组展示、互评）。

3.3 “听－读”与“说－写”配合策略促思辨能力发展

学术英语听说与基础英语听说训练最明显区别之处在于，学术英语听说学习任务特点必须突出其思辨含量。思辨的主要特征便是，层次分明、条理清楚的分析，以及遵循一定逻辑原则的明白有力之说理和科学论证。由于学术英语听说是一个综合性和系统性的学习过程，融合了听、说、读、写全方位语言技能，故综合听、说、写技能，设计有意义、有质量、有思辨性和创造性的任务活动是非常重要的整体性要求。

首先，从“听－读”结合策略上说，任务设计、输入材料呈现方式、听与读的信息处理质量等对高效信息输入有直接影响。在学术任务的情境下，课上课后有计划、多维度、多层次、多元化、信息量大的语言输入资源不仅是提供更多相关论点和有力证据的多种渠道，同时也是将主题任务转化为汲取信息、整理和组织材料的思辨过程，从中获得更多有意义启发之手段。

一方面，与任务主题关联的音视频材料和文章选择与配套，尤需讲究挑战性、开放性、关联性，以利于调动起学生听、读的强烈兴趣；另一方面，输入任务不是以听清词汇、短语、句子、完成听写填空和浅层次问答为目的，更不是沉闷的模仿与被动型的重复，而是创建有意义的语境，通过丰富的语料和巧妙的任务设计，扩展表达用语、专业术语，熟悉社会文化背景信息，了解看问题的不同视角，开阔视野、启迪思维，深化思考。

与此同时，学生在课内外按照学习任务要求，合作、互助，有目的地归纳、概括、论证评价听力和阅读材料内容，加工信息，理解、领会论述的逻辑层次以及语言表达方式、修辞等，是通向顺畅有效输出的良好开端。

其次，从“说－写”输出技能训练方面说，学生组织语言能力和表达思维能力的提高与批判性思维能力培养紧密相连。“批判性思维是创造性的思维活动”（Paul，1987），是实现主动地、多角度地发现新知识，获取新知识，提出创造性见解和解决新问题的一把钥匙。批判性思维（Critical thinking）可以简明概括地界定为“理解、分析与评价论证的能力”（林方等，2017）。任务驱动的学术英语听说训练试图利用学术活动任务将批判性思维培养的教学模式引入合作学习中，既是学习方法和思维方法训练，又是高层次的学习能力与思维能力训练和培养。

3.4 构建多元促进性评价机制

如果说基于学术任务合作互动的英语听说教学模式，能够给学生带来一种新的学习体验，那么，要积极调动并且能持续维持学生参与和认真投入的主动性和热情，使其有责任感、荣誉感、成就感，就必须要有与之相适应的客观科学的评价方式、清晰的评价标准和公平的激励机制。

不言而喻，教师不仅要对合作学习的任务有清晰的设计过程有明确的指导，而且应当充分利用评价环节所起到的导向、激励、监控、反馈、促进等功能。构建系统、合理、客观、细化、指导性和操作性强的合作学习评价标准和团队激励机制，是导向良性循环的合作学习的有力保证，也是使任务型教学充满活力的必要手段。

任务驱动的学术英语合作学习模式以任务为主线串联起系列教学任务和目标，重视学习过程为导向的形成性评估。采用学生互评、学生自评和教师点评总结等方式，以学习目标、学习动机、学习策略、个体责任与团队协作表现、学研小组任务完成质量与效果等多维要素作为形成性评价指标。教学双方多渠道的及时反馈能帮助教与学双方发现教/学问题，积累经验，持续反思，进一步优化教学与活动规划。

多角度、多维度的过程性评估有利于将评价环节变成为有效互动的机会——交流经验、主动反思、及时调整、完善教/学目标与任务方案，营造激励性的学习环境。合作学习任务评估主要包含小组自评、同伴评价、教师评价、学生自评以及团队任务提交五个环环相扣的互动环节。

4 结语

学术英语听说教学是实践性强的课程。任务驱动学术英语合作学习教学法秉持学生作为学习主体的理念，以动态、开放、互动为基本原则，将学术交际技能、学术思辨力和学术素养培养融入任务活动中，并特别强调以任务为主线的创造性学习及学习过程中的合作精神。

从笔者对所担任的2015级四个英语教学班的学术英语听说教学实践来看，学生普遍认可学术英语听说训练采用任务驱动的合作学习模式，课堂参与度高。目前初步的调查分析统计结果显示，学生对学术英语听说任务型合作学习教学方式整体认可度较高，主要表现在以下两个方面：一是大多数学生（75.8%）认为，学术英语听说训练以及合作互动任务促使学习内容拓展；同时，积极评价学术英语听说任务型合作学习方式的学生占比更达到了85.8%。二是本项调查表明，多样化互动的学术英语听说课堂能够使来自不同专业的学生逐渐适应通用学术英语的教学环境和学习挑战，有助于学习者建立深化英语学习的积极情感，承担起新的学习角色和责任。

总之，对教学双方来说，任务驱动的学术英语听说合作学习方式是创新性地教与学的尝试。从教的层面说，在合作学习情境下的学术英语听说教学实践中，教师不仅是教学创新之设计者、组织者，更是参与者、引领者和促进者，特别是要能够及时适应合作学习任务与创造性教学过程的教师角色转化，具备驾驭新的动态化教学环境与教学方法的科学教学理念和教学技能，具有前瞻性和与时俱进的创新精神。从学的层面说，这种倡导开放性、多元性和激励性的学习方式，能够调动和激发学生全员参与，在创造性学习任务中共同探索、进步。

参考文献：

[1] Dansereau, D. F. 1988. Cooperative Learning Strategies [A]. In C. E. Weinstein, et al. (Eds.), Learning and Study Strategies: Issues in Assessment, Instruction, and Evaluation. New York: Academic: 103 - 120.

[2] Hijzen D., et al. 2007. Exploring the links between students'engagement in cooperative learning, their goal preferences and appraisals of instructional conditions in the classroom [J]. Learning and Instruction, 17: 673 - 687.

[3] Paul, R. W. 1987. Dialogical thinking: Critical thought essential to the acquisition of rational knowledge and passions [A]. In J. B. Baron & R. J. Sternberg (Eds.), Teaching thinking skills: Theory and practice. New York: Freeman: 127 - 148.

[4] Webb, N. M. 1982. Student Interaction and Learning in Small Groups [J]. Review of Educational Research, 52: 421 - 445.

[5] [美] 安布罗斯等. 聪明教学7原理：基于学习科学的教学策略 [M]. 庞维国等译. 上海：华东师范大学出版社，2012.

[6] 蔡基刚. 高校外语教学理念的挑战与颠覆：以《大学英语教学指南》为例 [J]. 外语教学，2017 (1).

[7] 黄源深. "思辨缺席" [J]. 外语与外语教学，1998 (7).

[8] 靳昭华，王立军. 输出驱动理论在高校听力教学中的应用 [J]. 中国市场，2015 (28): 203.

[9] 林方，孙梦格. 英国思维能力测评：背景、理念及应用［J］. 中国考试，2017（5）：60.
[10] 吕林海，张红霞. 中国研究型大学本科生学习参与的特征分析——基于12所中外研究型大学调查资料的比较［J］. 教育研究，2015（9）：61.
[11] 彭青龙. 思辨与创新——口语课堂上的演讲辩论初探［J］. 外语界，2000（2）：39.
[12] 孙有中. 外语教育与思辨能力培养［J］. 中国外语，2015（2）.
[13] 王坦. 合作学习的理论基础简析［J］. 课程. 教材. 教法，2005（1）：32－35.

历史学的非标准答案考试与教学实践

——从两道“穿越题”说起

周　琳

四川大学历史文化学院

2015—2016 学年度的两个学期，我分别在“明清史专题研究”和“中国古代经济史专题研究”课程的期末试卷中，出了两道以前从来没有尝试过的“穿越题”，分别是：

> 如果有机会穿越回到 1644 年，你最希望自己是一个什么样的人（国籍、居住地、民族、职业、性别、年龄等）？请试着描述那时他（她）眼中的中国与世界。①
>
> 假如你是 1800 年恰克图、扬州、广州（三选其一）的一位商人，请简要地描述你所经营的行业，你在此地经商的心得、见闻，以及你所面临的机遇与困境。②

没有想到的是，同学们对这两道题的回答，比我以往所出过的任何考题都精彩得多。在第一道题的答案中，有的同学想象自己是一个国破家亡，心怀故土的前明县令，有的同学设定自己是一个厌恶战争、心怀悲悯的旗人，还有同学希望做一个驰骋草原、向往外部世界的蒙古牧民……在第二道题的答案中，有的同学想去恰克图做边贸生意，有的同学想去广州做茶叶、纺织品贸易，还有的同学则细心勾勒着扬州盐商的世界……虽然同学们的回答只能展现一个浮光掠影的历史片段，而且还夹杂着对史实的一些不够准确的理解，甚至遣词造句也没有那么优雅，但是我仍然觉得这是我从教数年以来，在考试方面最成功的尝试，也是真正让同学们打开思维、有所收获的两次考试。

下面我就主要依据这两次考试的试题和回答，谈一谈我所理解的非标准答案历史考试，以及在这种考试转型背后的教学摸索。这既是对自己多年教学实践的一次检视，也是坦陈自己的心得与疑惑，以就教于各位同仁。

---

① 四川大学“明清史专题研究”期末试题，课程号：106325020，考试时间：2015 年 12 月。

② 四川大学“中国古代经济史专题研究”期末试题，课程号：106300030，考试时间：2016 年 6 月。

1 改变考试和教学方式的初衷——使历史与今人的心灵相契合

在许多人的眼中，历史是一门枯燥、僵死的知识。只需死记硬背教科书，应付考试就已足够。在我从教六年的经历中，许多同学都曾要求考试之前划重点，提示标准答案。每当此时，我都会产生一种深深的无力感。这种情况的存在，当然可以部分地归因于整个社会人文素养的缺欠。但是长久以来历史教育的单调与死板，也是难辞其咎。正是因为相当多的历史课程将历史简化成了条块分割的大纲、干瘪教条的知识点，以及不容置疑的结论，所以在许多人的心目中，“历史”既是一个门槛极低，不需动用智识的学科，也是与今人心灵格格不入的东西。我所主讲的“明清史专题研究”和“中国古代经济史专题研究”课程都是专业选修课，选课的同学不仅仅限于历史文化学院。我明显地感觉到，许多同学只是抱着猎奇、消遣或者混学分的态度走进课堂。旷课不听讲者有之，作业潦草敷衍者有之，甚至考试缺席者也屡见不鲜。

为了改变同学们对于历史学科的刻板印象，我和历史文化学院的许多同事们，都努力地使历史知识与年轻的心灵相互亲近。在日常的教学中，我尽量将已被人们视为常识的历史现象“去熟悉化”，特别强调明清史和16世纪以后的中国经济史，与地理大发现之后的“全球化”进程之间的关联；特别注重分析顶层制度设计和“大历史”与人们日常生活的互相塑造；着力展现历史进程中的人性和个人境遇；讲述历史与今天世界之间的血脉关联。比如：

对于明初各种制度的讲解，我不会囿于简单化、理想化的制度条文，而是会带着同学们分析，这样的制度在现实中究竟行不行得通？如果行不通，而这些制度又作为“祖宗成法”不可改变的话，那么现实会变成一个什么样子？

对于明代的“内阁制度”，我不会仅仅告诉同学们内阁部分地承担着宰相的工作，或者内阁是中央集权加强的一种表现，而是会引导同学们去体会，在明朝做一个阁老究竟有多难？甚至是明朝的张居正和宋朝的王安石相比，在权限、行为和君臣关系上究竟有多大的不同？

对于清初的“剃发易服”事件，我不会只讲满人与汉人的冲突，或者“扬州十日”“嘉定三屠”，而是会让同学们设身处地地推想：为什么那么多的汉族人会为了捍卫头发连自己的生命都不要？以往对这个问题的解释说服力到底够不够？而这个事件又对清朝的“合法性”造成了何种程度的负面影响？在清朝的历史上究竟有多少事情可以与“剃发易服”隐隐地关联在一起？

对于明清时期的各种合法和非法的民间贸易，我不会仅罗列一些基本的事实，或套用“重农抑商”的刻板模型，而是把明清时期中国的商业作为“经济全球化”的一个重要环节进行介绍，并带领同学们去观察明清时期商业发达的地区在今天的经济表现，使他们看到历史在何处断裂，又在何处延续。

这样的教学或许也可以定义为“非标准化教学”，它使一部分同学开始对“明清史”和“中国经济史”产生了好感，不仅意识到这两个领域还有很大的探索空间，也愿意主动地去研习和思考这其间的许多问题。正是因为有了这样的基础，非标准答案试题才能在不划定任何考试范围的情况下，为同学们所接受。尤其是“穿越类”的试题，它使同学们瞬间置身于另一个历史时空，既要驰骋思维，又必须以确凿的史实为本，还要带入自己的常识、个性和情怀。

历史学家科大卫（David Faure）曾说：“我们读历史的目的，就是为了更好地生活”①。我深深地为这句话所感动，也希望用我的努力带领同学们找到历史与今人心灵的契合之处。

2 “非标准化”教学和考试如何令师生受益

在设计第一次“非标准化”试题的时候，我其实还不太清楚什么叫作“非标准答案考试”。在那之后，才在教务处和学院的引导之下有意识地去了解和思考。经过一段时间的尝试，不管是选课的同学还是作为老师的我，都很大程度上从中受益，大致概括为以下几点：

（1）让老师和同学都更加勇敢地摆脱“刻板印象”的桎梏，深信任何历史结论都要在材料中提炼而出，对历史的未知抱有充分的警醒。

在“中国古代经济史”的期末考试中，我设计了一道材料解析题，所引材料是光绪二十六年（1900），广州城一个善堂为集资开垦沙田而发行的股票，让同学们分析其中隐含的经济和社会机制。② 许多同学都准确地指出这是一种类似于“股份制”的商业合作模式，是人们在法律不及或实施不力之处自发形成的合作关系，善堂在其中扮演着非常灵活的角色，既是股东，也类似于公司，还以慈善事业保障投资项目的顺利进行。

这样的答案令我非常惊喜，因为同学们已经能够摆脱现代人头脑中根深蒂固的，对于“善堂”“公司”“慈善”“经济”等概念绝对化、简单化的认识，

---

① 科大卫教授个人主页：http：//www. history. cuhk. edu. hk/dfaure. html。

② 四川大学“中国古代经济史专题研究”期末试题。

敏感地看到：在传统中国社会中，许多机制都是灵活而务实的。一些看似与经济无关的机制和组织，其实承担着重要的经济和金融职能；一些似乎很“现代”的经济制度，也早已为传统时代的中国人自发、熟练地应用。进而言之，近代欧洲的经济发展路径并不是实现经济绩效的唯一可行之途，许多传统社会行之有效的经验，其实都可以成为今天制度设计的资源。尽管同学们在答题时还未陈述得如此清晰，但我相信只要稍加点拨，他们就一定能够豁然开朗。而且这样一来，考试也不再是搬弄教条和成说，而变成了一个具体而微的研究过程。

（2）让老师和同学都充分体认到历史的复杂性，以及在千头万绪中观察和叙述历史的难度。

本文开头提到的两道“穿越题”，同学们回答得十分精彩。马文忠同学对于恰克图晋商的描述，就提到了他的家庭、他的教育经历，他的婚姻生活，引他走上贸易之路的家族网络，以及恰克图边贸商的语言技能、营销策略、商路选择、经商见闻，价值取向等，让人眼前立即浮现出一个勤勉、朴实、能干的年轻商人形象。但是这样的回答其实是相当不易的。因为答题者不能如应付常规试题那样，只讲“重要”的内容，而是要谨慎地设计每一个细节，并像做“拼图游戏”一样，将散落一地的细节拼成一个经得起推敲的故事。任何细部描述的失真，都会清晰地暴露出来。所以在考试的时候，同学们答题的过程相当艰难，许多同学过后都告诉我，在连缀各种细节时，常常顾此失彼，应接不暇，好多想说的都没有表达出来。我想，这就足以让同学们体会到历史的纷繁复杂，以及历史创作的诸般不易。

（3）激发同学们治史的想象力。

或许有人会说，文学和艺术创作需要灵感和想象，而研究历史只要掌握充足的材料就行了，其实并不是这样。一个出色的历史学家，也必须拥有上天入地的想象力。只有这样，才能超越个人的经验的局限，合理地建立零散史实之间的联系。在这两次考试中，我所设计的材料解析题和“穿越题”就是出于这样的目的。它要求同学们发挥想象力去构建场景、勾勒人物、设计细节，但是这一切又必须经得起史料和常识的检验，中间的分寸很不好拿捏，但是同学们仍然完成得不错。

（4）让老师和同学都对历史中的“人性”有了更加深刻的理解。

在“明清史专题研究”考试中，龚治全同学设定自己是一个明代遗民，剖白了他对于明廷倾覆的痛心和去国怀乡的凄苦；林梦月同学则设定自己是一个“非典型”的旗人，既不愿参与战争，也不愿眼见生灵涂炭。我能够感觉得到，这两位同学在回答问题的时候，已经深深地“入戏”，虽然有许多想法其实是他们自己的心声，但是至少可以从这个过程中体会到，个人眼中的历史与“上帝视角”中的历史可能会截然不同。

学习历史无外乎就是“知人论世”，我相信好的历史归根结底就是每个人的真实处境，好的历史写作也必然会映照出人性的温度。

3 “非标准化”教学和考试所折射出的问题

坦白地说，现有的教学资源对于开展“非标准化”教学和考试是不够的。至少就“明清史专题研究”和“中国古代经济史专题研究”两门课程而言，上课时间非常有限①，又基本没有机会设置助教②，所以作为老师，我深感无法督促同学完成足够多的知识积累。

从上文的叙述可知，“非标准化”的教学和考试，要求同学有更宽广的学术视野，更敏锐的思维能力。就历史学科而言，要达到这样的目标只有一个途径，那就是广泛地读书，不仅要读史料，还要读研究性论著。只有知识积累足够丰厚，才能使老师的讲授和引导在同学们的头脑中打下烙印。否则很容易养成轻浮躁进、游谈无根、眼高手低的习惯。尤其是“非标准化”的考试，因为题目的涵盖面通常都特别大，所以在这个范围之内只要略知一二，谁都可以谈出点什么。所以，如果不踏实读书，“非标准化”考试反而可能成为掩盖懒惰的道具。在这两次考试中，我就明显地感觉到同学们在分析陌生史料时，普遍的力不从心，基本上不能将材料的细节与大的经济、社会背景结合起来阐述。这就说明，他们对于那个时代、那个区域的认识还相当模糊，而这显然是知识积累不够造成的。而且坦白地说，“穿越题”这种形式，我其实已经不敢再用了，生怕今后的同学会投机取巧。

但是按照现在的课程设置，老师要督促和检查同学看书是不大可能的。因为课堂的时间就只有90分钟或135分钟，老师必须抓紧这段时间讲授基本的课程内容，否则同学们不可能建立起必要的知识基础。然而在课后，老师和同学从制度上来说是基本上见不到面，所以老师很难知道上课讲到的内容，同学们究竟理解了多少？同学们有哪些问题特别希望老师给予回应？老师上课时耳

① “明清史专题研究”每周2课时，每学期共34课时；“中国古代经济史专题研究”每周3课时，每学期51课时。

② 根据学校的规定，选课人数超过80才能设置助教，而这两门课程近4年来的选课人数只有一次超过80，所以基本上没有机会设置助教。

提面命的阅读材料，同学们是否真的会去读？而根据我的经验，不读或少读的可能性更大。

4 关于完善“非标准化”教学与考试模式的设想

基于上文所谈到的问题，我认为，要使历史学“非标准化”教学与考试的模式能够走得更远，可以尝试以下几种思路：

（1）更加高效地利用课堂时间。

上文已经提到，如果一门课程每个星期只有2至3个课时的时间，老师大概只能进行“满堂灌”式的授课，基本上没有时间进行研讨式、启发式、有针对性的教学。因此，如何使有限的课堂时间变得更加高效，就是一个非常关键的问题。而目前正处在探索阶段的“翻转课堂”教学模式，或许可以帮助我们解决这个困境。在这种教学模式下，老师将课程的基本知识点录制在视频中，学生在上课之前观看视频，然后带着问题进入教室。全部的课堂教学时间，都可以用来有针对性地研讨、解惑。而且老师还可以根据学生的发言内容，来灵活地掌握课堂节奏，把握学生的知识水平，以及对每个同学的引导方式。这样一来，老师就由讲堂上唱独角戏的演员，变成了学生身边真正的导师。在这样的教学模式之下，学生自然能够适应更加灵性化、对思维水平要求更高的考试模式。

（2）延伸课堂教学时间。

在我读博士的大学，许多本科课程都设有助教辅导时间。基本上是任课老师上一次课（或两次课），就会安排有经验的助教上一次辅导课。辅导课的形式很灵活，可以是助教带领下的讨论，也可以是由助教导读一本重要的参考书，还可以是给定课目的写作辅导或习题课。这样一来，助教就能及时帮助老师巩固课堂教学效果，许多同学都从中受益很多。我想，如果我们今后能够使助教制度覆盖更多的课程，让助教和老师更好地配合起来，就能够进一步带“活”我们的教学、考试全过程。

（3）在考试形式上脑洞开得更大一些。

对于文科的老师和同学而言，以前比较适应的考试形式就是“一支笔、一张纸”的书面问答模式。但是有些时候，这其实是限制了同学们去探索历史中那些生动、深刻、人性化的部分。所以我一直设想以后能不能采用一些情景化、激发式的考试方式。比如考察与法制史相关的知识点，可以在前代司法档案中找一个真实的诉讼案件作为一个给定的场景，让同学们自己组成一个包括法官、原告、被告、证人、调解人的模拟法庭，让他们通过所学的法制史知识去设计每个角色应该怎样行为，完成一个法庭审判的过程，老师通过他们在“法庭”上的表现来考察，他们对于那个特定时代司法审判的逻辑究竟掌握了多少；又比如，讲到物质文化的历史时，可以让同学们自己动手去创作一些属于那个时代的东西（如机械模型、机械图纸、手工艺品、服饰、菜肴等），可以提交实物，也可以提交制作的视频。我想，如果学校真的能够接纳这种大开脑洞的尝试，同学们一定能够在复杂又鲜活的历史情境中乐而忘返。

总而言之，“非标准化”的教学与考试，令历史课程更有养分也更有温度，但是要想走得更远，学校、老师和同学的努力，哪一环都不可缺少。

数学专业线性代数教学中的PIPA过程①

谭友军

四川大学数学学院

摘　要：本文介绍我们在数学专业线性代数教学中遵循的“问题（Problem）－直觉（Intuition）－证明（Proof）－应用（Applications）”（PIPA）过程。这种PIPA过程有助于学生理解概念，培养抽象思维能力和数学证明能力，为后继课程的学习打下坚实的基础。

关键词：线性代数　教学　PIPA

0　引言

线性代数是数学专业本科一年级的主干课程之一，是后继专业课程的基础。线性代数抽象程度高，理论体系复杂，一直是公认的教学难度较大的课程（参见［1］中关于近年来美国大学线性代数教学研究的综述）。对于普通的数学专业一年级新生来说，由于没有足够的物理、几何和其他应用学科方面的背景，而且缺乏数学证明（mathematical proving）方面的经验，所以他们要理解线性代数中的基本概念和大量的解决问题的方法是很有难度的；一般教科书中的“定义－引理－证明－定理－证明－推论”（DLPTPC）模式对于大多数学生来说是糟糕的体验（参见［2］）。因此，关于线性代数的教学研究一直是很活跃的（例如，参见［3］［4］［5］［6］［7］中的工作）。

本文将介绍我们在数学专业线性代数教学中的一些探索。我们在进行基本概念和基本理论的教学时主要遵循“问题（Problem）－直觉（Intuition）－证明（Proof）－应用（Applications）”（PIPA）的过程。我们知道，线性代数中的主要概念来自分析、几何、物理、代数以及一些应用学科中的一些相对说来更为具体的问题。那些问题本身的重要性决定了线性代数的主要概念的重要性；另一方面，那些问题也有助于培养一年级学生对其他学科的兴趣。所以我们坚持在介绍新的概念之前力争把相关的问题、背景讲解清楚，使学生了解代

①　本文发表在《中国大学教学》2018年第4期。

数抽象过程的必要性。我们通常在提出具体问题之后，鼓励学生先对相应的问题根据直觉自己解答，这类似于 Mazur 的 polling 方法（参见［1］）。学生的直觉是否正确并不是重要的，但是将有助于学生积极参与教学过程，并逐渐意识到知识的积累对解决问题的重要性。关于线性代数的主流观点之一是，线性代数是一门证明课程（proving course）（参见［2］）。当我们介绍了关于某个问题或概念的结论之后，我们首先强调数学证明的必要性（比如，有很多学生就不理解 Gauss 消元法是需要证明的这一事实），然后再强调证明过程中所用的方法（比如，有的证明本身就是很好的算法）。基本概念和结论的应用可以是适当的例题和习题，也可以是对定理的补充讨论。我们认为，上述 PIPA 过程适用于线性代数的大多数基本概念和基本理论的教学，有助于学生理解抽象概念的来龙去脉，提高解决问题的能力。另外，一次 PIPA 过程的结束，往往会在“应用”阶段产生新的“问题”，从而又是一次新的 PIPA 过程的开始。这体现了线性代数的“内在力量”（forces from within）（参见［4］）；对这种力量的认识有助于学生从整体上对线性代数有很好的理解。

1 PIPA 过程

1.1 问题

线性代数的基本概念来源于某些相对说来较为具体的问题。所以，适当介绍那些具体问题无疑会帮助学生理解抽象概念，并产生研究抽象概念的兴趣。线性代数的主要概念之间有很强的内在联系，以至于可以从线性代数的任意基本概念开始教学。例如 F. Uligh 在［4］中就提出了如下的观点：线性代数的教学可以直接从线性映射、线性变换开始，从而得到线性代数的其他主要概念。

因此，为了引入抽象概念，在介绍具体问题时我们充分利用了学生已经掌握的概念，选择学生相对说来容易理解的问题。在很多情况下这实际上是上一个 PIPA 过程结束后的新起点。例如，为了引入矩阵的秩，我们提出的问题是如何求一个向量组的秩；为了引入向量组的秩，我们提出的问题是如何判断一个向量组的线性相关性；为了引入向量组的线性相关和线性无关，我们提出的问题是如何刻画零向量由已知向量组线性表出的方式；为了引入线性表出的概念，我们提出的问题是如何用向量的语言来描述线性方程组解的存在性；为了引入任意数域上的向量，我们提出的问题是如何解释 Gauss 消元法得到的关于线性方程组的结论（我们强调，由于在运用 Gauss 消元法时所采取的步骤没有唯一性，所以学生需要理解这种表面上看起来的非唯一性是否是本质的）。这样一来，学生可以弄清这些抽象概念的来源，从而深刻理解引入这些概念的必要性。我们认为，如果没有引入相对来说较为具体的问题，而是像教科书上那样直接写出诸如线性无关之类的定义，那么大多数学生理解起来是很有难度的，即使在写出定义之后再举出若干例子，也未必能取得很好的效果，因为学生很可能一开始就对直接给出的概念产生抵触情绪。

与其他一些专业课程不同的是，线性代数的某些抽象概念来自学生实际上还没有学过的课程。这是在选择问题时我们遇到困难的主要原因。例如，尽管学生在中学阶段对二元或三元方程组有所了解，但是，由于缺乏诸如运筹学、数理统计等方面的知识，所以大多数学生难以想象未知数和方程个数很多的线性方程组的存在性，从而难以理解教科书上直接给出的由含 n 个未知数的 m 个线性方程所组成的线性方程组。由于还没有理解更为抽象的向量空间的概念，所以单纯用解析几何来引入线性方程组的做法是不可取的（此时学生对空间解析几何也了解得不多）。又比如，像数域这样非常基本的概念，由于学生缺乏数论、代数几何方面的知识，所以难以理解引入数域的必要性。

对于上述困难我们采取的主要方法是：一方面我们适当介绍一些后继课程的基本研究内容，比如数理统计中的最小二乘法，帮助学生理解复杂线性方程组的存在性和重要性；另一方面，通过全面了解学生在数学分析、解析几何等课程中的学习进度来提取一些具体问题。比如，我们在讲解二次型理论时，由于事先了解到学生在数学分析中已经学过多元函数的极值了，所以我们利用多元函数的极值点的判别问题来引入正定、负定的概念，使学生明白研究正（负）定的实对称矩阵是有意义的。

1.2 直觉

提出具体问题后我们鼓励学生根据自己的直觉直接给出对问题的看法，从而激发学生积极参与进一步讨论的兴趣，为抽象概念的引入或基本结论的导出做铺垫。

为了达到激励的目的，我们需要对某些问题做适当的简化，甚至只要求学生对一些特殊情形凭直觉给出解答。例如，在提出如何判断任意数域上的两个方阵是否相似这样的大问题之后，我们提出的特殊情形下的问题是如何判断一个方阵与单位阵相似。有学生能很快根据相似的定义给出正确的回答。我们接着把单位阵换成数量阵、对角阵、三角阵。学生根据自己的直觉给出解答后，逐渐自主地意识到这种用相似的定义来判别是否相似的方法不是优的、一般的算法，从而为进一步讨论打下了基础。

学生对问题的直觉即使是不正确的，也会对他们掌握基本概念和基本结论有所帮助。例如，在问到是否存在只有两个解的线性方程组时，很多学生根据直觉回答存在；然后我们引导学生再次回顾 Gauss 消元法，让学生自己修正解答，并得到完整的正确结论。由于线性方程组的解的情形只有三种，不存在只有有限多个解（个数大于1）的线性方程组，所以这样的结论对他们原来的直觉形成一种冲击，但确实也提供了一次印象深刻的体验。

1.3 证明

数学证明是数学发展的推动力之一。关于数学证明的历史参见［2］中的综述。与其他专业的线性代数教学不同的是，数学专业的线性代数教学的主要功能之一是培养学生的数学证明的意识和能力。大多数的数学专业一年级学生缺乏对数学证明的必要性的足够认识，比如，很多学生容易混淆具体算法与证明的区别，从而难以理解某些诸如唯一性的结论的证明。另外，数学证明本身也会帮助学生理解抽象概念和一些基本结论。比如，在可逆矩阵的定义中，说 $\boldsymbol{A}$ 可逆是指存在矩阵 $\boldsymbol{B}$ 使得 $\boldsymbol{AB}=\boldsymbol{BA}=\boldsymbol{E}$ 为单位阵；但是，我们又有如下的结论：方阵 $\boldsymbol{A}$ 可逆当且仅当存在方阵 $\boldsymbol{B}$ 使得 $\boldsymbol{AB}=\boldsymbol{E}$ 或 $\boldsymbol{BA}=\boldsymbol{E}$。很多学生感到困惑的是：根据这个结论，为什么不直接把定义中的“且”改成“或”？如果学生理解了可逆矩阵的唯一性的证明，那么这种困惑就会得到解决。再比如，像方阵的乘积的行列式等于行列式的乘积这样深刻的定理（对于学生来说，矩阵乘积的定义与方阵的行列式的定义相差得太远了），如果没有对这个定理的证明过程有充分的认识，那也将是难以理解的。

在提出问题并且让学生自己根据直觉得出一些解答后，我们通常是，或者通过共同演算导出正确的结论，或者直接以命题、定理的形式写出正确的结论。由直接演算得到结论的过程本身就是证明（比如，通过直接演算得到欧式空间的内积在不同的基下的度量矩阵之间的关系式）。另一方面，线性代数中更多的基本结论的证明需要概念化而不是具体计算（比如，矩阵的秩与子式的关系定理）。所以，我们在教学中特别重视对那些概念化的证明的讲解。首先，我们帮助学生进一步熟悉那些定理或命题中涉及的概念。其次，我们强调所涉及的证明方法。比如，我们要求学生总结哪些定理的证明运用了第二归纳法、数域的扩充（实数域上不可约多项式的分类，实对称矩阵的特征值问题以及 λ - 矩阵的应用等）等技巧。最后，我们通常会和学生讨论定理或命题可以在什么程度上进行推广。

由于有些证明的技巧性太强，或者涉及的概念太多（比如，λ-矩阵的标准型的存在唯一性定理的证明），所以定理或命题的证明的讲解容易使学生感到气馁。在这些情况下我们通常先和学生讨论出证明的主要步骤，然后把细节留给学生思考，必要时再一起补充完整，这样就有可能增强学生的自信。

1.4 应用

线性代数的基本概念和基本结论的应用主要还是通过例题和习题来实现。例题和习题的目的在于帮助学生自我确认在多大程度上解决了开始提出的问题（有些问题需要在后继课程中才能进一步讨论，比如无穷维空间的基的存在性问题），以及对经典方法（比如 Gauss 消元法、Schmidt 正交化方法、第二归纳法等）的掌握程度。我们重视习题课的教学，尽量做到让学生都有机会和教师交流自己的体会。

作为正常的例题和习题的教学的补充，我们也鼓励学生从事一些大型的、需要协作的探究活动。比如，我们鼓励学生对某些算法（如辗转除法、Gauss 消元法、求矩阵的逆等）进行计算机编程。尽管线性代数中出现的绝大多数算法已经有现成的 package 可用，但是，学生自己的工作是有意义的。我们几乎在每个一年级都能看到学生编写的程序。尽管那些程序不够完善，也没有实用的价值，但是学生明白了困难所在，从而有可能激发他们的研究兴趣。

在教学实践中，我们通常会在应用阶段提出还没有讨论过的问题，从而开始下一轮 PIPA 过程。例如，在讨论了多项式的唯一分解定理（多项式的标准分解式）的一些应用后，我们提出任意数域 F 上的不可约多项式的分类问题。学生根据直觉和在实数域上的经验，往往会给出各种各样的回答。然后我们指出这个问题只在复数域、实数域上才有完整的解答，在有理数域上只有部分的结论（这样的断言对学生来说多少有些奇怪，因为他们还没有充分理解问题的难度）。接着开始了一系列定理的证明的教学，最后又回到应用方面的教学。

2 例：矩阵的相似

我们按传统的教学方法导出了矩阵相似的定义，即，矩阵的相似的概念来自有限维线性空间上线性变换在不同的基下的矩阵之间的关系（顺便向学生提出这个概念在表示论等领域的重要性）。在此基础上，我们的关于矩阵相似的教学内容主要集中可对角化、特征值、特征向量、特征子空间、特征多项式、不变子空间、与准对角阵相似、与三角阵相似、λ-矩阵理论、有理标准型与Jordan标准型等方面。我们不像教科书上那样直接给出特征值、特征向量、不变子空间的定义，而是在讨论可对角化、准对角化问题的过程中自然地引入。以下是我们连续进行的几个PIPA过程，其中的矩阵指的是数域F上的方阵。

P：一般情况下，如何计算线性变换的核与像？

I：在学生回答的基础上，诱导学生意识到线性变换在基下的矩阵的重要性。

P：利用相似的概念通过直接演算证明线性变换的核与像不依赖于基的选取，让学生理解该结果与直觉的一致性。

A：举例说明基的选取影响计算量。从而提出下面的：

P：如何选取有限维线性空间的基，使得某个线性变换在这个基下具有形式上较为简单的矩阵，比如说，对角阵，或上三角阵？

I：在学生回答的基础上，诱导学生意识到讨论矩阵的相似问题的重要性。

P：证明一些关于矩阵相似的必要条件的结论。

A：给出一些矩阵不相似的例子。利用矩阵的列向量形式导出矩阵可对角化的必要条件，并特别强调上述问题没有得到完整解答。于是提出如下的：

P：上面得到的可对角化的必要条件是否也是充分的？

I：在学生回答的基础上，诱导学生再次检查原先的关于必要条件的计算，并注意可逆矩阵的列向量组线性无关。

P：提出特征值、特征向量、特征子空间的概念。给出矩阵可对角化的用特征向量来描述的充要条件并完善上述证明过程。

A：给出计算可对角化矩阵的多项式的例子。导出线性变换的特征值、特征向量、特征子空间的定义以及说明如何利用矩阵来计算线性变换的特征值、特征向量和特征子空间。于是提出如下的：

P：给定数域F上的一个矩阵，如何求它的特征值、特征向量和特征子空间？

I：在学生回答的基础上，诱导学生意识到齐次线性方程组的作用。

P：给出特征多项式的概念并证明特征多项式的基本性质。

A：给出计算方面的例子，解释可对角化情形下过渡矩阵的构造。让学生明白矩阵在数域F上可能没有特征值，从而在F上更不可能对角化。给出F上的矩阵的特征值全在F中但在F上仍然不可对角化的例子。于是提出如下的：

P：给定数域 F 上的一个矩阵，如何判断它是否相似于一个准对角阵？

I：在学生回答的基础上，诱导学生意识到分块矩阵的重要性。

P：给出矩阵和线性变换的不变子空间的概念，指出特征子空间是特殊的不变子空间。利用列向量和分块矩阵导出矩阵相似于准对角阵的一个用不变子空间来描述的充要条件。

A：举出不是特征子空间的不变子空间的例子（循环子空间）。举出利用多项式来构造不变子空间的例子。举出不能相似于准对角阵的例子。于是提出如下的：

P：给定数域 F 上的一个矩阵，如何判断它是否相似于一个上三角阵？从而进入下一个 PIPA 过程。

根据这样的教学过程，我们最后进行到任意的两个矩阵的相似问题的讨论，并利用 λ - 矩阵理论得到相似的充要条件，从而得到有理标准型和 Jordan 标准型的相关结论。这样的教学过程体现了从特殊到一般的抽象思维过程，可以帮助学生在掌握一般理论的同时，对具体应用问题也能达到熟练的程度。一个典型的负面例子是，有学生能够利用 λ - 矩阵理论说出两个矩阵相似的充要条件，却不能解决可对角化这类相对来说较为特殊，但实际上在应用学科中更为重要的问题。

3 结束语

对教学效果的评价（evaluation）的研究是教学研究的重要内容之一；线性代数的教学评价有其特殊性（参见［1］），需要进一步研究评价方案的制订。本文叙述的 PIPA 过程的教学效果依赖于我们对学生的了解程度和对数学专业线性代数教学内容的内在结构的充分认识。所以，尽管这里的 PIPA 过程看起来好像是模式化的，但是我们在数学学院每个一年级上课时都要重新调整教案。从和学生的交流来看，这种 PIPA 过程可以有效地帮助他们理解教科书上的概念，并从整体上对线性代数有很好的把握。

参考文献：

［1］J. M. Day, D. Kalman. Teaching Linear Algebra：What are the Questions? Available at：http：//www1. american. edu/academic. depts/cas/mathstat /People/kalman/pdffiles/questions. pdf.

［2］F. Uhlig. The Role of Proof in Comprehending and Teaching Elementary Linear Algebra.

Educational Studies in Mathematics. 2002; 50 (3): 335 - 346.

[3] J. - L. Dorier et al. On a research programme concerning the teaching and learning of linear algebra in the first - year of a French science University. INT. J. MATH. EDUC. SCI. TECHNOL. 2000; 31 (1): 27 - 35.

[4] F. Uhlig. A New Unified, Balanced, and Conceptual Approach to Teaching Linear Algebra. Linear Algebra and its Applications. 2003; 361 (1): 147 - 159.

[5] J. M. Day, D. Kalman. Teaching Linear Algebra: Issues and Resources. THE COLLEGE MATHEMATICS JOURNAL. 2001; 32 (3): 162 - 168.

[6] E. Possani et al. Use of models in the teaching of linear algebra. Linear Algebra Appl. 2010; 432 (8): 2125 - 2140.

[7] J. - L. Dorier et al. Teaching and learning linear algebra in first year of French science university. European Research in Mathematics Education I: Group 1, available at: http: // www. fmd. uni - osnabrueck. de/ebooks.

大学数学非标准化考试的实证研究

牛健人，陈朝东
四川大学数学学院

摘　要：本文以微积分课程为例对非标准化考试进行实证研究，结果显示非标准化考试有助于测评与培养学生学习能力、应用能力、创新能力，也有助于培养学生良好的学习情感与态度，建议加强非标准化考试命题的设计研究，加强非标准化考试及其相关教学的配套支撑体系。

关键词：非标准化考试　实证研究　学习能力　应用能力　创新能力

1　背景

传统的教学评价方式主要是标准化考试，其特征是具有统一的标准答案。标准化考试测试内容相对固定、单一，在学科知识内在、外在衔接与迁移方面相对较弱，测试方式相对保守，尤其是标准答案束缚了学生应用能力、创新能力的培养。非标准化考试具有开放性、灵活性、多样性等特点，有助于提升学生的学习积极性，培养应用能力和创新能力，因而值得我们探索非标准化考试的理论建构，研究非标准化考试的方式、方法和路径，总结其模式与特征，更好地应用于教学过程，以利于学生的发展。四川大学在深化高等教育教学改革中积极推动非标准化考试，鼓励各学科课程积极探索非标准化考试，不仅巩固与加强了学生的基础知识与基本能力，还加强了学生的应用能力与创新能力的培养，成为标准化考试的重要补充。微积分课程具有严谨性，通常被认为只能进行标准化考试。因此，探索微积分课程的非标准化考试，能极大地促进考试改革，为微积分课程中实践非标准化考试扫清认知障碍，也有助于学生数学能力，尤其是数学应用能力及创新意识的培养。

2　研究设计

2.1　研究方法

本研究采用了文本研究、调查研究、比较研究方法。

2.2 研究样本

本研究于2015年秋季学期结束后，在微积分（I）课程班级中随机选取了四川大学2015级大一2个教学班，共计126人，均由物理、电子信息、计算机专业学生组成，且均为同一位课程教师及助教。

2.3 研究思路

本研究思路主要包括三个方面：

（1）非标准化考试试题命制阶段。研制大学数学非标准化考试试题命制的原则，以此命制非标准化考试试题。

（2）非标准化考试学生测试阶段。测试1：2015年秋季学期结束时，将非标准化考试试题以寒假任务的方式发放学生，要求在约1个月时间内完成初稿。测试2：2016年春季学期开始时，要求学生在学期结束前以科学报告或小论文的形式提交测试作业，任务完成时间约1个月，学生可以继续修改寒假作品，也可以重新思考作答。

（3）非标准化考试结果评价阶段。研制大学数学非标准化考试评价标准，用以进行学生考试结果的评价。

2.4 工具编制

2.4.1 非标准化考试试题命制

根据非标准化考试的特征可知，试题命制应该具有两个方面的原则：

①明确性，即考试目标明确，任务说明清晰，能引发学生展开多样化的思考；

②开放性，即题目设置不封闭，任务相对开放，能针对不同学生特点因人而异地展开解答。

2.4.2 非标准化考试评价标准

根据非标准化考试的特点可知，其目的主要考查学生的学习能力、应用能力、创新能力。以此编制了非标准化考试的评价标准用以分析学生测试结果，见表1：

表 1 大学数学非标准化考试评价标准

能力维度	能力水平	水平赋值
学习能力	难以从问题中联系所学知识	0
	能从问题中联系并梳理与之相关知识	1
	能从问题中联系并梳理所学知识，搜索查询相关知识	2
应用能力	难以应用所学知识思考问题	0
	能找到学科内在知识之间的关系并进行初步迁移	1
	能找到学科内在及学科之间的关系并进行迁移与运用	2
创新能力	难以发现问题解决的新方式、方法或途径	0
	能采用教科书及教学中未呈现的问题解决方式、方法或途径	1
	能原创性地实现问题解决的方法创新或结果优化	2

2.5 回收率

在四川大学全面实施过程性考核的背景下，本次非标准化考试也纳入了学生的过程性考核，测试结果将计入学生平时成绩，因此学生完成任务的提交回收率为 100%。

3 研究结果

3.1 学生能力水平基本概况

由图 1 可知，首先无学生获得 0 分、1 分，即学生至少是 2 分，说明学生至少在 1 个能力上有不同水平的表现。其次，无学生获得 6 分，说明没有学生达到了三个能力的最高水平。再者，获得 3 分的学生最多（约占 39%），其次是获得 4 分的学生（约占 35%），说明大部分学生具有三个能力的初级水平或其以上。

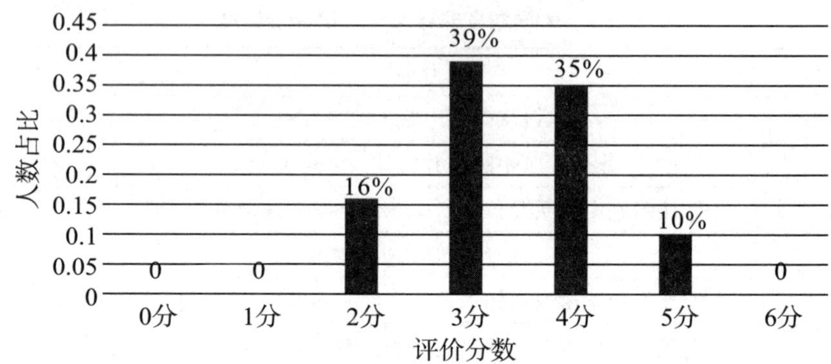

图1　大学数学非标准化考试学生分数占比统计图（测试1）

由图2可知，首先学生在学习能力、应用能力方面均获得1分或2分，但学习能力为2分的学生比应用能力为2分的学生略高8%，有23%的学生创新能力为1分，无学生展示出较高水平的创新能力表现。以下从学生学习能力水平、应用能力水平、创新能力水平三个方面分别进行统计分析。

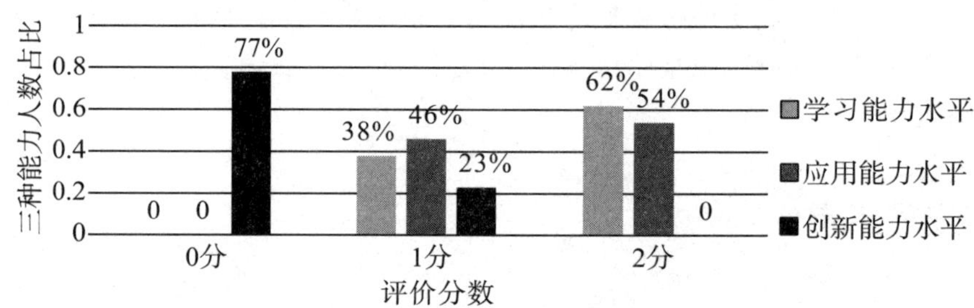

图2　大学数学非标准化考试三种能力学生人数占比统计图

3.2　学生三种能力水平的关系分析

由图2可知，学生均能够从问题中联系并梳理相关所学知识，这说明学生具备良好的基础知识与基本技能，同时大部分学生还能够积极开展信息搜索和查询，说明这部分学生具有较强的自学能力。

由图3可知，不同学习能力水平（1分或2分）的学生均在应用能力方面有不同水平的表现，且学生的应用能力水平与学习能力水平无显著相关性。由图4可知，学习能力与创新能力水平无显著相关性，但从获得创新能力1分的学生看学习能力水平较高的学生创新能力相对较强。由图5可知，应用能力与创新能力水平无显著相关性，但从获得创新能力1分的学生看应用能力水平较高的学生创新能力相对较强。

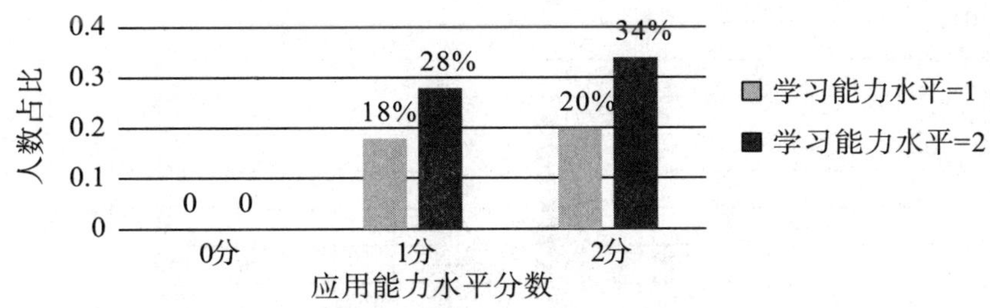

图 3　不同学习能力水平学生应用能力水平统计图

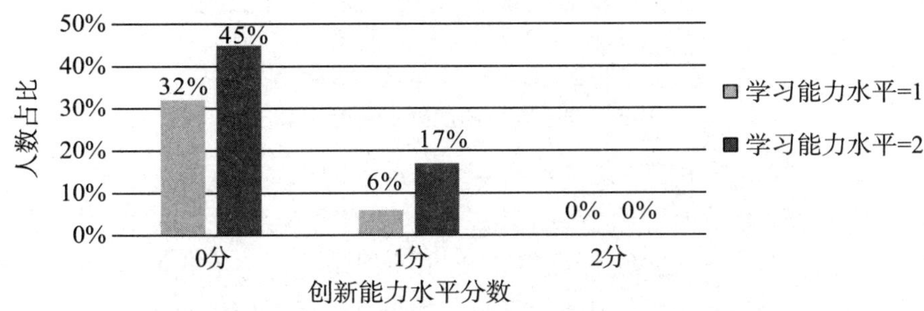

图 4　不同学习能力水平学生的创新能力水平统计图

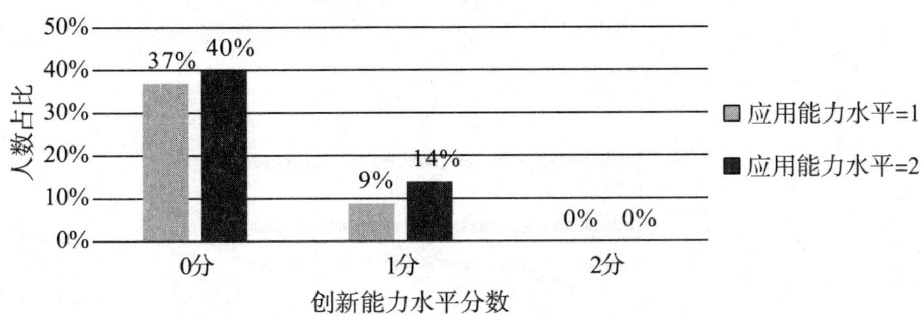

图 5　不同应用能力水平学生的创新能力水平统计图

3.3　学生前后测能力水平比较分析

由图 6 可知，首先前后测学生水平 0 分、1 分、6 分均无差异，即均未有学生；其次，获得 4 分的学生占比明显上升（约 8%），获得 5 分的学生占比上升约 2%。显示出了学生整体能力水平有一定程度的提升。

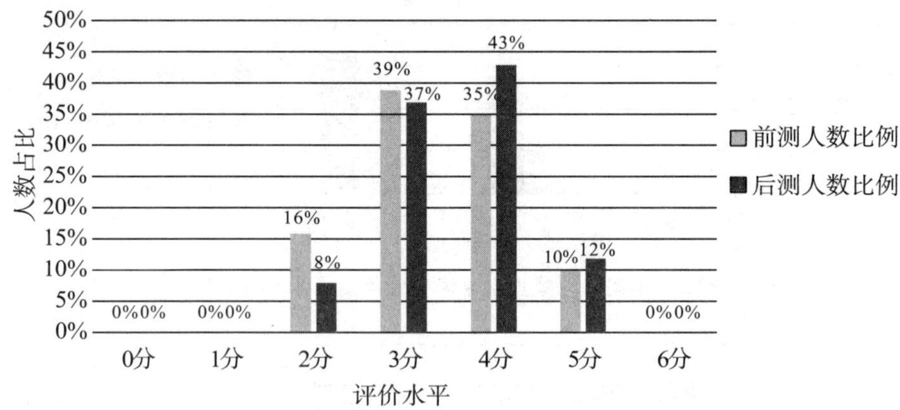

图 6　学生前后测能力水平统计图

由图 7 可知，学生三种能力前后测水平有不同程度的增加：其一，学习能力获得 2 分的学生增加了约 8%；其二，应用能力获得 2 分的学生增加了约 10%；其三，新增 2% 的学生表现出了初步的创新能力。由此可见，学生在非标准化考试中应用能力、学习能力有较大的提升，创新能力也出现了一定的促进。调查访谈中发现，学生们对非标准化考试具有较强的兴趣，并表示通过非标准化考试更加清楚大学数学的价值与作用，尤其是与所学专业之间的联系，不仅能激发数学学习兴趣，还能促进专业课程的学习。

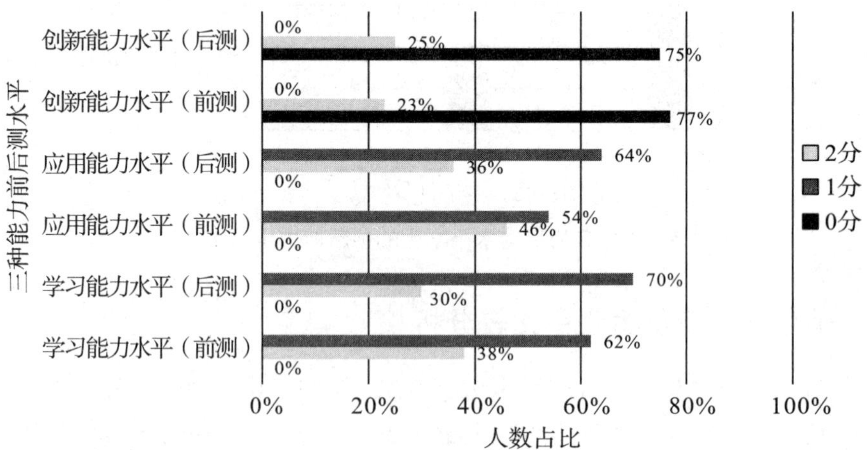

图 7　学生三种能力前后测水平统计图

4 结论

4.1 学生具有较强的学习能力、应用能力，部分学生具有一定的创新能力

通过非标准化考试测评发现，所有学生都具有一定的学习能力和应用能力，其中大部分学生具有较强的学习能力，不仅能够联系所学知识，还能够自主学习、查阅相关信息，约一半的学生具有较强的应用能力，能找到高等数学与其他学科之间的关系，并进行知识迁移与灵活运用。部分学生关注学科前沿并具有一定的创新能力。

4.2 学生的学习能力、应用能力、创新能力具有相对的独立性

学生的学习能力、应用能力、创新能力具有内在联系，但在培养过程中却是相对独立的课题，学生会学习不等于会应用、会创新，学生会应用不等于会创新。部分学习能力较强的学生表现出较弱的应用能力、创新能力，不仅在于学生个体的差异，更显示出了教学过程中突出基础知识的传承，忽视应用与创新能力的培养。

4.3 非标准化考试有助于测评和培养学生的学习能力、应用能力、创新能力

研究论证了非标准化考试是评价学生应用能力、创新能力的一种有效方式，同时还能够在教学过程中有效地促进学生应用能力与创新能力，让学生更加灵活地学习掌握基础知识，不仅会学，而且会用，甚至能激发学生的发散思维，探索与创新。

4.4 非标准化考试有助于培养学生良好的学习情感与态度

非标准化考试有助于学生深刻地认识高等数学与专业课程之间的关系，认识数学的应用价值，激发其对数学学习的兴趣，并能积极主动地将数学知识与专业问题或实际问题联系在一起，促进学生多学科知识的建构，从而提升其应用实践和创新能力。

5 讨论

非标准化考试还处于探索阶段，从命题理念、原则，到考查内容、方式等都有待进一步研究与实践，这项工作本身也属于教学创新。为了更好地考查与培养学生的应用能力、创新能力，应加强以下三个方面的工作。

5.1 加强非标准化考试命题的研究

加强非标准化考试命题关键在于处理好“所学与所用”“所学与未学”“学科内部与外部”等关系，命制以学校课程教学为基础，能够考查和促进学生深入知识内部，又能联系学科之间关系，学以致用，用已知向未知拓展等能力，是加强非标准化考试命题研究的重要课题。非标准化考试作为标准化考试的重要补充，核心是考查和培养学生的应用能力和创新能力。

5.2 加强非标准化考试与标准化考试相结合

非标准化考试与标准化考试是互为补充的评价方式，应该相互照应贯穿于整个教育教学过程中，通过过程性考核使其得到全过程的渗透，非标准化考试形式多样、范围开阔，更能渗透于过程性考核中，与长期的教学活动融合在一起，有助于学生系统地学习、灵活地应用。

5.3 加强非标准化考试及其相关教学的配套支撑体系

非标准化考试不仅仅是评价与测试，也是积极有效的教学活动，能够灵活地将课堂教学与课外延伸相结合。因此，需要加强教师关于非标准化考试及其教学的认识，转变评价观念，积极探索评价与教学的融合，例如采用翻转课堂让学生展示非标准化考试作品，让非标准化考试不仅是测评，也是教学活动的有机组成，从而促进教学质量的提升，促进学生应用与创新能力的提升。

参考文献：

[1] 李忠．标准化考试的实质及引发的教育问题［J］．河北师范大学学报（教育科学版），2010，12（12）：5－10.

[2] 苏红．美国部分高校欲取消标准化考试［J］．教育与职业，2008（31）：101.

[3] 美国标准化考试遭反对多元智能理论再唱主角［J］．思想理论教育，2008（14）：95.

[4] 张家勇，张家智，张跃庭．美国标准化考试改革［J］．比较教育研究，2003（2）：

81 - 85.

[5] 王伦信. 我国标准化考试的引入和初步发展 [J]. 华东师范大学学报（教育科学版），1997 (2): 89 - 96.

[6] 杨珠樨. 中、英、美三国英语标准化考试比较研究初探 [J]. 辽宁高等教育研究，1994 (5): 72 - 75.

[7] 熊良鹏. 关于考试科学化的思考——从标准化考试在美国“失宠”谈起 [J]. 医学教育，1992 (2): 47 - 49.

[8] 郑桂泉. 清除课程改革和学校改革的障碍——美着手改革标准化考试 [J]. 上海教育科研，1992 (2): 64 - 65.

[9] 陈朝东，牛健人. 小班教学与大班教学对大学生数学学习成就影响的比较研究 [J]. 数学教育学报，2017，26 (5): 93 - 98.

[10] 牛健人，陈朝东. 四川大学微积分（物理类）课程建设的实践与思考//全国数学教育研究会. 全国数学教育研究会 2016 年国际学术年会论文集 [C]. 全国数学教育研究会，2016: 7.

[11] 牛健人. 非标准化考试为微积分教学注入活力 [C] //张红伟. 2017 年四川大学非标准答案考试论文及试题集. 成都：四川大学出版社，2017.

[12] 牛健人，等. 大学数学课程考核改革的研究与实践 [C] //张宏伟. 以学为中心的本科教学质量保障思考与践行. 成都：四川大学出版社，2016.

提高大学数学课堂教学质量的实施方法研究

胡朝浪，谭英谊，李世伦
四川大学数学学院

摘　要：本文从当代大学数学课堂教学过程所面临的一些突出矛盾入手，依据学生对大学数学课堂需求的问卷调查研究报告，提出了提高大学数学课堂教学质量而需采取的一些实施方法，包括课堂内外，由学校、教师、学生各方都参与的分层教学、互动探究式教学以及多方位共同管理的解决思路。

关键词：大学数学　分层教学　互动探究式教学　多方位管理

0　引言

大学数学是高等院校理工科学生必修的公共课，它是后续专业课的基础。为了提高其教学质量，加强课堂教学过程管理已刻不容缓。教学是以课程内容为介质的师生双方教与学的共同活动，以促进学生的身心发展为目的，注重知识、技能的掌握与传授[1]。课堂教学是高校最基本的教学单元，它是一种有领导、有组织的教学双边活动[1]。一般可以分为教学、评价和管理三个方面。管理贯穿于整个课堂教学的过程中，是教师利用心理学、管理学的知识和技巧对课堂教学的运作进行计划、组织、调节、指挥、监督和决策[1]。

就大学数学而言，由于其本身复杂而抽象，故对多数人来说，大学数学似乎是一门单调乏味、深奥难懂的学科，如何才能使大学数学课堂更生动有趣是高校数学教师正面临的一大难题。那么如何针对大学数学的教学过程中面临的问题采取恰当的应对措施，才能提高教学质量呢？为此，我们从大学数学教学现状中的突出问题入手进行讨论，以获取科学的应对方法。

1　大学数学教学现状中的突出问题

大学数学作为大学本科课程，其教学中的突出矛盾既存在于一般本科课程所具有的问题之中，也有其特殊性。罗智勇[2]等提出制约提高本科教学质量的主要问题有：班级人数太多，基础差异较大，有的学生起点较低，教师难以组织统一的教学活动、难以全面地照顾到每个学生；高校对学生的管理存在缺陷；教学资金和设施投入不足，教师教学的积极性没有得到充分调动；教学内容陈旧难以满足社会和学生的需求，学生主动学习的能动性没有充分的发挥；部分高校分不清科研和教学两者的关系。纪新华等[3]以调查问卷的形式，从教师、学生、教学管理人员三个维度调查了北京理工大学本科教学质量的现状，指出存在的问题是部分教师的授课内容陈旧；部分教师的授课方法较为单一；部分课程的教材选择不当；部分学生的学习动机不明确、学习态度不端正。文献[3]同时还提出了应对之策“科学合理地安排、更新和拓展课堂教学内容；改进教学方法，提升学生的学习兴趣；加强教材建设，提高课堂教学质量；建立多层次的教学质量监控体系”。

就大学数学这门课程而言，当然也存在上述问题，但是远不止这些。作者根据调查结果重新分析补充后，归纳如下：

（1）高校扩招、生源地域差异，使得大学生的数学基础参差不齐；

（2）部分同学感觉高中三年太过艰辛，进入大学后开始放松，经常逃课；

（3）重修生以课程冲突为由申请免听，实则“逃课”；

（4）同学们夜晚入睡太晚导致第二天上课疲惫不堪，昏昏欲睡；

（5）智能手机等电子产品的普及使得同学们在上课时容易注意力分散；

（6）部分同学课后作业存在抄袭现象；

（7）教师教学中表情过于严肃，语气单调而平淡，不够幽默，使得课堂气氛沉闷乏味；

（8）教师非专业知识广度不够，使得课堂内容太过单一；

（9）多媒体的滥用以及粉笔灰尘过大，使得部分教师太过依赖多媒体而较少使用传统方式在黑板上推导，从而间接降低了大学数学的教学质量；

（10）作为基础课的大学数学，其教学课时稍显拮据，使得教师无法更有趣而灵活地展开课程讨论；

（11）大学重科研、轻教学的短视行为以及部分教师的功利性导致其并不能全身心投入大学数学的教学中；

（12）教学研讨会、教学观摩参与太少，使得部分教师失去了一个提高教学能力的重要渠道。

那么上述问题如何解决呢？依据学生对大学数学课堂需求的问卷调查研究报告以及对教师的问卷调查结果，我们认为单凭学校、教师、学生中的某一方或者两方都不能从根本上解决上述问题。我们认为这是一个不可能一蹴而就的系统工程，需要学校、教师、学生共同参与，需要我们加强课堂内的过程管

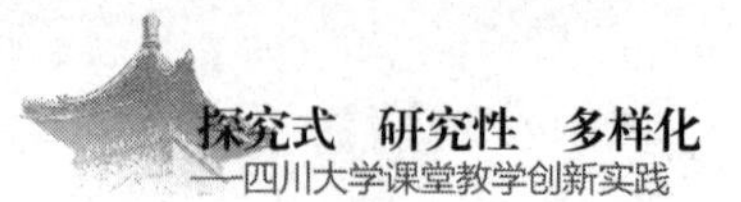

理，也需要加强课堂外的辅助管理，从而系统地规划解决，接下来就上述部分问题提供一些解决思路。

2 解决思路

2.1 分层教学

针对高校扩招、生源地域差异，使得大学新生的数学基础参差不齐，教师难以组织统一的教学活动、难以全面地照顾到每个学生这一现象，可以首先从学校层面采取分类措施，将数学基础比较接近的同学分在一个班级，从而分出类似拔尖班、创新班、普通班的差异化班集体。而教师针对不同层次的班集体，根据学生的专业特点、数学基础等因素，因班而异制订与学生水平一致的教学目标、教学内容、教学方式。大量同学就读于普通班，普通班实行大班上课且按照常规的课时行课，其教学侧重于掌握基本的知识点，其学员能合格地完成学业；拔尖班和创新班所需的课时比普通班更多，实行小班化、探究式、启发式教学，教学过程中主要以学生为主进行开放式讨论，其教学侧重于牢固而熟练掌握基础知识之后，大力拓展知识面，注重数学思想的理解，注重数学在本专业里的应用以及数学在各个方面的创新型应用，注重数学逻辑训练对个人综合能力提高的帮助。对于学有余力的同学还可考虑在合格修完大学数学课程之后，由知名教授增开拓展知识面和加深知识难度的数学专题选讲。这样，我们就能为多数同学营造出适合他们各自的外部学习环境，优秀生的发展空间不会受到限制，同时普通班学生也不会受到太大的学习压力。

2.2 互动探究式教学

对于拔尖班和创新班，该班级的学生属于基础扎实、聪明勤奋的优秀学生，因此课堂纪律一般不需要教师操心。由于思想活跃、反应敏捷，故适合以学生为主角的小班化、探究式教学。这种班级的教学对任课老师的要求更高，因为这种班级不需要教师花更多的时间去讲解教材的基本内容，而是需要教师准备大量与本单元内容相关的课外材料与学生一起探索数学思想、数学应用，对学生进行启发式教育。通常，可以让学生在课堂外大量查阅资料，在课堂上自由讨论、大胆思考，然后由老师点评、补充，从而引导学生主动学习、主动探索。但是，这种方式的一个固有缺陷就是自由讨论的时间不可控有可能导致教师把握不好教学进度，因此安排课程的时候需要学校层面预设比普通班更多的课时，毕竟，轻松愉快的教学氛围需要更多的教学时间，如果教学课时过短，师生都无法自由轻松地完成常规的教学任务。

2.3 各方共同参与的多方位管理

针对各种各样的逃课现象，学校和教师应加强课堂内外的管理。重修生最好不要跟应届生混合在一起上课，而是单独组班，强化过程管理，对其考勤，作业、平时测试一一做好记录，并作为期末合格与否的重要参考。应届生所在的普通班，应充分发挥学生干部的辅助管理作用，可以让他们帮助老师点名、督促同学到课堂，督促同学们晚上按时入眠以保证上课时精神饱满。特别地，教师随机进行随堂测试并将其记入学生平时成绩是一种提高“到课率”的有效手段。

从任课教师的角度，除了提高自身的专业水平之外，千万不能忽视教学艺术的提高。专业水平的提高包括熟悉教材内容，实时更新课件，扩充教学案例。如果针对不同专业的学生，教师主动去构造或者引用适合其专业背景的案例进行教学，更能提高他们对大学数学的兴趣。当然，如果教师能把自己的研究项目跟教学结合起来讲解，那这样的课堂更是让人趋之若鹜。

教学艺术方面，教师需要通过幽默的话语、渊博的见闻、适当的肢体语言来提高课堂的活跃度，否则单调沉闷的课堂氛围会让人昏昏欲睡。实践表明，如果连续 30 分钟教师都在全神贯注地讲同一数学问题，这时几乎一定会出现疲劳而想睡觉的同学，所以，刻意穿插进一些非数学的人文知识是一个不错的选择。事实上，本次研究调查发现约 70% 的同学赞同教师在课堂上穿插讲解一些非数学问题来活跃课堂气氛，同学们对教师个人的职称、文凭毫不在意，而对教师在非专业方面的要求相当高，幽默、见多识广颇受欢迎。所以，加强教师自身在数学史、数学名人传记方面的修养很有必要。

课堂纪律的管理方式上，遵循创建和谐课堂、爱护师生情谊的原则进行管理。对于部分在课堂上玩智能手机等电子产品而开小差的同学，教师不宜采用对立的语气提醒，只需要利用眼神、音调或者课堂提问等方式，明示或暗示其停止当前行为就可。此外，本次调查研究还发现，66.1% 的人不赞同老师拖堂，所以千万不要经常拖堂，尤其是上午第二大节课程不宜拖堂，这样会引起部分饥饿感来临的学生的反感，从而会影响师生间的距离。

为了提高教学质量，教师需熟知教学基本任务，即了解教学大纲，依据教学大纲制订单元计划和课堂计划。在制订课堂计划时适当参考受众的专业背景，明确告诉他们本堂课程的教学目标和学习目标以及重难点；告诉他们本堂课程内容的重要性以及可能的应用范围。

为了提升自己的教学能力、教学艺术，教师应主动多参加各式各样的教学观摩、说课评课、教学研讨会、学术讲座等教研活动。然而，参与这类活动的机会对于部分教师来说并不多见，从而需要学校层面给予，创造机会，大力支持教师参加类似教研活动。事实上，本次对教师的调查问卷显示，约67%的教师认为在教研活动中缺乏合作交流的人际氛围，间接说明他们参与各种教研活动的机会并不多。同时，据笔者了解，即使同学院教师之间一起见面闲聊的机会都不多，哪里又有时间和场合去交流上课心得呢?

教学手段上，多媒体的兴起减轻了教师的负担，但如果教师一味地依赖于幻灯片，依赖于展台，效果不见得很好。毕竟，数学有区别于其他学科的独特特点——分析、推理、演算，同学们更期望教师在黑板上一步一步推导。

3 结论

综合上述论述，为了提高大学数学的教学质量，我们认为需要加强课堂管理，而这种管理不是简单而狭隘的课堂内的管理，而是课堂内外，由学校、教师、学生各方都参与的分层教学、互动探究式教学以及多方位管理。学校、教师、学生各司其职，协同创新，才能更高效地提高大学数学的教学质量。

参考文献：

[1] 杨爱民，等. 精品资源共享背景下大学数学课堂教学过程的管理策略研究［J］，课程教育研究，2014. 12.

[2] 罗智勇，等. 浅谈提高本科教学质量的研究［J］，郑州航空工业管理学院学报（社会科学版），2010，29（1）：166－168.

[3] 纪新华，张丽红，洪瑾，等. 本科课堂教学质量调查报告带给我们的一些思考［J］，北京理工大学学报（社会科学版），2009，11（1）.

致谢：

本文获四川大学新世纪高等教育教学改革工程计划项目资助。

线性代数课堂翻转教学质量研究

杨　亮，张　晴
四川大学数学学院

摘　要：线性代数是大学基础课程的重要组成部分，该课程的学习将为学生后续专业课程的学习奠定坚实的基础，在此我们采用课堂翻转以及传统课堂讲授两种不同的教学模式的对比尝试压缩课堂教学时间。

关键词：线性代数课堂翻转

0　引言

在过去的十多年中，公共数学课教学的手段发生了巨大的变化。从原来写黑板的讲授模式，转变成了 PPT 多媒体结合的讲授模式。近年来 MOOC 以及课堂翻转等新的教学手段也在不断推广。与此同时，自 2011 年起，四川大学全面实施了“小班化、探究式”课堂教学改革。希望通过小班化的教学培养学生的学习能力、科研能力。但是如何能够保证在增加科研训练的同时又能完成要求的教学任务，这将为我们即有的课时安排带来很大的挑战。本文主要基于 2016—2017 学年第一学期“线性代数Ⅲ”[1]的教学改革尝试，通过结合在线视频课堂翻转的方式来压缩基本的课堂教学课时，进一步对压缩课堂教学课时的效果进行假设检验，为后续加入课堂讨论与科研训练奠定基础。

从教学对照组（传统讲解）与实验组（课堂翻转）的期末考试数据来看，我们认为传统教学方式与采用在线视频翻转压缩课堂教学课时的两种不同教学方法在显著性水平 $\alpha=0.05$ 下没有显著性差异。

1　课程目标与教学理念

1.1　课程目标

“线性代数Ⅲ”这门课程是主要面向大学一年级上学期经管类的同学开设的公共数学基础课程。通过该课程的学习希望学生掌握行列式计算、矩阵代数、线性方程组求解（高斯消元法）、线性方程组的存在唯一性定理以及解的结构定理、特征值、特征向量、相似对角化、二次型等的相关理论以及应用。该课程的侧重在于学会相应的知识，弄清楚相应的工具，而并不强调应用。

1.2 教学理念

以理论为基础、培养学生的逻辑思维能力、探索分析问题的能力，并适当介绍相应的知识点的应用。采用层次化教学：把简单的知识点放到课下通过视频观看学习。采用检查视频观看笔记的方式考核学生观看在线视频的完成质量；把重点、难点以及相关的证明放到课堂讲授、讨论完成。

2 教学方法与考核方式

2.1 教学方法

在实验组的教学过程中，我们采用了课堂讨论、课堂讲授以及在线视频等多样化的方式进行。压缩了一半的课堂教学时间（每周 2 学时，共计 16 周）。

课前需要学生按要求完成之前布置的教学视频观看作业，通过检查学生笔记考察视频观看的完成情况。该视频讲解是由杨亮在往年的教学录像中精心剪辑或者特别录制的视频，每个视频大约 10 分钟，是特别针对经管类线性代数的教学视频，该视频给学生提供了行之有效的预习、复习的视频资料。

在课堂上通过讨论提出重点、难点、易错点，并讨论解决一些相关的来自教材与练习册上的题目。讨论结束以后由学生讲解相应的题目，并在课堂上以点评的方式剖析解决上述问题的思路。凡是参与了课堂讨论，回答相应问题的同学我们在最后有相应的平时成绩的体现，请参见考核方式部分。

课堂讨论结束以后，留适当的启发性的思考题到课后由学生自主完成。并布置相应的作业（练习册、视频预习观看）。

对照组的班级，我们采用的是以往的教学模式（每周 4 学时，共计 16 周），也就是教师讲授为主的教学模式。

2.2 考核方式

所有的班级我们都采取相同的考核方式。考核方式分平时成绩和期末成绩两方面。期末成绩占总成绩 60%，平时成绩占总成绩 40%。平时成绩基于以下原则给分：

（1）平时作业。该部分占总成绩的 10%。平时作业按照从高到低的顺序排列。排名前80%的同学平时作业得100分。剩余的同学分为四组，每组占总学生人数大约5%，分别按照95、90、85、80递减给分。每次作业情况由助教录入excel表格中。

（2）平时测验。该部分占总成绩的20%。总计5次小测验，开卷考试，可以使用自己的纸质的笔记参考书等资料，不能使用任何电子产品。每章结束以后一次测验，每次测验时间40分钟。每次6个解答题，每个题目25分，总分超过100分记作100分。每次测验分A、B卷，相邻两列的同学做不同的试卷以避免抄袭。凡是A卷中出现B卷得零分；B卷中出现A卷得零分。整个学期的完整的在线视频观看笔记经老师检验评分后可以作为一次小测验成绩的替换。在线视频观看笔记不是强制的考核方式，采取的是学生自愿完成的方式。

（3）半期考试。该部分占总成绩的10%。此部分也可以纳入平时测验的一部分。

（4）平时成绩=平时作业×0.25+平时测验×0.5+半期考试×0.25。

（5）课堂参与。课堂上正确回答老师的提问会得到平时成绩额外加1分或者2分的机会。如果平时成绩超过100分记作100分。

（6）平时成绩低于期末考试成绩的时候以期末考试成绩为准，令平时成绩=期末考试成绩。

（7）期末考试成绩≥90分，则平时成绩给100分。

3 教学反思

3.1 学习成效

三个教学班：历史文化旅游学院（课序号04）采用的是课堂翻转压缩课时的教学方法。经济学院（课序号01）、公共管理学院（课序号07）采用的是以往的教学方法（教师讲授为主）。这三个教学班的期末考试成绩如下：

	学院（课序号）	考试人数	样本均值	样本方差
实验组	历史文化旅游学院（04）	85	65.99	453.18
对照组	经济学院（01）	68	68.80	365.77
	公共管理学院（07）	84	67.64	460.27

分别把实验组（04）与对照组（01、07）的期末考试成绩进行对比，我们通过假设检验发现两组同学的学习成绩没有显著（$\alpha = 0.05$）的差异[2]，说明我们采用新的教学模式压缩课堂教学时间的尝试是成功的。

虽然从期末考试的平均分来看，实验组（04）的平均分最低，我们认为是中学时学生的数学基础造成的差异。

3.2　教学持续改进的思考

从期末考试的结果来看，三个班的成绩没有显著的差异。在下一阶段的教学改进过程中我们计划在吴玉章学院用压缩出来的时间开展科研小论文训练，通过一些文献的阅读，提高学生应用线性代数解决实际问题的能力。

参考文献：

[1] 陈鸿建，赵永红，翁洋. 概率论与数理统计 [M]. 2 版. 北京：高等教育出版社，2015.

[2] 赵树嫄. 线性代数 [M]. 4 版. 北京：中国人民大学出版社，2008.

情境教学法在数值分析课程的探索和实践

朱　瑞
四川大学数学学院

摘　要：情境教学通常体现在课堂教学中，如何在课堂外延续情境教学值得探讨。本文根据数值分析课程的特点，利用“实例式教学策略”实现课堂情境教学的设计，利用递进式、开放式的课外作业实现课堂情境教学的延续，最终形成数值分析课程的探究式教学方法。

关键词：数值分析　情境教学法　探究式教学

1　数值分析课程的特点

科学计算是通过计算的手段来解决实际问题的一门科学。科学计算中的大量问题源自物理、化学、金融等应用领域，在这些领域中有着大量的数据需要可靠和有效的科学计算。通过对计算结果的分析和研究，我们可以探索和分析事物的发展规律，因此科学计算是理论与实践的完美结合。随着计算机计算能力的提高，科学计算已经成为平行于理论分析和科学实验的第三种科学手段[1]。数值分析是科学计算的基础和理论保障，是计算数学专业的一门基础专业课，主要研究用计算机求解各种数学问题的数值计算方法、理论与软件实现，为各种应用问题的解决提供可靠有效的计算方法。

通过对数值分析这门课程的学习，掌握基本理论，了解应用背景，熟悉实践手段，对于学生今后的学习研究具有重要意义。在教学过程中使用定义、证明、推论等常规的数学教学手段并不能加深学生对一些基本概念和方法的理解和领会，无法完整地实现教学目的。课程的教学设计应该结合理论分析和实际应用两个层面，既注重用严谨的数学理论保证计算方法的科学性，又注重通过实际应用来验证理论分析的可靠性。这两个层面相辅相成，互相促进，形成理论与应用的多次迭代，达到最终教学目的。

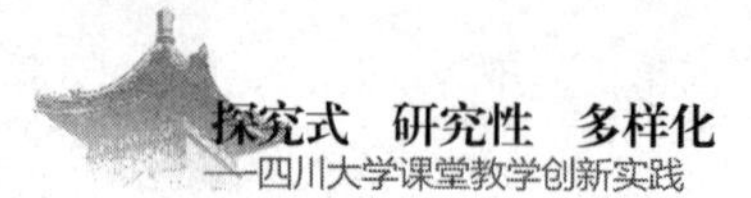

2 数值分析课程中的情境设置

数值分析的教学实践应结合应用设置教学情境，以应用为背景、以问题为导向、以实践为主线、以理论为核心，采取逐步解析，层层递进的方式提高学生的兴趣，加深学生对问题本质的理解。

情境教学的本质是探究式教学，是以探索和研究为主的教学方式。它让学生身临其境，担当主角直面压力，而教师却是配角。具体地说，探究式教学的过程就是“在教师的启发诱导下，以学生独立自主学习和合作讨论为前提，以现行教材为基本探究内容，以学生周围环境和生活实际为参照对象，为学生提供充分自由表达、质疑、探究、讨论问题的机会，让学生通过个人、小组、集体等多种解难释疑尝试活动，将自己所学知识应用于解决实际问题的一种教学形式”[2]。

目前，大多数的情境设置主要应用在课堂教学上，通过教师启发引导来实现。但数值分析课程有其特殊性，不仅要动脑而且要动手。通常动脑在课堂上完成，动手在课后完成，因此教学的情境设置需要兼顾课堂和课后。在数值分析教学实践中通过课堂讲授与课后作业共同完成教学的情境设置。

2.1 课堂中的情境设置

在教学情境设置中，教师尽管是配角却承担着主动的引导作用。从这种意义上来说，学生在课堂情境教学中是被动的。但这对学生准确理解数学概念是有好处的，可以尽量避免产生理解上的偏差和纰漏。课堂上的情境设置重在引导，这需要教师解构讲授的内容，剖析情境设置的适应性，必须考虑每个学生的认知结构，只有当情境设置符合学生的认知结构才会获得学习上的成功[3]。

在数值分析中有一个永远无法绕过的基本概念：算法的可靠性或稳定性[4]。在学生已有的数学认知结构中是没有这种概念的，直接给出数学定义会使学生产生理解上的困扰。因此，教师可以采用“实例式教学策略[5]”设置情境，通过实例引入稳定性的概念。

第一步：学生熟悉积分概念，这是已有的认知。现有一个工程师需要计算积分 $I_n(a)=\int_0^1 \frac{x^n}{x+a}\mathrm{d}x, a>0$，这是一个实例。

第二步：在已有的认知结构中，容易得到答案：

$$I_n(a)=\frac{1}{n}-a\cdot I_{n-1}(a), a>0。$$

第三步：第二步的结果并不能满足工程师的要求，工程师想知道 I_5（100），I_5（0.1）分别是多少？显然利用第二步的递推公式得到结果有计算上的困难，但用计算机编程来算是容易的。通过分析计算结果，学生发现 I_5（0.1）是合理的，但 I_5（100）却不合理。

第四步：这样的结果工程师是不能接受的。产生这种结果的原因已经超出了学生已有的认知结构，通过教师的引导给出计算中的舍入误差概念。

第五步：进一步给出舍入误差累计的概念，从而引出稳定性的抽象数学描述和定义。

这个实例简单，暴露问题的方式直接明了不隐晦，学生容易理解接受。但这五步并没有完全实现新认知的构建，因为只是引出了概念，而没有解决问题。探究式的教学通常并不需要学生在课堂上完成新知识的理解过程，更强调学生在课外通过进一步地思考给出合理解决办法的过程。

2.2 作业中的情境设置

学生的学习是新认知不断建构的过程，这种构建是主动的，不是被动参与的[6]。课后作业作为课堂学习的补充应该延续课堂的情境脉络，让学生继续这种认知的主动构建过程，实现对新知识的理解。作业的设计应该能促进学生进一步的思考，起到拓展课堂教学的作用，能让学生跳出教材的限制，从教材外寻找解决问题的方法。针对课堂的情境设置，课后作业做了如下的设计：

问题一：请给出 I_5（100），I_5（0.1）的有效的计算方法。

问题二：能给 I_5（100），I_5（0.1）的计算预加精度要求，使得工程师可以根据需要调整计算结果的精度吗？

这是一种递进式的作业设计方式，也是一种开放式的问题设计。问题一是对课堂情境的延续，是完整解决问题的必然要求，否则课堂的情境教学是不完整的，也无法对教学是否成功做出评价。问题二可以看作是问题一的升级版，是对课堂情境教学的进一步升华。学生无法完成并不代表教学的失败，它能够从一定层面上反映出学生探究式学习的能力高低，也会促使教师在以后的教学设计中更加关注学生探索能力的培养。

2.3 情境教学中作业评讲的重要性

情境教学中的作业是开放的、递进式的，无固定的答案，完成作业更多的是强调对问题的理解和解决能力，因此作业评讲就成为非常重要一环。作业评讲不是教师给出标准答案，作业评讲的内容应该来自学生在作业给出的解决方

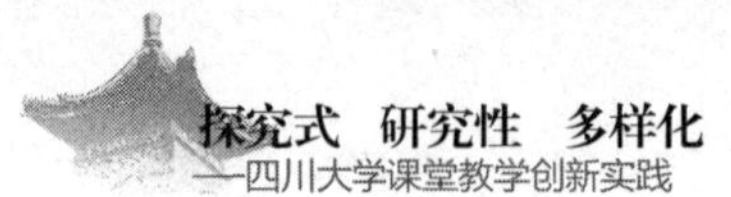

法，教师应对这些解答进行分类对比和解析。作业评讲从本质上说是对情境教学设计的总结和评价，教师可以从作业得到反馈来评估教学的效果，而作业评讲是教师对学生的再反馈，并在评讲过程中纠正和完善学生在认知上的不足，从而完成整个情境教学的设计。

3 结论

通过在课堂内外情境教学在数值分析课程中的实践，我们获得了以下认识：一是能够提高学生学习的兴趣和主动性。因为教学情境的设计大多来自有应用背景的问题，对问题的分析和理解都在学生已有的认知结构中，便于学生接受，也容易引起学生的兴趣。二是课后作业的情境设计加大了学生的学习压力，也从一定程度上把压力转换成了学习的推动力。因为递进式、开放式的作业设计需要学生在课堂外花费更多的时间和精力去查阅资料，去寻找解决问题的方法。由于开放式的作业没有标准答案，这也促进了学生的发散性思维和动手能力。三是对教师的素质提出了更高的要求。情境教学中老师不仅仅是“教”，同时也是在“学”，教和学的主体在情境教学中是可以产生互换的。

参考文献：

[1] 石钟慈. 第三种科学方法——计算机时代的科学计算 [M]. 北京：清华大学出版社，2000.

[2] 靳玉乐. 探究教学论 [M]. 重庆：西南师范大学出版社，2001.

[3] 张奠宙，李士锜，李俊. 数学教育学导论 [M]. 北京：高等教育出版社，2003：76－78.

[4] 李庆扬等. 数值分析 [M]. 5版. 北京：清华大学出版社，2008.

[5] 高文，王海燕. 抛锚式教学模式（一）、（二）[J]. 外国教育资料，1998（3）、（4）.

[6] 罗薇. 对建构主义教学观的几点认识 [J]. 荆州师范学院学报，2002，25（5）：111－112.

浅议在公共数学教学中结合数学建模的方法

黄　丽

四川大学数学学院

摘　要：虽然许多大学有专门的数学建模课程，但一般是针对二年级及以上的学生开设。学生在学习数学基础课程时对数学建模基本没有概念。另一方面，大学一年级非数学专业的学生在学习各门公共数学课程时往往觉得这些课程十分抽象。将数学建模和公共数学教学结合，既可以使学生学习公共数学课程时就对其应用有一些基本概念，摆脱对它们的刻板印象，又可以为后续选修数学建模课程或参加数学建模竞赛做一些铺垫。本文介绍了笔者在公共数学教学中和数学建模案例结合的一些感悟。

关键词：数学建模　公共数学　线性代数　概率统计

众所周知，具有悠久历史的数学是各门自然科学、工程科学乃至社会科学的基础，是促使进步、经济建设和社会发展的重要工具。数学的应用领域十分广泛，数学的重要性得到人们的广泛认同[3]。因此，大学理工科学生会大面积开设数学公共课，一般包括高等数学、线性代数、概率统计三门课程，四川大学一般都是在一年级开设。其中高等数学是一个学年，线性代数在一年级上学期，概率统计在一年级下学期开设。

但是，作为一门基础的自然学科和一种精确的科学语言，数学又是以极为抽象的形式出现的[3]。比较一年级上学期同时开设高等数学和线性代数两门课程，在教学中发现，许多学生认为线性代数比高等数学更“难”。进一步调查发现，工科线性代数的教材虽然很多，但内容讲述顺序大概可分为两种。其一是从向量、矩阵的线性运算及行列式的计算开始，逐渐引入矩阵的逆、向量的线性相关性、特征值特征向量、二次型等概念，最后介绍线性空间和线性变换；其二则是先介绍线性空间和线性变换，然后在此框架下介绍线性代数的基本概念。前一种教材在讲授中，学生容易入手，毕竟向量、矩阵的线性运算就是一些加、减、乘，连除法都用不到。但是学生往往一边算，一边想：“这是什么鬼”，完全不明白为何要引入这些概念，虽然可以计算正确，但还是觉得莫名其妙。后面一种教材则开始难度比较大，刚刚进入大学的学生很难理解线性空间的概念，一下就被打蒙的也不少。这就造成了这种情况：有的学生很认真地做了习题，可是内心里却认为数学离实际十万八千里，虽然考试或许能够得高分，但却不知道所学何用。甚至有的学生因此认为线性代数不切实际，而且十分枯燥，产生抵触和畏难情绪，达不到课程学习的要求。

作为一门数学课程，尽管是工科的数学课程，也需要一定的理论深度，学生完成课程后，需要有一定的理论功底，了解学科的理论框架。因此，传统的课堂讲授和针对概念、定理的讨论是必不可少的。为了掌握相应的理论知识，也有必要做一定量的习题。但是仅仅采用这种授课方式，弊端也是显而易见的。许多同行认识到这一点，在数学课堂中开展数学实验的尝试[4]。

实际上，学生惧怕的数学的抽象形式，正是它应用广泛的原因之一。抽象是提取了所有同类现象中最本质的条件，以后只要满足这些条件，数学定理就保证了相应结论的成立，使得许多看似不相干的实际问题，可以使用相同的数学工具来处理。然而，这种抽象的形式也掩盖了数学和实际问题之间的联系，将实际问题经过一些合理的假设、简化转化为一个数学模型，并不是一件简单的事情。所以仅仅只是学好数学，甚至在数学理论方面颇有建树，也不能保证能够在用数学方法解决实际问题时游刃有余。如果是数学专业的学生，当然可以不关心客观世界，仅仅关心数学理论的自洽。然而除了数学专业以外，其他理工科学生在学习数学理论知识的同时，也必须要锻炼用数学方法解决实际问题的能力。数学建模正是解决这一问题的一把钥匙。

全国大学生数学建模竞赛从 1992 年开始举办，每年一次，吸引了越来越多的学校和学生参加。四川大学参加了每一次竞赛，在此过程中，从一开始只是针对竞赛队员的培训，到针对不同层次、不同专业的学生开设不同难度的数学建模选修课，组建学生社团等，教学方式和手段不断创新。正如文献[3]所指出的，数学建模在经济建设、科技进步、社会发展中都具有重要意义，数学建模教学和竞赛活动是一项成功的高等教育改革实践。许多学校都开展了各种形式的数学建模教学活动[2,3]。

由于在数学建模课程和培训中，不可能再讲授所涉及的所有数学先修知识，因此通常是对大学二年级及以上的学生开设。学生数学基础课的学习和数学建模是割裂的。笔者长期从事线性代数、概率统计的教学和数学建模竞赛的培训和指导工作，自然而然地产生在公共数学的教学中结合数学建模的想法。以下和同行分享笔者的一些具体感悟，以期能够起到抛砖引玉的作用。

1 从简单问题开始

刚入校的学生，数学基础还相对较弱，引入数学建模的例子时要做适当的简化，让学生在不需要补充过多知识的情况下能理解其中的思想。笔者在一年级上学期讲授的是线性代数这门课程，所用的教材[6]是从向量与矩阵的基本运算开始入手的。学生很容易就学会了计算向量和矩阵的加法、数乘，然而完全不清楚当 $n>3$ 时，如何理解 n 维向量，也不理解为何要引入矩阵概念。

从同学们常用的手机出发，介绍离散时间信号的概念。而一个有限长度的离散时间信号就是一个高维向量。信号通过信道，会叠加噪声，可以用向量加法表示。还可以介绍一些简单的信号处理与向量运算之间的关系。

鉴于学生们在高中阶段已经对三维向量十分熟悉，因此可以从三维向量的旋转、压缩、拉伸，向二维平面的投影等出发，引导学生思考“矩阵”和“变换”或者“对应”之间的联系，自然引入矩阵的乘法。又比如很多人拍照，要修一下以后再发到社交软件上。大多数学生对修图软件都很熟悉。而一张黑白图片就对应着一个矩阵，一张彩色图片则对应着三个矩阵，修图就是对这些矩阵的修改，这些修改就是矩阵的运算。然而许多修改的方式不能简单套用这里的线性运算。

这些例子都比较简单，但是通过这些例子，学生们可以感受到看起来抽象的概念和实际问题的联系。

随着课程的进展，就可以逐渐引入一些稍微复杂的问题。

2 强调数学建模的过程

传统意义上的数学问题往往有这样的特点：条件清晰准确、不多不少、结论唯一确定，原始问题数学化的过程简单、明了，解出的结论也很少需要学生思考是否合乎实际、是否需要进一步调整和修改已有的模型。而这几点往往是一般建模过程的难点和“重头戏”[1]。现实生活中的实际问题，通常需要经过分析、提炼、合理简化，发现其中可以用数学工具描述和处理的关系，将实际问题转化为数学问题。在此过程中，问题的条件并不是显而易见的，需要对实际问题的总结、归纳和提炼，这和数学问题需要的演绎推理是完全不同的思维方式。建立数学模型之后，对数学模型进行分析和计算，最后所得到的结果要

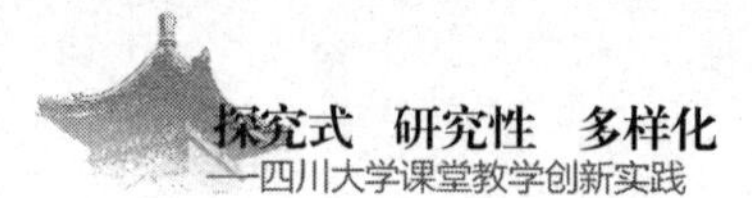

回到实际问题中进行检验，判断实际结果在定性和定量方面是否与实际情况相符，根据检验的结果再对模型做修正。

在传统数学课程中，强调的是期中数学模型的分析和求解部分，前面的建立模型以及模型检验的步骤则很少提及，以至于很多学生将数学建模理解为“应用题”，低估了建立模型的工作量和困难程度。

3 从身边发生的事情入手

在选取数学建模案例时，可以结合实际生活中发生的事情，并进行进一步的拓展，引发学生解决问题的兴趣。比如在概率统计这门课程中，随机变量的数字特征是其中的重要内容。我们选取了文献[5]中的交易卡片的收集这个案例。正好2017年春节支付宝的“集福卡”的活动，这个活动和交易卡片的收集这个案例有很多相似之处，也有不同之处。许多同学都参与了“集福卡”，所以分析这个案例时，很有兴趣。

同时这个案例也是由浅入深考虑问题的一个例子。在开始分析时，可以假设每一张福卡出现的概率是一样的，来计算集齐五福所需要的平均次数。然后站在产品出品方的角度考虑，如果要控制用户集齐五福的概率，可以采用一些什么方法。支付宝的产品允许朋友之间交换福卡，这又会对之前的分析产生什么影响，等等，逐渐深入。在课程进入到统计部分以后，可以再回到这个案例，通过在同学、朋友中间做调查收集到的数据，来估计支付宝这个活动中各福卡出现的概率等。这样一个案例就串联起课程中比较多的知识点，学生也能体会到各知识点之间的联系。

4 以课程内容为主，数学模型为辅

在线性代数、概率统计等公共数学课程中结合数学建模的思想，要以课程本身的理论体系为主，数学模型是为了学生更容易理解数学概念，吸引学生的兴趣，激发学习数学的内在驱动力，了解用数学方法解决实际问题的大致过程，但课程的主要内容还是相应的数学内容，不能本末倒置。特别是在学时比较紧张，教学内容比较多的情形下，不必要强求讲授过多的数学建模案例，讲述案例也不一定要内容十分完整。

数学是演绎科学，强调逻辑自洽。在公共课程的讲授中，让学生掌握相应课程的数学概念、方法和结论，领会数学的精神实质和思想方法，体会到数学的严密深刻的思维方式也是十分重要的。作为对比，解决实际问题所需要的是广阔灵活的思维方式。这两种思维方式并无高下之分，它们正好是互补的。

5 允许学生之间有差异

在教学中发现，对数学建模案例要求同学们自主分析的部分，学生的表现差异比较大。有一些学生能够自主做一些思考，提出一些思路，也有部分学生习惯于将数学学习等同于“刷题”，一年级的课程相对又比较多，课业负担也比较重，不能给出自己思考的结果。即使是这部分学生，也还是能够感受到数学建模与传统数学习题的不同，改变对数学课程枯燥呆板的印象，对其后续专业课程的学习还是有帮助的。

总之，通过在公共数学课堂中结合数学建模的实践，可以看到学生对数学的刻板印象大为改观，许多同学对数学建模产生兴趣，会继续选修相应课程，参加数模竞赛。由于在线性代数的学习中已经对数学建模有了一些基本概念，在继续学习和竞赛中障碍就比较小，能够很平稳地过渡。

参考文献：

[1] 李明振. 数学建模的认知机制及其教学策略研究 [D]. 重庆：西南大学，2007.

[2] 杨启帆，谈之奕. 通过数学建模教学培养创新人才——浙江大学数学建模方法与实践教学取得明显人才培养效益 [J]. 中国高教研究，2011，No. 12，84 -85，93.

[3] 姜启源，谢金星. 一项成功的高等教育改革实践 [J]. 中国高教研究，2011，No. 12，79 -83.

[4] 高洁，周玮. 在高等数学课程中开展数学实验教学的探索与研究 [J]. 数学教育学报，2015，Vol. 24，No. 3，86 -90.

[5] 姜启源，等. 数学建模案例精选（1）[M]. 北京：高等教育出版社，2015.

[6] 张慎语，周厚隆. 线性代数 [M]. 北京：高等教育出版社，2002.

课堂教学改革创新与实践

环境工程专业环境化学双语课的教学方法探讨

陈　滢，刘　敏

四川大学建筑与环境学院

摘　要：本文结合教学实践从环境化学双语教学的目的、教材的选择、教学内容的设计和教学方法的思考等方面总结了在环境工程专业开设环境化学双语课的经验和体会。探索了添加性双语教育、分层教育、一课堂一故事等教学方法，以寻求合适的教学模式来激发学生的学习兴趣，把学生培养为既掌握专业知识又掌握专业外语的高素质、复合型人才。

关键词：双语教学　环境工程　环境化学

随着科技的飞速发展和经济的全球化，我国高等教育的国际化不断推进，高校的学生有了越来越多的对外交流的机会[1]。四川大学于2012年在全国高校率先建立了“国际课程周”（University Immersion Program，UIP），从2012年到2016年的五年间已邀请了来自42个国家的世界一流大学的517位高端外籍教师和1500多名外国优秀学子来校参加“国际课程周”活动[2]，使同学们足不出户地就有了对外交流的机会。在这样的大背景下，就需要本科生既要懂外语，又要掌握一些专业知识，特别是一些专业术语的英语表达方式等，这样才能把握住这个机会，更好地聆听世界知名学者专业课的讲授，更好地与世界一流大学的学生进行专业互动交流。“环境化学”的双语授课就是希望为此进行铺垫，在专业课的教学中融入一些英语内容，进行双语教学，逐步把学生培养为既掌握专业知识又掌握专业外语的高素质、复合型人才。

1　环境化学双语教学的内容

决定环境化学教学内容的一个很重要的方面就是教材的选择。选择原版的成熟英文教材在保证学生掌握专业知识的基础上可以学习准确的专业词汇[3]。本课程选择了Thomas编写的*Chemistry of the Environment*（*Second Ed*）。原版教材从语言内容和专业内容上讲都有不可比拟的优势。但是因为授课学时有限，又采用双语教学方式，实际上很难将原版教材在原有的学时内讲授完毕，而事实上即使国外教学也是要花更多的时间来完成。但是“环境化学”这门课又是国内多所高校环境专业的专业基础课，很多高校和科研院所某些方向的硕士生入学考试都有这门课程。从国内的实情和同学将来发展的需求出发，教学中一定要考虑和国内其他高校教学同步。因此，同时又选择了国内戴树桂老师主编的《环境化学》为同步教材。其他高校讲授的内容我们要讲到，同时又从原版教材中精选出一些经典而又容易让学生接受的内容穿插到教学中，使学生在掌握专业知识的同时学到英语的表达方式。

该门课程除了介绍污染物在大气、水、岩石（土壤）各圈层环境介质中迁移转化过程所涉及的污染化学问题，还包括生物学、生物化学、毒理学、气象学、土壤学等多种交叉学科知识[4]。在介绍基本原理和主要内容的基础上，密切结合我国乃至全球关注的环境问题，将本领域的最新研究成果、进展和环境问题案例引入到教学中来。培养学生对人类社会行为及其与自然相互关系进行综合分析的能力，把握环境问题的根源和实质，正确分析和处理发展与环境的矛盾。从而具备处理实际环境问题的能力，掌握解决问题的方法和技术。

2 环境化学双语教学的方法

2.1 添加性双语教育的实施

双语教学包括添加性和缩减性双语教育两种类型[5]。我们所进行的双语教学主要是添加性双语教育，即是指在教学过程中采用第二种语言作为辅助教学，目的不是替代学生的第一语言，而是培养学生掌握两门语言的能力。但是，从教学实践中发现，语言的学习是一个长期的过程，仅仅靠一门课或者几门课是很难让学生做到掌握第二门语言。因此，根据实际情况，在教学中主要还是以中文教学为主，适当的穿插英语知识和英语专业术语，让学生对此门课程的专业英语知识有一个初步的了解。

“环境化学”仅从中文角度来讲就有许多新的专业术语，特别是在某些章节还有一些化学反应方程式和计算。其涵盖的内容比较广，上到天，下到地，大到地球，小到微生物，可以说面面俱到。不要说用英语，就是用汉语讲，同学如果想学好都要花费一定功夫。而老师如何在有限的学时内把一个问题用中英文两种表达方式说清楚，这本身对老师就是一个考验。另外，本门课的同学主要是大二学生，虽然他们中大部分已经考过四级，有些还过了六级，特别是环境专业的学生英语水平相对还比较高，但是如何让那些充满了呆板的专业术语和方程式又夹杂着晦涩的专业英语的课程不让部分同学因太难而产生厌学的抵触情绪确实是一个难题。

本课程虽然采用双语教学，但是这门课又不同于“大学英语”和“专业外语”，其重点应该放到专业基础知识的讲授上，而不应拘泥于某个生词如何发音或如何解释或某些英语语法问题上。教学中对新出现的专业概念还是以汉语讲解为主，课件中同时展示中、英文两种表达方式。教学中曾经尝试中文和英语同时讲解的方式，但是这样的教学一方面需要的时间太多，往往不能完成预定的教学内容。另外，如果整堂课都如此，就成了一对一翻译，教学比较枯燥。更为重要的是，人的思维是连贯的，如果采用了一对一翻译的方式往往打断了学生的连续思维，使学生的学习兴味索然，学习效果更差。

权衡再三，目前该课程主要以汉语讲解为主，穿插介绍一些专业词汇和一些简单的专业词汇构词法。但是，在每个新概念或新内容讲解完毕后，会从原版教材中节选一些难度适当的段落请同学翻译。虽然大多数同学的英语水平已经很好，但是大二的学生词汇量毕竟有限，这些已经是精挑细选的原版段落中仍有很多陌生的词汇，如果要是仔细介绍这些词汇，课堂的时间是不够的。不过，和这些段落相关的中文内容老师之前已经讲解过，所以老师只要将几个重点词汇介绍一下，稍微介绍一下翻译的技巧和规律，大多数同学可以将内容意译出来。此方法有一石三鸟的作用，一方面锻炼了英语专业文章的阅读和翻译能力；另一方面又加深了同学对前面所学英语专业词汇的印象；最后，对这些重点知识的翻译又强化了同学对专业知识的掌握。

2.2 分层教学

“环境化学”是环境工程专业一门重要的专业基础课，其包括大气环境化学、水环境化学、土壤环境化学等内容，为高年级的水污染控制工程、大气污染控制工程、固体废物处理和土壤修复等课程打下理论基础。但是这门课又涉及大量的专业术语、化学方程式和计算等内容。对这么一门枯燥的选修课，如果不进行适当的引导，增加学习的趣味性，选课率必将会降低，影响学生后期的发展。因此根据学生的特点，从专业知识和英语能力两个方面都展开分层教学，让所有的学生能掌握基础知识，让学有余力的同学发挥自己的潜力。

2.2.1 基于专业知识掌握的分层教学

从专业知识方面分为课本基础知识、知识拓展和能力提高三个方面。

第一层次基础知识就是课本所讲授的基本概念、基本理论和基本计算。这部分是要求所有学生必须掌握的。

第二层次知识扩展是为了激发学生对学科学习兴趣，将一些专业的科技期刊文章和资料引入到教学中来。比如在第二章大气环境化学讲授中，精选了6篇与教材密切相关的文献先给学生看，刚开始大家都觉得这些硕士、博士写的文章深不可测，完全看不懂，不知道说的什么。教学中，将其中内容渗入到课程中，作为课本知识的补充和拓展。本章结束时，再请同学阅读这些文献，大部分同学已经能够看懂。

第三层次能力提高是将一些最新的科研动态引入到教学中来，这部分对本科生来说比较难，但是不要求他们全部掌握。只要有这方面的概念，知道将来如果遇到这方面的内容去哪里查找资料，认识到本门课的学习可以深入到什么样的程度。让部分有想法的同学有奋斗的目标，激发他们的专业兴趣。

2.2.2 基于英语能力不同的分层教学

从英语能力方面分为基本专业词汇、英文原版课本阅读、专业科技文章的原文阅读等三个层次。

对一些常见的专业词汇要求所有学生都认识，了解其概念。教学过程中，对一些难点问题和重要问题，先进行中文讲述，然后用英文原版课本的内容进行复习巩固，加深印象。对于前面已经有铺垫，或者偏僻的专业词汇比较少的或生活相接近的内容可以先用英文教学，让同学先尝试的去理解，然后再用中文纠正其理解错误的地方，进一步完善。

当一个章节完成，或者一个相关主题讲授完成，会选择与课程紧密相关，又是近几年新见刊的10页左右的英文文献给同学阅读和理解。这个阅读也分三个层次，自认为英语学习吃力的同学可以选择一到两个简单段落翻译；英文水平中等的选择一个完整的小节进行理解翻译，并结合所学专业知识进行评论；学有余力的同学可以整篇阅读、翻译，并写出评论。一般一个班级（通常五十人左右），只有2~3人会找老师谈，说英语不好，选择最简单的方式。大部分同学会选择第二层次。有2~3人会选第三层次，全文翻译。通过这样的训练，学生不但能进一步巩固专业知识，而且也能了解专业的发展动态。

2.3 一节课一故事

环境化学教学内容是枯燥的，但是环境化学所能解决的很多环境问题又是与日常生活密切相关的。为了提高学生的学习兴趣，在教学中我们努力将日常生活中的事、实事新闻和当前的热点环境问题案例引入课堂，做到一节课一故事，使学生觉得这门课离自己很近，很有必要学。同时在讲授中使学生自己感

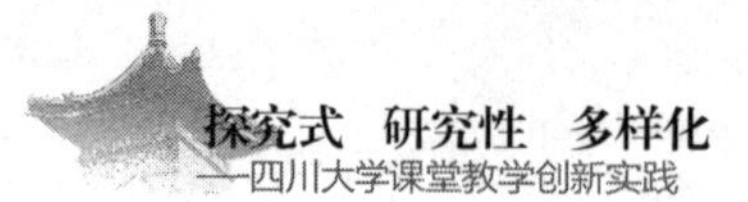

受到与生活这么相关的事却真有很多复杂的学问要去探究。

比如讲“气温垂直递减率”时，让同学计算高达623米的中国第一高楼上海中心大厦的底层和最顶层的温差来更好的理解这个概念。在讲完大气稳定度、大气混合层高度、逆温和大气污染物等概念时，请同学分析2006年新闻报道中的吉林延边发生居民一氧化碳中毒事件的原因和避免措施。介绍光化学烟雾时，课本主要是将伦敦烟雾和洛杉矶烟雾来对比，而我们在教学中介绍了我国大气环境化学领域的学术带头人唐孝炎院士发现兰州的光化学烟雾的过程，既介绍了科研的艰辛，请同学们珍惜，又强化了专业知识点。最终让同学自己比较兰州光化学烟雾和美国洛杉矶光化学烟雾的区别，将本节专业知识进行巩固。介绍水环境化学章节中水中污染物的迁移转化规律时，先介绍了某企业往地下水偷排污水的新闻，然后让同学换个角度从地下水中污染物如何迁移转化的专业角度说明此行为带来的危害。在介绍土壤环境化学中，重金属在土壤-植物体系中的迁移及其机制和植物对重金属污染产生耐性的机制等难点问题时，先介绍新闻中大米镉超标问题，引发同学思考为什么大米中不是其他重金属超标呢？

环境化学的知识点多，涉及面广，但是很多也是接近生活的。平时注意收集，见到相关的案例、新闻就收集起来，每次讲课前都要及时的更新，用故事把一个一个艰涩的知识点连贯起来。有时有的同学已经记不清知识点，但是会想到故事，想到故事后很快就会又把知识点联系起来。

3 环境化学双语教学的效果

英语学习是个长期的过程。有资料介绍双语教学应该分为初级、中级和高级三个阶段[6]。针对《环境化学》本门课，我们没有那么多的学时来完成各个阶段。对于双语教学，有些同学感到稀奇，有些同学感到压力[7]。我们希望双语教学不要造成对专业目标的损伤，我们希望学生还是以掌握专业知识为主，以学科教学为主，英语教学只是一种辅助教学手段。

选择合适的教学方法不但有利于提高双语教学的教学质量，减轻学生的心理压力，在潜移默化之中增强学生的学习能力和专业水平。随着国际交流的频繁，每年都有许多国外教授到我校进行英语讲学。当学生掌握一些基础的专业知识，有具备一些基本的英语专业词汇后，其学习的自信心增强，也愿意更多地去接触国外名师传授的这些新的专业知识，拓宽思路，为将来的发展打下了良好的基础。

参考文献：

[1] 樊玲，陈剑，邓敏．“一带一路”建设背景下的高等教育国际化初探［J］．教育观察．2017，6（21）：42－45．

[2] 晏世经．开拓创新，深化改革，全面提升四川大学来华留学生教育质量［J］．世界教育信息．2016，(24)：26－28．

[3] 张文杰，杨丽丽，王敏．双语教学及在环境化学教学中的探索［J］．广东化工，2010，37（6）：131－132．

[4] 戴树桂．环境化学［M］．北京：高等教育出版社，2006，第二版．

[5] 杨玉菊，田玫，徐丽英，陈甡．关于双语教学的思考［J］．北京大学学报（哲学社会科学版），2007，5：20－23．

[6] 麦莉，周照麟．浅论双语教学不同阶段的方法与策略［J］．现代教育科学，2010，4：173－175．

[7] 李英华，王丽敏，魏薇，蒯英红，李万海，环境科学专业课程双语教学的研究与实践［J］．吉林化工学院学报，2011，29（2）：94－97．

跨学科项目制教学的课程设计实践分析与反思
——基于项目制教学设计"黄金标准"的研究

颜　炯[1]，卢红雁[1]，赵春兰[1]，第宝锋[1]，王　霞[1]，
陈晓兰[2]，夏子渊[1]，石宵爽[1]，乔　雪[3]，唐　亚[1]

1 四川大学建筑与环境学院　2 四川大学经济学院　3 四川大学新能源与低碳技术研究院

摘　要：本文以美国巴克教育研究所（Buck Institution for Education）的项目制学习"黄金标准"中教学设计的七个要素作为分析框架，对四川大学"可持续城市系统"跨学科项目制课程2015—2016年的实施展开分析，评估教学活动和管理环节对各要素的支持效果，总结实践经验。研究结果显示，好的挑战性问题会自然推动学生展开深入探究；真实性要素的要求、学习成果的公开展示需要大学教育打破边界，构建社会化的学习网络；阶段性和更正式的反思、评论与修正效果更好；学生的话语权和选择权可以通过多种渠道实现；持续探究过程的推进是中国大学课程开展项目制教学的难点和挑战。

关键词：项目制教学　黄金标准　可持续城市系统　设计要素

0　引言

随着互联网革命和人工智能革命的兴起，网上学习资源的极大丰富和信息获取的方便快捷，教育面临深刻的变革压力。传统的学习注重传授抽离具体生活场景的知识，但今天快速发展的技术变革和社会变革需要学习者能灵活融合所学的东西，为复杂多变的实际问题提供创造性的解决方案。因此，过去二十年来，跨学科的、研究性的、面向真实需要的项目制学习方式（project - based learning，简称 PBL）在欧美的高等教育中得到越来越多的应用（Blumenfeld，1991；Donnelly 等，2005；Lee 等，2014）。

20 世纪 90 年代以来，国外对项目制教学的研究和实践不断丰富。国内高校在近年来开始重视项目制学习的探索，以适应培养创新人才和提高学生实践应用能力的需要。目前教育学领域对项目制教学的研究重在介绍和引进国外的理论、基本概念、实施环节和要素等（吴莉霞 2006；Du & Han 2016）。高校项目制课堂实践和应用案例研究相对较少，在职业教育、医学教育、英语教育和建模课程学习中总结了一些应用经验（刘明等 2013；寇惠娟等 2015）。项目

制教学在中国高校的本土化实践经验与挑战，跨学科跨专业的项目制教学实践研究，以及如何引导中国学生适应项目制教学等方面仍需要更多的深入研究与讨论。

1 项目制教学的定义、特点与标准研究

项目制教学起源于美国，其发端可追溯到著名教育家杜威提出的“从做中学”的教育思想，倡导学生成为学习过程的中心（Dewey，1897）。杜威的学生，教育家 William Heard Kilpatrick 明确提出项目制学习的概念（Kilpatrick，1918），这一概念后来发展为一系列教与学的方法论。

项目制教学没有形成广泛认可的标准定义，有的研究将项目制教学定义为围绕项目开展的学习模式，项目是基于挑战性问题的复杂任务，学习过程中学生需要进行设计、决策、解决问题或开展调查；学生需要协作较长的时间，并最终产出真实的产品或报告（Jones，Rasmussen，& Moffitt，1997；Thomas，Mergendoller，& Michaelson，1999）。Markham（2011）提出项目制教学是把学习过程与实践过程结合起来，学生不仅学习核心知识点，同时运用所学的知识解决实际问题，产生有影响力的结果。项目制教学聚焦于学生的教育，而不是以课程为重点。美国长期研究项目制教学的巴克教育研究所（Buck Institute for Education）对项目制教学做了如下定义“项目制教学是一种系统教学方法，教学中学生围绕复杂、真实问题和仔细设计的任务展开深入的探究过程来学习知识和技能”（Markham，Larmer，& Ravitz，2003）。Pellegrino & Hilton（2012）和 Peterson（2012）定义的项目制教学是以学生为中心和体验式教学，通过对现实世界问题和挑战的主动探索来支持“深度学习”。

更多的研究则聚焦在项目制教学的模式特点总结上，与概括化的定义相比，项目制教学的模式特点研究能够更准确的描述项目制教学，对实践操作也更具指导性。不过，项目制教学实践的多样化导致不同研究提炼的项目制教学模式特征也不尽相同。Blumenfeld（1991）认为项目制教学强调跨学科融合；开展以学生为主的学习活动；主要的学习方式包括团队讨论与辩论、实验、设计方案、预测与调整、收集分析数据、与真实用户沟通方案等；致力于解决学校和社区的真实问题。Barron & Darling - Hammond（2008）总结项目制教学模式主要具备四个特点：学生学习的知识是为了解决现实世界可能遇到的真实问题；学生对学习的把控不断提高；教师主要提供探究和反思的辅导和帮助；学生两两合作或团队学习（通常是，但不总是）。Stoller（2006）把项目制教学

模式总结为：①有过程和产品；②学生对项目有（部分的）主人翁感；③延续一段时间（几天，几周或几个月）；④技能整合；⑤开发学生对一个问题跨学科和跨语言的理解认知；⑥学生的自主协作；⑦学生为自己的学习负责，收集目标资源信息、处理信息和汇报；⑧赋予学生和教师新的角色和责任；⑨产出实质性的产品；⑩对过程和产出的反思。Thomas（2000）的研究归纳了五个项目制教学的基本特征：一个核心项目；重要知识和技能的建构；体现为复杂问题或挑战的驱动性活动；老师指导但由学生主导的调查；以及一个真实的项目。

上述的研究中对项目制教学模式的特点归纳各有不同，但有一些共同特征被反复提出，比如项目和研究问题的真实性，学生的自主性/责任感和团队协作；教师的辅导性/教练角色等。

基于项目制教学模式和特征的研究，不少学者提出项目制教学的实施标准，作为指导和改进项目制教学的依据。Thomas（2000）在总结2000年以前项目制教学研究成果的基础上，提出了项目制教学的5个标准。①项目是课程的核心，而不是次要部分：学生学习的概念、知识围绕着项目展开。项目既不是教学的案例和补充应用，也不是课程之外的扩展和丰富。②项目聚焦于驱动性问题：驱动性问题的设计使学生在活动和概念、知识之间建立联系，学生投入时间去解决的问题应该有知识重要性。③建设性的调查：项目制教学的核心活动要能促成学生知识的转化和建构，即学生获得新的理解和技能。如果项目制教学的核心活动对学生没有难度，依靠已有知识和技能就可以完成，这样的设计只是练习，而不是项目制教学。④学生自我管理：项目制教学主体上不应由老师主导，不是事先设计好路径和产出由学生执行，而是有相当程度的学生自治、自我管理和决策。⑤真实性：项目制教学的真实性可体现在研究主题和任务、学生扮演的角色、项目开展的情境、学生在项目中的合作方、最终的产品、项目产品的观众以及产品的评价标准等方面。

巴克教育研究所在2015年提出第三版项目制教学的“黄金标准”（Gold standard for PBL），该研究所2010年提出项目制教学的7项核心要素（后增加为8项），在全球超过五万名教师的教学中得到实践和应用。基于多年的研究和实践，第三版的项目制教学“黄金标准”把项目制教学的学习目标定义为重点知识、认知与成功素养。重点知识和认知是学生在项目中学习的知识符合教师、学校和社区对重要知识的定义，学会应用知识解决现实问题、回答复杂问题并创造高质量的产品。成功素养包括批判性思维能力、解决问题的能力、合作能力和自我管理能力。这些能力不能通过单纯地理论学习来获取，需要通过项目实施来培养能力、习惯和品质。

"黄金标准"修订了项目制教学设计的7个基本要素，包括：①挑战性问题：教师在设计项目制教学时提炼开放式的、任务聚焦的中心问题。挑战性问题引导学生发现项目学习真实的需要——运用知识解决问题，或回答对他们重要的问题，问题的设计既要对学生有意义，又不至于让学生畏难而退。②持续探究：符合"黄金标准"的项目制教学一般不能在几天内完成，在挑战性问题的逼迫下，学生不断地反复提问，寻找答案，评估信息来源、整合信息，在此基础上继续追问，寻找答案——是一个不断持续、循环的探究过程，把学到的问题用于解决问题或创造产品。③真实性：项目制教学的真实性可以是解决真实世界的实际问题；也可以是使用真实的工具和评估标准；或学习成果能产生真实的影响；以及项目表达学生个人真实关切的问题和兴趣等。④学生的话语权和选择权：项目制教学中学生不能是执行者的角色，他们对项目制教学有程度不同的自我管理权，自我管理能力强的学生可以自己选择项目主题，设计驱动性问题，决定如何学习以及最终产出什么。⑤反思：学生和老师在项目制教学中需要对整个过程和不同环节多次进行反思，比如对重点知识和认知、成功素养、项目设计和执行过程、遇到的问题和解决方案等。反思可以是随堂进行的非正式对话，也可以是按计划开展的正式评估。⑥评论与修正：项目制教学中要教会学生提出和接受建设性的建议，并基于反馈建议改进方案和产品。除了来自老师和同学的评论建议，其他专家和人群也可以给出评论和反馈，这也是项目制教学真实性的体现。⑦项目成果的公开展示：项目制教学的最终成果要走出课堂，向社会和公众公开展示。公开展示不仅有助于提高学生学习的积极性，也会促进在课内校内和社区形成学习社区的氛围。

巴克教育研究所的"黄金标准"，在美国的中小学和大学得到广泛的应用。从设计元素到一门项目制课程的实施，每个元素需要具体的学习活动和管理环节来落实。国内的项目制教学起步不久，项目制教学的实践和研究还在引进、学习、探索和积累阶段，本文将基于巴克教育研究所项目制教学设计的7个标准，对开展一年的四川大学"可持续城市系统"跨学科项目制教学实践开展分析，回答以下研究问题：项目制教学设计的7项标准在教学中可以通过哪些教学活动和环节落实？跨学科项目制教学实践中的难点是什么？有什么建议？

2 研究背景

2014 年四川大学与斯坦福大学启动了跨学科项目制课程“可持续城市系统”的教学合作，该项目是四川大学与斯坦福大学可持续发展与全球竞争力中心签署的“全球城市发展计划”合作协议的一部分。该项目制教学的第一期教学时间是 2015 年 9 月—2016 年 6 月，以“成都高新南区的可持续发展”为研究专题。来自四川大学建筑与环境学院和经济学院 7 个专业的十位老师组成导师团队，学生经过自愿报名和选拔，来自 7 个专业的 15 名同学加入该门课程，其间 1 名学生退出学习，最终 14 名同学完成整个周期的学习。

为了与斯坦福大学在该年度的项目制教学——美国硅谷圣何塞市的可持续发展研究进行对比，四川大学“可持续城市系统”项目制教学在课程设计阶段借鉴了斯坦福大学的课程模式。对成都高新南区的可持续发展研究以集中学习、讨论课程、网上学习斯坦福大学的课程资料、收集分析高新南区的数据资料、走访相关政府部门、社区居民走访、问卷调查、改进方案设计等方式开展。最终的学习成果为成都高新南区交通拥堵研究报告，高新南区公共空间利用研究及改进方案设计、城市可持续发展评价指标体系研究报告和学术海报，2016 年 5 月，14 名学生和 6 名老师在斯坦福大学进行互访学习交流和汇报，2016 年 5 月和 6 月，该课程学生在四川大学进行两次公开汇报。

3 研究资料、数据来源与研究框架

本文的分析资料与数据来自四川大学“可持续城市系统”跨学科项目制教学 2015—2016 年 17 次集中研讨课记录、2 次四川大学的公开报告资料、斯坦福交流访问记录、学生的作业和报告记录、师生访谈和评估问卷等。本文的研究框架依据巴克教育研究所提出的项目制教学设计的 7 个要素制定，因为斯坦福大学的课程设计遵循了这 7 个要素，四川大学的教学设计参考借鉴了斯坦福大学的课程模式，在具体执行中，每个项目制教学的设计要素由自主设计的管理环节和教学活动来支撑，分析框架详见表 1。本文分析的重点是：①项目制教学设计的 7 项标准在教学中可以通过哪些教学活动和环节落实？②从实践效果看，哪些活动和环节对相应设计要素的支持效果较好？为什么？③哪些活动和环节对相应设计要素的支持效果不太好？为什么？④存在哪些难点和挑战？有什么改进建议？

表 1 项目制教学课程设计分析框架

项目设计要素	支撑要素的项目制教学活动与管理环节
1. 挑战性问题	成都高新南区的可持续发展有什么挑战？如何改进？ 研讨课的阶段性问题
2. 持续探究	集中研讨课（17 次） 第一轮分组（第一次研讨课） 第二轮分组（第七次研讨课） 第三次分组（第十三次研讨课） 多次实地调研 学习斯坦福大学中期报告及课程资料
3. 真实性	真实的研究场景和对象：以成都高新南区作为研究对象和研究场景地 真实的任务、工具和评估标准：实地调研、居民走访的方法，调查问卷和 GIS 等工具的使用 真实的需要和影响：与成都高新南区管理委员会有关官员建立联系。向斯坦福大学合作课程团队做公开报告
4. 学生的话语权和选择权	第一轮研究方向的确定 第二轮和第三轮与老师共同确定研究方向的调整 学生自主选择加入研究小组 中期研究报告框架设计 选举班长规则制定与选举 小组自我管理 学生“微讲堂”活动 学生轮值研讨课安排、主持、课程文字和照片记录 组建访美事务小组分担后勤、礼品、财务和记录管理 斯坦福汇报任务分解与承担 中期报告框架设计
5. 反思	中期个人总结 阅读文献总结 访美观察笔记 第十八次集中研讨课：项目总结 “如果重来一次”的反思笔记 项目制教学评估问卷调查 一年后的追踪调查
6. 评论与修正	17 次集中研讨课的口头建议与修改 调研设计的多轮口头与书面修改建议 + 后续改进 中期报告的多轮口头与书面修改建议 + 修订版 访美报告和海报的多轮口头与书面反馈与修正 + 报告与海报的修订版 斯坦福大学合作课程团队教师与学生的反馈意见
7. 项目成果公开展示	四川大学第一次公开汇报与海报展示 四川大学校内第二次公开汇报与海报展示 斯坦福大学访问公开报告 斯坦福大学研讨会海报展示

4　研究结果

4.1　挑战性问题

挑战性问题的提出让学生可以聚焦于一个目标，围绕目标展开课题的深入探究。“可持续城市系统”跨学科项目制教学提出的核心挑战性问题是“成都高新南区的可持续发展有什么挑战？如何改进？”这个核心问题是一个统领性问题，不论是老师还是学生对这个问题都没有答案，在前期的研讨课中，老师要求每个学习小组在做学习报告时，针对自己的学习内容提出至少一个问题请其他同学和老师解惑，让提问成为思考习惯引导学习。在十个月的学习过程中，为了回答核心问题，一系列延伸问题随着学习的深入被学生提出。

在第一阶段的开放式研讨课中，同学们的问题聚焦在：什么是可持续发展？可持续发展的方向是什么？如何评价一个城市的可持续发展？可以从哪些方面入手？我们需要了解什么资料和信息？在哪里去找到资料和信息？这么多资料和信息怎么分工学习研究……

通过对资料的学习，同学们对高新南区的问题开始思考得更具体和更深刻，批判性思考的问题开始出现，例如：成都高新南区的发展方向是否有问题？为什么交通状况的数据与实地感受相差甚远？为什么高新南区硬件环境非常好却没有很多人住？居民居住的需要是什么？是否可以通过与公共服务行业合作的手段来吸引外资？是否可以引入环保企业来控制能耗？政府将大部分基础设施的建设与后期的管理，放权到了企业，是否有较强的约束力？成都高新南区的可持续发展可以选择哪些切入点……

对国际案例的学习中，同学们的问题包括国际上其他城市的可持续发展经验可以为成都高新南区的发展提供借鉴吗？为什么？可以借鉴哪些经验？国际案例中社会与文化方面有非常详尽的资料，高新南区是否欠缺这一块？高新南区是否可以发展慢行交通，使交通更为通畅……

除了围绕“城市可持续发展”的重要知识和认知展开的问题，同学们也提出很多的技术性问题：我们的专业知识能够为这个项目做什么？如何将统计年鉴中高新区各项支出人均化？高新南区研究的中期报告应该怎么组织？用什么框架才能最好地呈现信息？怎样做问卷调查？不会和陌生人打交道怎么做调查？一个好的 PPT 的标准是什么？为什么我认为很炫的 PPT 设计被老师否定了？怎样把几十页的报告凝练在 5 分钟……

为了回答“成都高新南区的可持续发展有什么挑战？如何改进？”这个核心问题，学生们提出问题的数量和思考角度的丰富超出了老师团队的预期，这些问题引导学生不断深入对城市可持续发展的理解和认知，也引导整个学习过程以深入探究的方式进行下去。

4.2 持续探究

相比仅从书本或者网络上查询信息，探究是一个更主动、更深入的收集和调查信息的过程。“可持续城市系统”课程对持续探究要素主要以集中研讨课+学习小组的阶段性探究学习任务+斯坦福大学课程资料学习+实地调研等一系列教学活动来实现。主要有以下四个方面：

集中研讨课：“可持续城市系统”项目制教学一共组织了17次集中研讨课，包括6个专题的老师集中讲授与嘉宾讲座；以及每周各学习小组集中汇报展示一周的进展和收获，再由指导老师对每组的情况进行点评和建议。在学生的研讨过程中，指导老师随时对学生的问题进行辅导。由此，通过“学生研讨+老师指导—汇报—点评+建议—进一步研讨”的方式推进课程的逐步深入开展。

学习小组的阶段性探究学习任务：通过小组的组建和任务分解，让持续探究学习有组织形式的保障不断深入。

第一轮分组（第一次集中研讨课）：经学生讨论，15位同学分为经济组、规划组、生态环境组、基础设施组和历史文化组，学生自愿报名组合，但要求每组必须有2名以上不同专业的同学交叉。每组开始进行项目的调研和数据收集，对成都高新南区进行基础状况摸底。

第二轮分组（第七次集中研讨课）：根据前阶段的研究进展和问题讨论，学生重新组合为四个学习小组：地理信息系统（GIS）组、调研组、国际案例组、数据分析组。

第三轮分组（第十三次集中研讨课）：根据最终研究任务选择，学生们重新组合为绿色建筑组、公共空间组、交通分析优化组、案例总结和评价体系组。

小组探究学习的过程中，相关数据和资料的获取是艰苦和充满挑战的过程。研究高新南区的可持续发展，需要大量的数据进行评估，公开的统计年鉴和政府报告的数据不能支持深入分析。因此，本项目向高新南管委会出具了四川大学公函，并获得了高新南管委会的支持，但是数据的完整性和相关性仍然是一大挑战。因此，每一次重新分组既是为了信息整合也是由于获取数据的局限而做出的必要调整。

实地调研：学生的实地调研包括单独进行和集中进行两类。有各小组单独开展的实地调研，也有2015年11月6—8日集中组织的项目分区调研。学生最终的反馈中显示：实地调研才能知道具体的问题，更深入了解自己负责的研究内容，“很多问题都是在调研中显示”；但对调研效果总体不太满意，认为调研效率不高。主要原因是研究点太大，而调研的规模与深入程度不够；调研方法和问卷设计之类的事先没有完善得很好等。

学习斯坦福大学课程资料和中期报告：从学生的反馈看，对斯坦福大学课程资料和中期报告的学习，部分同学认为提供了参考和借鉴，“了解不同文化、不同发展水平存在的城市问题差异和对可持续发展的认识”，“从世界级顶尖大学的项目中学习，能够清楚差距以及了解他们的教学思考模式”。也有同学认为“学习不是很有效率，可能需要统一学习”，“总想着去模仿他们，反而把自己的很多东西丢掉了”。斯坦福大学的共享资料一方面给了整个项目团队积极的压力和动力，另一方面也看到了两校在国情上的不同，斯坦福大学的项目制教学从公开的政府渠道获得的数据很完善，让他们的研究可以很快聚焦和深入。

4.3 真实性

真实性是项目制教学的核心特征，“可持续城市系统”课程对真实性要素的实施主要体现在四个方面。

真实的研究场景和对象：项目制教学以成都高新南区作为研究对象和研究场景。交通、绿色建筑和公共空间的设计以高新南区真实的道路网、建筑和空间为对象。

真实的任务、工具和评估标准：课程在每一阶段的任务设计是从高新南区的实际状况中甄别产生。学生多次对高新南区走访和调查，对居民的走访，调查问卷的应用，GIS工具的使用，都围绕着真实任务而展开。

真实的需要和影响：项目执行阶段，团队的老师和学生多次联系成都高新南区管理委员会有关部门，了解成都高新南区对可持续发展的需要，并根据高新南区管委会的推荐，选择中海国际中心作为公共空间的设计区域之一。项目制课程希望在“课程与真实存在的用户”，即成都高新南区管理委员会之间建立联系，使课程的研究结果产生真正的影响力，反过来，也可以由用户评估来检验项目制课程的学习产出。不过，在本期项目制课程中，这样的紧密联系还有待加强。

与斯坦福的课程设计比较，真实的需要和影响是四川大学课程的薄弱环节。斯坦福大学的课程实施中，圣何塞市政府与圣何塞的地产开发公司是正式的研究合作方与用户，学生最终的方案在圣何塞市政厅向政府官员和地产公司管理层做汇报，真实存在的用户和评判标准给学生积极的动力和压力投入项目制学习，形成双赢的局面，正如斯坦福大学的一个学生总结说："项目制课程给我们提供了非常好的实战经验，也给政府或其他用户提供了免费的智力服务。"

学生的真实兴趣/关注：项目制教学过程中经历了三轮学习任务的调整，第一轮的学习任务设定，学生自主确定具体的方向。第二轮和第三轮学习任务的设定，由老师和学生共同讨论完成。

4.4 学生的话语权和选择权

"可持续城市系统"项目制教学对学生话语权和选择权理念的贯彻是让学生尽可能在项目的各个环节有所参与，从提出问题，到为解决问题寻找资源，到团队的组织与分工，具体通过四方面来实现。

研究方向的选择权：项目教学第一轮选择从经济、规划、生态环境、基础设施和历史文化五方面开始成都高新南区的可持续发展研究，五个方向的选择完全由学生决定。第二轮和第三轮研究方向的调整由老师和学生共同讨论决定。选择加入研究小组也由学生自己决定。项目制学习的中期报告框架设计也由学生提出方案，再与老师共同讨论决定。

学生"微讲堂"活动："微讲堂"活动即每位同学分享自己专业的某个前沿理念、科技和趋势，以及自己认为该内容与可持续城市有什么联系，促进学生之间伙伴学习的氛围。

学生的自我管理：学生自己制定规则来选举班长、学习组长以及制定管理规则。学生轮值负责研讨课安排、主持、课程文字和照片记录。访问斯坦福前，访问行程的联络、后勤与财务管理由学生自愿报名进行任务分担，学生组织了访美事务组、礼品组和团队简介制作组，访问交流的签证手续、住宿安排、礼品准备、交通工具的联系、安全事项提醒以及访问期间的文字和照片记录均由学生自己协调分工和自主承担。

共同承担斯坦福公开汇报的任务：访问斯坦福的公开汇报是项目制教学成果最重要的一次展示，也关系到老师和同学的荣誉。在有限的时间里，14 名学生全部做汇报的难度很大，14 名同学的英语水平和公开演讲能力也不一样，是选择几名水平最优的同学作为代表汇报，还是都参加公开汇报，老师和学生一直很难做最终的决定。在汇报的前一天，经过老师和学生的共同讨论，最终决定所有的同学都参加公开汇报。后来，同学们对教学项目的反馈中，这成为所有人记忆最深刻的活动，他们把前一天直到深夜的准备称为“涅槃”！

4.5 反思

反思相关的教学活动和管理环节主要分为正式反思总结和非正式的反思总结两部分，非正式的反思总结在集中研讨课或指导老师与学习小组的讨论中进行，或者融入作业、报告的点评中。

正式的反思总结环节包括：学生中期总结（中英文）、阅读文献总结、反思笔记、终期评估问卷、终期反思总结会和一年后的追踪调查问卷。

学生中期总结（中英文），在中期总结中，除了研究报告，每位同学还要完成中期个人总结；阅读文献总结，在2015—2016年的寒假，每位同学阅读文献并完成文献阅读总结。反思笔记还包括访美的观察笔记、通过项目制教学学到的技能总结，以及“如果重来一次”的反思笔记。此外在项目结束时，所有同学匿名完成了项目制教学终期评估。学生的总结和报告向所有老师和学生开放，大家可以在课程群里下载阅读。课程的师生在完成斯坦福大学的访问和交流后，专门召开了第十八次集中研讨课，反思和总结项目制教学以及访问的收获和改进的建议。项目结束一年后，又邀请所有同学完成追踪调查问卷。

从实践效果看，反思环节，尤其是要求学生定期进行书面的反思总结，不仅可以培养学生系统的总结参与项目制教学的学习收获，也促使学生对个人的全面成长进行思考和总结。这些资料也为老师更深入全面的了解学生参与项目制教学的效果提供了生动丰富的信息。

4.6 评论与修正

项目制教学中，高质量的学生作品来自不断修正的过程和汇报时接受用户或相关群体的评论建议。本项目制教学中，评论与修正主要经过几个环节。

课程团队的内部反馈建议：主要是17次集中研讨课的口头建议与修改，调研设计的口头与书面修改建议，中期报告的口头与书面修改建议，访美海报和报告的口头与书面反馈与修正。在课程团队内部的反馈中，没有使用专业的评估反馈工具，而是要求学生对每个小组的报告，提出至少一个表扬意见、一个修改建议这样的方式进行。

公开报告收获的反馈建议：第一次公开报告的建环学院和经济学院观众学生的口头反馈建议，第二次公开报告的学院领导和老师的口头反馈建议，以及斯坦福大学合作课程团队和老师的口头反馈建议。

学生最终完成的项目制学习作品，经历了十几次的修正过程，从学生的最终反馈看，这样的反馈、修正、再反馈、再修正的循环过程对他们是宝贵而记忆深刻的学习和进步历程。

4.7 项目成果的公开展示

项目成果的公开展示主要通过四次活动完成。

2016 年 5 月 15 日第一次公开汇报与海报展示：听众为项目制教学的所有老师和学生。2016 年 5 月 22 日第二次公开汇报与海报展示：邀请了建筑与环境学院和经济学院的学生以及院领导参加。2016 年 5 月 31 日在斯坦福的公开报告：听众为斯坦福大学合作课程团队的老师和同学、四川大学的 6 名老师和 14 名同学。2016 年 6 月 1 日在斯坦福大学组织的“可持续城市系统”研讨会海报展示。参加者为斯坦福大学的师生、来自硅谷的企业代表，以及旧金山的非政府组织代表等。

项目成果的公开展示极大提高学生在项目式学习中的积极性，促成高质量的产出。学生需要向外界的公众去展示他们的成果，一定程度的紧张会转化成促进学生学习的动力，他们的表现会超出预期。项目制教学团队的老师原希望向成都市高新南区管理委员会的领导和工作人员进行一次汇报，但因为管委会的工作日程太紧张而没有实现。

5 讨论与建议

5.1 好的挑战性问题会自然引导学生进行深入探究的学习状态

挑战性问题不仅是一个问题，最好是一个核心问题引发出一系列逐步深入和具体化的问题。第一期的教学实践让老师团队感受到，首先，好的挑战性问题会自然引导学生逐步进入深入探究的学习状态。其次，学生提问的习惯需要培养和引导。开始时把总结问题和提出问题作为任务要求，有助于学生养成提问和寻找答案的习惯。再次，挑战性问题的设计需要考虑三方面的平衡：

挑战性问题与重要知识和认知的关系：挑战性问题能够引导学生进入对重点知识和认知的探索。

挑战性问题的延伸性：挑战性问题能够激发学生去不断深入和发现更多的问题。

问题的挑战难度与可实现性/可解决性：这涉及项目制教学中学生和老师能够投入的时间、精力以及学生和教师现有水平的极限。好的挑战性问题是既能挑战到老师和学生的“学识、能力天花板”，但又是大家努力后可以去突破和实现的。

5.2　在七个项目制教学设计要素中，持续探究的推进是有难度和有挑战性的环节

因为中国学生更习惯于担任执行者的角色，老师给出明确的任务要求，告诉学生做什么，怎么做，学生按照要求来落实。但这是不符合项目制教学的要求的。所以引导学生学会开展探究学习是项目制教学在中国高校的实践中需要重视的问题。本项目制教学的实践发现：持续探究最好结合研究问题设计不同的学习方法和组织方式，持续探究的深入是艰苦的学习过程，也是中国学生缺乏经验的过程，容易产生迷茫和挫败感。不同的学习方法和组织方式在该阶段有助于度过探究低潮期。在本项目实践中效果较好的活动和环节有：

（1）组建学习小组是很好的方式，持续探究过程中学生的互相陪伴和激励很重要。学生从中体会到团队合作精神和友谊是项目制教学的重要收获，也是学习目标需要实现的成功素养。

（2）设立阶段性任务并定期汇报（期限最好在 1 周）有助于给学生压力做好进度管理。

（3）实地调研是持续探究中不可缺少的环节。

从本项目实践看需要改进的环节主要在实地调研的设计和安排：一是调研场地范围不能过大，要与学生的时间和能力匹配。这也涉及挑战性问题设计中研究对象的选择。二是要尽力选择能够寻找到现场资源人和政府支持的地方开展实地调研。三是调研前老师需要协助学生做好更充分的准备。

5.3　真实性的教学设计需要构建社会化的学习合作网络

真实性设计环节的实现中，真实的研究对象和场景、融入真实的工具和方法，以及学生真实的兴趣和关注是教师在实施过程中相对好实现的环节。真实的需要和影响，特别是让真实的用户成为课程合作方，从而让真实的评估标准得到落实，这是需要付出更多努力的部分，尤其是与政府的合作。真实的用户存在和评价标准对学生项目制学习的动力和成就感有很积极的贡献，这也是项目制课程与传统课程相比的重要特色。真实性的要求，体现了高校课程的改革不仅是学校单方面的努力，而是需要构建社会化的学习合作网络。

5.4 学生的成长与给予学生多大的自由空间有关

学生话语权和选择权的教学活动和管理环节设计是本项目制教学中实施效果较好的。教学团队的实践中有几点收获：①学生能够成长多少，一定程度上取决于学生被赋予了多大的信任和责任。在斯坦福的公开汇报成为同学们的“涅槃”之旅，因为所有的同学都需要为自己研究的最终展示负责，而最终的展示是在一流国际高校的老师和同龄学生面前。这激发了每个学生的最大动力和潜能。②在跨学科项目制课程中，学生来自不同专业，彼此不够熟悉和了解，在赋权学生的自我管理时，同时要创造条件和机会让同学们彼此熟悉和建立感情，尽快形成良好的团队合作氛围。③学生在研究任务之外，分担服务型和管理型的责任有助于团队感情的深化。

5.5 在阶段性和正式的活动形式下进行反思有更好的效果

反思相关的教学活动和管理环节也是我们这次项目制教学中落实较好的部分。一般在教学和讨论中必然会融入反思的部分，不过，为了保证深入和更有效果的反思，需要特别设计活动和环节，给出明确的任务和要求，引导学生进行阶段性的系统反思。设计好的阶段性反思活动，也有助于学生养成反思的习惯。当反思不仅停留在学生的脑海里，也用文字梳理和表达出的时候，反思对学生产生了更深入和持久的影响力。

5.6 评论与修正的过程也是持续探究的不断深入

落实评论与修正设计要素的活动，同样是促进持续探究学习的有效工具，这个环节和持续探究是相互联系的。随堂进行的交流式的评论建议，有即时、快速和方便的优点，学生对评论的书面记录和对后续修正的确认是完成评论与修正环节的必要步骤。项目制教学可以尝试开发和使用更正式和更结构化的评论反馈工具，引导大家更系统的思考和给出更严谨的建议。

5.7 要为项目制教学的学生作品创造尽可能多的公开展示机会

要让项目制成果面向更广泛的公众和社区展示，课堂需要超越学校的边界，发展与更广泛的机构、社区和公众的合作，依托大学构建学习化的社区。项目制教学成果公开不仅面向学校的老师和学生，还可以面向项目研究的相关方、更广泛的普通公众、甚至学生家长展示，这会赋予学生超越分数和得奖的学习价值感和成就感。项目成果的公开展示也可更好的支持项目真实性要素的落实，在项目成果与真实的用户建立联系，为项目创造真实的影响力。公开展示也向学生传递一种信息：项目制教学的结束不是一项研究的终点，而是又一轮持续探究和改进的开始。

6　结论

四川大学“可持续城市系统”跨学科项目制教学一年的实践显示，巴克教育研究所提出的项目制教学设计的 7 个要素对教学活动和管理环节的设计起到了纲领性和系统性的指导作用。挑战性问题设计、真实性要素的要求、学习成果公开展示的要求对项目制教学的整体设计有创造性的启发。在 7 个指导要素的落实中，持续探究要素的活动实施是难点，设计活动不困难，难在持续探究能够有效地坚持下来并有所产出，这与中国学生一直以来习惯被动的灌输式学习习惯有关，从等待老师给出明确指令，到逐渐走向主动探究，学生习惯的转变需要老师的耐心支持和引导。项目制教学的实施是一个艰苦的过程，对学生和老师的投入时间要求、对未知答案的探索压力远超传统课程。真实性要素和成果公开展示要素的落实，需要课程超越学校的围墙，去积极构建学习型社区和学习的社会化网络。不断地反思、提出建议和改进也是持续探究的过程，两者密不可分。当学生被赋予充分的信任和职责，这样的信任和责任与老师充分的支持和引导相配合时，学生的成长和收获令人惊喜。而这样的惊喜，激励着老师和学生能够在探索中坚持，让项目制教学经历成为大学难忘的“涅槃”之旅。

致谢：

四川大学“可持续城市系统”跨学科项目制教学第一期全体师生特别感谢“斯坦福大学土木与环境工程系可持续发展与国际竞争力中心、成都市高新区（南区）管委会、四川大学校领导、国际处、教务处、建筑与环境学院、经济学院、低碳技术与新能源研究院”对本课程开展与推进所提供的大力支持。

大学探究式课堂教学的实践与探索：内涵、形式与评价①

刘健西

四川大学轻纺与食品学院

摘　要：探究式教学是国际上备受推崇的教学模式，是大学课堂教学的发展方向。本文结合教学实践，以课堂教学为载体，从内涵、课堂形式、教学评价三方面对大学探究式课堂教学进行了分析和探讨，并对几种主要的探究式课堂教学形式提出改进和创新的措施。

关键词：探究式　课堂教学　内涵　形式　评价

1　研究背景

“探究式教学”是近年来高等教育备受关注的一个话题，众多高校纷纷通过启发式、讨论式、小班教学和学习过程考核和评价等方式全方位实践探究式教学模式，以适应国家和社会发展的需要，培养创新人才。但相对于基础教育，我国高等教育中的探究式教学起步较晚，研究和发展相对滞后。通过研读现有文献，结合自身教学实践，发现目前高等教育中探究式教学存在的主要问题是对探究式教学缺乏系统的研究，多是局部讨论；对其本质的理解也比较含混。因而，在实践中缺少全面、清晰的设计和规划，使得在整个教学过程中不能很好地实施和贯彻探究式教学理念。课堂教学是大学教学的主要方式，本文以课堂教学为载体，从内涵、形式与评价三方面来分析大学探究式教学的模式，以期能够深入理解和运用这种备受推崇的教学模式，在提升教学水平和学习效果方面做一个有益的尝试。

2　对“探究式教学”内涵的解读

“探究”从字面上解读是“探讨和研究”之意，本质是“寻求问题的答

① 本文发表在《中国大学教学》2018 年第 4 期。

案”。美国教育家杜威最早将“探究”运用于科学教育。课程教学专家施瓦布对科学探究原则在教育中的运用进行了研究，提出了“稳定式探究”和“流动式探究”的概念。“稳定式探究”是指研究者直接使用已有的概念来进行探究以快速获得结论，目的是填补知识上的空缺。“流动式探究”不是以快速获取知识为目的，是对现有探究原则的检验和探究，发现不足和局限，进行修正和取代。随着科技飞速发展，施瓦布认为“流动式探究”才是符合科学发展规律的探究方法。美国《国家科学教育标准》把“探究”的定义界定为整个学习过程的多层面，从观察、提出问题，到运用各种资源设计调查和研究方案，再到分析、解释直到给出答案，还包括对答案的检验以及与他人的交流，强调学习的自主性，学习方法的培养以及整个学习和解决问题的过程。现代探究式教学在前期理论的基础上，结合教育实践，将其概括为以问题为出发点，以学生为中心，在教师的启发引导下的学生自我学习和合作探讨的“教”与“学”的过程。在该过程中，学生借助各种学习资源，发挥个人、小组、集体的智慧，寻找到问题的答案，教师通过多种教学形式为学生提供自由表达、质疑和讨论的机会。

3　探究式课堂教学形式的改进和创新

通过对“探究式教学”的解读，发现“基于问题，以学生为中心，合作式学习，重视学习的过程以及学习方法的培养”是探究式教学应有的理念。探究式课堂教学对学生考察和培养的内容应该是基于这些基本理念的多元化体系。在课堂教学的实践中，将对知识和技能、创新意识、实践能力、自主学习、学习方法以及团队协作精神的培养和考察融入到探究式课堂中去。

在设计课堂教学形式时，还必须考虑到对学习效果的检测，以便能及时地调整和改进教学形式。课堂教学主要是通过语言和文字来实施，学习效果的展示也是如此。展示的方式主要分为以语言表达为主的讨论、演讲和报告以及以文字为主的论文、作业和测试。结合上述的分析，探究式课堂教学的形式可以从课堂讨论、小组课题探究汇报、文献研读、小论文、单元测试这几方面展开，并从课堂延伸到课前和课后，贯穿了整个学习过程。下面主要对课堂讨论、小组课题探究、文献研读和课堂讲授这几种主要的探究式课堂教学方法进行分析和探讨。

3.1 课堂讨论的组织和控制

施瓦布在对探究型课堂的研究中就提出，学生必须采用讨论的方法对所学对象进行探究。课堂讨论启发学生的思维能力和口头表达能力，能充分发挥学生这一参与主体的主动性，提高教学活动的效率与效果。但在课堂讨论中，要注意组织形式和教师对整个讨论过程的控制。如果组织形式不当，就不能激发学生的参与热情和学习兴趣。主题的选择，提问的方式等都会影响讨论的效果。根据自身教学实践发现，与社会现实、时事和前沿研究相结合以及贯穿大学生自身发展的主题更能激发大家的讨论热情，继而，进行深入的思考和感悟。例如，在“国际贸易实务”和“商事仲裁”这两门课程的讲授中，在“国际贸易风险的防范及争议的预防和处理”这部分内容中，在确定讨论主题时，把“商人的职业道德和仲裁员的职业道德”这样的问题加入到讨论中去，大家在讨论时积极踊跃，分别从法学理论、社会学理论、政治学理论、司法实践和案例等各个角度展开讨论，收到了良好的效果。同时，在实践中发现，讨论偏离主题的情况也时常存在，主要根源于学生现有知识的局限性和对发散性思维理解的偏差。对此，教师应甄别哪些是偏离主题的情况，哪些是发散性思维，及时纠正，否则起不到积极的教学效果，也浪费了课堂上的宝贵时间。因此，教师应加强对讨论过程的组织和控制，在课堂讨论前应认真选择主题，做好讨论的设计，在讨论过程中注重引导，在偏离主题时及时提醒，使整个讨论围绕主题进行。

3.2 “角色扮演法”在小组课题探究中的创新运用

小组课题探究重点考查实践能力、创新意识以及团队协作精神。在对课题探究的过程中，为促使小组每个成员都能积极投入探究的过程中，避免“搭便车”的行为，将“角色扮演法”创造性地运用到课题探究汇报中。角色扮演法最初主要是用在企业经理人员的选拔和培训当中，是企业一种有效的人员甄选工具和培训方式。后来，角色扮演法被用于 MBA 教学过程中，和案例讨论法一样成为 MBA 教学中的重要教学方法。而我们在课题探究汇报中，将“角色扮演”进行创新，将学生分组，每组内部进行分工合作，组长统筹规划研究方案，组员进行文献资料的收集和整理，发言人负责在课堂上陈述汇报。总结几年来的实践经验，主要的问题为：发言人在进行课堂汇报时，其他小组“各自为政”，对此参与不足，甚至做与课堂无关的事情；组员在本组发言同学发言汇报时只是简单地充当听众的角色，缺乏积极投入的思考，觉得自己的

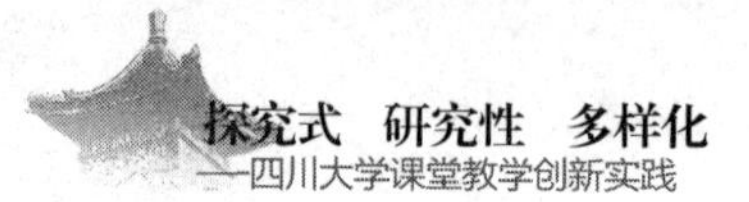

工作已做，课堂上的陈述汇报与己无关。针对这些情况，在每组内部设立一个评论员的角色，负责对其他小组的发言进行评论。同时鼓励组员对本组发言人的观点、内容进行补充和修订。这些措施，让每一位同学都能在课题探究中找到自己的角色，积极参与，认真投入，不流于形式，真正发挥探究式课堂教学的作用。这种方式，还有额外的收获：在班级内增进了同学们彼此的沟通与协作，营造了一个具有团队意识和团队协作精神的班级氛围；同时，学生的人际交往技能也在角色扮演过程中得到培训和提升。

3.3 通过文献研读提升自主学习能力

施瓦布所倡导的探究式教学强调教学中学生的主体性地位，给予学生更多自由时间。因而，在课程设计上要留出足够的自主学习的内容，让学生亲自进行探究。文献研读则是重点培养学生自主学习能力，包括学习的自主性和学习方法，例如信息检索、归纳总结等学习方法。同时，在课堂上鼓励大家对自己的文献研读进行交流总结，相当于一个读书报告会，一方面锻炼自身的语言表达能力，另一方面也通过彼此交流拓宽视野和知识面。通过几年的实践，发现与小组课题探讨相比，本科同学在文献研读这一方面比较薄弱，文献研读的内容和范围狭窄，归纳概括能力较差，缺乏深度，形式不规范。其根本原因在于自我学习的能力不足，不能独立地完成科学研究任务，这也为以后的探究式课堂教学指出了需要强化的方向。

3.4 不能忽视优质高效的课堂讲授

在探究式教学中对教师作用的界定，普遍的观点是“学生学习过程的组织者、指导者、帮助者、促进者，学习资源的提供者”，没有体现出“知识传授”的作用，因而会出现忽视课堂讲授的倾向。一提到课堂讲授，就会片面地联想到灌输式、教条式的讲授。课堂讲授对于本科阶段基础知识和技能的培养是不可或缺的，问题的关键是在探究式课堂教学中如何进行高效和优质的课堂讲授。教师首先要做到的是在丰厚专业素养的基础上精炼讲授内容，重点引导学生在原有认知基础上建立起对新知识、新概念的联系。在系统化的基础上突出重点、难点，部分知识以提纲的形式进行简略介绍，一方面学生可以参照提纲自我学习，可以节约大量时间用以课堂讨论、探究、汇报和交流，另一方面也给予学生在自主学习方面更大的空间。在这种精炼式讲授的形式下，导论课就显得尤其重要。导论课要更加详细和完整地介绍课程的章节、知识点的构成、章节与章节之间的逻辑关系、知识点和章节之间的关联、重点难点、学习参考书、学习资源、学习方法、前沿领域、过程考核的内容和形式以及总成绩的评定等。详细而系统的导论能够引导学生发挥主观能动性，积极开展自主学习，教师精炼式的讲授才能与此相得益彰，发挥最大的价值。

同时，结合课程内容和学生多元化、差异化特点，知识点密集的章节采取单元测验的形式，达到考察知识和技能的目的。以学生为中心，考虑到学生的不同性格和特质，设计多种形式的教学方式，不仅有课堂讨论和发言，还兼顾性格内向的同学设计了课后的网络讨论和小论文，不仅关注课堂表现，也重视课后的延伸。

4　对探究式课堂教学进行全面评价

对探究式课堂教学的评价是为了诊断、改进课堂教学，提升“教”与“学”两方面效果。但现有的评价体系主要是针对教师的“教”，也就是目前的以学生为主体对教师教学水平的评教模式，而忽视了教师对学生的学习效果的评价。

4.1　在以学生为主体的评教基础上结合各方参与评价

在对教师教学水平的评价上，现有的学生评教方式比较客观公正地反映了教师的教学水平、工作态度和职业素养，但大学生在认知上存在一定的局限性，也会有少数学生带有一定的功利思想，导致对教师的评价存在有失公正和客观的可能性。因此，对教师的评价应以学生为主体，但也需要各方人员的参与，例如，学校教学督导组、学院教授委员会、教学管理人员、普通教师等。以教师的角度思考，督导组、教授委员会及同事在听课后给出的意见和建议更具有针对性，通过沟通和探讨，教师更能清楚地认识到自己在教学上的不足之处，从哪些方面改进，也更有助于教师教学水平的提升和自身的成长。

4.2　对过程性考核的结果进行深入和动态的分析

现有的对学生学习效果的评价往往都局限于期末试卷分析。期末试卷分析是一次性评价，更多关注学业成绩，不能全面地呈现学习效果。虽然探究式教学模式重视学生的过程性学业评价，加强了过程考核的比重。但过程性考核最终是以分数的形式按照一定的百分比折算到总成绩中，如果不对过程性考核进行深入的统计、分析、研究，其作用与期末试卷分析差别不大。学生的知识技能、创新意识、实践能力、自主学习、学习方法、团队协作精神等方面的水平和学习效果，我们也是无法全面掌握的。同时，期末试卷分析和过程性学业评价是彼此独立存在的两个方面，没有有机地融合，缺乏系统性、整体性的评价。就目前的状况，应重点开展对学生过程性考核的分析和评价，过程性考核是连续多次的，分析和评价也要动态化。在一门课程的学习过程中，尽可能对平时过程考核及时分析、评价，起到诊断性的作用，才能据此及时改进课堂教学方式，修订、完善下一次的过程考核，也才能达到探究式教学的目的。大学探究式课堂教学研究思路见表1。

表1　大学探究式课堂教学研究思路

	大学探究式课堂教学体系
内涵	基于问题，以学生为中心，合作式学习，重视学习的过程以及学习方法的培养
培养内容	知识和技能、创新意识、实践能力、自主学习、学习方法、团队协作精神
课堂形式	课堂讨论、小组课题探究汇报、文献研读、课堂讲授、小论文、单元测试
	改进与创新： 课堂讨论的组织与控制；将“角色扮演法”创造性地运用到小组课题探究中； 通过文献研读提升自主学习能力；实行精炼式课堂讲授，注重导论课的作用
教学评价	学生评教、教师评学
	改进与创新： 在以学生为主体的评教基础上结合各方参与的评价结果； 重视教师评学，在现有的试卷分析的基础上对过程性考核的结果进行深入和动态的分析

5　结语

综上所述，探究式教学是大学课堂教学的发展方向，大学教师应在课堂教学中积极实践和探索这种教学方式，不断总结和思考探究式教学模式的运用，加以改进和创新，以促进“教”和“学”两方面的提升和良性互动。

参考文献：

[1] 邱文教，赵光，雷威．基于层次分析法的高校探究式课堂教学评价指标体系构建［J］．高等工程教育研究，2016（6）：138－142．

[2] 陈文彦，王栓宏．体验美国大学的教学模式［J］．中国大学教学，2013（5）：94－96．

[3] 张胤，胡菲菲．回归实践、回归问题、回归主体——论探究式教学的本质、特征及实施模式［J］．江苏高教，2013（4）：67－70．

[4] 谭帮换. 浅析施瓦布科学探究思想及科学教师培养方法 [J]. 世界教育信息, 2010 (1): 49-52.

[5] Connelly, F. Michael. Joseph Schwab, Curriculum, Curriculum Studies and Educational Reform [J]. Journal of Curriculum Studies, 2013, 45 (5): 622-639.

[6] National Committee on Science Education Standards and Assessment, National Research Council, Science Education Standards [S]. National Academies Press, 1996: 23-24.

备注:

四川大学新世纪高等教育教学改革工程（第5期）研究项目。

服装设计与配饰设计课程合作教学的人才培养模式探索

吴 晶，熊忆南，吴 芳

四川大学轻纺与食品学院

摘 要：新经济形势下，服装产业急需改革和转型，高校作为输送专业人才的基地，在教育培养方面也面临着种种挑战，教学改革早已刻不容缓。本文通过剖析服装设计与配饰设计课程的现状和存在的问题，对服装设计与配饰设计课程的教学改革思路和方法进行了阐述。对服装设计与配饰设计课程合作教学人才培养模式的探索，在提高该两门课程教学的质量和教学效果的同时，能激发学生的创造潜力，对服装设计创新人才的培养，具有一定的研究价值。

关键词：服装设计 配饰设计 课程合作 创新实践

1 研究背景

随着人们生活水平的不断提高，服饰品越来越受到消费者的关注，无论是价格高昂的国际奢侈品牌，还是街头巷尾的小饰品店，都在向消费者展示服饰品的时尚魅力。市场需求与日俱增，相关产业也日渐壮大。然而，简单的加工技术和低劣的品质，严重制约着中国的服饰品产业发展，在国外也遭遇到贸易壁垒和各种不公平待遇，尤其是随着经济全球化进程不断加快，中国这个以加工业为主的大国要想在竞争中保持领先地位，就不能只靠低价竞争，必须要有一流的设计、一流的质量，才能赢得更加广阔的国际国内市场。因此，提高设计的研发能力，是服饰行业发展所趋，人才的培养是其关键因素。结合市场需求，加强服饰设计专业的教学改革，培养市场急需的高素质的专门型人才，成为服装教育的当务之急。

目前，创意类服装设计与配饰设计课程，是国内服装院校教学大纲中的核心课程。在以往的教学中，已经逐渐汲取西方院校的服装设计教学理念，让学生了解西方文化中对于个体化和社会多元化的理解，以培养学生良好的生活态度和审美水平。国外服装设计类院校更是将服装创意设计与配饰设计课程作为相辅相成的教学环节，十分强调教学的统一性。

2 课程简介和教学目标

2.1 课程简介

服装设计是服装与服饰设计专业的必修课程，以打破惯性思维，发挥想象力与创造力为出发点，将灵感延续拓展并转化成设计作品。配饰设计是服装设计专业学生的主干课程之一，也是一门实践性较强的课程，通过课程的学习，让学生全面掌握设计制作与合理搭配。服装设计和配饰设计的教学任务在于培养学生具有一定的艺术创造力和想象力，并能很好地将创意要素融入服装设计中去。

2.2 教学目标

课程以小组为单位跨年级交叉合作学习，结合高校教育人才培养目标的要求，培养学生的创造性思维，开发学生的创新能力，教会学生如何有效进行创意设计及搭配。

掌握创意服装与配饰设计的分类；掌握创意服装设计理念的建立；掌握服装与服饰搭配技巧；掌握创造力思维空间的不同特征；掌握政治、经济、文化、宗教等对设计理念的影响；掌握形式创意的主要特征和方法。

提升学生自身的审美能力和艺术修养；培养学生实践分析能力与创新意识；培养学生进行服饰创新设计制作、搭配的动手技能；树立正确的职业观念；树立正确的设计思维方式和对服装配饰搭配的艺术感觉和情感倾向。

3 目前课程教学中存在的问题

3.1 课程教学模式与需求脱节

目前服装设计和配饰设计的教学内容和模式已经不适应新形势下对创新性人才培养的需要。我国纺织服装行业由劳动密集型产业向创新型文化产业的转型升级，促使企业对服装专业创新型人才的需求日趋迫切。服装设计的教学目前还主要停留在理论型和绘画型的教育上，缺少服装本身集合多重技术多重艺术的综合性教学特征，对实践教学的规范性重视不足。

3.2 课程教学间缺少联系

高等教育教学条件与产业资源脱离不利于学生创新实践能力的培养。由于服装专业高等教育教学条件与产业背景相对独立，高校传统的教学模式、教学和实验实习条件不能完全模拟和体现服装产业实际营运的环境和条件，导致学生创新和实践能力相对较弱。

服装设计与服饰配件设计是服装设计专业的两大核心课程，教学中这两大课程之间的联系很少，服饰设计的教学往往教授一些传统的工艺手法，缺少时代感，学生在设计与整体搭配方面缺少实践经验，常常只注重配件设计本身，这种教育模式培养出来的学生能力比较单一，缺少现代化操作理念，不容易适应新形势下对创新型人才培养的需求。

4 解决教学问题的思路

课程教学不是一成不变的，可以因地制宜、因人而异。将两门课程以小组为单位跨年级交叉合作学习，进行理论与实践一体化教学，展示交流学习成果。

课程教学的选择难度应该适度，应考虑可操作性和学生的层次与现有水平，在顺序安排上也应由简单到复杂，由单项到综合，先进行基本技能训练，入门后再逐步深化，循序渐进。

教学内容应该是动态的，根据企业和市场的变化，及时将最新的创意设计与搭配理念、服装及配饰制作工艺技术引入到教学中来。

4.1 加强课程之间的联系

给予服装设计和配饰设计课程一个共同的设计主题，把学生们分成小组，一般是5~6人为一组。学生按照自己的理解，针对主题进行进一步的讨论，确定设计思路后，课后查找资料进行调研，在规定的时间内要求完成一组设计，并阐述自己的设计与搭配，最终以展览形式呈现作品。联合作品汇报展强调学生课堂的参与性，着重于学生的设计思想传达，及学生的个性发展。在老师的敦促下，学生分组自行完成设计和制作，调动学生主动性和最大潜能，创造成果展现和交流平台，有助于提升学生个人设计创新能力培养，对学科的发展也具有一定的促进作用。

4.2 培养优秀教学团队

邀请企业资深设计师和技术人员或兄弟院校教师来校授课、交流；派送教师去国内外相关院校进修学习，扎实理论基础；派送教师去相关服饰企业实践实习，提升实践经验；多渠道引进有服饰专业背景的新教师，充实教学团队。定期进行教学交流和学术研讨，深入开展与服饰专业相关的教学改革与创新，不断完善服饰专业实践教学体系，提高服饰专业人才培养的综合质量和水平。通过"外引内培"的方法，培养一支适应服饰专业发展的多元化教学团队，有力保障服饰专业课程的实践教学能力和毕业设计水准。

4.3 建设高水平教学平台

通过对服饰专业方向人才培养计划和专业课程设置的不断研究，并对服饰相关企业生产流水线深入广泛调研，设计先进可行的实验室建设方案。同时，购置国内外先进的服饰实验仪器设备，不断完善服饰专业实验教学的硬件软件环境设施，建成国内领先水平的服饰专业实践教学创新平台，以利于培养学生的实践动手能力与设计创新综合能力。

5 教学方法的创新

通过打破传统的教学模式，加强课程之间的联系，是该课题的主要研究内容。实行任务导入、理论讲述、项目工作的新型教育模式，采用启发、欣赏、实例制作为主体的教学方法。充分利用教学资源，拓宽学生学习渠道，改进学生学习方式，提高教学效果，增强教学的开发性和灵活性。可结合技术专家讲座、设计作品观摩等多种形式实施教学。在设计"任务型"教学活动项目时，应注意活动要有明确的目的并具有可操作性；要以学生的职业岗位能力要求为出发点，内容和方式要尽量真实，以提升学生学习的兴趣。

5.1 教学模式创新

依托教学建设，推进服装与服饰设计专业教学改革，建立科学合理、循序渐进的进阶式人才培养新体系。定期进行教学交流和教学经验研讨，以利于提高教学水平；建立科学合理的实践教学评估体系和实践教学质量保障体系；支持和鼓励教师学生去服饰企业实践实习，将企业的运作模式与实践教学相结合，让艺术设计与工艺技术相融合，提升教学内容的行业领先度和时效性，保证师资、教学案例、行业资讯等教学资源的前沿性。

5.2 课程模式创新

构建课程交叉合作的教学模式，实现交互式实践教学体系的应用。整合学校优势资源，结合服装与服饰设计专业课程特色，创新性地进行多课程交叉合作模式的尝试，完成课程间交互式实践教学实施的计划。注重学生设计方案的实现，打破传统式的教学，强调个性化教学。

5.3 教学体系创新

搭建一个为本专业学生及专业教师提供共同发展的平台，推进本专业所有课程共同发展，增加课程之间的穿插衔接和本专业学生们相互学习的机会。逐年进行服饰专业课程实践教学的经验总结并修订服饰人才培养计划，深入开展服饰专业相关的教学研究与改革，不断完善服饰专业实践教学体系，构建全方位、多层次的实践课程教学体系。

6 结语

加强课程之间的联系，打破传统的教学模式，强调个性化教学是当下服饰设计专业教学的当务之急。为了进一步提升服饰专业的教学和人才培养水平，要紧密结合国内外服饰行业发展的需要，持续不断地推进服饰专业教学改革，构建服饰专业新型综合设计教学体系，以及兼顾毕业设计、模块实验、挑战杯实验的需要，培养出艺术与设计、设计与技术、技术与管理等高级应用型专业人才，使之更符合新时期国际时尚服饰实践教学的形势与要求。

参考文献：

[1] 侯玉. 浅析服装配饰课程的教学创新 [J]. 课程教育研究，2013 (16)：226.

[2] 王朝晖. 服装设计专业课程创新型教学模式的构建 [J]. 纺织服装教育，2011，26 (4)：274-275.

[3] 宋芝军. 探析服装设计专业课程创新教学模式的有效建构 [J]. 课程教育研究，2017 (30)：29-30.

[4] 陈熹. 中英合作服装与配饰设计专业就英国 PDP 系统的教学革新 [J]. 艺术科技，2015 (4)：235.

[5] 顾晓卉，倪要武. 协同理念下服装设计基础课程教学模式改革与团队构建 [6]. 设计，2017 (23)：86-87.

[6] 马永斌，柏喆. 大学创新创业教育的实践模式研究与探索［J］. 清华大学教育研究，2015（6）：99－103.
[7] 刘艳，闫国栋，孟威，权宇彤，逯家辉，滕利荣，孟庆繁. 创新创业教育与专业教育的深度融合［J］. 中国大学教学，2014（11）：35－37.
[8] 张月晰. 基于应用型创新人才培养的课程教学改革路径选择——以服装与服饰设计专业“服饰配件设计”课程为例［J］. 内蒙古电大学刊，2017（5）：78－81.

备注：

2017 四川大学创新创业专题研究项目。

“软件测试”课程过程化考核的实践与探索

杨秋辉，何 丹
四川大学软件学院

摘 要：课程考核是教学过程中的一个重要环节，如何全面评价学生的学习情况，是当前教育工作者研究的热点。提出了软件测试课程的过程化考核评价方式，对评价体系进行重新设计，注重综合评价，关注学习过程，通过课堂表现、课外作业、课程实验、学科竞赛、期末理论考试等方式进行考核。实践表明该评价体系能够全面、客观地评价学生的学习过程和效果，从多元化角度评价学生的知识掌握情况，提高了学生参与课程学习的积极性，从而也提高了学生的软件工程专业素养。

关键词：过程化考核 软件测试 多元化 评价体系

0 引言

“软件测试”是软件工程专业学生的专业基础课程，是软件工程知识体系的一个重要组成部分[1]。课程主要介绍软件测试的基本概念、方法和技术。课程的实践性极强，要求学生通过大量实验掌握相关知识。目前已有很多学校将“软件测试”作为专业必修课程。四川大学软件学院从2008年开始为本科学生开设软件测试课程，目的是使学生系统地掌握软件测试的基本概念和技术，培养学生的软件质量意识，提高学生在软件开发中的综合能力，并进一步帮助学生减少在软件开发中缺陷的产生。

传统的课程考核结果一般由平时成绩、实验成绩和期末考试成绩构成。通常期末考试成绩所占比重最大，一般采用笔试的方式，注重原理与概念的考核。这种传统考核方式只是注重结果考核，而对学习过程的考核不够重视，不仅导致学生认为这是一门理论课程，而且很难全面评价学生的知识掌握情况，也很难引导学生重视整个教学环节的各个方面，导致教学效果不够理想。因此，对软件测试课程实施过程化考核很有必要。

作者在实际教学过程中提出了过程化考核的评价体系，评价内容包括作业、课堂表现、实验、参加学科竞赛等。将课程的考核分布到教学全过程中，使教学从注重考试结果向注重学习成效转变，全面提升了学生的综合能力和素质。

过程化考核已经在很多学校的不同课程中实施[2-6]，针对课程的不同特点，专家们提出了不同的考核内容和方式[2][3][5]，普遍取得了较好的效果。在教师方面，过程化考核可以及时反馈教学过程中的各种信息，帮助教师了解学生对各知识点的掌握情况；在学生方面，过程化考核可以帮助实现以考促学，督促学生积极参与教学各环节，形成良好的学风，实现学生理论和实践能力的全面协调发展。

论文第二部分介绍软件测试课程的过程化考核方案具体设计思路，包括课程教学设计、过程化评价方案，第三部分介绍过程化考核取得的成效，第四部分进行总结和展望。

1 过程化考核方案设计

过程化考核的核心在于过程化，为了解决“只看结果，不看过程”的弊端，如何体现学生的过程化成绩是关键。结合软件测试课程的特点和教学内容，考核中涉及了课堂理论教学、课后学习、实验教学等各环节，可以充分评价学生学习过程各阶段的情况。

1.1 过程教学设计

课程内容主要包括软件测试相关理论知识和课程实践两部分。要求学生掌握软件测试的基本概念、理论和技术，并利用相关工具解决实际软件测试问题。在教学过程中发现，很多学生在完成课程学习和考试后，很快就忘记了各个概念的含义和区别。也就是说，这些概念没有变成他们真正掌握的知识。而通过对实际软件系统的各种测试实践，学生可以体会理论教学中的概念、技术和理论，并实际使用各种测试技术和测试工具，这样可以极大加强对理论知识的掌握和理解。因此，课程教学设计包括理论和实践教学两大部分。

在四川大学软件学院，软件测试课程的总学时为 48 学时，期中理论课 32 学时，实验课 16 学时。具体教学内容、作业安排、实验内容、实验涉及的知识点，以及学时分配见表 1。

表 1 课程教学设计

序号	教学内容	理论学时	作业	实验项目	实验学时	实验项目涉及知识点
1	软件测试概述	4				
2	测试入门	2	作业 1			
3	测试级别	2				
4	自动测试和测试工具	2				
5	静态测试	4		静态白盒测试	2	静态白盒测试、代码分析、代码复杂度、自动测试、测试工具
6	黑盒测试	2	作业 2			
7	缺陷报告和跟踪	2		黑盒测试，使用工具 BugFree	4	黑盒测试、测试用例、回归测试、缺陷生命周期、自动测试、测试工具
8	白盒测试	2	作业 3	Junit 实验	4	单元测试、驱动模块、桩模块、测试套件、断言、测试 Oracle
9	测试计划	2				
10	测试设计	2	作业 4			
11	测试执行和报告	2				
12	测试评估	2	作业 5	覆盖率实验	2	测试度量、测试覆盖率、单元测试、语句覆盖、分支覆盖等不同覆盖准则、测试工具
13	配置测试、兼容性测试、网站测试	4		Web 测试	4	Web 测试、GUI 测试、测试脚本
	合计	32			16	

在每一部分的理论教学中，教师都会精选一些习题，在课堂上穿插这些习题的练习和提问，记录在学生的课堂表现成绩中，这样可以做到在授课过程中进行考核。通过完成练习题，调动了学生的学习热情，学生也能够找到学习的快乐感和成就感。

5 个实验项目的设计，可以覆盖课程大多数的知识点。针对各个实验，都给出切实可行、可以操作的评分标准。通过实验项目考核，可以极大提高学生的动手能力、团队合作能力、解决实际问题的能力。

可以看到，在教学过程中，通过课后作业、课堂提问和练习、实验项目等，可以在很大程度上评价学生的过程化学习情况。

1.2 过程化评价方案

学生完成软件测试课程学习后，其总评成绩由课堂成绩和实践成绩两大部分组成。课堂成绩可以反映学生的平时表现和理论学习效果，包括了作业、课堂表现、期末考试等；实践成绩可以反映学生的实际动手能力，采用了两种考核形式：参加学科竞赛和 5 次实验课。根据各项任务的工作量和难度情况，各项成绩具体权重分配如图 1 所示。

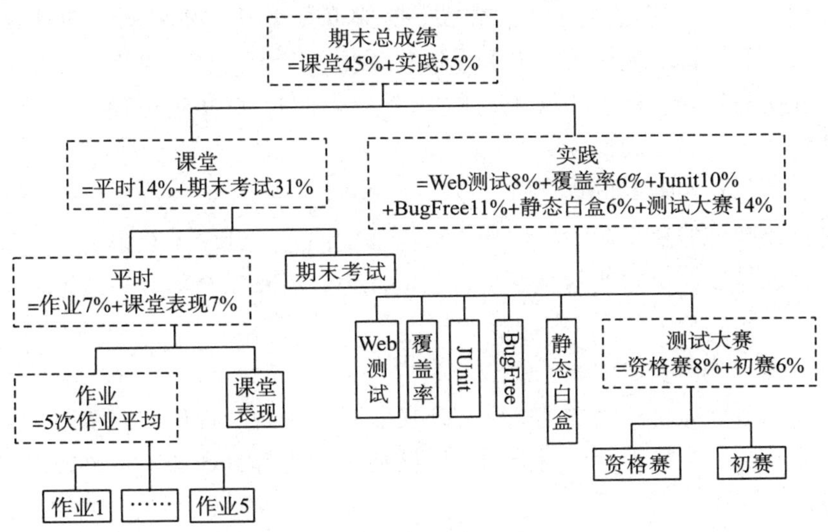

图 1　过程化考核成绩权重分配图

图 1 中实线框的项目代表可以具体打分的考核项目，虚线框中项目的成绩是由小项成绩根据比例计算得到。其中，作业和 5 次试验的成绩评价，分别有相应的标准答案和评分标准；课堂表现根据出勤、课堂回答问题、课堂练习等综合计分。

软件测试大赛和实验课的目标是强化学生的动手能力，对学生的实践动手能力进行考察，鼓励学生注重理论实践结合。测试大赛成绩是学生参加“全国大学生软件测试大赛”取得的成绩，分为资格赛和初赛成绩，由于只有极少数同学获得了决赛资格，因此没有计算决赛成绩。“全国大学生软件测试大赛”由南京大学软件学院联合一些业界的测试公司主办，学生在网上完成一些实际项目的测试，并由系统自动评分。这个比赛可以很好地检验学生解决实际问题的能力。

2　过程化考核改革成效

文中所述的软件测试课程的过程化考核已经在 2017 年春季的课程教学中实施，对提高教学效果带来了明显效果，具体表现为：

（1）提高了学生对学习过程的重视。

过程化考核形式让学生意识到，学习过程各阶段的表现都是最终成绩的一部分。避免了“一考定终身”的弊端，也避免了学生平时松散、期末考试前突击学习、考完即忘的情形。有利于改变学生的学习习惯，学生的出勤和课堂纪律情况明显好转，能够积极主动参与教学各环节。学生可以随时查看自己学习成绩的累积状态。

（2）对学生的评价更为客观、公正。

过程化考核避免了对学生评价不够全面的问题，让学生意识到，课程的学习不是为了考试，更重要的是提高自己的能力，有利于全面客观地评价学生的学习成效。

（3）考核内容更加全面。

过程化考核综合考查学生的学习态度、日常表现、理论知识掌握、实践能力、实际问题解决能力、沟通能力、团队协作能力等，增加了考核知识点，扩大了考核内容覆盖面。

（4）促进了教师的教学质量。

多元化的考核方法对教师提出了更高的要求，教师需要认真设计各个考核点，需要对学生的每次考核结果进行总结和分析，以便了解学生的掌握情况，及时获得教学效果反馈信息，有助于发现教学过程中存在的问题，督促教师更加合理地安排教学内容、调整教学方法。对于成绩较差的学生，可以及时了解他们的学习情况，给予关注，并帮助他们尽快调整和改进学习方法。

3　结论和展望

实践证明，采用过程化考核，可以强化对学生的过程管理和指导，适当降低期末考试所占成绩比重，加大过程化考核的权重，提高了教学效果，能够对学生全过程、多维度地考核，全面评价学生的能力。让学生做到知识与能力并重，有效提高学生的学习积极性，有助于学生整体素质的提升。过程化考核要对学生学习过程与阶段性成果做出详细记录，这样虽然大大增加了教师的工作量，但可以让教师在教学过程中及时发现存在的问题，不断创新教学方法，促进教学能力的提升。

目前的过程化考核方案并非完美，一些问题还需要解决：

（1）没有根据知识点进行阶段性的过程化考核。

（2）缺少对过程化考核成绩的深入分析，应借助数据挖掘技术等进行成绩分析，发现学生成绩的特定变化模式，为今后的教学提供参考。

（3）缺乏个性化、开放性的考核内容。

在以后的教学中，应针对出现的问题，建立更加科学合理的过程化考核方式和评价体系。

参考文献：

[1] Pierre Bourque，Richard E.（Dick）Fairley. SWEBOK - Guide to the Software Engineering Body of Knowledge Version 3.0 [M]，http：//www. swebok. org，2014.

[2] 虞才珠.《VB. NET 程序设计》过程化考核教学方案研究 [J]. 福建电脑，2010（7）：182.

[3] 王志敏，李文举. 程序设计语言类公共基础课程过程化考核方案的探索与实施 [J]. 软件工程，2016，19（1）：16-18.

[4] 徐琳，等. 面向专业课程的过程化多维考核模式探索与实践 [J]. 教育教学论坛，2014（48）：151-152.

[5] 方二喜，等. 以目标驱动为支撑的课程过程化考核探索与实践 [J]. 实验科学与技术，2016，14（4）：136-138.

[6] 梁艳. 目标化、模块化的开放性课程考核方式 [J]. 计算机教育，2012（22）：83-85.

探讨式和构建式教学在“IT 专业英语”中的探索和实践

赵　辉[1]，杨　频[1]，舒　莉[2]，阮树桦[2]，张严辞[2]，李　靓[2]

1 四川大学网络空间安全学院　2 四川大学计算机学院（软件学院）

摘　要：在理工科的课程体系中，“IT 专业英语”是一门重要的基础类课程，当然 IT 领域，包括计算机与软件专业也不例外，因为国际上最前沿最新的学术和业界一手资料都是英文的。从这个角度，这个课程承担了各个专业英文文献的阅读和撰写等功能。本文探讨了当前传统的“IT 专业英语”课程在教学内容所面临的问题和新的挑战，阐述了我们课程组在“IT 专业英语”课程的探索和实践，特别是探讨式和构建式教学的安排和实施，并且对该课程的后继建设做了进一步展望。

关键词：IT 专业英语　探讨式教学　构建式教学

0　引言

传统“IT 专业英语”课程的教学内容是在学生需要理解与专业相关的英语词汇的背景下产生的。计算机科学和技术和很多学科一样，属于西方舶来品，其前沿和最新资料绝大多数都以英文为传播载体，包括计算机工程和计算机科学，因此学生在日常的学习和今后的工作中，必不可少的会接触到英文资料，包括在听说读写译等方面。传统的 IT 专业英语就是在这个背景下产生的。

传统的“IT 专业英语”课程一般是针对高年级如大三同学开设的，而我们的“IT 专业英语”是给大一新生开设的，即大一入学后的秋冬季。该课程是 2 个学分，总学时是 32。这样开设的一个原因是本课程的教学理念强调的是突出“IT 专业英语”中的“专业”，即 IT 专业（特别是软件工程）而不是英语，即把英语作为学习专业的一种工具和载体，通过大量英文资料的综合运用（涵盖了听说读写译等各方面）。而另外一个原因就是在本课程的具体实施和运行环节，突出了探讨式教学和构建式教学。

1　“IT 专业英语”课程的传统授课内容和方式及其挑战

如前所述，针对当初 IT 专业英语课程的产生背景，为了让学生能够更加顺畅地使用外文资料，包括进行英语在专业和科技方面的写作等。一方面，传统的“IT 专业英语”课程在内容安排上，借鉴了“大学英语”阅读的教学模式，这门课的主要内容是选择和节选一些典型的计算机科学和工程的相关的资料（包括不同方向的英文教材节选和论文节选等），教授学生与专业相关的词汇以及句子。让学生熟悉专业词汇，掌握基本的英文阅读和写作技能。另外一个方面，在授课方式上，传统“IT 专业英语”课程一般都采用“老师讲课，学生听课”的教学模式。根据不同的技术知识，老师在课堂上教授大家需要重点掌握的专业词汇，并在下课前布置相关的阅读和翻译作业，期末的考核也是以阅读和翻译为主。

近几年，传统“IT 专业英语”课程的背景发生了一些变化，产生了一些新挑战和问题。首先，在目前的计算机图书界，出现了大量国外教材和技术书籍的英文原版书，一方面，国内各大出版社引进了大量的国外经典教材的英文原版，如机械工业出版社、电子工业出版社和清华大学出版社等。很多书籍在引进时，往往是先有英文影印版后有中文翻译版的，毕竟当国外的书籍出版后，国内组织人员翻译成中文版还是需要一定时间的。另一方面，很多的图书都在网上以不同的协议发布开源书籍，即使国内的出版社没有引进，也可以通过互联网得到最近技术的文档和书籍资料。其次，很多学校的课程都采用了英文原版教材，这样做的一个好处是可以让学生获得高质量并且是原汁原味的资料。再者，而且近年来，随着国内高校和国外高校合作交流的不断增加，一些院校的课程直接来自国外高校的老师，外教老师在授课时，除了采用了英文原版教材，授课的讲授和交流环节也采用了英文，这不仅需要学生具有 IT 专业英语上的读写能力，也需要有听说能力。如四川大学软件学院自 2007 年暑假起，安排了暑假小学期，邀请国外著名高校的老师来进行一些前沿课程的教学，均采用了全英文授课方式。最后，随着信息化时代互联网遍布全球，学生所接触的专业相关群体也不再限定于国内，无论是网络上还是在各种 IT 相关的比赛中，跨国之间的联系越来越普遍。而跨国交流时，绝大部分时候不同国籍的同学们都选择以英语作为他们交流的语言。四川大学软件学院有很多的出国交换机会，到那些国家交流时，也需要 IT 专业英语素质的全方面提高和发展。

简言之，以上新背景带来了三个问题：一是如何让学生们在学习生活中有能力顺利地阅读来自各种途径的英文资料；二是在国际化的交流中，考验的不仅仅是学生的英文读写能力，而是对于听说读写的全面要求；三是在教学方式上，如何突破“老师讲，学生听”的枯燥模式，进而激发学生学习的积极性和自主性，从而实现个性化的教育。

针对以上三个问题，课程组经过认真的分析，基于“IT 专业英语应该突出专业，即把英语作为学习专业的工具和载体”的教学理念，重新设计了教学内容和教学方式。具体来说，包括以下两个方面：在教学内容和组织形式上，采用了探讨式教学；在教学方法上，采用了构建式教学。

2　探讨式教学在“IT 专业英语”的设计和实施

针对以上讲解“IT 专业为主”的教学理念，课程组基于“探讨式”教学重新设计了课程内容，从空间和时间两个角度对 IT 专业，特别是软件工程专业进行了先总后分、自顶向下的介绍，具体内容如表 1 所示。

表 1　“IT 专业英语”课程的内容总览表

专业介绍的维度	具体内容
空间观（spatial）	课程内（inside Curricula）：课程体系和核心课程介绍/IT Curricula of USA top university
	课程外（Extracurricular activities）：IT 相关的项目和竞赛/IT Contest for college students
时间观（temporal）	IT 专业的过去（yesterday）：IT 的历史、形成/IT history and evolution
	IT 专业的现在（today）：IT 的最新前沿/New fields and technology of IT
	IT 专业的将来（tomorrow）：IT 发展趋势，职业规划和定位/IT Trends and personal career

从表中可以看出，宏观来看，课程组所设计的教学内容涵盖了 IT 专业的空间和时间两个维度：

（1）空间的维度：从课程内和课程外两个方面介绍了 IT 专业。之所以单独安排一个课外的主题，是因为在当前信息时代和“互联网 +”时代，在双创的大环境下，有大量的来自业界和学术界的项目和比赛机会，而不少学生往往受中学学习思维的影响，目光局限于课程和考试成绩，而忽略了课外活动，特别是双创比赛和项目对 IT 专业学生，特别是软件工程专业学生的训练和锻炼。后来，本主题经过几年的发展和完善，形成了一个独立的课程“IT 专业英语”，开设在了四川大学的国际教学实践周。

（2）时间的维度：在这个维度中，用类似于“IT 专业的昨天、今天和明天”的思维，对 IT 专业特别是软件工程专业进行了深入浅出、从科普到学术和业界，以及来龙去脉是的纵览。特别强调了历史大发展观和个人职业规划和发展。后来，IT 发展和历史的主题，经过几年的发展和完善，形成了一个独立的课程“IT 发展历史和创新创意思维”，成为四川大学全校公选课。

除了以上教学内容是基于“探讨式”的，探讨式教学还体现在每次的课程安排上。具体来说，就是每次课的两个 45 分钟，在时间安排上，专门设置了同学 Seminar 的环节和上课互动讨论的环节。关于各周的探讨环节设置，具体参见图 1 的课程进度表。

课次	Part	老师讲解内容-开头	同学讲解内容-五五轮流讲解	老师讲解内容-结尾:15min
1	I：课程介绍	课程概述+自我介绍 （老师讲2节*45分钟）	无	无
2	II：专业介绍	无	自我介绍by分组（1~10组讲解）	课程体系：师概述
3		无	课程体系（1~5组讲解）	课外活动：师概述
4		无	课外活动（6~10组讲解）	IT职业：师概述
5		无	IT职业（1~5组讲解）	IT历史：师概述
6		无	IT历史（6~10组讲解）	布置写作作业1和作业2
7	III：科技写作	科研和科技写作 布置写作作业3 （老师讲解45+30min）	无	core1：计算机硬件：　师概述
8	IV：核心课概述	无	core1:计算机硬件 （1~5组讲解）	core1：计算机硬件：　师总结 core2：编程语言：　师概述
9		无	core2:编程语言 （6~10组讲解）	core2：编程语言：　师总结 core3：数据结构&算法：师概述
10		无	core3:数据结构&算法 （1~5组讲解）	core3：数据结构&算法：师总结 core4：操作系统：　师概述
11		无	core4:操作系统 （6~10组讲解）	core4：操作系统：　师总结 core5：数据库系统：　师概述
12		无	core5:数据库系统 （1~5组讲解）	core5：数据库系统：　师总结 core6：软件工程：　师概述
13		无	core6:软件工程 （6~10组讲解）	core6：软件工程：　师总结 core7：计算机网络：　师概述
14		无	core7:计算机网络 （1~5组讲解）	core7：计算机网络：　师总结 专业课程方向：　师概述
15	V：复习/口试	无	专业课程方向 （6~10组讲解）	专业课程方向：　师总结 课程复习by师
16		随堂闭卷笔试+口语考试（随机分组+群面+英文对话交流）		

图 1　课程进度表：具体每次课的探讨环节设置

从上图可以看出，本课程采用了类似于“翻转课堂”的形式，通过 Seminar 的环节和上课互动讨论，结合分组完成一个任务的形式，给定一周的时间，让同学充分利用网络资源，特别是英文资料，进行听说读写译等英语各个方面的训练，从而加深对专业的认识和理解。

3　构建式教学在“IT 专业英语”的设计和实施

从职业发展的角度，不同潜质、不同兴趣的同学，从事 IT 专业，包括软件工程专业，在完成本科四年后，其发展路径和计划是不一样的。一般来说，包括就业、创业、继续深造（读硕士、博士）等，而就业方面，也可以大致分成技术相关（如程序员、工程师和研发人员等）和技术无关（如产品部门、技术支持部门、销售部门等）。因此，从个性化教育的角度，不同的同学，希望从本课程中了解和获取的内容和知识是有差异的。为了充分地发挥同学们的积极性，在以上图 1 提及的各个 Seminar 环节的选题上，课程组增加了“自主

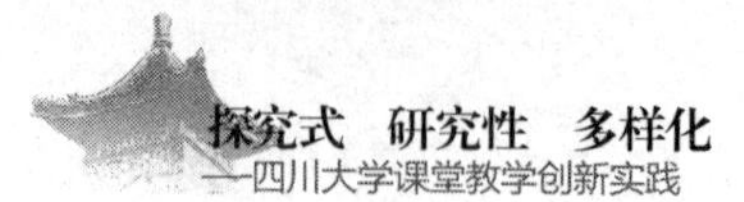

选择”的构建式教学安排。具体来说，就是让同学可以从一系列的备选题目和素材中，选择自己感兴趣的题目。

举例来说，在核心课程“操作系统”的 Seminar 作业设置上，我们提供了 10 个题目供同学们选择，具体如表 2 所示。

表 2 “IT 专业英语”核心课程“操作系统”的 Seminar 备选题目

编号	Seminar 选题类型	Seminar 作业题目
1	PK 国外课程	USA 五大高校的 OS 教学调研
2	OS 调研表	10 个主流的 OS
3	书籍点评	4 个主流 OS 的书评
4	视频点评	OS 电影/纪录片影评
5	热点新闻	某个主流 OS 的简介
6	业界点评	对比竞争 OS 的特点
7	工作岗位	和 OS 相关的工作岗位
8	关键技术	OS 的四大核心模块的功能简介
9	学术点评	OS 的学术会议/期刊/科研组织调研
10	教材节选阅读	操作系统教材的《OS 的发展》一节

通过上表的举例可以看出，所提供的备选题目涵盖了相关主题的业界、学术界和教育界，设置科普等不同领域。同时也推荐了大量的相关优质阅读资料（如视频、书籍和网络文章等，包括维基百科等。以英文资料为主）。另外，也鼓励同学们根据自身情况，选择备选题目以外的话题。

本课程参加了四川大学 2015 年第一届“探讨式—小班化”教学比赛，获得了工科组一等奖的优异成绩，这也从一个侧面反映了本课程得到了学校和同学们的认可。

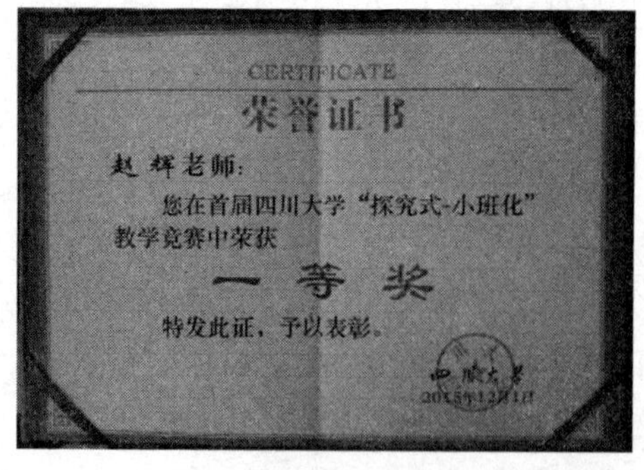

图 2 本课程所获得的教学比赛证书

4 进一步设想和展望

最近几年的教学实践中，课程组还采用了 Guest lecturer 的形式，如邀请一些大四学长、学姐和研究生同学，走进课堂，现身说法，结合自己的亲身体会给大一同学分享其就业、读研、保研和出国申请等各个方面的经验，受到了同学们的热烈欢迎和积极反馈。

同时，课程组也受到了 Open Source Learning 教学理念的影响，正在开发和设计一个专门用于本课程的课程网站和手机 App，预计会在最近一年投入使用，相信本课程网站可以更好地整合网络英文教学资源。

参考文献：

[1] 高维珺. 计算机专业英语教学现状及改革探讨 [J]. 海外英语，2016 (10).

[2] 赵星驰. 一种基于情景模拟的计算机专业英语教学方法 [J]. 课程教育研究，2016 (11)：106-107.

[3] 梁莉. 软件工程专业英语教学的问题及改进措施 [J]. 电脑知识与技术，2012 (28)：6742-6743.

[4] 毛宏燕，姜宁康，张居阳. 专业英语在软件工程建设中的教学改革与实践 [J]. 计算机工程与科学，2011，33 (s1)：31-33.

[5] 刘渊，高玲玲，陈秀丽. 计算机专业英语教学改革研究 [J]. 电脑知识与技术，2016，12 (4).

本课程所依托的教学项目和教学比赛：

- 2014 年四川大学软件学院精品课程建设项目
- 2015 年四川大学“探讨式—小班化”教学比赛一等奖（工科组）

形成性考核在课程教学改革中的应用研究
——以“人力资源管理”课程为例

吴　敏，张　洁
四川大学公共管理学院

摘　要：随着社会的发展，社会对当代大学生实践能力的要求越来越高，传统的终结性考核的教学评价模式已不能很好地实现理论与实践相结合的教学效果。为此，本文以“人力资源管理”课程为例，引入形成性考核方式，强调在课程教学中融入更多实际操作的内容，及时检验和反馈阶段性教学效果，以引导课程教学往学生综合能力方向发展。

关键词：形成性考核　终结性考核　人力资源管理　课程教学改革

目前，在高等院校中，对一门课程的考核评价往往是由学生的平时成绩和终结性考核成绩两部分组成。平时成绩包括出勤率、作业、课堂表现等，终结性考核成绩即学生的期末考试成绩，在总成绩中，终结性考核成绩占比约70%，平时成绩占比约30%。布鲁姆（B. S. Bloom）认为，教育评价的主要目的是改进教学本身①。由于终结性考核成绩决定了学生是否能够通过该门课程的考核，因此学生为了考试过关而将主要精力集中在理论知识的记忆，搞考前突击，学习效果大打折扣，而忽视了理论知识的实际运用，且学习效果得不到及时反馈，这使得评价结果失去了改进教学的意义。

“人力资源管理”作为管理类专业必修的一门课程，其操作性与实践性比相对较强，传统的终结性考核方式难以按照教学大纲的要求考核学生除记忆之外的技能，仅以一次考试成绩作为结果很难正确有效地评价学生整个学期的学习效果。因此，为更好地开展教学改革，在原有的考核方式基础上，引入形成性考核方式，以弥补传统考核方式的不足。

1　形成性考核概述

1.1　形成性考核的内涵

形成性考核最早由斯克里芬（G. F. Scriven）提出，是指对学习者学习过

---

①　B. S. 布鲁姆. 教育评价［M］. 邱渊等，译. 上海：华东师范大学出版社，1987.

程的全面测评，是对学习者课程学习成果的阶段性考核，是对学习者学习目标的阶段性测试，是课程考核的重要组成部分①。其目的是为了解学生的学习情况，及时发现教和学中的问题而进行的评价，并通常采取非正式考试或单元测验的形式来进行。形成性考核存在于整个教学活动中，具有长期性、及时性、互动性、趣味性、应用性等特征。

1.2 形成性考核的优点

1.2.1 考核形式多种多样

形成性考核是对学生学习过程的全面考核，相较于终结性考核而言，考核形式更为丰富，可以采取案例分析、小组讨论、角色扮演、随堂测验、文献阅读、论文报告等多种方式构成，在反映学生知识掌握情况的同时，增加考核的互动性和趣味性。

1.2.2 考核结果及时反馈

形成性考核贯穿于教学过程中，具有及时性，相对于终结性考核而言，形成性考核更能够及时反映学生的学习情况，有助于教师及时调整教学方向和途径，并与学生进行充分沟通，教师与学生的互动性增加，真正实现教学相长。

1.2.3 激发学生学习兴趣

学生的创新意识和实践能力很大程度上取决于其自主学习能力和个性化学习②。终结性考核注重对知识点的死记硬背，因而教师的教学方式多为讲授式，学生的学习方式多为记录笔记，被动地接受知识，以应对期末考试，学生的学习兴趣并未实现全面开发。形成性考核不仅要求学生掌握知识点，被动接受理论知识，还要求学生主动参与到各项考核中去，如角色扮演、文献阅读、小组讨论等，实现手、脑、口并用，大大激发了学生的学习兴趣，培养了学生的自主学习能力和个性化学习能力，更有利于教学效果的实现。

1.2.4 促进教学效果转化

大学教育不仅仅要求学生能掌握书本的理论知识，更要求学生能将知识予以实践应用。传统的期末考试只能考查学生理论知识的掌握情况，而学生对知识点的实践运用能力却无从考察，形成性考核正好弥补了这一缺陷，有助于促进教学效果的转化。

---

① 周淼，卢依平．形成性考核的优点［J］．中国科教创新导刊，2012.4.

② 丁玉凤．形成性评价研究概述［J］．青年科学，2009（3）：94－95.

1.2.5 促进教师水平的提高

终结性考核只需要教师讲授，学生被动听课即可完成，由教师主导教学进度和内容。而形成性考核则要求教师与学生在教学过程中进行大量互动，由学生主导教学进度和内容，教师根据形成性考核的实际结果进行调整和修改，更多地处于服务角色，需要不断反思、不断总结和不断改进，这将促进教师自身水平的不断提高。

2 “人力资源管理”课程中形成性考核体系的构建

2.1 课程介绍

人力资源管理课程主要围绕人力资源规划、招聘、绩效考评、培训等项目开展，系统地介绍了人力资源管理的思想、技术与方法，要求学生运用所学理论知识科学地进行人力资源管理，培养学生的管理组织能力。一般而言，人力资源管理课程包括六大模块：人力资源规划、招聘与配置、培训与开发、绩效管理、薪酬福利管理及劳动关系管理。对于大学教育，教学过程中应注重理论与实践相结合，使学生真正学有所得、学以致用。

2.2 构建形成性考核体系

课程考核体系包括平时成绩、形成性考核和终结性考核三部分，平时成绩体现在学生出勤率、课堂表现和作业完成情况方面，占总成绩的30%；形成性考核是教师针对某一人力资源管理模块布置的考核，贯穿于整个学期中，占总成绩的40%；终结性考核是闭卷考试，在期末完成，占总成绩的30%。平时成绩和终结性考核可按照传统方式进行，形成性考核则根据课程每一模块和内容进行。本文主要研究该课程的形成性考核体系，该课程的形成性考核体系设计如表1所示。

表1 “人力资源管理”课程教学过程中的形成性考核一览表

课程模块	占比	考核项目	考核内容	考核方式
人力资源规划	20%	设计某公司人力资源规划方案	①人力资源规划的总体思路；②岗位和编制分析；③公司职位序列	小组报告+口头汇报
招聘与配置	20%	某岗位面试情景模拟	①招聘计划设计；②招聘问题设计；③招聘流程设计	分组讨论+角色扮演

续表

课程模块	占比	考核项目	考核内容	考核方式
培训与开发	20%	设计某公司培训计划	①培训需求评估；②培训规划制定；③培训实施计划；④培训效果评估	小组报告 + 口头汇报
绩效管理	20%	设计某公司薪酬、福利、绩效体系	①各板块内容构成；②各板块调整计划；③各板块发放计划；④各板块考核程序	小组报告 + 口头汇报
薪酬福利管理				
劳动关系管理	20%	劳动关系案例分析	①案例背景；②涉及的法律条款；③解决方案	小组报告 + 口头汇报

根据表1可以看出，针对课程的每一模块都设计了一次形成性考核，注重理论知识的同时，也注重与实践相结合。人力资源规划模块要求学生以小组为单位设计某公司人力资源规划方案，并进行口头汇报，以掌握人力资源规划的思路、岗位、编制等内容；招聘与配置模块，要求学生分组讨论，并进行角色扮演，在实操中掌握招聘计划、问题和流程的设计；培训与开发模块要求学生以小组形式设计某公司培训计划，从培训需求、规划、实施到效果评估进行全面考核；由于薪酬、绩效和福利具有诸多共通之处，便对绩效管理和薪酬福利管理这两个模块进行整合，以小组方式进行考核；劳动关系管理模块要求学生以小组形式选择某一劳动管理案例进行分析，熟悉人力资源领域相关法律法规，并进行口头汇报。可见，形成性考核不仅能将理论知识与实践相结合，还能促进小组成员之间的沟通和交流，促进教学效果的转化。

3 课程教学中运用形成性考核的注意事项

3.1 考核前提前设置考核指标体系

实施形成性考核的首要问题是形成性考核指标体系的建立。① 各类考核指标体系必须根据课程要求进行提前设计。教师需要在课前花大量的时间从考核模块、考核内容、考核标准、考核分值到考核形式等方面入手，进行设计和规划，以保证在课程中顺利开展考核计划。同时，应提前告知学生形成性考核的相关内容，让学生提前做好准备，并积极参与其中，实现形成性考核效果最大化的目标。

---

① 张明，张睿. 开放教育“形成性考核”的问题与对策［J］. 江西广播电视大学学报，2004（4）：81－82.

3.2　考核中必须体现公平考核原则

形成性考核贯穿于整个课程教学之中，分模块分时间进行，因此，在考核过程中，教师应严格要求自己，对提前设置好的考核指标体系，能随意调整和改变，体现公平考核的原则，对学生应当一视同仁，根据考核标准严格执行，无一例外。

3.3　考核后完善考核结果反馈机制

形成性考核是测试学生对各模块内容的掌握情况，起到承上启下的作用，有助于教师调整教学计划，也有助于学生进行自我评价，因此，考核结果要及时反馈于学生，一方面，让学生了解自己的实际情况，督促学生对不足之处进行调整和改进，同时，若学生对考核结果有所疑问，可以方便及时进行沟通，避免造成不公平的现象；另一方面，教师要根据形成性考核的结果及时调整教学计划和进度，以最好地满足学生的需求。

4　结语

形成性考核相较于终结性考核而言，更为复杂和困难，不仅要求教师有较好的综合素质和能力，还要求学生全程积极参与其中，否则便会直接影响考核结果的信度和效度。但教师是教学的主体，形成性考核有着终结性考核所不具备的优点和长处，因此，应积极鼓励教师将形成性考核和终结性考核相结合，强调理论教学的同时也注重实际操作能力的培养，在课程教学中实施形成性考核，以实现教学效果最大化的目标。

参考文献：

［1］B. S. 布鲁姆. 教育评价［M］. 邱渊等，译. 上海：华东师范大学出版社，1987.

［2］周淼，卢依平. 形成性考核的优点［J］. 中国科教创新导刊，2012. 4.

［3］丁玉凤. 形成性评价研究概述［J］. 青年科学，2009（3）：94－95.

［4］张明，张睿. 开放教育"形成性考核"的问题与对策［J］. 江西广播电视大学学报，2004（4）：81－82.

课题资助：

本论文是四川大学新世纪高等教育教学改革工程（第七期）研究项目"创新创业教育理念、方法及举措"的研究成果。

在线文化素质教育通识课程的建立与发展
——基于"化妆品赏析与应用"MOOC案例

李　利[1,2]，华　薇[1,2]，熊丽丹[1]，谢　恒[2]，
舒小红[1]，王　曦[1,2]，文　翔[2]，胡念芳[2]，薛　丽[2]
1 四川大学华西医院化妆品评价中心
2 四川大学华西临床医学院

摘　要：我国大学总体实力在增强，但在重视分数和升学率的大环境下，年轻人的文化素质有待提高。基于笔者开设的文化素质通识课"化妆品赏析与应用"线上MOOC和线下SPOC模式案例，本文阐述了抓住新形势下在校生和大众关注的热点话题，利用新媒体平台，结合自身的专业优势，改变文化素质课枯燥乏味的旧貌；探讨了通过多媒体手段，激发学生的学习兴趣，提高科学文化素养的途径和方法。

中国大学总体实力增强，但与世界一流大学相比还存在一定的差距，不仅表现在教育理念等软实力方面，毕业生的文化素质欠缺，"有知识，没文化"已不是个别现象。化妆品是流行与时尚的载体，皮肤健康则展现了国民精神风貌。为此创建了"化妆品赏析与应用"文化素质教育通识课程，旨在普及化妆品知识，传播健康皮肤美学观念，让学员在学习过程中，培养爱美审美的能力，孕育优雅的情趣，提升科学文化素质。

作为全球各大MOOC平台里第一门融合精细化工、皮肤健康和美学知识的文化素质通识课，2014年在教育部官方指定的精品在线开放课程资源平台"爱课程网"上创建了同名MOOC（Massive Open Online Course）至今，已有来自全世界26万余人注册学习。本课程的实例为文化素质课的远程在线教育积累了一定的经验。通过本课程的创建案例，探讨在线文化素质通识课程在新时代的发展。

1　创建背景

1.1　顺应时代发展，满足公共卫生需求、提升一代人文化素养

随着对生活品质的日益重视，化妆品已成为大多数人，尤其是青年人的生活必需品。但由于缺乏获取相关知识的正规渠道，虚假广告风行，滥用、误用

时有发生，由此导致的各种皮肤问题已危及公共卫生。推广和传播化妆品与皮肤健康科学知识，纠正浮夸、低级、虚幻人体美学观，提升年轻人的科学文化素养刻不容缓。MOOC既是一种易被大众接受的形式同时又可大规模远程在线教育，在学习过程中，培养健康向上的人生观，展现中华民族的精神内涵，是时代的需求，公共卫生的必要，更是高校教师和皮肤科专家应尽的职责。

1.2　教学团队资源整合、经验丰富，厚积薄发

我院皮肤科每年20余万人次就诊，临床资源丰富。医院早在2008年就获得当时由卫生部，现由国家药监局认可的“化妆品安全与功效人体评价机构”。已连续10年举办国家继续医学教育项目“全国医学护肤品暨皮肤无创测量技术培训班”，在化妆品皮肤科学领域全国知名。

课程主创者也是国内唯一“皮肤医学美容与化妆品”博士点的创建人；主编或参编了多本全国高等教育规划教材，不仅有丰富的教学经验，也积极致力于公共卫生教育，主持全国大型皮肤健康相关的科普活动。教学团队集聚了教学和临床经验丰富的讲师，外聘化妆品研发行业专家授课。一流的仪器设备为实验示范课提供了良好的硬件支撑，优势得天独厚。

正是迎合了时代的发展，关注了民众生活与精神所需，并有强大的人才软件和教学设施硬件保障，课程一经面世就有众多学员积极在线注册学习。

2　教学实践

2.1　根据学员需求设计和调整课程内容

一门新课受欢迎的根本原因是契合大众需求，作为非主干课程的文化素质课更是如此。教学团队从一开始就认为决不能闭门造车，应该根据学习者的具体需求来制定课程内容。在制作MOOC课程之前，我们先依据本团队主编的相关本科教材确定了授课框架，然后在川大开设公选课，根据学生反馈不断调整，以期能尽可能覆盖热点领域，让教授内容有的放矢。[1]

经过4个学期的努力，这门课程在学生间已经树立起良好口碑，每个学期众多学生都积极选课。最终我们于2014年9月在爱课程网上线，免费向全社会开放。

2.2 跨学科知识有机整合，满足不同教育背景

课程内容包括精细化工、皮肤健康和美学欣赏三部分，涵盖了化学、化工、临床医学、人文和美学等多重领域。而社会学习者的教育背景、理解能力千差万别，如何让大部分学习者都能理解所授知识是一大难题。

经过大量文献检索，我们先构架了课程体系，再把每一章节的知识点列出来，然后从皮肤生理病理出发，将化妆品功效原料和配方知识整合，提出解决方案；或将其融进案例小故事里，深入浅出地逐步讲解。讲稿也经过反复修改，避免过于学术化，尽量用生动有趣的语言来传达知识、讲解原理。视频提供了相应的插图和文字，对重点内容做进一步的阐述和扩展。每节课程视频都按照内容关联性切割为3～5个碎片化小节，以便让更多的社会学员能在完成自己的本职工作后，利用断续的碎片业余时间在线学习。

2.3 课程视频整合多种元素，增强课程黏度[2]

部分MOOC只是实体课堂的简单录像或者PPT配讲稿朗读，这是对MOOC理解不足。我们充分利用视频内容自由度大这一优势，在视频教材中融入了多种元素：将平时课堂上仅靠文字讲述难以理解的内容以动画形式进行更详细生动地解读；把一些难以搬进教室的操作过程视频化，使知识的传达更加清晰、易懂、高效；部分视频还创新地采用了座谈采访的形式，在轻松的聊天氛围中阐述了知识和观点；个别章节还借用电视剧情节或优美广告视频开篇，使内容专业而不呆板，全面而不肤浅。为了保持学员的学习热情，我们努力将热门新产品整合进课程，既让学员有新鲜感、紧跟行业发展，又有助于增加课程的亲和力。并附非视频资源46个以辅助学员复习。总之，MOOC绝不仅仅是让老师换个地方照本宣科，而是要求老师充分发挥主观能动性锐意创新，借助信息时代多媒体的技术优势，将传统课堂上做不到、做不好的事情做到最好，激发学生的学习热情，培养学生互动、自主学习能力。

2.4 加强课后训练和在线交流，过程性评价与总结性评价相结合

网络学习的弊端在于约束力小，学习者课后参与度低。为了实现更好的教学效果，我们在每节课后都发布了作业及随堂测验，既可督促学员复习，也能增强他们应用知识的能力。每学期期末还会期末考试，要求学生在1.5小时内交卷。上述措施看似严厉，但实际操作中允许学生反复提交，让学生可以查漏

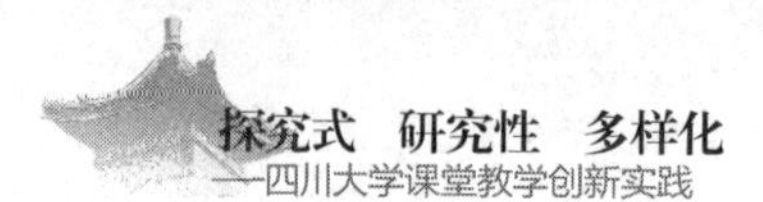

补缺，不断提高成绩，本质上仍是以提高能力为目标，宽严兼备。

作为远程继续教育课程，既往师生之间、学员之间难以互动交流。为此我们专门设置了交流论坛，学员们随时可以提问、自由讨论，限于授课教师时间有限，我们充分发挥助教的积极性，在论坛上答疑解惑[3]。为了鼓励发言，学员在论坛上的活跃度也会被系统自动记录并转换为分数。本课程论坛非常活跃，每期都有成千上万条互动讨论信息。我们收集每学期的问题并据此调整教学计划，使教学更加有针对性。

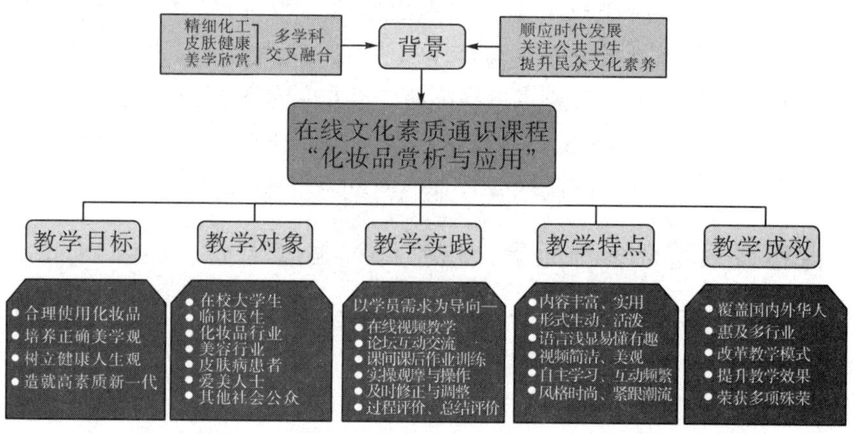

图1　在线文化素质通识课程“化妆品赏析与应用”整体构架及特点

2.5　从MOOC到SPOC：利用网络积累，打造线下课程

SPOC既保留了MOOC视频教学的便利，又结合了小班教学在实操及面对面交流方面的优势，被认为是未来高校教育的发展方向[4]。所以，凭借着之前的积累，我们在2015年9月启动了SPOC授课模式，在MOOC视频的基础上增加了3次线下讨论、1次线下化妆示教及2次产品制作实操课，外加开班和总结2次课程。教学视频在四川大学校内网发布，以公选课的形式对在校生开放。

从线上回归线下，要让创新的精神贯穿始终，充分利用网络课程积累的经验和数据，把每一堂线下课程都做出特色，让每堂课都具有不可或缺的价值。

2.5.1　授课形式的创新：利用多媒体技术实现三校区实时互动

本课程2015年在川大的三个校区同时开课，为提高教学效率，我们利用多媒体技术，各校区的同学都能在教室里看到主讲教师实时画面并三校区互动，这一新颖的形式在同学心里留下了深刻印象，提高了学习热情。

图 2　通过多媒体设备在三校区同时进行以问题为导向的实体课

2.5.2　利用网络数据反哺线下，创新更加大刀阔斧

在大数据时代，立足网络数据和反馈，创新的航船才能驶往正确的方向。MOOC 论坛上的高流量话题，往往提示着学生们真正感兴趣的领域，也指明了我们补充、改进的方向。

在讨论课中，我们会挑选出 MOOC 论坛上的热点问题，鼓励学生现场讨论，在讨论中补充资料、进行讲解，开阔眼界的同时启发学生认识、解决实际问题的能力。

化妆技术教学是根据 MOOC 反馈增加的特色内容。学员反映彩妆的使用技法较为复杂，光靠理论学习难以进步。来源于线上学员反馈的确切而有意义的需求让我们敢于突破成见，专门聘请了特级化妆师来进行两个课时的化妆技法现场教学，受到了学生的热烈欢迎。

图3 化妆师现场演示化妆技巧

2.5.3 充分利用平台资源，学员亲手制作化妆品，实现知行合一

纸上得来终觉浅。要想提高学生对知识的理解，真正对化妆品产生透彻认识，做到知行合一，实际制作化妆品具有重要意义。为了让三个校区的同学都能亲身参与，我们排除重重困难，分别在三个校区借用实验室，采购大量所需设备及原材料，并临时抽调人手，最终在三校区两次同时开展实操课程。同学们在课上亲手制作了乳剂、霜剂、洗发水和面膜，并将成品带回自用，在享受了快乐及成就感的同时也对所学知识有了深刻理解，极大地激发了学习兴趣。让学生在快乐中学到实用的知识，充分体现通识课程的意义。

图 4　化妆品实习课，学员们满满的成就感

3　成效

3.1　课程辐射力强，构建学生自主、探究式学习生态环境

迄今本课程完成了 7 期 MOOC，学员累计人数在国内 MOOC 形式的文化素质通识课中名列前茅。学员除来自祖国 32 个省级行政区外，平台收集的第 1、2 期数据显示还包括亚、非、欧、美各地华人；有上万人次发帖讨论，教师回复 450 ~ 550 余次，大大促进学员自主、探究式学习。线下课程加上 SPOC 教学共有近千名川大学生选修了本课程。

3.2　赢得良好社会效益，惠及多个行业，覆盖面广

注册学员不仅地域广阔，更是来自多个行业。仅第 1 期选课人数就近 5 万，引起了媒体全国性的报道，被誉为“全国最火公选课”。

（1）临床医师：化妆品在皮肤疾病辅助治疗、术前/后修复中都有举足轻重的作用。很多医生通过在线学习，提高了使用化妆品辅助治疗疾病的技能。

（2）化妆品行业：本课程涵盖了皮肤生理与健康以及化妆品临床评价等领域，对化妆品研发和销售人员有指导作用，多个企业还将学习成绩作为年终考核员工指标之一。

（3）美容、美发行业：课程系统地介绍了护肤、美发知识与产品特色，对拓宽相关从业人员视野大有裨益，在线学习人数众多。

（4）社会大众：课程内容丰富实用又通俗生动，不少爱美人士、社会大众也注册学习。

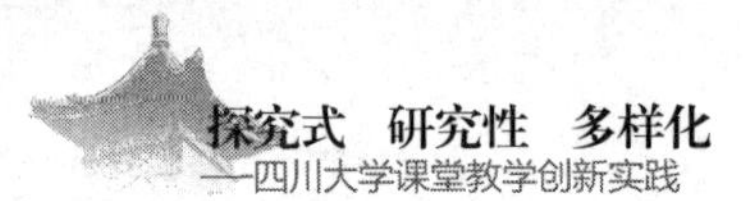

（5）皮肤病患者：痤疮、湿疹等皮肤疾病人数众多，而化妆品对这些常见皮肤病的转归控制复发有重要意义，学员中有不少患者通过学习提高了自我管理能力，缓解或预防了疾病的复发。

3.3 改革现有教学模式，提升教学效果

为评估教学效果，我们于 2016 年 3 月通过邮件向所有学员发放了问卷，结果显示：通过学习，学员们应用所学知识解决实际问题方面的评分高于学前得分。这一点也可以从他们学习课程后护肤行为、审美情趣和皮肤状况的改变得到验证：90% 以上学员的护肤行为得以纠正，一半以上学员的皮肤健康观察到了改善。学习课程的时间越长，学习评分越高，皮肤改善程度也越明显。

4 启示

随着移动互联网技术的升级提高，教育模式发生了巨大转变。作为以培养学员文化素质为目标的通识课，为改变生硬枯燥的教学状况提供了机遇。“化妆品赏析与应用”紧跟时代浪潮寻求突破，在全国海量的 MOOC 中名列前茅。回望教学实践的过程，有如下启示。

4.1 立足专业，抓住需求

根据临床实践和观察，敏锐抓住了公众的需求，依靠沉淀数十年的专业优势，创新性地开设了迎合时代潮流，关注公共卫生健康，提升国民精神风貌的文化素质课。

4.2 体系完整，内容丰富有趣

如何将精细化工、皮肤健康、人文美学三个看似毫不相关的学科融会贯通，构建一脉相承的知识体系，让学员有继续学习的强烈愿望，课程设计不仅需要渊博的学识，还要紧跟时代，熟悉互联网新技术和年轻人的语言词汇。

4.3 以学员需求为导向，锐意创新

作为新开的课程，能在短短的时间完成了实体课堂—MOOC—SPOC 教学模式三级跳，在每一个阶段都拒绝墨守成规，始终以满足学员需求为导向，成功填补了化妆品皮肤科学领域的教学空白。本课程既是文化素质课教学模式的突破，也是公共卫生国民教育的创新。

4.4 课程黏性有待增强

已有的成绩固然让人欣喜，但我们也发现作为非必修主干课程的文化素质课，坚持完成课程的比率还不高。如何提高课程黏性，让学术思想和实用技术真正得到传播是亟待解决的问题。

为培养有知识、有文化、高素质的年轻新一代，将枯燥乏味的文化素质通识课程变得趣味横生，还有很多的问题值得我们探究。借助新媒体平台，真正实现教育强国需要我们继续努力。

参考文献：

[1] 孙葳，刘学敏，许红梅. 基于大学生认知风格特征的 MOOCs 课程建设研究. 现代教育科学，2016（10）：103－107.

[2] 冯菲，冯雪松，刘玲，安胺. 从教学设计的视角解读教师的 MOOCs 建设之路. 中国教育信息化－基础教育，2014（1）：6－11.

[3] 康叶钦. 在线教育的“后 MOOC 时代”——SPOC 解析. 清华大学教育研究，2014，35（1）：85－93.

[4] 范逸洲，冯菲. 浅析 MOOC 发展中不可忽视的群体——MOOC 助教. 工业和信息化教育，2014（11）：29－36.

“探究式—小班化”教学在口腔医学技术教学中的应用①

岳　莉，张倩倩，杨兴强，董　博，任　薇，鲁雨晴
四川大学华西口腔医学院

摘　要：目的：口腔医学技术是一门多学科交叉的综合学科，学生需要结合大量临床病例进行学习，才能更好地理解理论知识并应用于临床。但目前的课程设置主要以大班化理论和实验教学为主，课程内容的针对性与实用性不强。口腔医学技术“探究式—小班化”教学抓住口腔医学技术理论结合实践且注重实践的特点，着手进行改革，以改进现有教学模式，提升教学效果。

方法：在师资上，小班化教学配备了常规开课所需2～3倍师资；在教学方式上在传统的理论讲解基础上，采用PBL教学思想，结合实际临床病例设置讨论问题；在课程形式上，分组构建小班化教学小组，学生提出解决问题的方法，教师点评与答疑，进行口腔医学技术“探究式—小班化”教学改革。

结果：口腔医学技术教研室对口腔医学本科生进行了“探究式—小班化”教学，建立了口腔医学技术“探究式—小班化”教育教学模式，积累了大量临床病例和讨论热点问题，同学们满意度达90%以上。

结论：口腔医学技术“探究式—小班化”教学针对口腔医学生必须掌握的临床技能，通过案例探究将理论内容、实验课程及临床实习贯穿到一起，从内容设计、教学安排、教学方法等多方面，改进了现有教学模式，提升了教学效果，有助于口腔学生的培养。

关键词：“探究式—小班化”教学　口腔医学技术　教学改革

口腔医学技术是一门综合性强的交叉学科，注重理论与实践相结合，并最终应用于临床。口腔实践教学课程对于口腔医学生的培养相当重要，但是目前的课程设置尚不能完全满足口腔医学生知识技能的培养，主要体现在理论和实验教学大多是50人以上的大班化课程，课程内容的针对性与实用性不强，学生得不到充分指导。本文就“探究式—小班化”教学在口腔医学技术中的应用进行探讨，为广大口腔医学教育工作者提供理论和实践参考。

口腔医学技术教研室于2013年9月正式开始了口腔医学技术“探究式—

① 本文系四川大学新世纪高等教育教学改革工程（第六期）研究项目“修复学探究课程小班化教学研究”的研究成果之一。

小班化”教育教学模式的教学工作。口腔医学技术“探究式—小班化”教育教学模式建立以来，已经对华西口腔四年制、五年制、七年制、八年制的学生进行了教学。

1 “探究式—小班化”教学在口腔医学技术中应用的背景

口腔医学技术学涉及基础医学、材料学、艺术美术、制造学、管理学、口腔修复工艺学知识和技能等，注重理论与实践相结合。学生需要结合大量临床病例进行学习，才能更好地理解理论知识并应用于临床[1]。目前，针对口腔医学生的口腔医学技术教学主要是以50人以上的大班化理论和实验教学为主。填鸭式教学模式没有充分培养学生探究式学习和自主学习能力。大班化理论和实验课程内容缺乏针对性与实用性，与临床具体情况脱节，学生接受实验课和理论课的教学内容后，在进入临床时往往需要一段时间的适应才能将前后知识衔接[2-3]。

因此，口腔医学技术的“探究式—小班化”教学的主要目的是通过小班化的探究型课程，将传统的理论和实验课程，通过具体病例穿插在一起，加强进入临床前的口腔医学生基本技能的锻炼和提高，从而为学生今后的实习，提早做好过渡，打好临床实习的基础。

2 “探究式—小班化”教学在口腔医学技术中的初步应用

2.1 “探究式—小班化”教学在口腔医学技术中的应用措施

2.1.1 前期准备

在场地上，小班化教学的开课教室选择了两倍于上课学生的大型教室，学生在上课时拥有充分的讨论空间，不同的讨论组之间可在一定程度上避免干扰。在实验教具上，根据小班化讨论组的划分，配备了更多的病例教具。这些教具直接来源于临床真实病例的复制和改良，让同学们在与老师近距离接触的同时能够得到更为直观的教学。在教学课件上，小班化教学更新了传统课程的全部教学课件，在传统理论讲解的基础上，采用PBL教学思想，在每堂课程中均设置1~3个结合本堂课程内容的讨论问题[4]。

2.1.2 课程实施

在师资上，小班化教学配备了常规开课所需的2～3倍师资，即在实行小班化教学以前，40名同学通常配备一名老师及一名助教[5]；在教改后，40名同学配备2～4名老师及助教。

教学方式上，由一名临床老师进行示教，同时配合多媒体课件的PBL教学模式，同学们拥有了更多的讨论和交流时间，同时在具体的病例中，不仅能通过讨论交流学习知识，同时也能使用拍照、录像、录音等多媒体手段对所学知识进行进一步掌握，积累了大量听课记录。

课程形式上，同学们从之前的大班统一授课，变为分组构建小班化的教学小组，然后结合临床实际病例，进行讨论和实际操作[6]。课程安排变为每节课10分钟统一讲解，30分钟小班化分组讨论和最后5分钟总结，每个讨论组5～8名学生，由1名教师进行近距离借助教具，直观演示教学。讨论完毕后，学生提出解决问题的方法，教师点评与答疑，并对本堂课程内容进行总结，留下课后问题，引导学生进一步思考。例如，塑料基托式可摘局部义齿的全部制作流程虽然包含在了实验课程中，但义齿完成后在病人口内的调改和就位是临床上的一大难点，不同的病例有不同的方法，需具体问题具体分析。

课后学习上，老师将给学生留下开放性问题，并以2～4次课程为一个周期，对优秀作业进行分享和进一步探讨。从而引导出学生的主观能动性。教学完毕后学生把教学内容汇总为讨论档案，能有效积累实际经验。通过结合具体情况进行具体分析和说明，从而大大提升理论知识及实验课内容在具体临床问题中的应用效果。

2.1.3 考评方式

学生的课程成绩由三部分组成，即期末考试40%，课后作业40%，考勤及课堂表现20%，期末考试全部为主观试题，除了常规记忆性知识的考察外，更注重学生开放思维的考察。

2.2 “探究式—小班化”教学在教学实践中的应用一例

2.2.1 选择临床病例，提出方案要求

患者女，51岁，主诉前牙不美观，要求改善前牙颜色和牙列不齐。面部分析可见面部比例正常且对称，面中线与牙列中线协调，中位笑线，微笑不自然。口内检查为全口轻度四环素牙，伴有色素沉着，前牙有轻度扭转，切缘曲

线不协调，口腔卫生状况差。请根据病例资料，选择一种修复方案，包括修复体选择、修复体设计、材料选择及临床工艺路径。

2.2.2 小组讨论

将20名学生随机分为两组，每组配备一名老师和一名助教，交付相关病例资料后，学生进行组内讨论，并利用现有教学软硬件资源（扫描设备、设计软件）辅助分析设计，最终形成修复方案，以幻灯片的形式进行课堂展示。

2.2.3 方案展示

（1）小组一方案展示：半数字化的超薄贴面方案。

修复体选择：超薄贴面。

材料选择：压铸型玻璃陶瓷，中度不透明瓷块。

临床工艺路径：常规诊断模型获取－DLD线面设计－手工制作诊断蜡型－硅橡胶翻制备牙导板－临床备牙及比色－硅橡胶二次印模法取模－灌模及模型扫描－诊断蜡型扫描－软件内模型拟合－蜡型数据生成－3D打印贴面蜡型－包埋压铸－染色上釉－戴牙。

修复体设计。

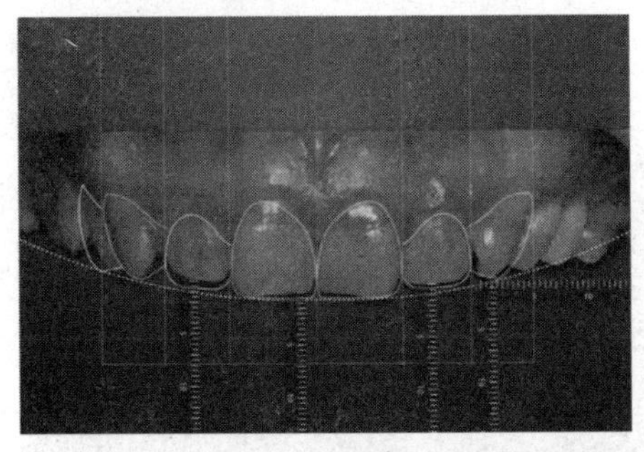
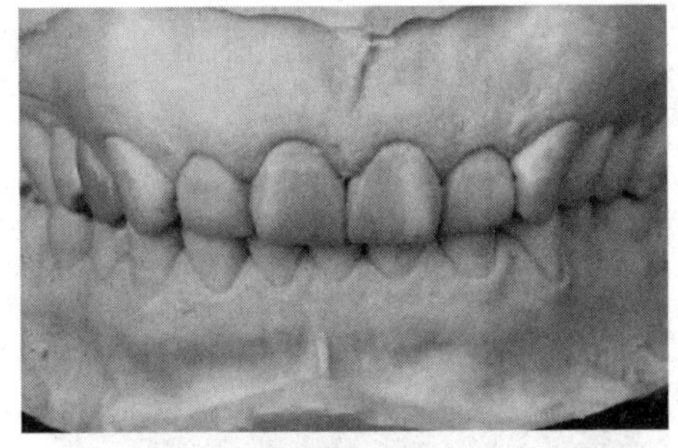

DLD线面设计及诊断蜡型。

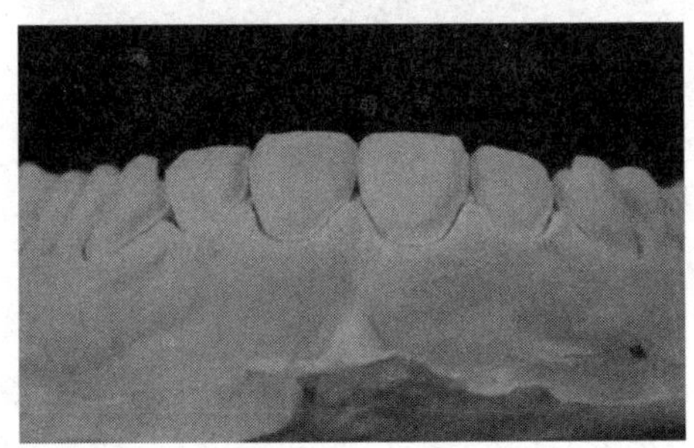
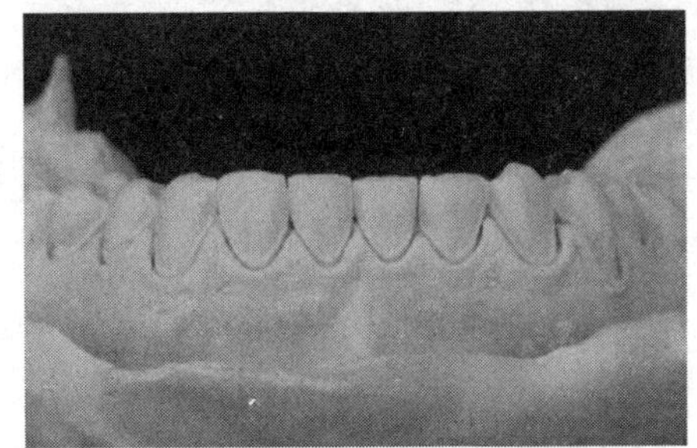

模型模拟备牙。

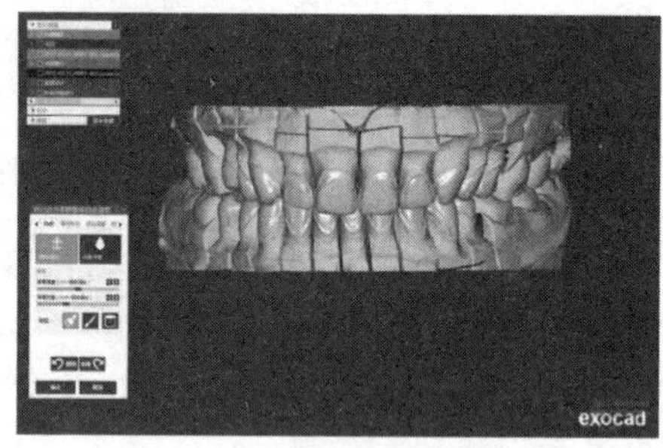

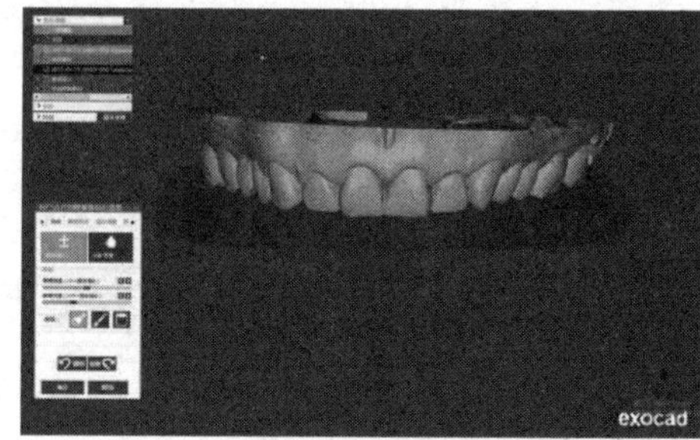

分别扫描终模型和诊断蜡型。

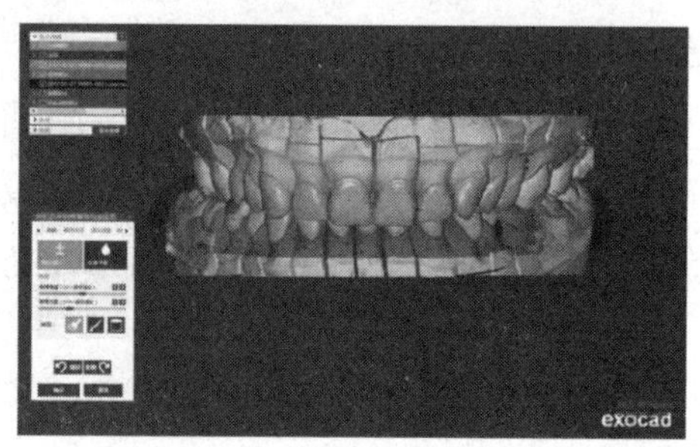

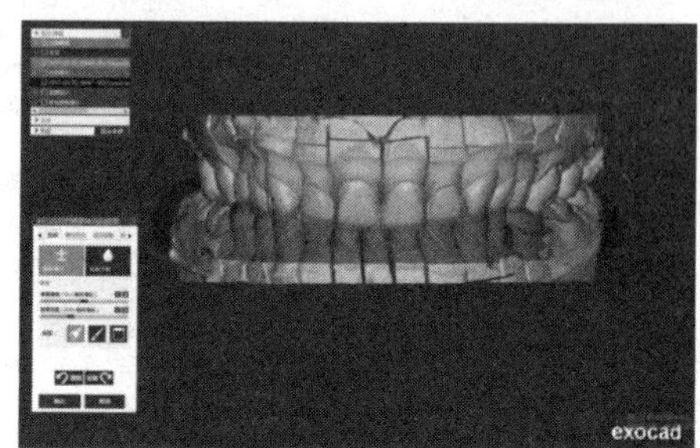

拟合模型和诊断蜡型，进行贴面的设计，并将诊断蜡型的信息转移到最终修复体上。

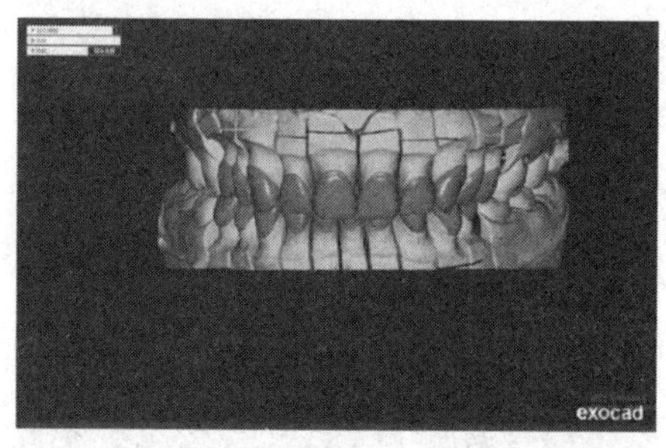

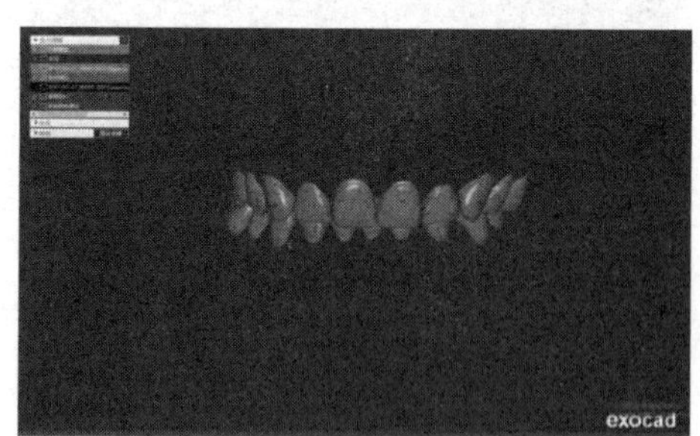

设计完成，将设计完成的数据导出。

（2）小组二方案展示：全数字化的贴面方案。

修复体选择：常规贴面。

材料选择：切削型玻璃陶瓷，中度不透明瓷块。

临床工艺路径：口内扫描－数字化诊断蜡型－3D 打印备牙导板－临床备牙及比色－口内扫描－贴面设计－切削－染色上釉－戴牙。

修复体设计：

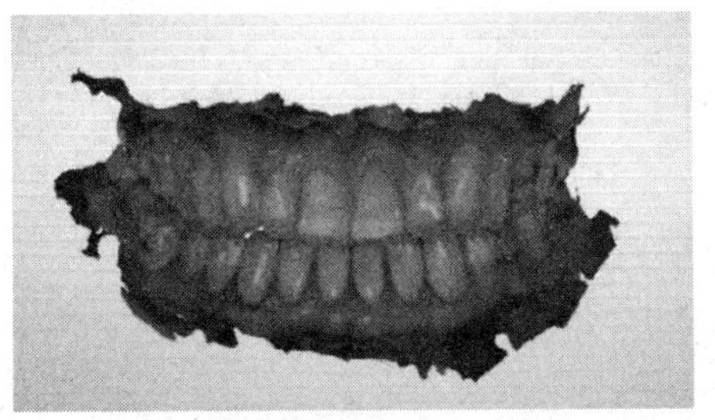
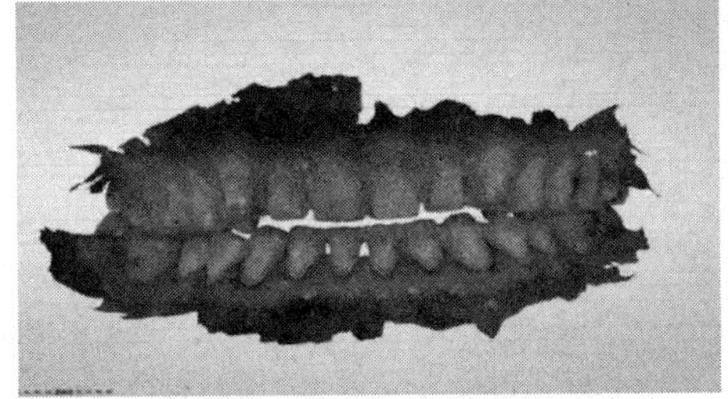

模拟备牙和蜡型制作。

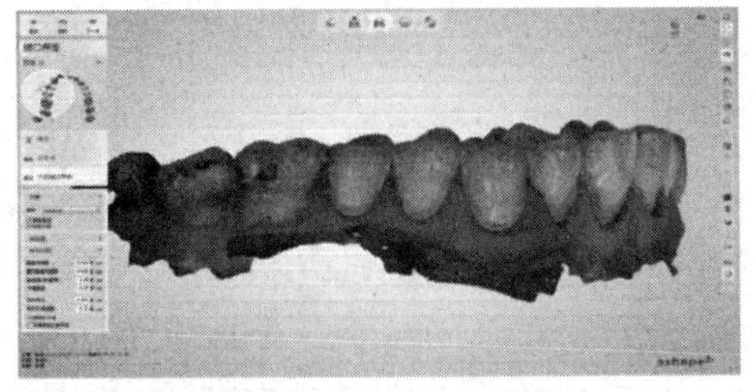
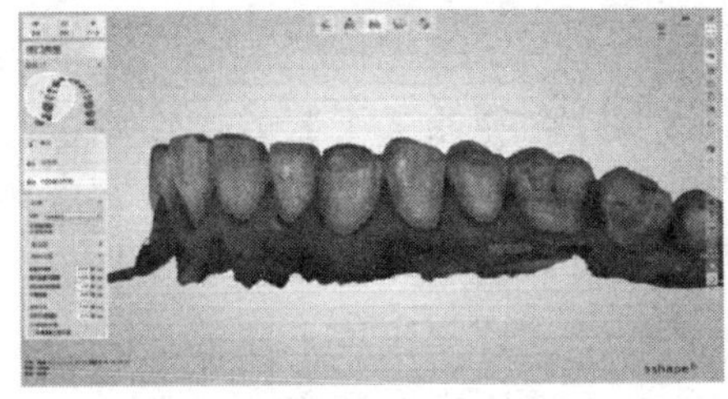

颈缘线的分析。

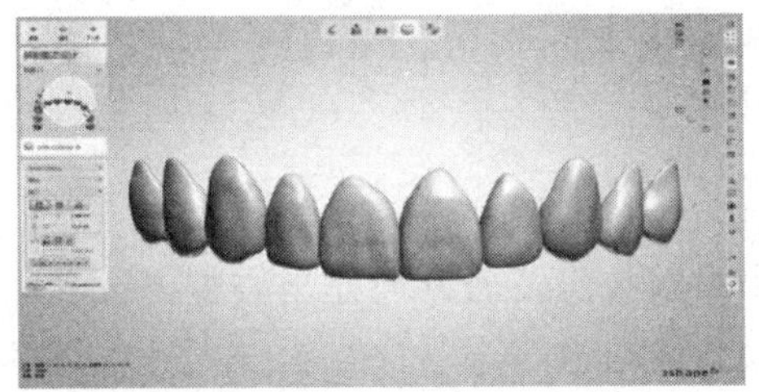
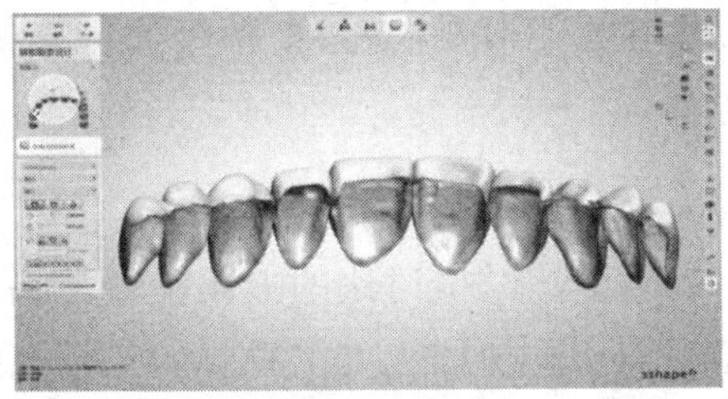

贴面设计。

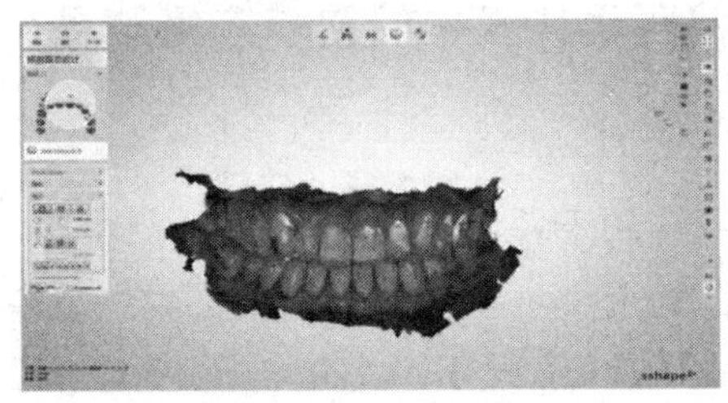
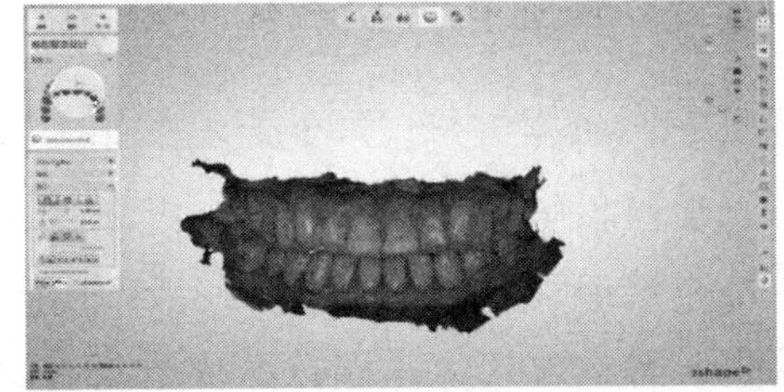

咬合检查和调整。

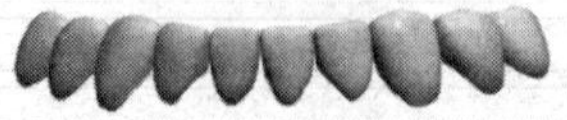

导出数据。

2.2.4 教师点评

两组学生给出的方案各具特色，一个是传统工艺与新型数字化工艺技术的结合，既发挥了传统压铸工艺的美学优势，又结合了数字化设计及3D打印技术大大降低了工艺的操作难度，又控制了蜡型的精度；另一个方案则是全程数字化的修复方案，该方案应用了全套的数字化技术，思维开阔，与时俱进。数字化是当下修复学和修复工艺学的发展必然趋势，尤其相比传统的修复方式，数字化技术使得临床和工艺路径更加简单，对手工制作经验的依赖性大大降低。但是当下的数字化技术并不是十全十美的，从扫描到设计再到加工，仍存在一些局限性，还需要进一步的完善和优化。因此目前来说，在临床上运用得更多是传统技术和数字化技术的结合，尽可能发挥二者的优势。

2.2.5 方案反馈

教师将学生讨论的方案反馈至临床，由医技患三者共同作出修复方案。由于目前切削的加工工艺只能加工常规贴面，但是这个患者保存自身牙体组织的意愿非常强烈，患者最终是选择了超薄贴面的方案，选择了方案一。

2.3 “探究式—小班化”教学在口腔医学技术中的初步应用结果

2.3.1 积累了大量临床病例和讨论热点问题

大量临床病例通过复制、改良等方式直接用于教学中。借助实物，同学们更加直观地学习口腔修复学的课程内容。在整个小班化教学过程中，通过结合病例的教学模式，课程在完成教书育人的同时，也积累了大量的图片文字资料。课程后，教研室的老师们将授课资料整理后，以病例讲解、实物展示的方式，将课程内容写入了2014年出版的《口腔活动修复工艺学》教材中，使小班化的教学模式所积累的宝贵内容得以传播。

2.3.2 进行了满意度调查

同学对以病例为导向的小班化教学方式、基本内容、授课教师讲授内容、本项目的教学计划安排、修复临床实习帮助等方面的满意度达 90% 以上。

3 “探究式—小班化”教学在口腔医学技术中的优势和问题

3.1 “探究式—小班化”教学在口腔医学技术中的优势

“探究式—小班化”教学在口腔医学技术教学的应用过程中将小班化教学、实例教学与 PBL 教学三者相结合，突破了传统一大群学生听讲，缺少沟通，缺乏直观感受的局限，充分发挥了学生的主观能动性。采取以胜任力为导向的综合评判标准，突破了传统考试方式的局限性，将期末成绩、平时作业和平时成绩相结合考评，综合考察了学生对专业知识的掌握及灵活应用能力[7]。

3.2 “探究式—小班化”教学在口腔医学技术中的问题

由于义齿的制作流程复杂且义齿制作关键步骤的技术技巧较多，不能对每个环节进行深入的学习，对某些步骤只是粗略了解。在整个教学过程中，由于时间有限，跟同学的交流不够充分，某些问题的讨论还不够深入细致。在以后的教学过程中，尽量多提供一些交流平台，比如创建师生网上交流平台，通过微信群、QQ 群或者电子邮件的形式，方便师生课后的交流讨论。

总之，口腔医学技术“探究式—小班化”教学针对口腔临床医学生必须掌握的临床技能，通过大量的案例探究将理论内容、实验课程及临床实习贯穿到一起，抓住了口腔医学技术理论结合实践、且注重实践的特点，从设计内容、教学安排、教学方法等多个方面，着手进行改进，改进了现有教学模式，提升教学效果，有助于口腔学生的培养。

参考文献：

[1] 张蕾，吴凡，臧广莹，等. 浅谈我国口腔医学教育实践教学改革［J］. 世界最新医学信息文摘，2012（12）：23－25.

[2] 蒲小猛，郭艳玲，王琳. 浅议口腔修复工艺专业教学改革［J］. 北京口腔医学，2011（6）：309.

[3] 谢丽娜，李鹏，冯贵芝. 浅谈口腔工艺技术教学改革的迫切性及策略［J］. 卫生职业

教育，2009（5）：16~17.

[4] 李燕，蔡峰雷，李绍青，等. 对我国口腔医学教育改革的思考［J］. 牙体牙髓牙周病学杂志，2014（5）：309-312.

[5] 刘忠民. 口腔工艺专业实践教学改革与思考［J］. 卫生职业教育，2009（12）：146.

[6] 李澎，黄流清. 病例报告与临床科研思维［J］. 医学与哲学（B），2014（9）：1-2，30.

[7] 梁登忠. 突出学生主体性的口腔医学教学改革探究［J］. 高教论坛，2010（1）：70-77.

探索改良式PBL模式在口腔影像诊断学课堂教学中的应用

刘媛媛，游　梦，任家银，王　虎，刘　莉，唐　蓓，郑广宁，吴红兵
四川大学华西口腔医学院

摘　要：PBL教学模式作为先进的教学模式，能够促进学生成为不断自我更新知识的、自觉的终身学习者，在医学教育中已得到国内外教育专家的认可。PBL教学在口腔医学教育的应用才刚刚起步，既有成功也有不足之处。结合兄弟院校PBL教学的经验以及我院的教学资源和教师资源的具体情况，我教研室提出了在大班教学中进行改良式PBL模式的探索，并取得了一定的成果，也为改良式PBL教学在人数众多的大班教学中的应用和推广奠定基础。

关键词：口腔影像学　教学改革　PBL教学　讲授式教学

1　PBL在医学教育中的应用

"以问题为基础的学习"（Problem - Based Learning）的教学模式于1969年由神经病学教授（Barrows）在加拿大的（McMaster）大学医学院首先提出，并尝试实施学生自学与导师指导相结合的小组教学[1]。此后，PBL模式在北美获得了较快的发展，而20世纪90年代后，欧洲医学院也开始进行PBL教学试验[2]。1997年，香港大学医学院开始实行PBL教学法[3]，而21世纪初，我国内地多个院校的医学教育工作者也开始尝试模仿或借鉴PBL教学模式，取得了一定的经验。

PBL教学强调以学生主动学习为主，是一种以病历为先导，以问题为基础，以学生为主体，以教师为导向的小组讨论式教学方法。问题就是学习的内容，每一个问题是一个学习单元，都是经过精心设计编排而成的，教学目标所要求掌握的课程内容被严谨地安排在这些问题之中[4]。PBL由8～10名学生和1名导师组成讨论小组，围绕某一具体病例的疾病诊治问题进行讨论，强调临床真实的问题情境再现，让学生理解隐含在问题背后的知识以及在学习过程中尝试解决具体问题，有效地将医学基础科学和临床实践结合起来。病例和问题的设计常由多学科教师共同讨论完成，问题需要包含相关医学理论知识、临

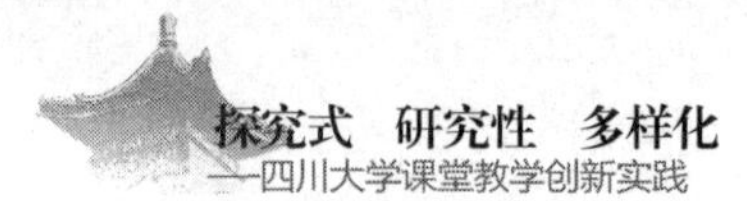

床实践内容等方面，还需涉及医患关系、医学伦理、职业道德等多方面知识。因此，这种学习方法不仅能使医学生树立整体的医学观，掌握疾病诊治的方法和流程，还能培养学生自主学习能力、团队合作精神，并确立以病人为中心的意识，提高学生的综合素质。

2　PBL 在国内口腔教育中的应用

PBL 首先在临床医学教育中开展，并获得很好的教学效果和经验。国内各口腔专业院系也开始尝试将 PBL 教学模式引入口腔医学教育中。2000 年，武汉大学口腔医学院在国外口腔教育专家的帮助下，首次在“儿童口腔病学”中采用了 PBL 教学模式的试点[5]。目前，口腔医学各学科的课堂教学和实践教学均有开展 PBL 教学模式的研究和试验。这些研究均表明，与过去传统的灌输式教学相比，PBL 教学模式更加需要对专业教师进行培训，对教案及教学硬软件设备进行升级更换。只有在多方面教学资源的整合和调整下，PBL 教学模式才能发挥更大的作用。

对教师的培训主要是转变教师的传统教学观念，相信学生的学习能力，充分发挥和调动学生自学的积极性。教师在 PBL 教学模式中更多地扮演了资源的提供者、评价者和促进者[6]。教师对学生教学作用更多地在于其引导性和启发性。教案的改变主要体现在教学病例的设计和教学节奏的掌握。一个完整的病例设计，除了包含所需学生掌握的疾病的基础知识、诊治方法和过程外，还应包括疾病的经济学效应、医患关系、社会关系等多方面人文社科知识。而教学硬软设备的升级包括网络建设、小组讨论的环境等。典型 PBL 教学是小班讨论模式，一个讨论组中学生人数应控制在 20 人以下，因此教学硬软件设备应满足至少 20 人的教学任务。

在口腔医学教育中开展典型的 PBL 教学需要投入大量的人力、物力、教学资源和时间，甚至在安排教学计划时，也要充分考虑学生的课时安排而提前数月甚至数年进行安排。因此多数口腔院校在进行 PBL 教学时，多采用教学试点和教学试验的方式，很少将 PBL 教学模式贯穿整口腔医学课程或所有口腔医学生。

3 PBL 在口腔影像诊断学中的应用

PBL 教学模式也开始被多个口腔专业院校尝试运用于口腔影像诊断学的教学中。在这些教学研究中，口腔院校仅采用教学试验的方式开展，选择某一年级的某一学制学生参与教学试验，参与人数多控制在 50 人以下。多数院校采取课堂教学使用传统教学模式，而影像诊断实习课程采用 PBL 教学模式[7,8]。研究表明采用 PBL 教学模式的学生的成绩优于一般教学模式的学生。北京大学口腔医学院也曾在课堂教学中采用 PBL 教学模式[9]，但研究结果与以往结果稍有差异：采用 PBL 教学模式的学生的期末考试总成绩显著低于采用传统教学方法的学生，仅在 PBL 相关题目的成绩均值略高于传统教学学生。可以看出，PBL 教学模式并不是“万金油”，它不一定特别适合国内的口腔影像诊断的课堂教学。因此对这一教学模式进行改良和本土化，使其更加接地气，更适合国内的口腔影像诊断学的“土壤”。

4 我院对口腔影像诊断学的 PBL 教学模式的改良

作为口腔医学的发源地，有着百年的教学和临床经验，我们华西口腔医学院肩负着传承口腔医学教育，培养合格口腔医生的光荣使命。因此，我们一直致力于跟随时代发展，探索口腔教育改革。2000 年，我们教研室开始了教学改革，积极进行教学模式的探索和改变，并取得了一定成效[10,11]。

在 PBL 教学模式开始在医学教育界风靡后，教研室老师也开始讨论将这一先进的教学模式引入到口腔影像诊断学中的可能。PBL 教学模式提倡小班教学，一名老师带领一个教学单元，而每个教学单元里面仅有 3 ~4 个讨论小组，约 15 ~20 人。而我院每学期本科生人数超过 200 人，教学时间为 1 个月，课堂教学 16 学时，实验教学 16 学时，而我教研室任课老师仅 9 名，授课任务非常繁重。如果想在课堂教学或是实验教学中采用典型的 PBL 教学，几乎是不可能完成的事情。因此，对 PBL 教学模式进行改良探索是唯一可能的方法。

兄弟院校在进行 PBL 教学模式的应用研究中也遇到“水土不服”的情况。如何将 PBL 教学模式与我院实际的教学情况、我院学生的学习能力等结合起来，如何在 200 人进行分组讨论，如何由一名教师引导 200 人进行相关医疗知识的学习，是我们目前亟待解决的问题。

结合兄弟院校的教学经验和我院曾经的教学改革实践，教研室制定了PBL教学结合传统教学双模式试点教学方案。首先选择试点知识点：知识点应满足易于编写经典案例，内容相对简单，需讨论时间不需太长；接下来进行案例的编写：力求简单，仅涉及医疗相关知识，暂时不涉及医患关系、医学伦理等人文社会知识；最后调整课堂教学节奏：PBL教学主要在课堂教学前10分钟和最后10分钟开展，课堂中间25分钟开展传统课堂教学模式。根据以上的要求，最终，我们选择口腔颌骨骨髓炎作为开展改良PBL教学的试点课程。

试验对象为2014级口腔本科5、7、8年制及口腔医技班学生，共216人。首先将所有学生提前分讨论组，每组4～5名学生，并提前一周将需要预习的内容告诉学生。开课时，要求讨论组成员必须坐在一起，并准备一张讨论纸张，写下自己名字。课堂教学开始时，教师将编写好的病例通过PPT的方式展示给学生。教师要求讨论小组每一名成员根据病例内容和自己的预习情况，提出与这个案例相关的问题，之后将讨论纸张传递给另一名学生，由这一名学生回答前一名学生提出的问题并再次提问。以此类推，直至讨论纸重新回到自己手上，并根据讨论纸上讨论问题进行总结并记录。此过程耗时10分钟，教师在此过程不进行发问，仅掌握提问节奏和教学时间。接下来的25分钟内，教师将根据教学内容进行条例式的传统讲授式教学，但不涉及具体病例。最后10分钟，再次进行分组讨论，综合学生对教师的教学内容的理解和课前讨论内容，最终由讨论小组所有成员共同总结案例中疾病的相关基本医学知识和疾病的诊治方法和过程，并连同小组成员讨论情况全部记录在讨论纸张上。最后将所有讨论纸上交教师，作为教师考察学生的学习情况。

经过对讨论纸的答案进行分析，我们发现课前讨论的讨论纸内容更加丰富，涉及更加广泛地知识，而对疾病的最终诊治的方法也丰富多彩，仅少部分学生（37/216）能总结出相对正确的答案；而课后讨论的结果就更加客观一些，大部分讨论组（42/44）能得到相对正确的答案。

从这次改良式PBL教学模式的试验中，我们可以看出目前学生还是习惯课前预习这一方式，可能跟他们没有进行系统性PBL教学有关，也可能跟中国学生的学习习惯有关，因此课前讨论结果并不理想。但只要经过基本的讲授式教学，再让学生进行讨论，学生将非常容易理解和学习到相关知识，因此课后讨论结果非常好。

因为此次教学试点选择了相对简单的内容，病例编写也相对简单，PBL教学模式结合讲授式教学模式也容易取得成功。选择更具难度的知识点，编写更加复杂的病例，甚至在病例中加入人文社科方面的知识将是检验这种改良式

PBL 教学模式的下一步研究内容，也将为改良式 PBL 教学在人数众多的大班教学中的应用和推广奠定基础。

参考文献：

[1] Barrows H S, Tamblyn R M. The portable patient pack: a problem - based learning unit [J]. J of Med Edu, 1977, 52 (12): 1002 - 1004.

[2] O'Neil PA. The role of basic sciences in a problem - based learning clinical curriculum [J]. Med Education, 2000, 34 (8): 608 - 613.

[3] Nandi P L, Chan J N, Chan C P, et al. Undergraduate medicine education: comparison of problem - based learning and conventional teaching [J]. Hong Kong Med J, 2000, 6 (3): 301 - 306.

[4] 周忠信，陈庆，林艺雄，等. PBL 教学模式的研究进展和现实意义 [J]. 医学与哲学（人文社会医学版），2007，28（8）：72 - 74.

[5] 边专，樊明文，台保军，等. PBL 教学在口腔医学教育中的应用 [J]. 口腔医学研究，2006，22（4）：448 - 450.

[6] 黄翠，黄革，宋光泰，等. PBL 教学模式中教师的作用 [J]. 口腔医学研究，2006，22（5）：568 - 570.

[7] 古向生，崔敏毅，曾东林. PBL 教学模式在口腔影像诊断教学中的应用与体会 [J]. 中山大学学报论丛，2007，27（10）：44 - 46.

[8] 崔志强，赵惠琴. PBL 教学模式在口腔影像诊断教学中的具体应用 [J]. 影像研究与医学应用，2017，1（15）：144 - 145.

[9] 谢晓燕，赵燕平，张刚，等. PBL 教学法在口腔颌面医学影像学理论课教学中的应用 [J]. 全国口腔医学教育学术研讨会，2013.

[10] 吴红兵，王虎，郑广宁，等. 口腔颌面影像学实习教学改革 [J]. 高等教育发展研究，2010，27（2）：38 - 39.

[11] 刘媛媛，游梦，刘莉，王虎，郑广宁，吴红兵. 基于局域网的数字化教学在口腔颌面影像学实习中的应用 [J]. 高等教育发展研究，2014（2）：30 - 32.

五步式教学法在“化学制药工艺学”中的运用初探

何　菱，黄　園，何　勤，李成容，周　奕

四川大学华西药学院

摘　要：为了解决大四专业选修课“化学制药工艺学”综合性强、枯燥难以理解、要求前期基础知识熟悉等难点，采用归纳总结洞见症结、化整为零各个击破、化繁为简提要钩玄、挈领疑问案例分析及以点带面讲练结合五步式教学方法，为专业选修课教学提供一些参考和启示。

关键词：化学制药工艺学　药物化学　有机化学教学方式

“化学制药工艺学”是药物化学专业的重要专业选修课，是一门实践性很强的学科，是药物开发和生产过程中，设计和研究经济、安全、高效的化学合成工艺路线的一门科学；也是研究工艺原理和工艺生产过程，制定生产工艺规程，实现化学制药生产过程最优化的一门科学。主要讨论化学药物合成路线的设计方法，包括药物合成中各种常见化学键的形成方法和技巧，并以绿色化学制药技术为指导思想，贯彻药物分子结构的剖析、切断、组装规律，以具体药物为实例浓缩经典加创新进展，如多种催化反应、手性药物、微波辅助等绿色药物合成技术的应用。同时，有以中试放大与生产工艺规程以及化学制药厂的安全生产和“三废”防治为辅的教学等特点。然而，这门选修课安排在大四上学期，学生面临考研、保研、出国和就业找工作等诸多决策，人心躁动，人云亦云，很难让学生安于选修课的学习。同时，化学制药工艺学也是一门综合性强且较为枯燥的课程。面对这一现实，如何抓住学生思想，利用课堂教学，尽可能让学生在毕业之际学有所得，学有所用，提高分析问题解决问题的能力，为今后的发展做好知识储备和积淀，并为培养出符合时代要求的高素质高分析能力的创新型人才奠定基础。围绕这一目的，作者探索了如下五式教学方法。

1　归纳总结，洞见症结

化学制药工艺学是一门集有机化学、药物化学、物理化学、有机合成反应、化工过程与设备以及分析化学于一体的药物化学专业综合性课程。尤其与有机化学和有机合成反应联系密切，而有机化学的学习已在大一完成，学生对基本内容和概念已记忆不清，加之课时有限，药学的有机化学知识侧重药物较少，因此，本课程首先将有机化学和有机合成反应基础知识浓缩为两方面，希望以点带面、触类旁通。

（1）有机合成设计相关要素：基本骨架的构建（碳链增长，缩短碳链，构成环架），功能基（官能团）的运用，立体化学思考。

（2）合成路线设计：结构剖析、切断及策略、各类化合物的合成特点等。

利用主线知识点对基础知识的高度概括归纳总结使考研学生受益，同时也有助于保研、出国和找工作的学生加强基础，应对相应的面试和考察。其次，将药物化学、物理化学、化工过程与设备以及分析化学与本课程的联系分别提炼为一关键要点，使学生明确药学学科课程设置与新药研究的关系，明确药物分子的化学反应和生物作用特点，尽力为面对升学和走向工作岗位把好最后一关。

2 化整为零，各个击破

化学制药工艺学中重点是药物合成路线的设计，而合成路线设计的难点是药物分子的结构剖析。欲知如何结构剖析就得明确一个药物分子的切断方法和策略。因此，本课程将有机化学和有机合成反应经典理论与反应机制通过分子的切断概括为三类策略：

（1）寻找易拆键（碳-杂键，支链多处，稠环化合物的稠合处）。

（2）变换或添加官能团后再切断。

（3）导向基的引入与导向作用。

让学生很容易理解有机合成原理和思路，找到合成药物分子的关键切入点。教会学生将药物分子分解为可组装的片段，从片段联想相应原料，再从原料思考组装条件和方式方法。以一简单药物中间体为例说明如下。

首先，通过“逆合成分析法”画出“合成树”，找出“合成子”，见图1。

其次，利用已学过的有机化学等基础知识分析各切断、片段、合成子的利弊。最后，找出最优合成路线。使学生学会将零散的知识点串联在一起并能运用基础知识解决实际问题。

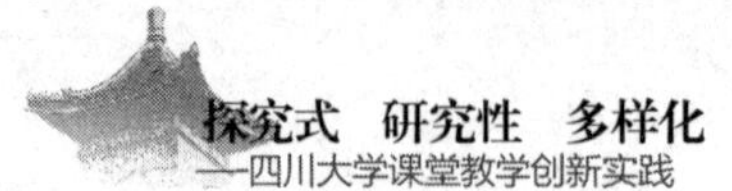

图 1　逆合成分析法

3　化繁为简，提要钩玄

（1）将不易理解和记忆的基本知识通俗化。

化学制药工艺学中工艺路线设计是纲，要使路线得以实施必须具备一定的生产工艺条件，因而药物生产工艺的研究是保障路线实施的重点。而生产工艺的研究涉及配料、催化、溶剂、能量、后处理等多方面影响因素，让学生觉得杂乱枯燥，没有规律，尤其催化、溶剂、能量等影响因素的原理常常让学生不清楚为什么，故也很难记忆。如金属、小分子等为什么能催化？不同的溶剂为什么对反应的选择性结果不一样？光能、热能、微波等不同能量是如何影响有机分子的？基于此，作者为便于学生理解和记忆，选用简单实例加以说明。例如，以物理学中求合力的办法解决溶剂极性与反应选择性的关系问题；将微波对化学反应的影响的实质转换为偶极分子的极性与反应选择性问题等。

（2）利用逆合成分析将复杂分子简单化。

逆合成分析是复杂药物合成路线设计经典而常规的分析方法。然而，如何利用简单易懂的方法教会学生去观察、分析、并找到突破口，设计出简单、高效、绿色的全合成路线是值得我们深思的。如以下两例，乍一看不知如何下手，但我们利用中学就已经知道的正电与负电易于结合的道理，顺利让学生把一较复杂的分子合成问题转化为寻找正电中心与负电中心的问题。由此找到正电中心和负电中心结合点即为切入点和突破口，并让学生发掘分子的对称性问题，清楚了如何将较复杂的目标分子转变为基本的简单工业原料，如图 2 所示。

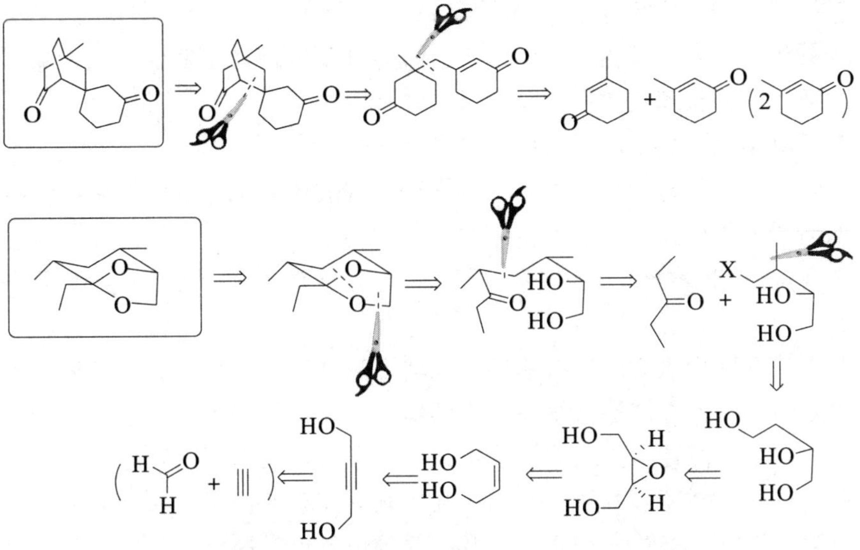

图 2 利用逆合成分析发现潜在的对称因素缩短合成路线法

4 挈领疑问，案例分析

氢化可的松的生产工艺原理是化学制药工艺学中一经典实例，其七步合成工艺每一步都很巧妙且有代表性，并经过了多年的改进和提炼，也是我国著名有机化学家黄鸣龙先生填补中国甾体工业的空白，使中国可的松的合成方法跨进了世界先进行列，使中国的甾体激素药物从进口一跃而为出口的很好实例，如图 3 所示。借助这一实例，几年来我们采取了系列教学方法改进，从中得到了启迪。例如：

（1）锻炼学生查文献，制作 PPT，备课并走向讲台向同学讲解，老师点评。然而，发现这一方法存在学生理解重点不够，讲解不清，没有深度，无吸引力，学生不愿意听讲，常常是自己讲解部分自己能懂，其余部分都不懂的局面，无法进行相互讨论，教学效果不理想。

（2）在方法（1）基础上，讲课学生首先讲给老师听，老师听后指出问题，改进后再向同学讲解。但老师花双倍的时间精力仍然效果不佳，学生满意度不高。

（3）老师先介绍药物合成工艺步骤及背景，分别提出每一步合成相关问题，如：

①开环原则是什么？

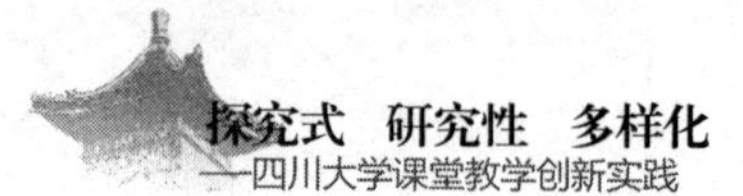

②什么结构特征的分子容易氧化或还原？为什么？

③哪些分子发生反式共平面消除？哪些分子结构易于发生顺式消除？

④环氧化的机理及选择性是什么？如何控制？

⑤环氧化物开环取向与反应条件是什么？

⑥碳碳不饱和键、碳杂不饱和键和碳卤键的还原工艺条件有哪些？有何异同？如何解决非均相反应的速度问题？

⑦卤代试剂及条件有哪些？反应后处理方法有哪些？注意事项分别是什么？

⑧不对称反应氧化方法有哪些？如何提高立体选择性，有何措施？

再让学生准备并回答，最后，教师给出答案并解释为什么。

这一教学方法让学生明确了重点，对反应过程及机理理解透彻，对工艺条件限制不仅知其然还知其所以然。经几年教学方法的探索，认为教师首先讲解主题背景、思路、方法、创新点以及相关知识要点，提出问题，待学生思考回答问题后，教师再给出最佳方法、归纳解决难点问题的不同途径，点评并给出标准答案的方法较好，学生容易接受和记忆。

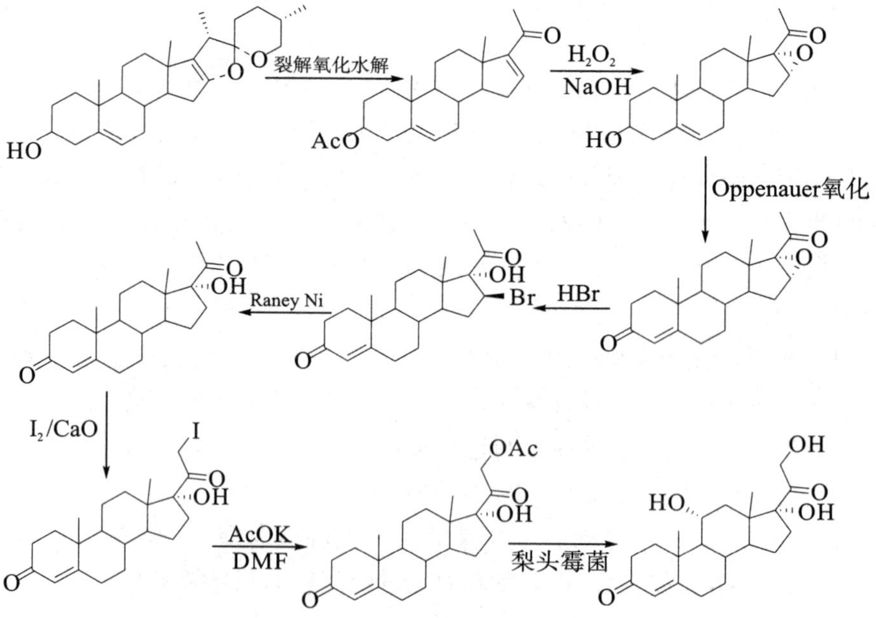

图 3　氢化可的松的生产工艺路线

5 以点带面，讲练结合

在归纳总结基本理论、基本知识，讲解了有机合成设计相关要素和药物合成工艺路线设计的主要方法、原则和策略后，分类别讲练结合，加深学生对各基础知识点的印象，学以致用。例如：

（1）临床一线抗肿瘤药紫杉醇衍生物多西他赛的生产工艺，见图4。这一复杂天然产物的生产工艺问题的实质是一保护基的运用问题，结合学生这部分知识较薄弱，以复习带归纳总结，练习多种结构有机物保护基的应用，并让学生了解保护基的种类和保护基的运用规律，明确保护与脱保护的方法，如电性效应、空间效应、工艺条件对不同结构醇保护的影响，对醇与胺选择性保护的影响，对醇与酚选择性保护的影响等，以实例总结规律，以利于记忆和运用规律。

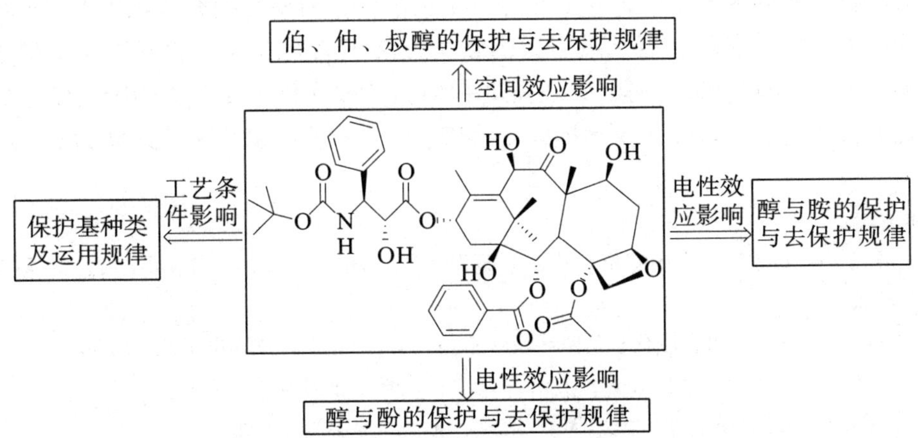

图4 借助紫杉醇衍生物生产工艺总结有机合成中保护基运用规律

（2）利用官能团的添加与变换或互换、切断后重接、潜在结构（如：1，4－二羰基、2－环己烯酮、羰基、醛、饱和四碳、亚甲基、烯等潜在结构）的运用等方法，练习药物合成中有机反应活性与选择性判断方法，如何简化和优化合成方法等，激发学生多想象、多思路、多解决问题的办法，见图5。几年来，作者以系列简单实例进行课堂练习，让学生首先思考几分钟，提出自己的想法，再点评学生思路的正误，最后，提出作者自己的观点和办法，收到一定效果。

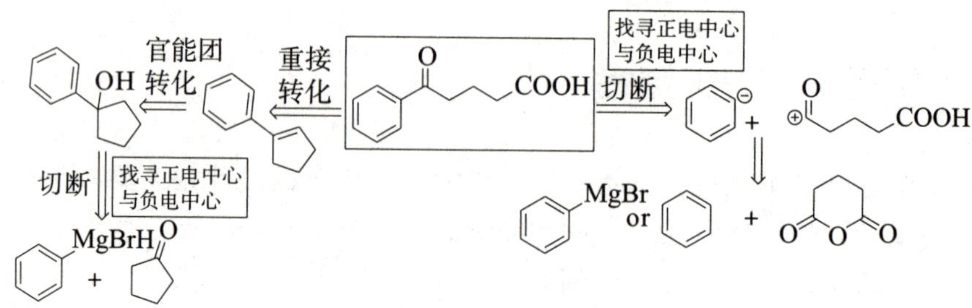

图 5　切断原则与策略的运用

6　结语

“是故学然后知不足，教然后知困。知不足，然后能自反也，知困，然后能自强也。”在几年的教学工作中深感温故知新，教学相长的道理及重要性。面对即将毕业的大四学生，要上好每一堂选修课，需要我们教师赋予极大的热情和精力发掘更实际、更具吸引力的教学方法。该五步式教学方法仅是“寄蜉蝣于天地，渺沧海之一粟”，还需进一步提升和优化，使其更能吸引学生的注意力，激发学习热情，主动提问，善于思考，提高想象力和创新能力。

参考文献：

［1］尼尔·G. 安德森. 实用有机合成工艺研发手册［M］. 胡文浩，等，译. 北京：科学出版社，2011.

［2］马军营，等. 有机合成化学与路线设计策略［M］. 北京：科学出版社，2008.

［3］张绗，杨艺虹. 绿色制药技术［M］. 北京：化学工业出版社，2006.

［4］陈荣业. 有机合成工艺优化［M］. 北京：化学工业出版社，2006.

［5］Stephen Hanessian et. al. Design and Strategy in Organic Synthesis［M］. WILEY. VCH，2013.

［6］赵临襄. 化学制药工艺学［M］. 4 版. 北京：中国医药科技出版社，2015.

课程考试改革与探究式教学改革综合模式的探讨

——华西公共卫生学院课程考试改革之实践与探索

李兆芹，曾　欣，李春燕，李　强，刘　毅

四川大学华西公共卫生学院

摘　要：21世纪以来，在经济和社会生活发生深刻变革以及全球化持续发展的背景下，公共卫生领域面临了全新变化，这给公共卫生教育提出了较高的要求。中国公共卫生教育改革一直在探索中发展着，本文结合华西公共卫生学院教学改革和考试改革的实践与探索，对课程考试改革的必要性和实践途径等进行了分析和探究，以期为高校课程考试改革工作提供一定的参考。

关键词：考试改革　探究式教学　综合模式　实践与探索

21世纪以来，随着经济和社会生活的深刻变革以及全球化的持续深化，新发传染病不断出现，突发公共卫生事件频发，公共卫生工作面临前所未有的挑战，这给公共卫生教育提出了新的要求。传统的教学方式已经不能满足公共卫生教育发展对人才培养的要求，唯有变革方能承载“维护人类健康与社会发展”所赋予的历史任务[1]。华西公共卫生学院一直致力于公共卫生教育改革，在2006年率先在国内领衔制定了“公共卫生教育基本要求”，并作为我国公共卫生教育改革的重要参考。学院是学校“323 + X”改革试点学院之一，在学校政策支持、社会需求以及学院以往教学改革经验的基础上，学院开展了创新教育理念、探究式教学模式与课程考试改革的综合探讨。本文将以华西公共卫生学院在2011—2016年间开展的探究式、小班化课程教学改革与考试改革为例，重点阐述其创新教育理念改变、改革举措以及反思。

1　以教学改革促进考试改革，教考相长

华西公共卫生学院目前有三个本科专业：预防医学、卫生检验与检疫、营养与食品卫生学，开设约148门课程，包括通识课程、专业基础课程与个性化教育阶段课程，课程设置较完善。在逐渐改进教学计划和课程设置的基础上，学院高度重视教学改革，一方面鼓励和支持教师参与学校教学改革项目，另一

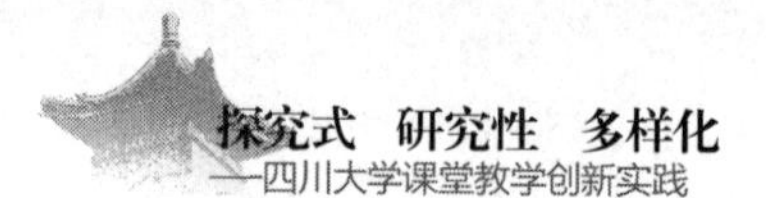

方面，通过学院层面的教学改革工程和项目，全方位开展改革和创新工作，以推动教学改革的探索与进展。

教学改革与课程考试改革互为一体，相消相长。华西公共卫生学院于2014年建立了教学改革综合平台——“公共卫生教育教学提升工程”，提供教育创新理论学习与改革实践的机会，改变教育理念，改进教学方式和课程考核方式，进而推动学院教师达成新的公共卫生教育教学理念，提高教师课堂教学能力。该工程分阶段实施，即MINI课程平台建设、探究式教学进课堂与院级教学改革项目的全面推进。

第一阶段——MINI课程平台建设。MINI授课展示，为学院教师搭建了一个对话、交流、展示、学习和自检的平台。2014年，MINI课程平台开展了四期，共计24位老师参与了展示评比，受到一致认可和好评。“MINI”授课时间虽短，却是一个完整的教学单元，从内容组织到教学技巧都较好地展示老师的教学水平、能力和经验。在开展对MINI课程的评价时，特别注意研讨式教学与过程性考核的引导，力求将教学理念、教学方法和手段应用到实际的专业课教学当中，将“探究式、小班化”教学改革与课程考试改革从理论上升到实践，促进教学理念的提炼、理解和践行。

第二阶段——“探究式教学进课堂”项目。2015年春季学期，共有25名老师的25门次课程开展了探究式教学与考试改革多样化改革，形式涵盖了讨论课、案例分析、翻转课堂、设计性实验、汇报讨论和以问题为导向的学习等多种现代课堂教学技巧和手段，同时根据不同教学方式开展多样化的成绩评定。2015年秋季学期，共有8名老师的8门次课程进行了“探究式教学”示范，继续深化探究式教学理念。通过“探究式教学进课堂”项目的实施，加深了老师们对探究式教学以及多样化成绩评定的思考，通过对传统教学模式与考核方式的改革，激发了学生的学习热情，培养学生的思辨创新与自主学习能力。

第三阶段——教育教学改革项目全面推行。2015年始，华西公共卫生学院设立了“华西公共卫生学院本科教学与考试改革”项目，鼓励和支持老师们在前期探讨基础上开展教学与考试改革创新，学院为立项项目提供资助。2015年，学院教学与考试改革项目（第一期，试点）共7个教改项目立项，其中探究过程性评价和非标准答案的考试改革项目共2项；2016年春季，学院教育教学改革项目（第二期）共计22个教改项目立项，其中涉及探究过程性评价和非标准答案的考试改革项目共14项。

“公共卫生教育教学提升工程”实施以来，教师们在教学实践活动中不断改革创新，在参与的各项教学改革项目中，课程考试改革的内容和比例都有明显增高。如果说 MINI 平台的建设是唤醒了教师的参与意识，磨砺和提升了教学技巧，那么探究式教学进课堂则从改变教育理念入手，推动了教学方法与考核方式的协同改变，为课程考试改革奠定了基础。与此同时，教师对课程考试改革认知和探索逐渐走向理论化提升，四川大学与华西公共卫生学院深化本科教学改革和考试改革的举措初见成效。

2 以考试改革带动探究式教学方法的转变

2011—2013 年期间，华西公共卫生学院积极参与四川大学考试改革。学院教师在前三期的本科课程考试改革项目中取得了良好成绩。

2012 年以来，华西公共卫生学院逐步推进考试改革，尤其是 2014 年实施公共卫生提升工程后，考试改革进程迅猛。2014 年课程考试改革共计 132 门次，覆盖率达 73. 74%；2015 年 140 门次，覆盖率达 78. 65%。2014 年以来，四川大学华西公共卫生学院在整体推动考试改革项目的基础上，更加注重在细节方面下功夫，看考试改革落实情况，如开展非标准化答案考试、动态及格线以及成绩等级制的实施效果。学院教师对考试改革的了解和理解逐步加深，接受度逐渐提升。2012—2015 年华西公共卫生学院考试改革情况见图 1。

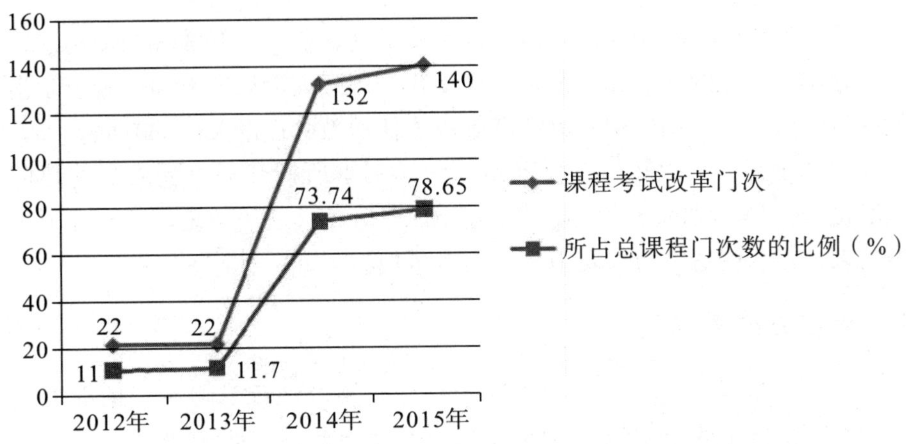

图 1　华西公共卫生学院 2012—2015 年课程考试改革统计图

华西公共卫生学院通过探索与努力，院校两级教改项目数量不断增加、开展考试改革的课程门数不断攀升，收获了以下共识。

（1）教育教学理念达成共识。通过公共卫生教育提升工程的实施，教师教育理念逐渐达成共识，形成以学生为中心的教育教学理念。强调过程化考核，注意培养学生知识系统的建立、自我能力与创造能力的养成。

（2）提高教师教学能力。通过交流和学习，引导老师不断思索和学习新的教学方法，“MINI 课程平台”“探究式教学进课堂”等教学改革活动的开展和评价，为老师们提供了学习和交流的平台，提升了教师教学能力。2014 年，华西公共卫生学院 8 人荣获“探究式—小班化”教学质量优秀奖；1 人荣获考试改革突出贡献奖；8 人荣获课堂教学质量优秀奖。

（3）提高学生学习积极性和综合能力。课堂教学方法的改革，改变了公共卫生本科教育以课堂教授为主的模式，丰富了课堂形式并让学生更多地参与到教学活动中，激发了学生的学习动机和兴趣，提高了学习的积极性。同时，学生的自主学习能力、自我反思能力、团队合作能力等都得到一定水平的提高。

3　课程考试改革之特色

近几年，通过倡导教学改革理念和推进教学改革进程，华西公共卫生学院重点在课程考试改革方面进行探索，形成了自身特色，呈现出以下几个特点：

3.1　考核内容丰富化

注重过程化考核的结果是对学生的考核呈现梯度性、开放性和创新性，除了对基础理论知识的强调外，紧跟时代变化和国际前沿研究方向，考查学生对知识更新的认知、知识运用的灵活度等成为任课教师逐渐关注的方面。如，学院开设的“公共关系学Ⅱ”考核则不局限于书本所授知识，围绕当前热门话题，以模拟公关活动的方式，让学生基于课堂理论，跳脱传统框架，充分发挥学生个人、团队创造力与表现力，丰富考试内容。

3.2　考核方式多样化

考核方式不再局限于传统的试卷考试。在整个课程学习中，依据课程安排、知识习得理论的要求以及学生反馈，教师灵活设置考核方式，如小组研讨、现场调研、报告撰写、交叉学科知识的学习等，全面调动学生的积极性，充分发挥同学们的专长。如，学院开设的“营养与食品卫生学Ⅱ”使用网络中心对课程进行在线考试，“毒理学基础Ⅱ”将小组成绩与个人成绩相结合对学生进行考评等。

3.3 考核方式过程化

改革后的考核贯穿课程教学的全过程，提高过程考核成绩占总成绩的比例，以减少期末终结性考核带来的片面性。学院面向华西临床八年制开设的“健康与社会模块 -2”课程，因其学分高，课时量多，学习强度大，学生普遍反映期末考试复习难度大，考试成绩不理想，教师也苦于如何用一张试卷系统地对重要知识点进行考核。2015 年，针对以上问题反馈，授课教师根据课程设置特点，在授课中分别针对课程中的 7 个模块进行了“考核 - 考试”的全过程化考试方式改革，取消期末考试，效果显著。而“公共卫生项目管理”课程设置的总体思想是过程性考核与教学方法的一体化，设计重点放在教学内容的系统性与连贯性，考核的重点以及目的是学生知识形成的层递性和累积性，环环相扣。在课程学习过程中，学生从确定公共卫生问题入手到以结果为导向的公共卫生项目制定，以及相应的绩效评估工具的开发与设计是一个系统性整体。[2]

3.4 考核评价科学化

为了评价的准确和科学，部分课程还采用评分与评语相结合的评价方法以及鼓励学生进行自我评价与互评。华西公共卫生学院“分子生物学检验技术”课程，开展了“立体化、透明化成绩评定体系的建立及效果探讨”考试改革项目，反响很好。该课程改革传统的成绩评定方式，建立了一套更为科学的立体化、透明化成绩评定体系。其设定的过程考核不是让学生更随便“过关”，而是为了激发学生的学习兴趣，以过程考核为依托，开展探究式教学，培养学生创新思维，使其对知识的理解和掌握更深入。

4 课程考试改革的思考与建议

课程考试改革是四川大学“323 + X”改革的重要组成部分，从四川大学提倡考试改革以来，华西公共卫生学院以及学院教师积极探索考试改革模式，并积极申报考试改革项目，经过几年来的实践与探索，学院考试改革取得了一定成效，但是在开展的过程中，也有一些反思与建议。

4.1 教师角度

教师对过程性考核的定义和理解存在多样性，导致实际操作过程中，过程性考核的效果参差不齐，尚须时间的检验。为此，应鼓励和支持教师参加相关研讨会、走访其他高校，及时学习并践行行之有效的考试或考核方法，深化教师对过程性考核的认知，保证每门课程过程性考核的深度、连贯性和一致性，扎实做好改革工作。

此外，开展过程性考核、非标准化考核等大大增加了教师的工作量，为此，要在政策上保护教师的工作热情，在经费上支持改革工作的开展。

4.2 学生角度

教师反映尽管他们在努力开展探究式教学、倡导过程性考核，但是仍有部分同学的参与度不高，而且在初期的兴奋期后，容易出现疲乏期。据分析，原因大致如下：一是过程性考核形式较为单一、考核流于层面，一般只涉及出勤率、课程中测验、小组研讨与汇报，在提高学生的学习兴趣、学术思维的培养、创新精神等方面的引导未到实处；二是某些学生没有意识到过程性考核的意义、目的所在，因为学习任务的增多，对过程性考核感到抵触。

为改变这种情况，教师需要不断强化自身教育理论素养和教学技能的提高，同时，也要不断告知学生课程考试改革的目的和意义所在，只有学生本身理解和认可课程考试改革，才能切实改变学生的被动学习状态，培养自我学习和终身学习的能力和习惯。[3]

4.3 考试改革多样性

在考核形式与成绩计算（各部分考核的所占成绩比例）等方面，给教师自主权。在此前提下，教师才能够根据课程性质、课程目标等，发挥能动性，开发多样化的考核形式。

4.4 考试改革融入整体课堂教学改革

教学本身是一个复杂的体系，涉及诸多方面，考试改革仅是其中一环。考试改革不是独立和片面的，课堂教学方式和学生成绩评定方式应是统一的，只有将考试改革融入整体课堂教学改革，以考试改革带动和促进课堂教学的系统整体的改变，才能获得整体性的成果，达到考试改革的目的和意义。

参考文献：

[1] 陈艳等. One Health 理念下我国公共卫生教育的改革与创新 [J]. 中国高等医学教育，2017 (3)：40 -41.

[2] 夏茵茵等. 加强预防医学教育中批判性思维培养初探 [J]. 高教研究，2017 (8)：6 -7.

[3] 张莹等. 基于胜任力的转化式学习：医学院校本科教学的改革路向 [J]. 医学与哲学，2017 (4)：66 -69.

"全过程立体化"体育课程考试改革创新体系的构建与实践

向　勇，张超慧，宫　川，等

四川大学体育学院

摘　要：针对大学生体质下降和体育参与不足的现状，以体育课程改革为契机，以考试改革为核心，从时空上延伸体育课堂，使课外成为课堂的重要组成部分。增加身体素质考核、体育理论考核和体育能力等课堂测评，并将课外体育活动的时间、频次、强度等指标纳入体育课程考核体系之中，创造性地将过程考核与结果考核有机结合，形成了一个科学完整的考核体系。三年来的实践结果显示：川大学生体育人口、体测达标率、体测优秀率、体育社团数、参与体育社团活动人数、课外群体竞赛参与度、课外活动体育频次、持续时间等指标明显提升。

关键词：全过程　立体化　公共体育　考试改革　创新体系

近二十年来，学生体质持续下降是一个不争的事实，在社会上引起了很大的反响，也引起了中共中央、国务院、教育部的高度重视，为此先后出台了系列文件，旨在加强学校体育，增强学生体质。大学是中小学的延续，是青年学生人生观、价值观形成和体质基础奠定的重要阶段。众所周知，由于中学生面临高考的巨大压力，体育活动时间被严重挤压，大学入学时的体质状况不佳是一个普遍现象，令人担忧。因此，这样背景下的大学体育其任务将更繁重，责任将更重大，对高校体育课程的探索式渐进改革势在必行。

1　以"考试改革"为核心的公共体育课程改革的总体思路与框架

1.1　我校体育存在的问题

四川大学的生源遍及全国各地，入校新生的身体素质初测结果与全国其他高校一样，都很不尽如人意。同时，入学之后我校也还存在着体育课时相对不足；体育课堂的核心目标达成不理想；学生体育学习与参与的时空延展性不强，效果不佳；学生的体育意识欠缺，体育态度、体育习惯及参与体育的主动性和积极性不足；学生课外体育参与的人数、频次、体育人口和体育社团会员人数较少；大学生的体质健康达标率和优秀率不突出等问题。

1.2 问题的原因及改进的策略

为了更好地解决这些问题，我们在充分借鉴国内外高校体育课改经验的基础上，结合我校实际情况，以“为何改”“如何改”“如何评价”三个方面为着眼点进行课程改革。其中，核心是“如何评价”，它既是关键，又是抓手。

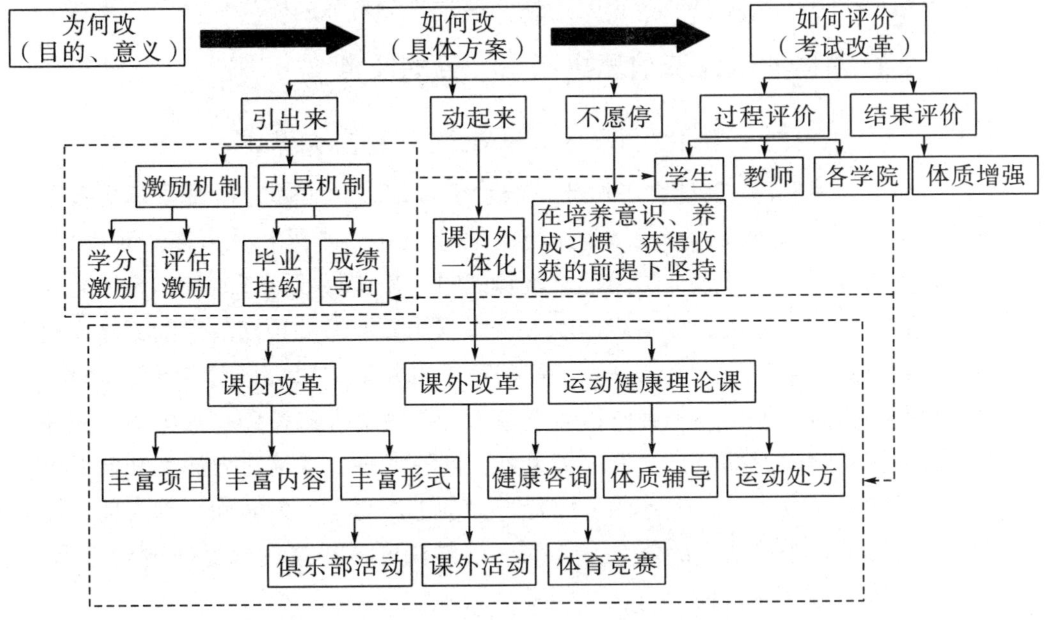

图1　四川大学公共体育课程改革创新体系示意图

同时，在调查中我们还发现，大学生课余时间大部分花在网络、图书馆、教室、寝室和其他休闲娱乐中，只有极少的时间用于体育锻炼。造成这种现状的原因有两点：第一是学生体育课程方面的激励不够，动力不足，主动性不强；另一方面在于提供给他们的体育条件不充分。鉴于此，我们的教改采用“引出来——动起来——不愿停”的“三步战略”来促进他们参与体育活动。所谓“引”就是通过一定的激励措施和机制把学生从教室、图书馆、寝室和网络中吸引到运动场；“动”就是采用各种办法促进学生到运动场后，在教师、体育骨干的指导下和机制的促进下进行体育锻炼，完成课堂延伸；“不愿停”目的是让学生通过参与、体验，感受乐趣，得到益处，养成终身体育习惯而不愿停止。“引”在于拉，“动”在于推，一拉一推，前后用力，最终达致他们的“不愿停”，完成终身体育的教育目标。

2 “全过程立体化”的体育考试改革创新体系的构建策略与举措

“引出来”“动起来”“不愿停”三大教改目标是一个庞大的系统工程，需要构建一个科学合理的体系框架来保障实施。于是，作为课程评价重要手段的体育考试就成了整个教改体系的关键部分，对其本身的改革也就至关重要。

2.1 体育课程考试改革的思想基础、目的及意义

2.1.1 “课内外一体化”是体育考试改革的思想基础

“课内外一体化”是体育考试改革的思想基础，它为体育考试改革准备了条件，指明了方向。以体育成绩为纽带的“课内外一体化”才可能真正实现，它是体育课程课内课外融合的关键。事实证明，光靠每周两课时的体育课是绝对达不到学生增强体质、提高运动能力、养成体育习惯的预期效果的，而仅通过宣传和号召大学生积极参与体育锻炼的效果也并不理想。只有将课堂从时间和空间上不断向课外延伸，课堂以教学指导为主，课外以帮助引导为辅，使课外也成为课堂的组成部分，二者同等重要，同等考核，才能有效激发和督促大学生积极参与体育活动，也才能有效延长大学生体育学习的时间，增大他们体育锻炼的强度，拓展他们的体育参与的广度与深度，最终达到增强他们体质，养成终身体育习惯的目标。

2.1.2 体育课程考试改革的目的及意义

以前我们也提“课内外一体化”，但昔日的“课内外一体化”效用不高其根本原因在于评价机制的死板，体育考试只围绕课堂学习的结果考核而忽视了学生课外的锻炼积极性，没有突破传统考试中“只重结果不重过程”的窠臼。因此，为了保证体育课程“课内外一体化”的顺利实现，对体育考试进行改革必要且必须。

实践中我们发现，大学生不爱参加课外体育锻炼的原因是学校对此没有硬性的要求，我们通常只是宣传和鼓励，并没有形成激励机制，他们参加与否并没有相应的指标进行评定，更无奖惩措施。正是基于此点，我们才想到通过体育考试这个有效的手段来切实提高大学生的身体素质，提高他们参与体育的积

极性和主动性。一旦对他们课外体育锻炼进行考核，在课余参加体育锻炼有成绩，有学分，他们的积极性就被极大地激发起来了。长期参加体育锻炼，他们的体质增强，精神面貌更好，学习更有劲，尝到了体育锻炼的甜头，逐渐就形成了经常参加体育锻炼的习惯，往往就不会停下来，也就为他们终身体育奠定了很好的基础。同时，课外的体育锻炼也会对课堂的体育学习效果起到很好的促进作用，对他们学习体育技能，了解体育知识，领略体育文化具有积极的意义，可以说，体育考试的改革撬动了整个体育教育教学的改革，效果明显，意义非凡。

2.2 “全过程立体化”体育课程考试创新体系的形成

2.2.1 体育考试由“只重结果”向“结果与过程并重”转变

过去的体育考试，就是在期末按照每个体育项目的特点和要求定制考试，主要考核学生体育技能技术的掌握程度，这是典型的“结果”考核。新的体育考试，不但在考试内容上增加了体育理论和身体素质考试（分季进行），还动态性地增加了课外运动的强度、频次、体质健康测试结果等内容。即对学生课外体育活动的过程也进行考核，这种考核不是对他们某种运动水平能力进行测试，而是对他们参与体育锻炼的态度和过程进行考核，并且将这种考核与课堂上的“结果”考核同等对待。

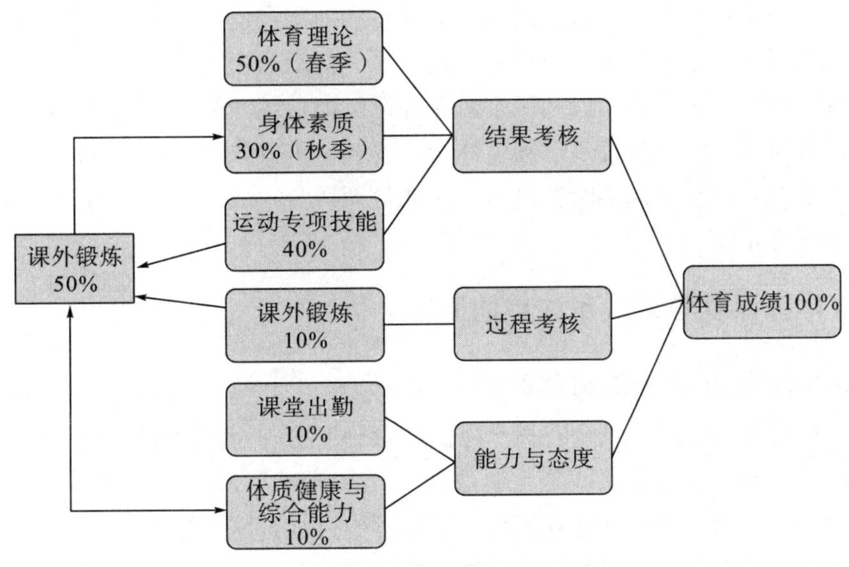

图 2 体育考试成绩构成示意图

由于体育课程不像其他课程，学生个体差异较大，基础不一，如果我们采用原来“一刀切”的办法来考核，势必会影响很多学生的体育参与积极性。因此，其评价机制必须更加科学合理全面客观。在考核中，我们注重时间、过程和结果的“三结合”，既重视课堂考核，又重视课外活动的过程评价，构成一个立体化的、全过程的、持续两年时间的动态化考核评价体系。即使某同学所选运动项目并不擅长，他也可以通过平时大量的课外锻炼频次、持续时间和强度来冲抵折算专项技能技术成绩，他期末的体育成绩一样会优秀。这样，就充分调动了部分体育基础差的同学进行课外体育锻炼的积极性。

2.2.2 体育考试由“单一化”向多元的“立体化”方向转变

（1）考试时间上的改变与延伸。

我们把体育考试从时间上进行适度延伸，改变以前只在期末特定时间对学生体育课程学习情况进行测试，逐步向非体育课时间上延伸；把某一个时间点的体育考试向几个月的时间段上延展，注重全过程。

（2）考试空间上的跨度与变化。

由原来规定的体育项目测试地点进行考试向其他地点变化和转移。如，篮球考试规定在篮球场上进行，但考试改革后，篮球考试可以改到田径场，甚至沿湖步道或其他地点“进行”，其体育成绩也不会有太大的影响。

（3）考试形式上的开放与多元。

以前每个体育项目的考试内容和形式是相对固定的，但考试改革之后，体育考试的形式也跟着发生了很大的变化。对于运动专项考试，学生可以按照专项的规定进行考核，也可以利用平时课外锻炼的持续时间、频次和强度来参与考核，还可以用参加体育俱乐部、体育竞赛获奖等方式来冲抵体育成绩，更可以多次参加体质测试来不断提高自己的体育课程分项成绩，真正实现了考试形式上的多样化统一。

2.3 体育课程考试改革注重的原则

2.3.1 注重自愿和强制相结合

注重自愿和强制相结合有三个层面的意思：第一个层面是选项的自由与体育必修的强制；第二个层面是自愿选择“结果考试”和“过程考试”与体育必考的强制；第三是课外体育锻炼以激励学生自觉自愿参与为主，以体育课成绩和体质达标为目标考核的强制措施为辅。我们设置的期末体育成绩的组成有必考的“结果”考核部分和选考的“过程”考核部分。身体素质、体育理论和运动专项必考，课外锻炼可以冲抵和折算运动专项技能。运动专项的基础好的学生，他可能选择用专项技能成绩作为期末分项成绩；运动专项差的学生，他可能会选用课外体育锻炼的过程评分来冲抵。两种考核，自由选择，注重自愿参与和强制参与相结合的原则。实际上，我们发现运动专项好的同学课外锻炼的积极性本来就高，基本已经形成良好的运动习惯。恰恰是那些运动技能稍差的同学，他们更需要这样的激励机制来促进他们参加体育活动。

2.3.2 注重结果与过程相统一

对学生的体育评价，尊重学生的基础和个体差异，既重视学生体质健康改善的结果，又重视增强体质健康的过程；既注重参与，又注重感受，结果是刚性的，过程却是柔性的、享受的，目的是促其在原有的基础上有提高，最终培养体育习惯。对教师的评价依然采用这种既重过程又重结果的评价方式，使其对学生和教师的评价统一，督促教师积极参与到学生的课外活动指导中去，最终保证学生的身体素质和体育能力的提高，实现体育教育与教学的融合，见表1。

表1 近几年学生对体育教师评教情况表（平均分）

年度	年度学生体育评教	学生对课程满意度测评	对教师学术水平评价
2013 年	97.26	未测	96.1
2014 年	98.32	91.4	98
2015 年	98.53	92.6	98
2016 年	98.35	93	98

注：数据来源于学院评教系统。

3 “全过程立体化”体育课程考试改革的条件保障

3.1 建立了互联网+的动态教学管理平台

先进的教学管理模式是保障考试改革顺利进行的关键。为此，我们利用互联网技术，自行设计了全国首创的动态教学管理系统和实践平台，实行选课、评教、反馈、评价、理论考试等的无纸化与远程模块化；体质测试的预约与测试成绩的实时推送；建立了网上师生互动平台，答疑讨论均可在线进行；教学管理人员在线可以对教案、教学视频、现场采录的实况、教学效果等进行评定和督导；以手机为载体，接口微信平台和其他运动软件监督和接收学生的课外体育锻炼的时间、频次和强度等指标；帮助学生预订和共享场地资源信息等，构建了体系庞大，功能完备的体育考试改革技术保障平台。

3.2 升级和完善了学生体质测试中心的功能

为了保障学生课外锻炼的有效性、安全性和科学性，在教务处的支持下，我们以体育研究生为班底设立8个助教岗位，在体质测试中心的基础上成立了一个体质健康促进中心，在教师的指导下为全体学生提供一个开具运动处方、指导课外运动训练和科学健身的咨询指导平台；为学生提供运动损伤和运动性疾病的预防与处理咨询；提供学生体质测试大数据的整理分析与反馈；提供体质健康测试以及如何提高得分的正确方法指导等服务。我校是全国第一所将体质测试与健康辅导相结合的高校。学院自主研发的学生体质测试系统软件实现了学生网上预约、连续测试，针对学生分项体测成绩，结合运动、医学、生活习惯、心理等方面现场开具运动处方，受益学生达到11826人次，该中心运行以来受到广大学生的一致好评，同时也受到教育部体卫艺司王登峰司长的肯定，并拟将我校的学生体质测试的“一站式”服务模式推广到全国其他学校，见表2。

表2 近几年一二年级学生体质测试总体情况

年度	及格率	良好率	优秀率
2013年	97.26	21.76	3.16
2014年	99.62	24.59	4.22
2015年	98.93	27.18	4.67
2016年	98.84	28.22	5.95

注：数据来源于体质测试中心数据库，剔除了三四年级数据。

3.3 加强课外体育竞赛的开发与支持力度，凸显“四个”转变

以课外体育竞赛作为龙头，营造良好的校园体育文化氛围，吸引大批的各个层面的学生积极参与；进一步拓展课外体育竞赛的内容、形式，完善课外体育竞赛的机制；保证学生课外体育活动更丰富，项目全覆盖，形式多样化。为了尽量增大学生课外体育竞赛的学生参与面和参与度，我们以“四个转变”来促进课外活动开展，取得了良好的效果，见表3。

表3 近几年学生课外体育俱乐部及活动参与情况（约）

年度	体育俱乐部数	体育俱乐部会员人数	体育社团活动场数
2013 年	22	4600	260
2014 年	26	6200	300
2015 年	31	7900	400
2016 年	37（院校两级）	15000（含跑协 7000）	600

3.3.1 由单纯的专业性、竞技性体育竞赛向大众性、趣味性方向转变

增设竞赛项目，发掘竞赛项目的多元趣味以吸引更多的、没有专业基础的普通学生参与其中。丰富比赛内容，增强观赏性和参与性。

3.3.2 由小众性、精英性向大众性、普遍性方向转变

由过去少部分人参与运动竞赛的模式向学生广泛参与的大众健身模式转变，使参与者面更广，人数更多，场面更热烈，效果更好。

3.3.3 由集中型向分散型转变

由过去竞赛项目、比赛时间相对集中向项目分布分散均匀，时间分散且持续更长方向转变。真正做到天天有活动，周周有计划，月月有竞赛，见表4。

表4 近几年学生课外体育竞赛参与情况（约）

年度	体育竞赛项目个数	校内体育竞赛赛场数	参与体育竞赛人数
2013 年	7	580	3200
2014 年	10	650	4100
2015 年	11	710	5300
2016 年	12	820	6200

3.3.4 由被动型向主动型转变

改变过去参加竞赛活动由校团委和体委下文、组织，带有一定的强制性向各个学院学生自发自愿地参与方向转变。由过去被迫在场下当观众到亲自上场体验参与的方向转变。

3.4　创造课外体育活动条件，激励课外活动参与

在教务处等部门的大力支持下，我们从机制、条件保障等方面下功夫来确保学生参与课外体育活动的可能性和主动性。以项目教研室为单位派出值班教师课外实行“2 + N”模式的指导；全方位、全时段地满足学生课外活动所需要的一切体育场地器材；大力改造现有场地，加装夜光照明设备，改善现有设施，尽量满足学生锻炼需求。2014 年以来，体育人口大幅度增加，截至 2016 年 7 月课外锻炼的人口密度和频次较 2014 年 9 月增加 36%。

考试改革施行以来，我们只能说取得了一些阶段性的成绩，还存有很多不足和需要完善的地方。一二年级学生的身体素质得到大幅度提升，但是三四年级又出现不同程度下滑。速度素质和耐力素质提高明显，但是力量素质提高不大，这些都需要我们进一步思考和完善。

结合科研论文展开探究式教学

杨　军[1]，兰利琼[2]

1 四川大学生命科学学院　2 四川大学教务处

摘　要：本文认为将科研论文应用到教学中有利于开展探究式教学，分析了科研论文应用到探究式教学中的方式，提出了需要注意的问题，探讨了科研论文促进教学的优势。

关键词：科研论文　探究式教学　教学设计

进入21世纪后，中国本科教育改革的关注点不应仅仅指向大学应该教什么，也要关注大学应该怎么教。自从美国的教育家施瓦布提出探究式教学的理念后，通过多年的实践和理论探索，探究式教学的理念在教育界广为接受，并在实践中得到广泛应用[1]。探究式教学旨在促使学生通过主动的探究过程去发现知识、理解知识，进而应用知识解决问题。通过这样的认知过程，不仅建构起学生的知识体系，而且培养学生认知事物的逻辑思辨能力。与传统的讲授式教学，探究式教学对培养学生的批判思维和创新能力有更大助力，更有利于提升学生的综合能力[2]。在高校的教学中如何进行有效的探究式教学，很多教学工作者做出了有益的探索和实践[3,4]。通过教学实践，我们认为将科研论文应用到高校理科教学过程中是开展探究式教学的一种有效方式。

1　科研论文可以助力探究式教学

当前的教科书不能完全满足探究式教学的需要。探究式教学注重在学习的过程中学生自己的探索体验，因此需要教师给学生设置相应的问题，引导学生进行探究。现在很多高校理科教科书都是开门见山式呈现知识，也就是直接告诉学生知识是什么，很少叙述知识是如何被发现的。这样的教科书有知识，缺少问题，让阅读的学生很容易处于被动接受知识的位置。完全依赖这样的教科书很难让教师进行探究式教学，学生也很难有探究的空间。应用这样的书籍展开探究式教学很容易将教师和学生陷入“巧妇难为无米之炊”的境地。

科研论文是教科书有益的补充，可以为探究式教学提供素材和思路。科研论文本质上就是发现问题，并尝试解决问题，进而积累知识。它以问题为导向，应用数据和逻辑展开分析，最终得到相关结论。探究式教学则是通过设置问题，引导学生去发现知识、理解知识。可以看出，研究论文的思路与探究式教学的内涵是非常契合的，因此将科研论文应用到探究式教学中是完全可能的，也是非常有益的。教师可以借助研究论文，提炼出可以应用到教学中的问题，让学生从这些问题出发，进行分析，去发现知识。学生也可以自己阅读科研论文，学习和借鉴研究者发现问题、解决问题的思路，锤炼自己的逻辑思维能力。

2 如何将科研论文应用到探究式教学中

2.1 科研论文为教师教学设计提供素材和思路

高校开设的每门课程涵盖的知识范围通常非常广泛，对任课教师的学术素养提出了很高的要求。教师通常有自己擅长的研究领域，对很多教师而言这擅长的研究领域常常只是所讲授课程中的一小部分，可能是几个章节，甚至更少。面对其他自己的非研究领域的章节，教师仅仅通过看教科书，很难积累超越积极学习的学生的知识厚度，也很难展开有效的探究式教学。

阅读科研论文是增加教师学术厚度的重要途径，同时也为教师进行探究式教学提供了素材和思路。科研论文提出科学问题，通过设计合理的实验方案去解决问题，并总结形成相关知识。在这些环节中，教师可以从中获得教学的素材和思路，提炼出可以应用到探究式教学中的问题，构思出某个知识点的教学设计。而且以科研论文为基础来设计教学问题，可以尽量避免对知识理解的片面化，减少出现科学性错误的概率。

在细胞生物学教学过程中，我们阅读科研论文知道水孔蛋白的发现者在红细胞的细胞膜上发现了水孔蛋白，并将水孔蛋白基因转移到两栖动物的卵母细胞中来证明水孔蛋白是水分子快速转运的通道。根据这些素材，我们就在教学中设置了这样的问题：蛙卵细胞和人红细胞在低渗溶液中一小时，分析前者不膨胀而后者膨胀的原因，并设计实验方案验证自己的分析。同学们思维活跃，通过分组讨论，从理论上分析出多种原因，例如蛙卵细胞不膨胀的原因可能是细胞外包裹有透明胶质物质，限制其吸水膨胀，或是细胞内部的骨架系统束缚了细胞吸水膨胀；人红细胞的快速吸水膨胀可能是细胞膜上有水分子的特异通道。不论同学们讨论的结果是否和真实的结果一致，同学们在探究式教学中收获的不仅仅是知识，而且有思维的锤炼。

2.2 科研论文作为课堂讨论的素材

教科书中的知识常常是“干货”，也就是结论性的描述，缺少对知识是如何被发现的介绍，这不利于同学们进行讨论，展开探究式教学。同学们找不到讨论思路的一个原因就是教科书介绍的是结论性的知识，他们缺少分析的切入点、质疑的着力点，也就无从探究。科研论文天然就包括了对知识发现过程的介绍，还包括了研究者的思路。通过阅读科研论文，同学们可以了解到知识是如何被发现的，这样同学们可以分析研究者提出的问题是否合适、设计的实验方案是否合理、是否能解决提出的问题、采集数据过程是否有瑕疵、对数据的分析是否合理、得出的结论是否合乎逻辑等。此外，不同的科研论文对同一问题可能有不同的结论，这更是容易引起同学们的兴趣，激发同学们讨论的热情。在课堂上，同学们依据研究论文可以展开积极的讨论和分析，让知识从“干货”变成有前世今生、在发展变化的“鲜货”。教科书中的知识源自科研论文，同学们对相关科研论文进行研读、讨论，了解了知识的来龙去脉，对教科书的态度就可能不是不加辨析地接受，而可能加入批判性的思考。

2.3 科研论文将探究式教学延伸到课堂外

探究式教学不仅仅局限在课堂，而且可以延伸到课堂之外，科研论文就是重要的载体。教师通过指定相关科研论文供学生课外阅读，让同学们课堂外的学习不是简单的汲取“干货”，而是发现、认知“鲜货”。在课外阅读科研论文时，学生组成小组是提高探究式教学效果的有效方法。形成小组后，学生可以在阅读过程中与组员分享观点、讨论分歧、解决难点，在组员互动中就进行了探究式学习。单打独斗式的课堂外学习，学生间缺乏深度交流，缺少互相促进，探究的力度就可能打折扣。

课堂外的探究式学习效果必须能反馈到教师。如果教师只是指定学生阅读相关科研论文，没有渠道获知阅读的效果，那么阅读的效果可能完全达不到预期。让学生分组在课堂上做阅读报告是一个很好的反馈方法。每组学生阅读不同的指定科学论文，在阅读之后，制作 PPT，在课堂上向所有学生介绍论文的主要内容，并接受其他学生和教师的提问。通过这种方式，教师可以了解学生是否阅读了论文、阅读达到了何种程度、是否达到了预期的教学目的。学生之间、学生与教师之间的提问、回答也是一种有效的探究式教学方式。此外，每组阅读的论文是不同的，通过课堂报告，学生可以学习到更多的知识，拓展了知识面，了解了研究的新进展。

2.4 科研论文可以为考试提供素材

完整的探究式教学也应包括考试环节，以科研论文为基础设计考试试题可以体现探究式教学的思想。在传统的讲授式教学中，考试常常表现为对知识的记忆和再现，这显然不是探究式教学想要的效果。如何在考试环节体现探究知识的过程，这对教师是个挑战。科研论文包括了提出问题、设计研究方案、收集研究数据、分析数据、得出结论等环节，这些环节都包含了探究的思想。因此以科研论文为基础设计考试试题，就容易体现出探究式教学的思想。设计考试题时，可以选取论文的某一部来设计，这样可以避免考题的阅读量过大。同时，科学研究本来有一定的不确定性，这样参照设计的考题的答案就具有开放性，也就可能没有标准答案。这种非标准答案的试题重点考察的是学生逻辑分析能力，更能体现探究式教学的思想。

3 选用科研论文用于教学的需要注意的问题

3.1 选用的科研论文是服务教学

科研论文主要是用于科学研究，如果要用到教学中，一定要与教学有关系，能服务教学。如何与教学有关系，可以从以下方面考察：

（1）选用的科研论文与教学内容相关。如果某个知识点在课程中非常重要，但在教科书中只介绍了该知识点是什么，没有介绍发现的起因、如何发现的以及还存在的问题，这就不利于学生深入理解该知识点的内涵，学生常常能做的就是记住该知识点，这不是探究式教学想达到的效果。在这种情况下，教师选用适当的科研论文，将教科书中的“干货”变成“鲜货”，引导学生从知识发现的规律中理解知识，内化知识，达到探究式教学的目的。有的科研论文从科研的角度非常有价值，但与教学内容没有直接关系，教师也只有忍痛割爱，避免将本科教学转变成研究生的文献阅读课。

（2）选用的科研论文与教学目的相关。每个教学环节和教学内容应该与教学目的密切联系，如果脱节了，没有达到预定的教学目的，所进行的教学环节和教学内容就成了无效的教学活动。在选用科研论文用于教学时一定不要忽视这个问题。如果选用不当，学生就会问为什么要看选用的论文，缺少阅读的动力。此外，教学时间也被浪费，达不到预设的教学目的。

（3）选用的科研论文与教学过程相匹配。课程都有既定的教学计划，有明确的时间安排。选用的科研论文必须与之配合，避免打乱教学时间安排。有的科研论文与教学内容、教学目的均有关，适合用于教学，但必修考虑到论文的篇幅大小。如果论文篇幅较长，在进行课堂讨论前学生需要花较多时间才能阅读完，就必须留足够时间给学生阅读论文。如果没有留给学生必要的时间去阅读，就要求学生进行课堂讨论或是做课堂报告，学生仓促上阵，就达不到预定的教学目的。如果篇幅长得影响了整体教学过程的顺利进行，就只有选用其他合适的论文。

3.2 选用的科研论文难度适合教学

选用科研论文时，需要兼顾到学生的水平。如果阅读论文需要的专业知识大量超过学生现有的水平，容易给学生理解论文的内容造成极大的困难，这样的论文就不适合用于教学。这样的论文不仅不能帮助学生进行探究式学习，反而容易引起学生的挫折感，影响学生主动学习的积极性。现在很多用于教学的科研论文是用英文写成的，英文的难易程度有一定差异。教师选用英文科研论文时应该考虑到学生的英文水平。若论文的英文较艰深，超过了大多数学生的英语阅读水平，英文本身成为理解论文的主要障碍，就尽量不选用这样的论文。选择论文用于教学时，不仅要考虑到学生的专业知识水平，还要考虑到学生的英文水平，避免画虎不成反类犬。

3.3 选用的科研论文数量适合教学

选用的科研论文是服务于探究式教学的，不是探究式教学的主体，因此用到的论文数量要合适。如果数量太多，可能影响到教学计划的实施，让学生花大量时间阅读研究论文，忽视了课程基础知识的学习，不能构建起完整的知识体系，容易形成碎片化的知识。如果数量太少，起不到用科研论文促进探究式教学的效果。多少是合适数量，在不同课程应该有不同的选择。

3.4 选用来着高水平杂志的科研论文

高水平杂志的科研论文常常代表了研究的前沿、研究的高质量。教师给学生介绍来自高水平杂志的论文，可以让学生尽可能早了解高水平论文是如何写作的，研究前沿在做什么工作。这有助于培养学生鉴别论文水平的能力，为以后写作高水平论文打好基础。学生了解了研究前沿做的工作，有利于学生找到自己研究的兴趣点，为未来的研究生涯做好准备。

3.5 对教师的要求高

结合科研论文进行探究式教学对教师的要求高，这体现在三个方面：

（1）对教师学识水平要求高。传统的讲授式教学要求教师熟悉教科书，掌握教科书中的教学重点和难点。要将科研论文融入探究式教学中，不仅要求教师熟悉教科书，掌握教学的重点和难点，而且要求教师广泛阅读科研论文，结合教学目的，选择合适研究论文用于教学。这需要教师有较高的学术水平才能在如大海捞针的情况下找到合适的论文，同时对教学规律有深入理解，才能合适的将论文转化为教学的素材。

（2）对教师的精力要求高。大量阅读科研论文和将论文内容融入教学，都需要教师花大量精力精心准备，因此教师用于备课的时间会大大增加。现在有的学科发展很快，每天有大量科研论文发表，这要求教师及时追踪，以避免教学内容滞后于学科发展太多。

（3）对教师的责任感要求高。教师在课堂之外付出的精力、时间和努力并不能直观地为外界感受到，需要教师有强大的内在责任感支持才能在教学的道路上坚持前行。

3.6 及时了解情况，收集学生的反馈意见

选用的科研论文是否适用于教学，需要教师自己的判断，也需要倾听学生的反馈意见。教师在判断论文的难度是否适合学生水平时，最容易犯的错误就是高估学生水平。教师认为不难的论文，在学生的感受中可能是很难的，因为教师的学术素养高于学生，教师和学生对论文的感受难免有差异。此外，探究式教学需要激发学生探究的兴趣，教师和学生的兴趣点因为年龄、知识背景等等的差异容易出现分歧，因此教师要了解学生的思维，了解学生的兴趣点，才能有效激发学生的兴趣。这些都需要教师及时与学生沟通，了解学生的意见和建议，对教学进行改进，到达预期的教学目的。

4 选用科研论文用于教学的优势

4.1 科研促进教学的直接体现

高校肩负着三大基本职能，即人才培养、科学研究和社会服务。教学是立校之本，科研是强校之路，教学与科研作为一个整体，共同构建高校的育人环

境。将科学研究成果应用到人才培养中，无疑会提高人才培养的水平。将科研论文与教学结合，是科学研究促进人才培养的一种有效途径。科研论文可以为教学提供案例，将科研中引出的问题充实到教学中，促进学生在课堂上进行探究。学生的学习就不仅仅局限在教科书，而是延伸到科学研究。通过这种方式实践科研反哺教学，实现教学与科研的良性互动。

4.2 有利于培养学生的批判精神和创新思维

科学研究包含了质疑、批判的因子，蕴含有创新的内在动力。将科研论文引入教学中，学生在与科研论文的直接接触中，更容易体会到研究者的批判精神和创新思维。通过对科研论文的讨论和分析，学生容易直接从中汲取营养，形成自己的批判精神和创新思维。

4.3 拓展学术视野，了解学术前沿

教师提供适量、有足够涵盖度的科研论文用于教学，可以让学生了解研究者在相关领域关注什么、在做什么研究、用什么技术和方法、如何分析问题解决问题，学科发展的趋势、亟待解决的关键问题。这样，学生可以站在研究者的肩膀上，看得更远，看得更广，为学生未来在学科领域内的成长打下良好的基础。

4.4 有利于学生学习写作科研论文

将科研论文引入教学中，学生阅读和讨论科研论文的过程，也就是学习写作科研论文的过程。通过阅读，学生可以了解科研论文写作的基本规范。学生在分析和讨论过程中，可以梳理作者的写作思路，分析作者的写作技巧，了解科研论文的用词特点。这些都有助于学生未来写出高质量的科研论文。

结合科研论文开展探究式教学不是一蹴而就的，需要教师持续的探索和实践。因为学科的差异、课程的不同、教学目的的差异以及学生培养目标的不同，在如何结合科研论文上也会体现出差异。如何在这些差异中找到一般性的规律，如何因地制宜地探究式教学还需要教育工作者付出更多努力。

参考文献：

[1] Schwab, J. J. The teaching of science as inquiry. In the teaching of science. [M] Cambridge: Harvard University Press. 1962.

[2] Scott Freeman, Sarah L. Eddy, Miles McDonough, Michelle K. Smith, Nnadozie

Okoroafor, Hannah Jordt, and Mary Pat Wenderoth. Active learning increases student performance in science, engineering, and mathematics [J]. PNAS. 2014, 111 (23): 8410－8415.

[3] 姜锐. 探究式教学课堂观察评价和实施策略 [J]. 大学教育, 2013, (18): 15－17.

[4] 陆长平, 姜锐, 邓庆山. 构建探究式教学课程评价指标体系 [J]. 中国大学教学. 2013 (6): 78－80＋90.

在线开放课程建设的探索与实践

李　华，张　怡，胡廉洁

四川大学教务处

摘　要：四川大学一直积极进行在线开放课程建设的探索，以多学科优势推动在线开放课程建设，以名师名课引领在线开放课程建设，以条件保障支持在线开放课程建设，以在线开放课程的建设与应用推动“以学为中心”的教学改革。通过全面开展“探究式—小班化”课堂教学改革与全过程学业评价—非标准答案考试改革，提升教育教学质量。

关键词：在线开放课程　探索　实践

《国家教育事业发展“十三五”规划》提出要“全力推动信息技术与教育教学深度融合”“推进优质教育资源共建共享”“加快推动教育服务模式和学习方式的变革”。四川大学作为国家布局在西部地区重点建设的“985”高校和“东西部高校课程共享联盟”的副理事长单位，一直坚持在线开放课程的建设与应用两手抓，以在线开放课程的建设与应用推动“以学为中心”的教学改革，通过全面开展“探究式—小班化”课堂教学改革与全过程学业评价—非标准答案考试改革，提升教育教学质量。

1　在线开放课程建设的意义和必要性

1.1　满足学生个性化需求

信息时代，人们的认知观念和思维方式有较大改变，知识的产生、获取途径、传播方式以及评判标准都发生了巨大变化，信息时代催生教育的深刻变革。而基于互联网的在线开放课程，适应了网络时代成长起来的被称为“网络原住民”的青年学子的需要，使学生能够根据自己的时间、地点自主开展学习，为学生提供更多的选择，满足学生个性化、多样化的需求。

1.2　颠覆传统课堂教学模式

当今世界，人类的知识呈几何速度增长，人们获取知识的方式变得更迅捷，获取知识的深度和广度得到更大拓展。大学不仅要关注教什么、怎么教，更应该关注学生怎么学、学到什么、学得怎样、怎样提高学生的学习能力，这就要求大学教学要以学生为中心。在线开放课程使线上、线下教育深度融合，从教学理念、教学方法、教学技术等多方面变革，颠覆传统课堂教学模式，使教师由主导者变成了组织者、引导者和合作者，教学真正实现了以学生为中心。

1.3 与国际接轨

在线开放课程缩短了与国外一流高校教育水平的差距，学生可以不出国门、校门，学习国外名校的优质在线开放课程，可以在国际在线开放课程平台上与世界各地的老师、同学沟通交流，实现了高等教育与国际接轨。

1.4 推动教育公平

校际教学质量差距大、区域之间发展不平衡是我国高等教育的突出问题，而在线开放课程的建设与应用，为这一问题的破解提供了路径。目前，我国上线慕课数量达到5000门，高校学生和社会学习者突破7000万人次。在线开放课程这一互联网、信息技术与高等教育结合的产物，打破传统教育时空界限和学校围墙，推进优质教学资源共享和教育公平，实现高等教育内涵式发展。

1.5 助推高等教育“变轨超车”

林蕙青部长指出，慕课正在成为世界各国争夺教育主导权、话语权的重要阵地和焦点领域，并日益成为争夺教育对象、进行价值输出的重要载体。在线开放课程利用现代信息技术，从形式的改变转变为方法的变革，从技术辅助手段转变为信息技术与教育教学深度融合，进一步推动高等教育高质量发展，实现高等教育教学质量的“变轨超车”。

2 四川大学在线开放课程建设的探索与实践

2.1 以多学科优势推动在线开放课程建设

四川大学在线开放课程建设依托学校深厚人文底蕴、齐全学科门类的优势，以高质量的思政课程、影响力大且受众面广的通识教育课程、公共基础课程以及特色专业核心课程为重点，以质量为本、融合创新、共享应用作为建设标准，紧扣国家方针政策与社会需求，组建跨学科教学团队，在“爱课程网”

"中国大学 MOOC""人卫慕课""东西部高校课程共享联盟""智慧树网"以及"学堂在线"等网络平台上线了一批授课水准高、社会反响好的在线开放课程，体现了学校先进的教育理念、鲜明的学科特色和精湛的教学水平。

2.2 以名师名课引领在线开放课程建设

优质的在线开放课程离不开优秀的教师和团队，四川大学在线开放课程教学团队汇聚校、省、国家三级教学名师，立足原有精品课程、精品视频公开课及精品资源共享课，坚持以名师名课引领在线开放课程建设，树立标杆，提升学校整体课程质量。"中国诗歌艺术"课程历经国家级精品课程、国家级精品视频公开课、国家级精品资源共享课以及国家精品在线开放课程，课程负责人通过互联网教学，借助现代教育信息技术为传统课堂服务，与学生进行网络无障碍互动交流，并参加"中国大学 MOOC"和"美丽中国"共同发起的公益活动"带着 MOOC 进山区，一起看见更大的世界"。将"中国诗歌艺术"课程带进了云南山区，与山区的孩子分享中国诗歌的魅力，受到多家媒体的相继报道。

2.3 以条件保障支持在线开放课程建设

在线开放课程建设涉及政策、经费、人力等多方面因素，是一项系统工程。学校不断完善相关政策制度，为在线开放课程建设提供可持续发展保障。一是加强顶层设计，完善政策保障。制定在线开放课程建设相关管理办法，在基础设施建设、经费支持、人员配备、技术资源等方面为教师团队提供条件保障。二是加强激励措施，提高教师积极性。在职务考评、教学工作量计算、奖励等方面出台相关政策，激发教师建设在线开放课程的热情，形成推进发展的良好政策环境。

2.4 以在线开放课程建设推动教学模式和评价机制改革

学校将在线开放课程的教学理念应用于传统课堂，促进教育教学观念转变，引领教学内容和教学方法改革，通过"线上 + 线下、MOOC + SPOC、课堂内 + 课堂外"方式，实施"启发式讲授、互动式交流、探究式讨论"，全面开展高水平"探究式—小班化"课堂教学改革，强化课堂教学全过程评价，推行非标准答案考试改革，培养学生主动学习、独立思考的能力，推动教学模式和评价机制改革。

3 四川大学在线开放课程建设的下一步举措

学校抓住高等教育“变轨超车”的机遇，以在线开放课程的建设与应用为契机，顺应教育的发展趋势，把建设与应用在线开放课程作为深化教学改革、提高教学质量的重要抓手，推动在线开放课程理念、互联网技术与教育教学的深度融合，继续加大在线开放课程的建设力度，建设更多优质教育资源，创新教学模式，加强在线开放课程的推广应用，开展多种方式的学分认定，调动教师和学生的积极性，培养学生终身学习的习惯，提升教育质量，切实为人才培养服务。

一方面，加大体现学科优势的专业课程建设，启动“中国语言文学”系列课程群建设，充分利用我校中文学科优势，荟萃名师，打造精品。第二方面，加大对中华民族优秀传统文化的弘扬，启动“巴蜀文化”系列课程群建设，这是落实习近平总书记有关讲话精神，弘扬传统文化，建设美丽四川，让更多的人了解巴蜀文化的特色系列课程群。课程群探寻巴蜀文化的深厚底蕴和靓丽特色，展现多元一体的中华文化魅力，具有鲜明的时代风格和地域特色，在授课团队方面更是汇集了包括长江学者、教学名师等我校在该领域顶尖的专家学者，承担高校文化传承创新的社会责任。第三方面，加大与社会需求的接轨，启动“健康川大”系列课程群建设，这是贯彻落实《“健康中国2030”规划纲要》等文件精神，加强我校华西医学人文教育的系列课程群建设，课程由华西临床医学院学术带头人、骨干教师等担任负责人，为国内外大学生及社会公众提供医学健康教育。第四方面，加大创新创业课程群建设，邀请行业精英、社会贤达等与我校教师共同开设有中国特色的创新创业课程群，将他们的创业经验和社会阅历以鲜活的案例形式呈现于课程，让学生更深刻地感知创新创业实践过程。第五方面，实施跨学科首席课程负责人制，组建跨学科教学团队，打造“生命”等跨学科在线开放课程。第六方面，进一步打造“中华文化”“西藏的历史与文化”等具备国际竞争力的中国品牌优质在线开放课程，走上国际慕课舞台，参与国际竞争。

参考文献：

[1] 林蕙青. 推动信息技术与教育教学深度融合实现高等教育高质量内涵式发展［J］. 中国大学教学，2018（1）：4-6.

[2] 冯年华，陈小虎，吴钟鸣. 应用型本科高校在线开放课程建设的思考与实践［J］. 中

国大学教学，2016（3）：58－61.
[3] 刘允，王友国，罗先辉．地方高校在线开放课程建设实践与探索———以南京邮电大学为例［J］．教育与教学研究，2016（8）：63－73.
[4] 袁莺楹．地方高校在线开放课程建设的探索［J］．教育与教学研究，2016（24）：45－46.

四川大学“全过程考核－非标准答案考试”的改革探索

严斌宇，何　玮，李　麟，陆　斌
四川大学教务处

摘　要：四川大学考试改革是在探究式—小班化教学改革的基础上开展起来的，其核心是“全过程考核”与“非标准答案”考试。2018 年起，四川大学本科课程全过程考核和非标准答案考试的完成率将达到 100%。本文将对四川大学考试改革的目的意义、理论与现实基础和新模式等问题作出详细论述。

关键词：考试改革　全过程考核　非标准答案　建构主义　形成性评价

四川大学考试改革的探索与实践，截至现在历时 6 年有余。2011 年，学校为了推进“323 + X”本科创新人才培养体系的实施，先后启动了三期考试改革试点项目（项目周期各为一学期），截至 2013 年，全校共有约 400 门次的课程参与。这三期带有探索性质的考试改革，主要以“加强课程教学过程管理及考核、探索课程过程考核及命题的科学有效方法”为目标，涉及文、理、工、医多个学科。

虽然三期的考试改革项目试点时间不长，但由于学校的高度重视和广大一线教师的踊跃参与，取得了较为显著的成绩和效果，并于 2014 年起将考试改革的各项工作细化并正式纳入教育教学改革示范建设专项责任书下放学院严格推进实施，2017 年全面改版《四川大学本科生考试工作管理办法（修订）》（川大教【2017】151 号文）。至此，四川大学考试改革工作实现了由点及面、全面推进的历史飞跃。

四川大学的考试改革，成功打破了过去的“一考定成绩”的传统而单一的学业考核方式，让学生在学习的过程中能力得到提升，鼓励学生独立思考、创新与协作。四川大学的考试改革，其意义深远。本文将对四川大学考试改革的目的意义、理论与现实基础和新模式等问题作出详细论述。

1　考试的目的与意义

考试的目的是什么？这是很多高校教育工作者最容易忽视也最容易搞错的

一个问题，而这个问题恰恰十分关键。在高校，考试的目的绝不仅仅是给学生一个最终的分数用于区别不同学习者之间差异，而是用于促进学生学习、帮助教师不断改进教学的。很显然，传统的死记硬背型的、一考定成绩型的考试模式达不到这样的要求。这就是我们为什么要进行考试改革。

《四川大学本科生考试工作管理办法（修订）》中开篇就明确指出：考试工作是教学活动的重要环节之一，是检查教师教学质量和考查学生学习效果的重要方式和手段……考试应注重调动学生学习积极性、主动性，引导和督促学生全过程参与学习、巩固所学知识和技能。考试要能培养学生的想象能力、思维能力、独立思考能力，促进学生真学、想学、真领会。教师要注重通过考试结果的反馈，不断改进教学方法、丰富教学内容。[1]

2　考试改革的理论基础

四川大学的考试改革涉及全校所有本科课程，从以考促教、以考促学的角度上来说，它是四川大学课堂教育教学改革的“指挥棒”，其意义深远，容不得半点差错。为了确保考试改革能始终沿着正确的轨道前行，必须要有先进的教育教学理论支撑。

2.1　以形成性评价为主的学业评价方式

形成性评价与过去的总结性评价的区别，本文不做学术探讨，仅引用学者罗伯特（Robert Stake）的一段话，供大家理解：“当厨师品尝汤时，是形成性评估；当顾客品尝汤时，是总结性评估”。[2]在这段通俗易懂的话中，我们可以看出，形成性评价是一种渐进式的评估方式，更加注重“反馈”的重要作用。

2.2　“教师主导－学生主体”教学模式

早在20世纪90年代，认知学习理论（认为学习过程不仅只是学习者对外部刺激所做出的被动反应，学习不能简单地理解为刺激－反应的一味灌输）的一个重要分支——建构主义学习理论在西方逐渐流行。

建构主义学习理论强调以学生为中心，不仅要求学生由外部刺激的被动接受者和知识的灌输对象转变为信息加工的主体、知识意义的主动建构者；而且要求教师要由知识的传授者、灌输者转变为学生主动建构意义的帮助者、促进者。

2000年前后，我国教育界专家明确指出了“灌输式”“填鸭式”教学所产生的问题：“完全由教师主宰课堂，忽视学生的学习主体作用，不利于具有创新思维和创新能力的创造型人才的成长”；明确提出了“教师主导－学生主体”的教学模式。

“教师主导－学生主体”教学模式特点：

学生是信息加工的主体，是知识意义的主动建构者；

教师是课堂教学的组织者、指导者，是学生建构意义的帮助者、促进者；

教学媒体是促进学生自主学习的认知工具；

教材不是学生的主要学习内容，通过自主学习学生主要从其他途径（例如图书馆、资料室及网络）获取大量知识。[3]

尽管在21世纪初，我国教育界关于建构主义学习理论的研究开展得如火如荼，然而相关的探索与实践却止步于部分中小学，这场改革的春风并没有吹进高校。在当时，大部分高校仍采用的是以教师为中心的教学结构：教师仍然是知识的传授者、是主动的施教者；学生是知识的传授对象，是外部刺激的被动接受者；教材是学生知识的主要来源；而教学媒体则仅仅起着简单的辅助教师教的演示工具作用。

四川大学很快意识到了这样教学所产生的问题。从2010年开始，川大就启动实施了“探究式—小班化”课堂教学改革，把本科新生编成25人左右的小班，鼓励教师推行启发式讲授、批判式讨论，鼓励教师以问题为导向带领学生分析问题、解决问题，从“讲授者”转变为“引导者”。

3 考试改革的模式与举措

历经六年多考试改革的探索与实践，四川大学逐步形成了“课程考核全程化、评价标准多元化、考核方式多样化、考核结果动态化”的考试新模式，并正式将课程“全过程考核－非标准答案”考试的要求纳入《四川大学本科生考试工作管理办法（修订）》，制定相应的质量参考标准，通过每年下发的《四川大学二级单位年度任务书（本科教学部分）》全面开展考试改革。通过一系列的举措，确保考试改革工作的顺利进行。四川大学课程全过程考核质量参考标准和过程考核支撑材料自查清单（用于过程考核材料归档）详见表1，表2。

表1　四川大学课程全过程考核质量参考标准

一级指标	二级指标	指标内涵
考试目标与定位	考试目标	调动学生学习主动性，引导学生全过程参与学习。 培养学生的创新精神和思维能力，促进学生真学、想学、真领会。 促使教师不断改进教学方法、丰富教学内容。
	评价方式	推进全过程学业评价方式，即：学业（课程）考核全程化、评价标准多元化、考核方式多样化、考核结果动态化。
全过程管理与考核	考核计划	有详细的课程考核计划（含考核次数、考核方式、成绩构成比例等）。 教师在开课后一周内明确告知修读本门课程的学生。
全过程管理与考核	考核方式	强调四个结合，即：标准与非标准答案考题相结合，灵活考查和基础考试相结合，动态与静态考试相结合，个人成绩与团队成绩相结合。 注重考试方式的多元化，根据学科特点及阶段教学内容可采取不同的考试方式。
	考核要求	原则上，平时考核次数不低于6次，期末考试成绩占总成绩比例不高于50%。
	试卷评阅	试卷评阅应严格按照评分标准（或参考答案）进行。 使用红墨水钢笔或红油圆珠笔批改，“×”“√”“〆”标记清晰且分数计算正确。 试卷分数改动的地方，阅卷教师在修改处右上角签字。 试卷评阅后，要经过复查，并在试卷评分计分复查表上签字。 试卷评阅原则上实行交叉阅卷或集体（流水）阅卷。
	试卷分析	1.“试题分析”：试卷成绩是否呈正态分布，有无非标准答案试题，有无对学生综合能力的考核，对教学目标的达成度进行分析并提出整改建议。 2.“总评成绩分析”：期末考试的卷面成绩对总评成绩的影响是否较大，全过程考核对学生带来了何种影响，对未来课程教学是否有进一步调整考核方式的思考。
	材料归档	课程结束后，全过程考核中所生成的各类材料均要按试卷档案盒内规定严格存档，部分材料可电子存档。

表2 过程考核支撑材料自查清单（用于过程考核材料归档）

课程名： 课程号： 课序号： 任课教师：

序号	考核方式	试题与评分依据（有试题的试题存档，没有试题的请对本次考核进行简单说明）	考核成效简析（选填）	学生原始成绩存档情况	支撑材料存档情况
1	PPT 展示	就“×××××××××”这一问题制作 PPT 进行展示…… 评分依据如下：……	二年级同学通过期刊文章搜索，熟悉文献查阅； 学习电子显微术在微生物学研究中的实际应用； 通过多篇文献查阅，学生了解科研中不同方法的恰当运用，以及思考发现新的更好研究角度和结果。	√	所有 PPT 电子档存档
2	小组讨论	就“×××××××××”这一问题进行小组讨论，并派出代表进行发言。评分依据如下：……	……	√	小组讨论小卡片、 课堂照片
3	公众号发文	……	……	√	电子档存档
4	随堂测试	试题与评分依据纸质存档	……	√	部分有代表性答卷复印件存档
5	小论文	就“×××××××××”这一问题展开实际调查，并撰写不少于 1000 字的小论文。评分依据如下：……	……	√	部分有代表性的论文存档
6	小班教学参与度	……	……	√	课堂记录或课堂照片、视频等
7	o2o 线上线下教学一体化	……	……	√	微信辅助教学截屏
8	课后作业	……	……	√	部分存档
9	……	……	……	……	……

长期以来，学校高度重视本科考试改革工作。2015 年 10 月学校举行本科考试改革推进工作有关问题研究会，2015 年 11 月举行创新教育大讲堂——考试改革经验分享会，2015 年 12 月进行四川大学本科教学考试改革突出贡献奖评选活动评选出 25 门优秀课程。2016 年，向全校公开征集平时考核、期中考试、期末考试中的非标准答案试题及学生的智慧答案，并结集成册，起到了积极的示范作用。2017 年，正式出版发行《变革学业评价激发创造思维——2017 年四川大学非标准答案考试论文及试题集》，书中共计收录了学校 30 余位教师在“全过程 - 非标准答案”考试改革中的经典案例，为我国高校考试改革做出“川大贡献”。

以华西公共卫生学院为例。2012 年以来，华西公共卫生学院逐步推进考试改革，尤其是 2014 年实施公共卫生提升工程后，考试改革进程迅猛。2014 年考试改革课程共计 132 门次，覆盖率达 73.74%；2015 年 140 门次，覆盖率达 78.65%。2016 年起，华西公共卫生学院按照学校要求全面推进考试改革。2012—2015 年华西公共卫生学院考试改革情况见图 1。

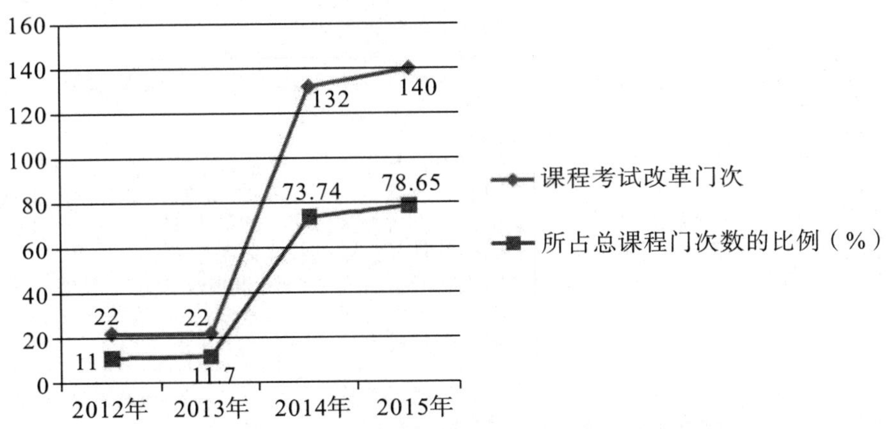

图 1　华西公共卫生学院 2012—2015 年课程考试改革统计图

通过几年的探索与努力，教师的教育教学理念逐渐得到提升，形成了以学生为中心的教育教学理念；在“以学生为中心”教学理念的引领，课堂教学形式大大丰富，激发了学生的学习兴趣，学生的创新能力与协作精神也得到了很好的培养；“MINI 课程平台”“探究式教学进课堂”等教学改革活动的开展和评价，为教师提供了学习和交流的平台，提升了教师教学能力。

如华西公共卫生学院的职业与健康课程，通过引入案例式教学法，设置具体的职业病教学案例，组织学生对案例进行调查、分析和讨论和交流，帮助学生了解在实际工作中开展职业病诊断的流程，见表3。同时，教师采取一种开放的方式，引入非标准答案考试，极大地激发了学生的学习热情，为此类型的教学开辟了一片新天地。[4]

表3 两种案例教学实施方式[4]

	案例一“急性硫化氢中毒”	案例二“职业性慢性轻度铅中毒”
案例来源	改编自本校附属职业病医院的真实病例	案例来自案例版教材
问题设置	（1）硫化氢中毒诊断原则； （2）硫化氢中毒治疗原则； （3）厂方的行为； （4）硫化氢中毒的防治原则。	（1）该案例为什么可诊断为职业性慢性轻度铅中毒？ （2）两位患者临床表现的病理基础是什么？涉及哪些靶器官？ （3）什么是生物标志物，如何分类？铅中毒实验室检测有哪些生物标志物？哪些是属于接触标志物？哪些属于效应标志物？这些标志物是如何产生的？ （4）什么是时间加权平均浓度（TWA），什么是短时间接触浓度（STEL），二者有什么区别和联系？我国现行的铅尘、铅烟的限制标准是多少？国际上的标准是多少？
小组讨论方式	每组5－6人，回答全部问题。	每组5－6人，从上述题目中现场抽取1道题回答。
答案呈现及交流方式	答案以书面形式罗列。每小组选择1名同学陈述答案。	提供海报制作工具：4张A4打印纸、透明胶、剪刀、彩色笔、记号笔；现场制作海报：将2或4张打印纸拼接为海报，然后答案可以文字、图表、绘画等任何形式书写在海报上。 回答完毕，所有小组海报现场张贴于教室，大家自行离开座位浏览（见图1），然后每组选择1名同学陈述答案。
答案设置	可参考教材的标准答案	答案需通过教材、参考书、在线图书馆文献检索、网页检索获取。 问题为标准答案结合非标准答案。

社会在进步，时代在发展，一流大学对人才的培养的目标只会越来越高，我们改革的步伐还将继续。在前进的过程中，我们认为，如何在“宽”与“严”之中把握好尺度，做到宽严并济，既要严格要求，又要给予教师们更大的空间是改革的重点也是难点。给予教师空间就是要做好学校的支持工作，做好政策支持、理论学习的支持、教育教学环境的支持，让教师放手去教，放手去改。四川大学考试改革，更要拓宽视野，多向名校学习和观摩，同时结合自身特点，做好西部高校的带动示范作用。

参考文献：

[1] 四川大学本科生考试工作管理办法（修订）[Z]．川大教【2017】151 号文，2017.

[2] 何克抗．关于形成性评估与隐形性评估——美国《教育传播与技术研究手册（第四版)》让我们深受启发的亮点之三 [J]．中国电化教育，2017，(6)，25.

[3] 何克抗．建构主义－革新传统教学的理论基础（一） [J]．学科教育，1998，(3)，30.

[4] 张红伟．变革学业评价，激发创造思维——2017 年四川大学非标准答案考试论文及试题集 [M]．成都：四川大学出版社，2017.

3 信息化教育技术创新

利用数字图像处理中像素思想求解 π

刘 凯，王前慧，郑秀娟
四川大学电气信息学院

摘 要：数字图像处理是一门重要的专业基础课程，为了提高学生的发散思维能力和创新运用能力，本文通过对数字图像处理课程进行研究，提出了利用像素、亚像素的思想来求解 π 的方法。通过仿真实验证明了该方法的有效性。

关键词：数字图像处理 课程实践 像素 亚像素 π

0 引言

数字图像处理是信息科学中发展最快的热点研究方向，是模式识别、计算机视觉、图像通讯、多媒体技术等学科的基础，是一门涉及多领域的交叉学科[1]。随着科学技术的不断发展，图像处理在越来越多的领域被研究和运用[2]，数字图像处理课程也占据着越来越重要的地位，数字图像处理课程是一门重要的专业基础课程，数字图像处理课程在教学中也在不断地发展和完善。如何使数字图像课程更加生动有趣，使学生更感兴趣，如何通过数字图像课程更好地培养学生的发散思维能力以及灵活运用能力，成为许多老师在教学中共同思考的问题[3]。π 是一个常用的数学量，关于 π 的求解方法有很多[4-5]。蒙特卡罗法求解 π 由于其方法简单，快速，是最常用的方法之一。本文通过利用数字图像处理中的像素、亚像素的概念结合蒙特卡罗思想，提出利用像素、亚像素思想来求解 π，主要是对数字图像处理的灵活运用，旨在激发和培养学生的发散思维，提高学生的创新能力和灵活运用能力。

1 利用像素思想求解 π

随着计算机的不断进步，蒙特卡罗方法的应用越来越广泛[6]，蒙特卡罗方法也常用来求解 π，其具有简单快速等优点。蒙特卡罗方法求解 π 的基本思想是：半径为 1 的圆，圆的四分之一为扇形 G，在边长为 1 的正方形内，如图 1（a）所示。

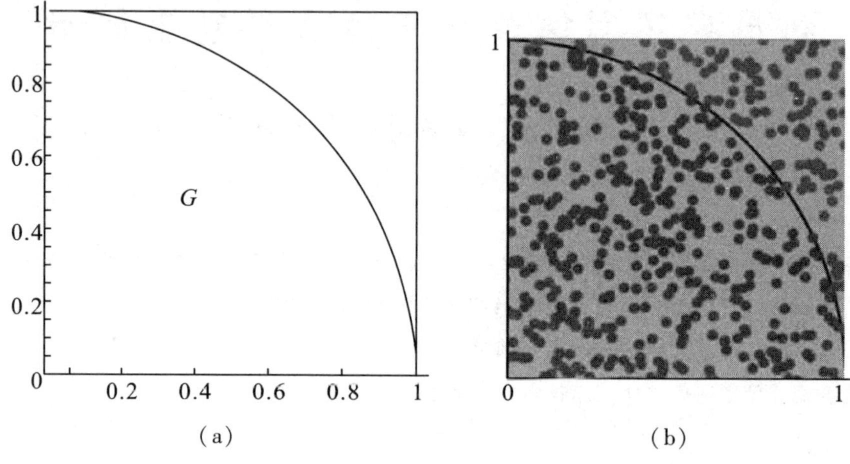

图 1　蒙特卡罗法[6]

在正方形中随机生成 n 个点，每个点落在正方形中各个位置的概率是相等的，计算落在扇形区域内点的个数为 m，如图 1（b）图所示。由扇形和正方形的面积之比，可得到 π 的求解公式如下：

$$\pi = \frac{4m}{n} \tag{1}$$

蒙特卡罗的方法虽然简单，快速，但是计算精度还有很大的改进空间。数字图像处理中涉及像素点的概念，数字图像都是由若干像素点组成，在对图像进行的处理过程中，由于使用了数字化的摄像头、投影机和计算机等设备，会将连续的模拟信号四舍五入为数字信号，使得图像产生量化误差[7]，但我们可以利用数字图像处理中像素量化的思想来求解 π。一幅 $n \times n$ 的图像，有 n^2 个像素点，以图像的中点为圆心，画一个半径为 $n/2$ 的圆，我们可以知道圆中所包含的像素点，由圆中所包含的像素点个数和总的像素点个数可以求得 π 的值。将图像中的一个像素点由单位 1 的小方格代表，一幅图像可以理解为有很多小方格组成，令圆的半径为 r，其中包含很多小方格，由小方格个数来表示面积。量化最常用的方式是四舍五入，我们就利用量化四舍五入的思想，将圆内面积大于二分之一的像素点用一个方格表示，计算为一个像素点，面积小于二分之一的方格舍去，最后统计圆内总共的方格个数即为像素点个数。由圆内的像素点个数代替圆的面积，由于圆和正方形都是左右上下对称的图形，所以我们统计圆的四分之一面积中的像素点的个数 m，就可以得到总的方格个数，π 的求解如下：

$$\pi = \frac{4m}{r^2} \tag{2}$$

如图 2（a）所示为一个半径为 2 的圆，在一个 4×4 的方格中，四分之一圆的实际面积如图 2 阴影部分所示，图 2（b）表示的是将圆的面积所占小方格面积大于二分之一的部分用一个完整的方格代替，小于二分之一的部分舍去，最后由小方格的个数代替圆的面积，由图 2（b）可以看出四分之一圆所占阴影方格个数为 3，所以由公式（2）可得 $\pi=3$。

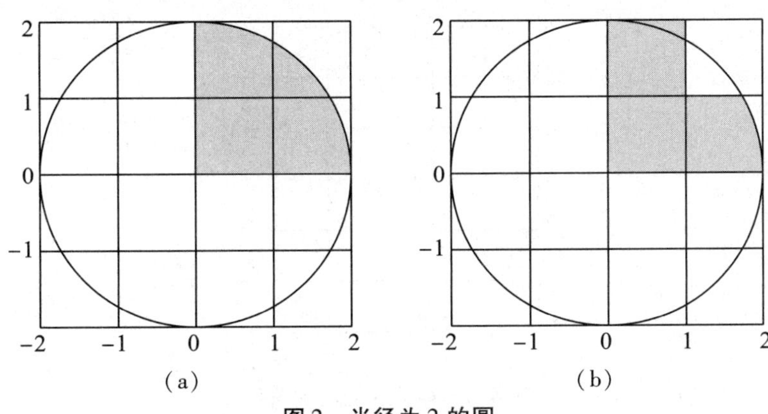

图 2　半径为 2 的圆

我们可以进一步简化算法，每个方格的横坐标宽度为 1，面积就近似为纵坐标的值，即将每个坐标点对应的 y 坐标值进行四舍五入可以近似为面积的值，将方格面积等效为 y 坐标值。图 3（a）给出的是一个半径为 3 的一个圆，阴影方格代表四分之一圆的面积，由图可知四分之一圆所占方格阴影为 8，由公式（2）可以求得 $\pi=3.556$。图 3（b）所示，将圆放在直角坐标系里面，将图 3（b）中圆与横坐标交点对应的 y 值四舍五入后为 3、3、2，四分之一圆的等效面积为 8，求得 $\pi=3.556$。

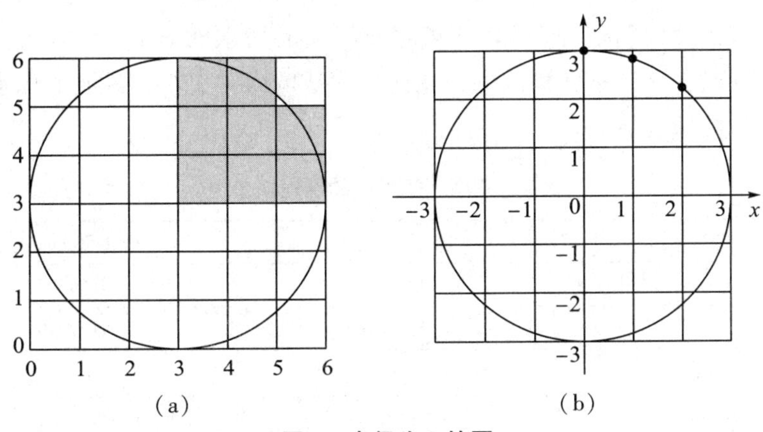

图 3　半径为 3 的圆

使用像素点代替圆的面积，精确度还有待提高，图像处理中有亚像素的概念，即将一个像素再划分为更细小的部分。我们利用亚像素的概念进一步改进精度，将圆与方格的交点相连接的面积来代替圆的面积，再由圆和正方形的面积比例关系求解 π。我们以半径为 3 的圆为例，将圆与方格交点相连接，如图 4 所示，阴影部分代表圆的面积，由圆和正方形的面积比例关系可以求解 π。

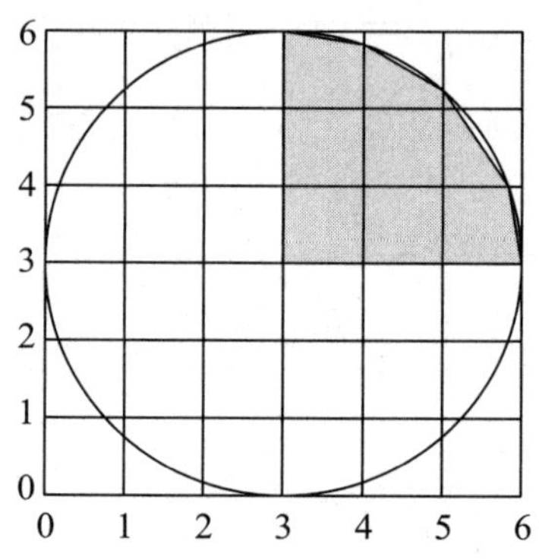

图 4　半径为 3 的圆的面积

2　实验结果

为了验证我们提出的方法的有效性，我们在 Matlab 中完成仿真实验。实验中，我们选取不同的半径求取 π，将标准的 π 值作为真值，用实验所求 π 值和标准的 π 的差的绝对值作为绝对误差的值（本文说的误差都是指绝对误差）。表 1 给出的是 r 取不同值时得到的像素面积法和亚像素面积法的误差大小，从表中可以看出，随着 r 值的不断增加，像素面积法和亚像素面积法的误差值都在减小，说明随着 r 值的不断增加，实验所求的 π 值就越接近真实值，且半径相同时，亚像素面积法的误差比像素法的误差更小，说明亚像素法的精度比像素法的精度更高。

表 1　不同 r 值对应的绝对误差值

半径	像素面积法	亚像素面积法
10	0.1784	0.0371
100	0.0176	0.0012
1000	0.0020	3.7187×10^{-5}
10000	1.9943×10^{-4}	1.1760×10^{-6}

续表

半径	像素面积法	亚像素面积法
100000	1.9948×10^{-5}	3.7188×10^{-8}
1000000	1.9987×10^{-6}	1.1760×10^{-9}

为了更方便观察，我们将不同的 r 值对应的误差值放在一张图上，但是由于随着 r 值的增加，误差值很小，不方便显示，所以我们对误差值求解以 10 为底的对数之后显示，实验结果如图 5 所示。从图中我们可以看出，随着 r 值的不断增加，误差值不断减小，但是随着 r 值的增大，误差减小的趋势会有所减小。

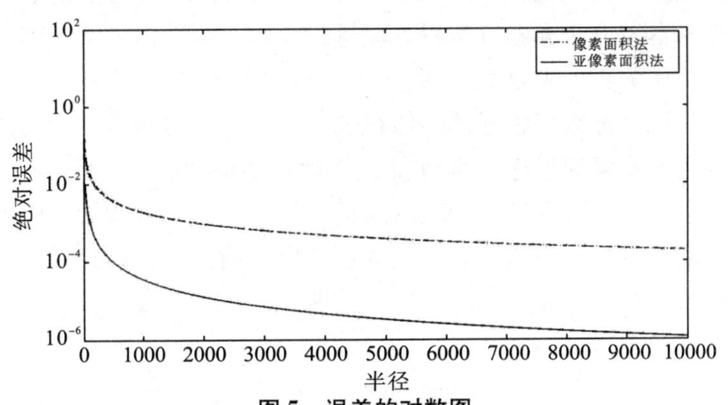

图 5 误差的对数图

将本文方法所求 π 的误差与蒙特卡罗方法求 π 的误差进行比较，由于蒙特卡罗的方法是由随机分布概率来求解 π，所以有随机性，所以我们选取十次结果求平均值后作为蒙特卡罗方法的结果。本方法和蒙特卡罗法的结果如表 2 所示。

表 2 蒙特卡罗法和本文方法的误差比较

n	蒙特卡罗法	像素面积法	亚像素面积法
10	0.3150	0.1784	0.0371
100	0.0993	0.0176	0.0012
1000	0.0434	0.0020	3.7187×10^{-5}
10000	0.0131	1.9943×10^{-4}	1.1760×10^{-6}
100000	2.733×10^{-3}	1.9948×10^{-5}	3.7188×10^{-8}
1000000	1.575×10^{-3}	1.9987×10^{-6}	1.1760×10^{-9}

从表2结果我们可以看出，本文提出的像素面积法和亚像素面积法的误差均比蒙特卡罗方法的误差小，随着实验数据量的增多，误差要相差几个数量级，说明当数据量大时，本文的方法所求的π精度要比蒙特卡罗方法高很多。

3　结束语

本文通过对数字图像处理课程的研究与分析，由数字图像处理中像素概念结合蒙特卡罗思想，提出了利用数字图像处理中像素以及亚像素的思想来求解π，实验结果证明了该方法的有效性。当r值越大，π的误差越小，π的精度就越高，并将本文方法和蒙特卡罗方法进行比较，当数据量增大到一定时，本文方法的误差比蒙特卡罗法的误差小。求解π的方式有很多，如还可以利用圆的弧长，甚至延伸到三维球体的体积和表面积等，但是本文利用数字图像处理中像素以及亚像素的思想来求解π，是对数字图像处理课程的创新性运用，旨在提高学生对数字图像处理课程的兴趣。发散思维能力和创新应用能力。在今后的教学中，将会更多地培养学生的创新思维能力，学以致用的能力以及解决问题的能力。

参考文献：

[1] 李金萍，陆玲，刘自强，徐玮. 数字图像处理课程实验教学改革探索——在实验教学中培养学生创实践能力［J］. 科技视界，2012（07）：23－24.

[2] 贺东霞，李竹林，王静. 浅谈数字图像处理的应用与发展趋势［J］. 延安大学学报（自然科学版），2013，32（04）：18－21.

[3] 肖志勇，刘建军，宋晓宁，方伟. “数字图像处理”课程教学改革探索研究［J］. 教育教学论坛，2017，（03）：86－87.

[4] 陶珊珊，孟凤娟. 计算π的几种方法［J］. 科技信息，2010，（35）：810.

[5] 崔羽，蒙鑫，杨凡. 基于C#利用概率法计算π值的研究［J］. 电子技术与软件工程，2017，（06）：140.

[6] 何光. 用蒙特卡罗方法计算圆周率的近似值［J］. 内江师范学院学报，2008（04）：14－16.

[7] 张秋菊，王永昌，刘凯. 相位测量轮廓术中量化误差抑制算法的研究［J］. 计算机工程与设计，2014，35（5）：1646－1650.

国家标准和行业标准在皮革及革制品品质检验课程中的应用[①]

张琦弦，曾运航

四川大学轻纺与食品学院

摘　要：皮革及革制品品质检验课程对培养皮革行业的检测分析人才具有重要价值。鉴于我国关于皮革及革制品的产品规范和检验方法主要受到国家标准和行业标准的约束，本文将这些标准应用于皮革及革制品品质检验课程，以期使学生学习到最权威、最新的皮革及革制品品质检验技术，使学生就业后更加满足企业在产品检验方面的需求。

关键词：国家标准　行业标准　品质　检验　课程

0　引言

皮革及革制品是人们日常生活的必需品之一，它的品质优劣不仅直接关系到人们的生活品质，而且对我国皮革及革制品的出口贸易具有重要影响。因此，健全并推广皮革及革制品品质检验技术对我国皮革行业的健康、快速发展具有重要意义。皮革及革制品品质检验课程重点讲授皮革及革制品的品质检测技术和规范，对培养皮革行业的检测分析人才具有重要价值。然而，这门课程的部分教学内容已过时，对教学效果产生了不利影响。四川大学皮革科学与工程学科在我国皮革行业中占据重要地位，对行业发展方向的引领和相关人才的培养具有不可推卸的责任。鉴于皮革及革制品品质检验课程的部分教学内容过时的问题，需要对教学内容进行改革和探索。

我国关于皮革及革制品的产品规范和检验方法主要受到国家标准和行业标准的约束。将这些标准应用于皮革及革制品品质检验课程，不仅有助于学生就业后直接从事产品检验，还有助于课程内容根据标准的颁布和废止进行定期更新。

① 支撑项目：已申请四川大学新世纪高等教育教学改革工程（第八期）研究项目。

1 国家标准和行业标准在皮革及革制品品质检验课程中的应用

皮革及革制品品质检验主要分为以下几部分内容：（1）原料皮、蓝湿革和成品革的品质检验；（2）皮革的物理机械性能分析检验；（3）皮革的化学分析检验；（4）成品皮鞋的品质检验；（5）其他皮革制品的品质检验。以上每一部分涵盖的内容都有对应的国家标准和行业标准，都可以依据国家标准和行业标准进行修改和编写。

1.1 原料皮、蓝湿革和成品革的品质检验

制革原料皮的品质检验主要依据出入境检验检疫行业标准 SN/T 1329 - 2003《进出口制革原料皮检验规程》，其中牛皮还可以参考国家标准 GB/T 11759 - 2008《牛皮》，山羊皮还可以参考国家标准 GB/T 8132 - 2009《山羊板皮检验方法》，盐湿猪皮还可以参考国家标准 GB/T 9700 - 2009《盐湿猪皮检验方法》。

蓝湿革的品质检验主要依据出入境检验检疫行业标准 SN/T 0941 - 2011《进出口铬鞣（蓝）湿革检验检疫监管规程》。

成品皮革根据用途可以分为鞋面用皮革、服装用皮革、手套用皮革、汽车用皮革等，分别参考轻工行业标准 QB/T 1873 - 2010《鞋面用皮革》、QB/T 1872 - 2004《服装用皮革》、QB/T 2704 - 2005《手套用皮革》和 QB/T 2703 - 2005《汽车装饰用皮革》等；成品毛皮参考轻工行业标准 QB/T 2536 - 2007《毛革》。

1.2 皮革的物理机械性能分析检验

皮革的物理机械性能可以表征革的实用性能，如革的抗张强度、单位负荷伸长率、撕裂强度、崩裂强度、耐摩擦坚牢性、耐折性等。皮革存在明显的部位差异和吸湿性，所以对皮革进行物理机械性能检验之前，要对其进行部位划分、取样和空气调节，分别遵循轻工行业标准 QB/T 2800 - 2006《皮革成品部位的区分》、QB/T 2708 - 2005《皮革取样批样的取样数量》和 QB/T 2707 - 2005《皮革物理机械试验试样的准备和调节》的要求。皮革物理机械性能检验参考的国家标准和行业标准如表 1 所示。

表 1　皮革物理机械性能检验参考的国家标准和行业标准

物理机械性能检验项目	国家标准/行业标准
厚度	QB/T 2709－2005《皮革物理机械试验厚度的测定》
抗张强度	QB/T 2710－2005《皮革物理机械试验抗张强度和伸长率的测定》
伸长率	QB/T 2710－2005《皮革物理机械试验抗张强度和伸长率的测定》
撕裂力	QB/T 2711－2005《皮革物理机械试验撕裂力的测定：双边撕裂》
涂层粘着牢度	GB/T 4689.20－1996《皮革涂层粘着牢度测定方法》
粒面强度和伸展高度	QB/T 2712－2005《皮革物理机械试验粒面强度和伸展高度的测定：球形崩裂试验》
耐折牢度	QB/T 2714－2005《皮革物理机械试验耐折牢度的测定》
颜色坚牢度	QB/T 2537－2001《皮革色牢度试验往复式摩擦色牢度》
收缩温度	QB/T 2713－2005《皮革物理机械试验收缩温度的测定》
视密度	QB/T 2715－2005《皮革物理机械试验视密度的测定》
透气性	QB/T 2799－2006《皮革透气性测定方法》
透水汽性	QB/T 1811－1993《皮革透水汽性试验方法》
雾化性能	QB/T 2728－2005《皮革物理机械试验雾化性能的测定》
气味	QB/T 2725－2005《皮革气味的测定》

注：QB/T 为轻工行业标准，GB/T 为国家标准。

1.3　皮革的化学分析检验

皮革的化学分析主要是分析其组分，这些组分在一定程度上与皮革成品的性质有密切关系。国家明确规定了皮革中某些组分的限量指标，如游离甲醛、禁用偶氮染料、六价铬和五氯苯酚等。化学实验样品的准备按照轻工行业标准 QB/T 2716－2005《皮革化学试验样品的准备》的规定进行。皮革化学分析检验参考的国家标准和行业标准如表 2 所示。

表 2 皮革化学分析检验参考的国家标准和行业标准

化学分析检验项目	国家标准/行业标准
水分及挥发物	QB/T 2717－2005《皮革化学试验挥发物的测定》
pH 值	QB/T 2724－2005《皮革化学试验 pH 的测定》
游离甲醛	GB/T 19941－2005《皮革和毛皮化学试验甲醛含量的测定》
禁用偶氮染料	GB/T 19942－2005《皮革和毛皮化学试验禁用偶氮染料的测定》
六价铬	GB/T 22807－2008《皮革和毛皮化学试验六价铬含量的测定》
残留五氯苯酚	GB/T 22808－2008《皮革和毛皮化学试验五氯苯酚含量的测定》

注：QB/T 为轻工行业标准，GB/T 为国家标准。

1.4 成品皮鞋的品质检验

皮鞋已成为人们日常生活的重要消费品之一，为了保障消费者的合法权益，需要对成品皮鞋的品质进行分析检验。成品皮鞋的品质评价包括感官检验和理化分析测试。理化分析测试是在实验室用特殊的仪器和设备模拟穿用条件，迅速对成品皮鞋的某一指标进行定量鉴定，较感官检验更加客观。成品皮鞋的理化分析测试可分为物理机械性能检验和化学成分分析。物理机械性能检验主要包括鞋类耐折性、耐磨性、耐寒性、耐黄变性、剥离强度、硬度、外底和外中底黏合强度、鞋帮拉出强度等试验，以及鞋各部件的强度、鞋后跟的抗破坏性等的试验，对皮鞋的耐用性能进行质量评定。化学成分分析项目主要有重金属、六价铬、五氯苯酚、甲醛、抗菌性能等。此外还有一些特种性能的检测，如皮鞋防水性和保暖性、抗静电、耐电压、阻燃性能等。课程内涵盖的成品皮鞋的品质检验内容参考的国家标准和行业标准如表 3 所示。

表 3 成品皮鞋品质检验参考的国家标准和行业标准

皮鞋品质检验项目	国家标准/行业标准
质量要求通则	QB/T 1002－2015《皮鞋》
感官质量	GB/T 3903.5－2011《鞋类整鞋试验方法感官质量》
耐磨性能	GB/T 3903.2－2008《鞋类通用试验方法耐磨性能》
剥离强度	GB/T 3903.3－2011《鞋类通用试验方法剥离强度》

续表

皮鞋品质检验项目	国家标准/行业标准
耐折性能	GB/T 3903.1－2008《鞋类通用试验方法耐折性能》
硬度	GB/T 3903.4－2008《鞋类通用试验方法硬度》
后跟结合强度	GB/T 11413－2015《皮鞋后跟结合力试验方法》
动态防水性能	GB/T 16641－1996《成鞋动态防水性能试验方法》
鞋带耐磨性能	GB/T 3903.36－2008《鞋类鞋带试验方法耐磨性能》
勾心纵向刚度	GB/T 3903.34－2008《鞋类勾心试验方法纵向刚度》
外底耐折性能	QB/T 2885－2007《鞋类外底试验方法耐折性能》
鞋后跟耐冲击性能	QB/T 2863－2007《鞋类鞋跟试验方法横向抗冲击性》

注：QB/T 为轻工行业标准，GB/T 为国家标准。

1.5 其他皮革制品的品质检验

除皮鞋以外，皮革制品主要还包括皮革服装（皮衣）、皮手套、皮箱包等。皮革服装的品质检验按照轻工行业标准 QB/T 1615－2006《皮革服装》进行，皮手套的品质检验按照轻工行业标准 QB/T 1584－2005《日用皮手套》进行，皮箱包的品质检验按照轻工行业标准 QB/T 1333－2010《背提包》进行。

2 结语

依据国家标准和行业标准，修改了皮革及革制品品质检验的课程内容，以期将最权威、最新的皮革及革制品品质检验技术授予学生，使学生就业后在皮革及革制品品质检验方面的能力与企业的需求实现“无缝对接”。

Open Source Learning在"IT发展历史和创新创意思维"课程中的探索和实践

赵　辉[1]，杨　频[1]，洪　玫[2]，张　磊[2]，颜锦江[3]，周加贝[4]
1 四川大学网络空间安全学院　2 四川大学计算机学院（软件学院）
3 四川大学商学院　4 四川大学化学工程学院

摘　要：Open Source Leaning，即开放式教学是当前最流行的教学理念之一。随着信息技术和互联网的发展，特别是移动互联网和MOOC的发展，教学的各个要素，包括师生关系、教学环境等传统教学要素都受到了极大的影响。本文探讨了Open Source Leaning教学在我负责的四川大学公选课"IT发展历史和创新创意思维"课程中的探索和实践，包括该课程在大学生双创指导方面的设计和实施。

关键词：IT发展和历史　Open Source Leaning　大学生双创

1　"IT发展历史和创新创意思维"课程的开设背景

作为国内最早IT发展历史类素质公选课，"IT发展历史"系列课程是2014年首次开设的，分成上下两个部分：其一"IT技术发展和现代生活"是1个学分，面向低年级的同学，在江安校区开设；其二"IT发展历史和创新创意思维"是2个学分，面向高年级同学，在望江校区开设。其本质是面向所有专业（文理工医等）学生的IT科普课，目前已经实施了三年，得到了同学们的积极响应和认可。

经过对国内外高校的调研，我们了解到国内外虽然有类似的课程，但是存在一些不足：

（1）国外方面：密歇根大学开设了"互联网的历史、技术和安全"（英文是The Internet History，Technology and Security，该课程在MOOC平台，如国外的Coursera和国内网易公开课上有）。但是只局限于计算机网络这一个领域，而且是专业级别的科普课，不是面向所有专业学生的通识教育。另外，Harvard和Stanford等商学院开始了创新创业类别的通识类课程，是面向商学院，重点突出了市场和商业模式部分，但是对技术的发展和历史回顾，相对较少。

（2）国内方面：国内最早开设“计算机发展”类课程的高校是国防科技大学，由胡守仁老师给计算机专业的学生开始了这门讲解计算机技术发展的专业科普课。经过我的研究，发现其内容是围绕着计算机硬件和系统软件的发展，不是面向所有专业学生的IT科普和通识教育课程。另外，市面上有一些相关的书籍，如吴军的《浪潮之巅》和《硅谷之谜》，也包括《ACM图灵奖获得者》和《IEEE计算机先驱奖获得者》等传记式书籍，但是因为角度和取材的局限性，缺少一个宏观的大局观和明确的教学授课路线，因此适合作为参考书，而不是授课教材。

针对以上问题，本课程在设计的时候，其目的就是基于“Open Source Learning”理念，即开放式教学思想，在移动互联网和互联网+的时代背景下，实现学习主体、学习客体、学习载体以及学习环境的开放化。通俗地说，就是“时时可以学习、处处可以学习，人人皆为老师和学生”，从而打破传统学习方式在时、空、人方面的局限性，见图1。

图1　本课程系的教学理念和教学平台

2　Open Source Learning在本课程的设计和实施

首先，在设计上，本课程的教学内容如表1所示。

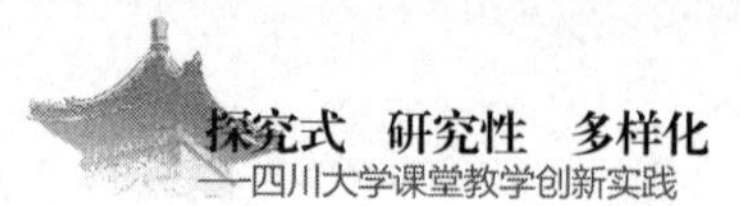

表1　课程的内容总览表

空间	课程内	总览性介绍：大学四年本科课程体系
	课程外	总览性介绍：大学生双创项目和比赛
时间	过去	IT/计算机历史介绍
	现在	IT/计算机现状点评
	将来	IT/计算机未来发展/趋势

从表中可以看出，宏观地看，课程组所设计的教学内容涵盖了 IT 专业发展和历史上的空间和时间两个维度。课程实现了科普性和交叉性：

（1）科普性：突出 IT 专业知识的趣味性，通过讲解 IT 历史中的“人类群星闪耀时”，采用了纪传体和编年体相结合的方式，对 IT 历史和发展中的里程碑事件和人物进行介绍，并且提供了大量的科普文章/书籍/视频/影视作品。

（2）交叉性：突出 IT 专业知识对其他专业的渗透性，通过讲解 IT 知识在其他专业中的应用，对 IT 知识如何交叉使用于其他专业进行了介绍和分析，并且利用该课程的公选课的平台，鼓励来自不同学院和专业的学生，通过头脑风暴的形式，实现不同专业的交叉和融合。

其次，在创新创意思维方面，我们从四次工业革命的产生和发展的大历史观角度，对这个思想进行了系统性、原创性阐述和总结。该创意思维是在“IT 历史、发展和现代生活”课程中，由课程组经过大量的文献阅读及多年的产学研实践总结出来的，其依据就是工业革命的发展，人类不断设计出新型的机器（包括计算机），目的就是解放人类，从最初的体力解放到后来的脑力解放（从低级脑力到复制脑力活动），而且随着计算机网络（包括互联网和移动互联网）推广，以及计算机硬件的摩尔定律和机器学习/数据挖掘等智能技术的发展，未来的发展趋势必然是“互联网＋”和“智能硬件”。通过大量的头脑风暴和颠覆性思考，结合大量成功的业界案例，我们鼓励学生进行计算机思维和渗透性思维，从而催生了大量优质创意，并且其中的相当一部分进一步发展成了双创项目和比赛，见图 2。

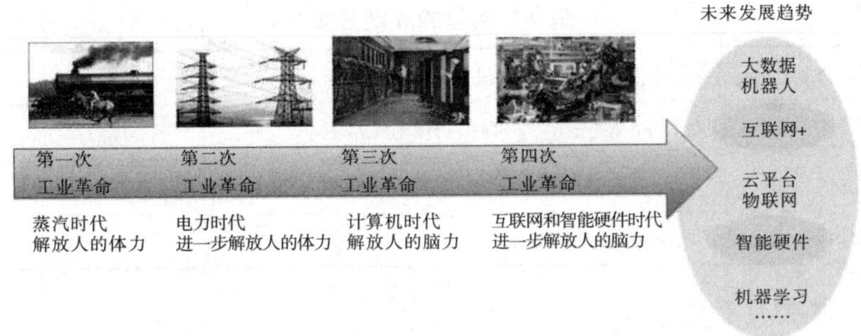

图 2　本课程所采用的创新创意思维

再次，本课程正在建设一个自主研发和设计的开放式教学平台 iTeacher，它是一个集网络爬虫、数据分类和推荐系统于一体的、专门用于该课程的教育网站，以便更好地贯彻实施以上教学理念和实践落脚点，见图 3。

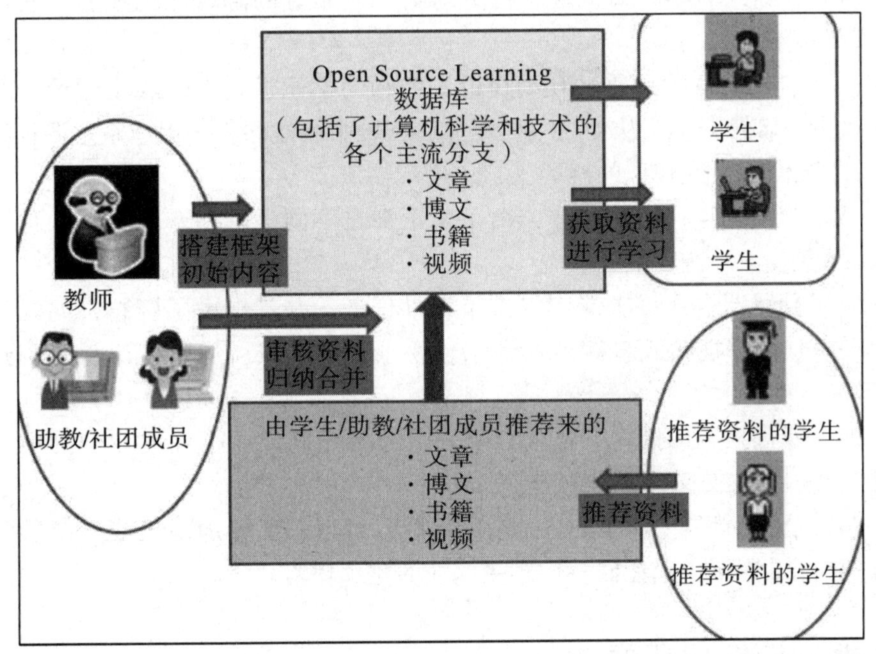

图 3　iTeacher 系统的架构图

最后，在课程考核方面，也体现 Open Source Learning 的思想，采用了非标准化大学生双创创意和项目报告的形式，具体成绩分配见表 2。

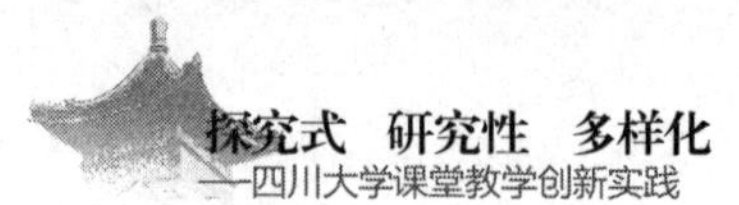

表2 课程的成绩分配

1. 随堂研讨，分组专题报告/Seminar and Project：30%
2. 科普写作/Popular Science Writing（500～1000 words）：25%
3. 创意项目申报书 Cross－Fields Project Writing（1000～3000 words）：35%
4. 随堂测验/Quiz and Presence：10%

3 “IT发展历史和创新创意思维”的课程特点

经过多年的设计，“IT发展历史和创新创意思维”围绕着 Open Source Leaning 的教学理念，融合了多种教学方法，如探讨式、启发式教学等，还采用双创创业和项目为驱动等教育模式，具体的课程特点如下：

（1）探讨式教学：每次课，都针对上一次布置的翻转课题任务，安排了 Seminar 的环节。

（2）启发式教学：通过互动讨论，鼓励同学积极发言，随堂讨论，通过头脑风暴，启发同学，从而从不同专业和领域来共建课程知识体系。课程的口号是：“我们不只是知识的搬运工，还生产知识。”

（3）学生分组、团队合作：由于学生来自不同学院和专业，进行跨学科分组，3到4人一组。

（4）翻转课堂：每次课都安排了课外任务，并且提供了资料，如观看纪录片，TED讲座视频或者课外参考书，要求分组完成。从而把课堂延展到了课外。

（5）双创报告的撰写：要求学生分组跨专业完成一个面向双创的项目申报书，鼓励专业交叉，领域融合。

（6）公开演讲环节的设定：课程最后，每组都要参加现场或者课后的路演（自行录制视频），让同学们感受路演的整个环境。

4 进一步设想和展望

最近几年的教学实践中，课程组还采用了 Guest Lecturer 的形式，如邀请一些参加过“互联网+”“挑战杯”的获奖同学，走进课堂，现身说法，分析自己的参赛经验和心得，受到了同学们的热烈欢迎，得到了积极反馈。

同时，课程也和很多四川大学的学生学术型社团，如华西的 PMCA 社团、计算机学院的“开源硬件”社团等建立了合作关系，为四川大学的双创项目和比赛共同努力。

参考文献：

［1］Open Source Learning wiki 百科条目.

［2］吴军. 浪潮之巅［M］. 3 版，北京：人民邮电出版社，2016.

［3］吴军. 硅谷之谜［M］. 北京：人民邮电出版社，2016.

［4］吴军. 文明之光系列［M］. 北京：人民邮电出版社，2017.

本课程所依托的教学项目和教学比赛：

●2016 年四川省青年教师教学比赛优胜奖

●2017 年四川大学新世纪高等教育教学改革工程（8 期）［已申报待审批］

基于大数据营销的电子商务专业课程实验体系设计[①]

何　跃，朱婷婷，丰　月，黄　勇

四川大学商学院

摘　要：当前许多高校的电子商务专业在实验教学上存在不足，与理论教学以及营销发展现状都存在脱节的现象，致使学生动手能力较差，难以满足社会及企业对营销人才的需求；同时互联网的发展促使对电子商务人才在要求，尤其在技能要求上有了更高的标准。因此本文以增强学生的实践能力，提高专业竞争力为最终目的，首先介绍电子商务专业的发展历程、现状及不足，然后结合目前受到各界学者广泛关注的大数据营销背景对专业的发展方向进行分析，最后借鉴 CDIO 工程教育理念，并利用相关技术工具，对电子商务专业课程实验体系进行改进设计。新的实验体系重视提升学生的实践操作能力，同时与时俱进，致力于培养符合新时代要求的高端复合型人才。

关键词：大数据营销　电子商务　实验体系　CDIO

0　引言

信息化时代的发展推动电子商务的兴起，为了适应新时代的要求，培养与时俱进的专业人才，电子商务也成为一门专业学科进入高校校园。中国电子商务专业教育可追溯到 1998 年，早期仅以电子商务公共课程或部分专业的选修课程、高年级开设电子商务方向这两种形式出现。之后电子商务专业人才培养逐渐趋向规范化、规模化，中国教育部高教司于 2000 年底和 2001 年初分两批批准了厦门大学、对外经济贸易大学、北京交通大学、浙江大学等 13 所普通高等学校试办电子商务本科专业。迄今为止，已有 221 所高等院校开设有电子商务本科专业。本专业致力于培养具备管理、经济、现代信息技术及电子商务方面基本理论素养、专业基础知识和较高综合素质的复合型高级专门人才，具有重实践性、培养人才复合型和多层次、多元化的特点，因此电子商务实验教学及实验体系设计方面显得尤为重要。

---

① 2016 年四川大学实验课程教学改革项目："大数据营销实验体系设计"。

当前的电子商务实验体系呈现出以下几方面的不足。

(1) 师资学科背景的局限性。电子商务知识更新迭代速度快，从博客、贴吧、论坛到微博再到微信等营销工具的变化，以及现在的网购、网约车、共享单车的流行，电子商务知识及技术需时刻更替，同时教师也需要时刻更新知识、储备知识，不断强化实践能力。因此在实验课程的师资力量安排上，既要考虑到有电子商务专业背景，同时也要考虑到计算机技术背景，以此满足电子商务教学的综合性和交叉性要求。如果缺乏相应背景，理论与实践不足，在实训环节授课形式单一、更新慢，会造成学生“知其然而不知其所以然”的现象。

(2) 实验教学与社会需求脱节。虽然已有许多高校开设电子商务课程，但是由于理解不深，往往沿袭传统的教学方式，实验教学操作方式单一、死板，不够丰富、创新，与社会需求相脱节。其主要原因有两点：一是理论教学与实验教学内容脱节，学生理论基础不牢固，实训练习单一，无法让学生以理论知识联系实践予以操作；二是实验教学与电子商务发展现状存在差距。虽然电子商务实验教学中开设了基础的编程、数据库设计、网站设计等计算机课程，但是缺乏结构化、体系化的理论知识，学生无法将实训内容与电子商务结合，无法从宏观层面去感觉网站开发结构、网站运营及网络营销等。这使学生只掌握零散的知识点，却不能搭建完整的电子商务知识体系及实现框架，从而导致学生不能全面地分析解决问题，难以创新、难以适应电子商务如今的发展速度，同时使学生对电子商务产生误解，这与社会需求相违背。

(3) 实训软件和硬件设备更新慢。互联网的飞速发展伴随着电子商务的飞速发展，但很多学校原有的电子商务实验室存在计算机配置较低，实训模拟教学软件较少、软件更新较慢、实训材料少等问题，难以满足电子商务实践技能培养的要求。

综上所述，亟须构建一个完善的、全新的、能够适应社会需求的电子商务实验体系，结合当前技术背景及营销背景，配合理论教学内容，培养学生的现实应用能力和实践技巧，提高电子商务专业竞争力。

1 大数据营销

信息技术的广泛使用推动消费者行为模式发生转变，网上消费的流行使交易数据成为一种包含巨大价值的信息。而大数据时代的到来也昭示着如何收集这些庞大的数据，并利用数据分析及数据挖掘技术寻找其价值将成为营销理论界和各实践领域广泛关注的话题。因此大数据营销是电子商务当前所面临的大环境，同时也是电子商务所面临的巨大挑战。

所谓的大数据，就是指超过传统数据库的处理能力的数据，这部分数据量非常大，大都在10TB之上。一般来说，主要设置涉及如何处理大数据的相关计算机信息技术，通过现有的信息数据，通过各种背景数据的分析和处理，通过有效地深度挖掘，对于未来数据进行有效预测，能够从数据中找到一定有效的规律，保证数据成为企业所珍贵的资源。而大数据营销则是利用数据分析及数据挖掘技术对消费者在使用网络的过程中所产生的大数据进行研究，通过深入了解消费者的信息传播、沟通方式和行为特征找到最优的信息传播途径、消费者的消费偏好、个人兴趣等有价值的信息，为营销决策提供依据。基于大数据的营销活动能够挖掘出用户更深层次的需求，在此基础上更有效地提供具有针对性的营销解决方案。

利用大数据技术进行营销决策分析，可以为电子商务企业提供诸多价值，并且能够保证企业的长期发展目标。而今以大数据营销为基础的电子商务活动发展越来越成熟，已经成为改进消费者体验的关键方法，因此在高校中的电子商务专业实验教学方面也应考虑到如何将大数据营销融入专业背景，并调整课程实验体系使电子商务教育与该背景相契合。

2 实验体系设计

本实验体系主要面向大数据需求的管理类本科生，主要为电子商务专业，探索面向大数据需求的专业实践技能培养及实施方案，注重对学生的专业实践技能的培养。

2.1 目的及意义

大数据营销实验体系是以数据挖掘与分析理论为基础，根据研究目标，运用数据挖掘工具，对研究对象进行分析的一门综合性、交叉性的新兴实验体系。本实验体系旨在利用大数据挖掘方法、原理、工具进行数据挖掘，并对其进行数据分析，最后结合营销案例进行实例讲解，形成一套完备的实验体系，并把这个实验体系融入商务智能课程、电子商务与网络营销课程，从而培养学生大数据营销的理念、技巧和现实应用能力，使学生适应大数据营销环境，与时俱进，满足时代和社会的要求。该大数据营销实验体系设计具有如下意义：

（1）培养学生大数据营销理念、技巧和现实应用能力。

（2）完善现有学科课程体系，培养具有综合素质的营销人才。

（3）建立高水平大数据营销体系，提升专业竞争能力。

2.2 设计原则

基于现代人才培养的实验教学理念，我们积极开展实践教育理论的研究和实验教学方法的探讨，借鉴国际先进工程教育理念 CDIO［构思（Conceive）、设计（Design）、实现（Implement）和运作（Operate）］，将理论、实践、创新有机结合，系统设计系列课程的实验，建立电子商务与市场营销专业系列课程的实验教学体系。CDIO 的核心就是根据企业和社会对学生知识、能力和素质的要求，以工程为导向、以项目为载体，将实践与课程有机地联系在一起，重新设置课程和教学模式，通过项目的研发过程，使学生掌握学科知识，提高个人能力、团队能力和工程能力。基于 CDIO 项目理念的课程实验体系设计，就是在明确课程之间关联的基础上，以项目为载体，一体化设计关联性的课程实验，通过选择符合工程实际的项目，使之贯穿相关课程实验，并在各门课程中建立层次化的实验教学体系，实施体系化的课程实验。除此之外，我们还把该思想渗透到实验过程、实验内容、实验指导、实验手段等环节，进行了有益的探讨和实践。

2.3 实验内容

基于大数据营销的相关研究现状以及实践需求，该实验体系包括 2 项设计型实验、1 项综合型实验和 1 项创新探索（创业）型实验。其中设计型实验为网络爬虫和微博 API 方法实验以及数据预处理实验，综合型实验为微博大数据的情感识别实验，创新探索（创业）型实验为基于微博大数据的数据挖掘实验。同时，每个实验都附有实验参考案例。

2.3.1 网络爬虫和微博 API 方法实验

（1）实验目的。

该实验主要教授学生网络数据的爬取方法，让学生亲自动手爬取自己感兴趣的数据，课程以微博为例，通过新浪微博 API 接口和爬虫工具两种方式爬取新浪微博相关数据。

（2）实验原理及方法。

数据采集方法一般分为两种，一种是应用 API 接口进行数据采集，开发者不需要了解源代码以及网站内部工作机制，就可以直接通过调用 API 接口去执行应用程序命令获取数据。另外一种常用的为网络爬虫技术，常用的有八爪鱼和火车头采集器，网络爬虫需要进行模拟访问网站页面和代码解析两项处理。其中模拟访问网站页面可以通过登录新浪微博网站，获取用户 cookie 值来实现。而代码解析则可以通过设立规则对 HTML 语言进行解析。

（3）实验步骤。

基于网络爬虫的数据获取实验主要介绍八爪鱼采集器和火车头采集器。具体步骤包括指定采集对象、设置数据提取字段、设置翻页循环、数据采集、数据导出。基于微博 API 的数据获取实验通过调用 API，获取如微博内容、用户关系、用户标签等信息。要使用 API，需要先创建一个自己的应用，然后进行认证，认证完成后即可使用 API 获取微博的数据了。

2.3.2 数据预处理实验

（1）实验目的。

本实验通过真实案例讲解与训练，让学生了解到数据预处理的主要步骤和方法，提高理论水平与实际操作能力，为之后的文本数据分析做好准备。

（2）实验原理及方法。

数据处理一般包括数据清洗、中文分词和去停用词。数据清洗可以编写函数进行清洗，更便捷的可以通过 Excel 的删除替换功能进行清洗。清洗后的微博文本是连续的汉字串，词与词之间没有明确的分割标记，将会对情感识别效果造成影响，因此要对中文微博文本数据进行分析，则必须先把连续的汉字串转换为词汇序列，即文本分词。将微博文本转换为词汇序列后，为了缩小数据的存储空间并提高机器学习识别情感的效率和准确性，还需要对词汇序列做进一步的处理，减少不必要信息的干扰，即去停用词。

（3）实验步骤。

数据清洗：去除匿名用户回答内容、图片地址、URL 地址、英文字母及数字、特殊字符等无效信息。

中文分词：中文分词主要通过调用中科院计算所的 ICTCLAS（Institute of Computing Technology，Chinese Lexical Analysis System，ICTCLAS）中的分词函数进行文本分词。该函数主要是通过层叠形马尔可夫模型实现，基于分层思想来保证分词的准确性和效果。

去停用词：首先构建通用词表，然后从数据库中读取已经分词后的微博，将每个词条和停用词表中的词条一一比对，若该词属于停用词表，则将其删除。

2.3.3 微博大数据的情感识别实验

（1）实验目的。

本实验主要让学生了解机器学习算法，掌握朴素贝叶斯算法分类的原理和步骤，同时掌握情感词典的使用原理，并熟悉 WEKA 等相关软件的使用。

（2）实验原理及方法。

情感分类主要包括两种方法，基于机器学习的方法和基于情感词典的方法。大量的研究表明机器学习方法里以朴素贝叶斯分类算法效果最好，基于情感词典方法的原理是通过将微博中每个词语赋予权重，并且假设情感值满足线性叠加原理；然后将句子进行分词，最后根据总权值的正负性来判断句子的情感。

（3）实验步骤。

基于机器学习方法。首先确定特征属性及划分；然后获取训练样本，并计算训练样本中每个类别的频率，同时计算每个类别条件下各个特征属性划分的频率；最后使用分类器进行鉴别。

基于情感词典方法。首先构建情感词典，识别出预处理后文本的情感词、否定词和程度副词；然后将情感词、否定副词和程度副词与数据库中情感词表、否定词表和程度副词表进行匹配，并赋予各部分相应的分值；最后计算原始样本集微文的分类值，按照分类值进行分类：若分类值大于 1，则为积极，若分类值小于 1，则为消极，反之则为中性。

2.3.4 基于微博大数据的营销实验

（1）实验目的。

本实验主要提升学生对数据挖掘方法的理解和掌握，使其能够灵活运用课程学过的数据获取和处理以及数据挖掘的方法，增强个人的数据收集处理能力，对网络数据进行分析和处理，并得出有价值的结论，从而设计合理的营销方案。

（2）实验原理及方法。

数据挖掘方法一般来说有四类：分类方法、聚类方法、关联规则以及预测方法。较为常用的分类方法为决策树、朴素贝叶斯、支持向量机等；聚类方法一般有系统聚类、k - means 聚类、两步聚类；关联规则主要运用 Apriori 算法、基于划分的算法、FP - Tree 频集算法；预测方法一般有 ARMA 模型、ARIMA 模型、GMDH 模型、AC 算法。本实验将上述方法与微博大数据结合，建立了融合设计性、创新性的实验框架。

（3）实验步骤。

在完成实验数据的获取、预处理和情感分析后，学生可以自行选择数据挖掘的方向和方法，并通过实验得到具有实际意义的结论。

2.4 实验样例

（1）基于微博大数据选择营销对象中的“意见领袖”。

意见领袖在社交网络的信息传播交流中具有显著的作用，目前越来越多的研究表明意见领袖在政治选举、突发事件传播、网络口碑效应等社会现象中具有重要作用。随着微博日益成为网络舆论阵地，研究微博等社交网络中的意见领袖对研究微博营销对象具有极大的意义。

首先本实验以某微博话题为关键词进行搜索，通过网络爬虫获取相关博文以及用户的信息，并对数据进行预处理；然后，运用聚类算法在用户中找出该话题下的意见领袖，并用词频统计以及 LDA 主题模型提取出意见领袖博文以及个人信息中的关键信息；最后，针对意见领袖制定相应的营销方案，以期达到更好的效果营销。技术路线图如图 1 所示。

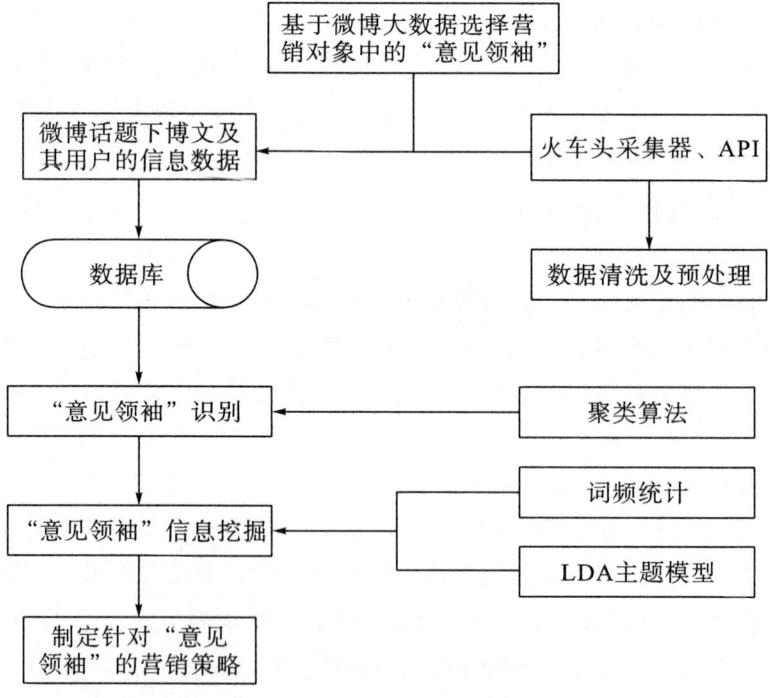

图 1　基于微博大数据选择营销对象中的“意见领袖”技术路线图

（2）基于微博大数据推荐营销内容。

通过对微博中用户个人信息的分析，可以向用户推送其感兴趣的营销内容，实现精准营销的目的，从而提升营销效果。

实验首先使用 K-means 文本聚类算法提取出用户关注的话题，然后使用因子分析法进行指标分析，构建用户影响力和博文影响力模型，再通过 RS 分值排名法和线性回归法确定用于博文影响力和用户影响力的参数值，最后提出基于 K-means 文本聚类算法的个性化营销内容推荐模型[13]。技术路线图如图 2 所示。

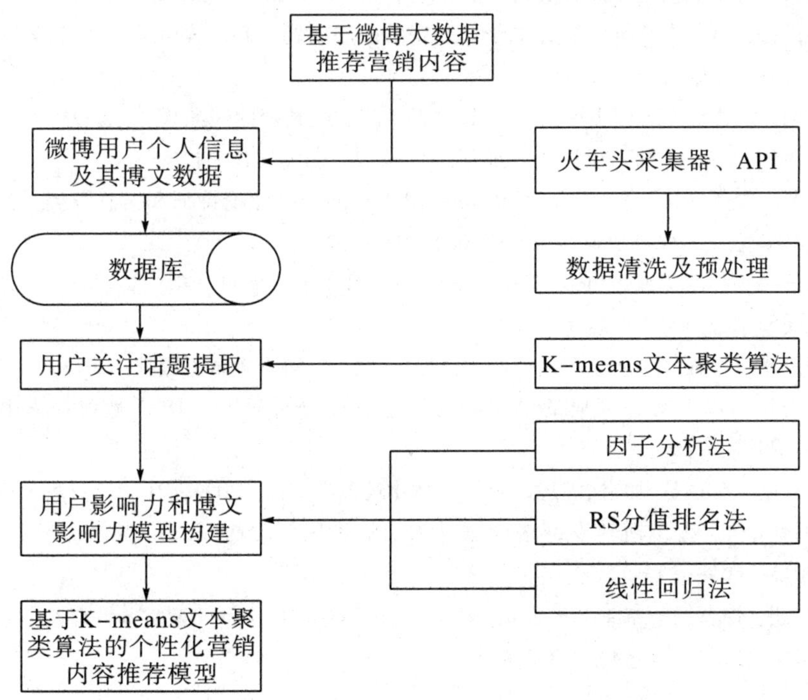

图 2　基于微博大数据推荐营销内容技术路线图

3　结语

文章基于大数据营销背景设计了满足当前社会需求的电子商务专业课程实验体系，其中包含大数据挖掘方法、原理、工具以及实际营销案例等，同时融入到商务智能课程、电子商务与网络营销课程中，完善了现有的学科教程体系，从而培养了学生大数据营销的理念、技巧和现实应用能力，使学生适应大数据营销环境，与时俱进，满足时代和社会的要求，与此同时，还需调动学生的积极性和创造性，强调理论知识与实践能力的结合，提高学生的知识综合运用能力，有效解决实际问题。除此之外，该实验体系的数据源以及内容还需要进一步的扩展，可以开展多源数据相结合的实验分析，同时不断丰富实验案例。

参考文献：

[1] 宁华．论电子商务实验课程体系构建 [J]．旅游学刊，2006，21（z1）：91－93.

[2] 江黎．高职院校电子商务实训体系建设探讨 [J]．知识经济，2015（13）：115－116.

[3] 王纪伟．试论大数据营销在电子商务中的应用问题 [J]．湖北函授大学学报，2015，28（18）：69－70.

[4] 王硕旺，洪成文．CDIO：美国麻省理工学院工程教育的经典模式——基于对 CDIO 课程大纲的解读 [J]．设计艺术研究，2009，28（4）：116－119.

[5] 张磊，李梦诗，陈黎，等．基于双层 HHMM 的产品评论特征和情感分类 [J]．四川大学学报（工程科学版），2013（02）：94－102.

[6] 李静梅，孙丽华，张巧荣，等．一种文本处理中的朴素贝叶斯分类器 [J]．哈尔滨工程大学学报，2003，24（1）：71－74.

[7] 张长水，杨强．机器学习及其应用 [M]．北京：清华大学出版社，2013.

[8] 陈晓东．基于情感词典的中文微博情感倾向分析研究 [D]．武汉：华中科技大学，2012.

[9] 郭秀娟．数据挖掘方法综述 [J]．吉林建筑大学学报，2004，21（1）：49－53.

[10] 何跃，熊涛．微博转发网络中意见领袖的识别与分析 [J]．现代情报图书技术，2013，(6)：55－62.

[11] 何跃，谭晋秀．基于 K－means 文本聚类的新浪微博个性化博文推荐研究 [J]．情报科学，2016，34（4）：74－79.

“人卫 3D 系统解剖”软件在教学中的运用①

董立华，陈 红，陆长青
四川大学基础与法医学院

人体解剖学是一门研究正常人体器官形态、结构的科学，属于形态学范畴，教学中的一个非常重要的工具就是图片、模型以及标本的使用[1]。几十年来，解剖学工作者对人体解剖学的教学进行着探索和改革，编写了大量的精美图谱，制作了精细仿真人体结构模型，课堂讲授方式也在随着教学辅助手段的改进而不断提高着[2]。所有的努力都在于力图不断提高解剖教学水平，以便更好地适应新时代的课程改革需要。人体解剖学的教学实施上还有许多改进的余地，还要不断努力，才能力争做得更好。

1 教学手段不断演变，数字解剖地位凸显

2000 年以前，系统解剖学的授课主要使用的是板书结合挂图的传统模式。这种教学方式存有诸多弊端，例如教学表述单一、课堂气氛死板、学生听课的积极性低；挂图内容受限，有些知识点不容易讲解清楚；课程进度慢，教学时数长等。

21 世纪起计算机被广泛使用，互联网高度普及，多媒体计算机在教学中的应用也越来越广泛，多媒体计算机辅助教学方法融入解剖学教学，PPT 成为解剖教学的主要方式。通过提纲挈领的文字，大量医学图片，动画链接等展示方式，丰富了教学内容、提高了老师的授课速度、增加了课程的生动性[3]。但是 PPT 中的图片为二维图片，有限的观察角度，使学生对一些解剖结构无法准确理解。教师在授课中的体会是费尽心思去寻找各种实物图、模式图，付出了大量的精力，但却没有达到预期的效果。

教学改革在不断深入，为了新学科、新理论的进一步发展，很多院校的人体解剖学的教学时数大幅度减少。如何既要保证解剖知识点不减少，教学效果不降低，又要必须面对学时不断被缩减？传统的教学手段极大限制了教师所传授的信息量，解剖学教师面临更大挑战，教学改革显得尤为重要。

---

① 支撑项目：2016 年度四川大学实验课程教学改革项目，项目编号：2016－183－141。

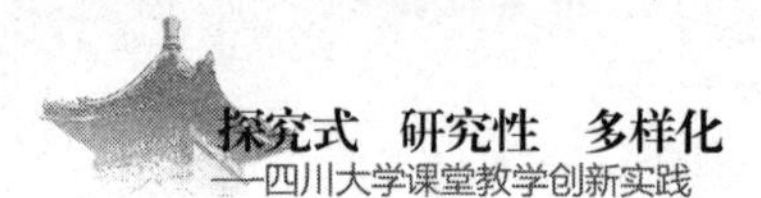

随着计算机科学和技术的快速发展，数字医学成为当代医学领域理论、知识、技术和方法创新最活跃、最具代表性的新兴学科。近年来数字解剖技术已经逐渐渗透进入解剖这一传统的学科，使得人体解剖学教学和科研的面貌正在发生重大变化[4,5]。在经历了长达五年的艰辛努力，由四川大学参与研发的"人卫3D系统解剖学"教学版软件在2015年完成了，随后相继完成了与之配套的"人卫3D系统解剖学"实验室版、移动终端版等系列软件。这套软件在制作过程中参考大量临床影像学资料、解剖学权威图谱、中国人体质调查，并结合相关文献数据，使用3DS Max等3D制作软件绘制成美术资料，再使用高精度贴图结合高精度模型，以更高要求的质感表现，最大程度还原人体结构本色，完成绘制3D解剖图，为解剖学的教学带来了全新的视觉效果，极大程度地提升了教学效果。

2 "人卫3D系统解剖"的简单介绍

"人卫3D系统解剖"是三维人体交互3D软件，按人体系统进行编排，编排顺序以及难易程度紧扣人卫"系统解剖学"教材。该软件功能强大，能够360°任意视角查看，一键实现正面观、上面观、下面观、后面观、侧面观之间的切换；彩块、透明、隐藏、切换等功能可以清楚展示器官的结构位置、形态，以及与周围结构的毗邻关系，当前器官在人体中的位置；涂鸦、笔记、内置图片等功能，可以按照授课老师的需要做调整。该软件内容非常全面，细节逼真准确，文字注解详细，并且配有动画视频，使得教学效果最大限度地优化。

3 "人卫3D系统解剖"的课堂使用

自2014年春季学期起，我们每年两学期，选取四川大学小班化课堂班级，对大一新生进行授课使用。

课前准备：将教学大纲、授课内容、学习要求、授课老师的PPT教案在课前发给学生，要求学生在上课前完成课程的学习，提出疑问，老师收集学生的问题。

课堂使用：在课堂教学中使用"人卫3D系统解剖"（教学版）软件，对于学生能够课前通过自主学习掌握的知识点，老师概括总结；对于3D显示效果明显优于2D图片的部分知识，老师做展示，加强学生的认识；对于学生提出的难点知识，作为老师的重点讲述内容，3D 充分展示，并根据需要添加图片、动画视频显示，最大程度地满足授课老师讲解需要。由于学生课前的充分准备，上课模式的改变，老师可以抽出更多的时间去结合相关知识进行知识拓展，丰富学生的认识和对基本知识的深入理解。整个教学过程，保持师生互动，学生随时提问，随时发现学生的疑问，随时解答。教学主体由老师转变为学生，学生的学习积极性被充分调动起来了。

课后总结：要求学生对本章节知识做出概括总结，对知识的理解进一步完善。老师通过该软件的考核功能及时检测学生的掌握情况，并对软件自身的不足之处做出总结，提出修改完善建议。

心得体会：在教学中使用该教学软件，逼真展示所要讲解的知识点，在授课过程中使用触摸屏幕操作，使得老师讲解轻松自如，学生更易于理解和掌握人体形态结构的基本知识，将抽象的内容变得形象、具体、直观。从不同角度观察器官，讲授效率大幅度提高，大大节省了时间，使得教学还可以结合其他相关课程进行知识延伸和拓展。有利于培养学生的综合分析能力，还能够提高学生学习的兴趣和主动性，使学生对深层知识的探索意识增强，为进入临床打下坚实的基础。学生满意度调查显示该软件非常受学生喜爱，对重点、难点知识的理解更为深刻，对解剖学结构的掌握也变得轻松，学习显得不再枯燥。

4　搭建解剖数字化教学平台

团队同时完成了人卫系统解剖学慕课、解剖操作视频的录制，解剖题库的收集和整理，整合了多种优良资源，具有制作教学视频、微课程的能力，还可以与交叉学科合作完成动画、结构思维展示。可以作为一个高水平的数字化（实验）教学平台。

利用软件对教学内容进行系统性、精品化、碎片化的微课程设计，并制作系统解剖学 MOOC，开设在线“人体（系统）解剖学”课程，学生免费注册学习、互动答疑、分享讨论、完成作业等。通过使用 3D 解剖学软件设计出多种学习检测题型，如选择、标注、画图、是非等，学生可以完成自我检测。通过丰富完善的教学资源建设，实现线上与线下、课堂内与课堂外的互动，推动“以学为中心”的教学改革。

学生在解剖学课程学习中，将尸体标本与该数字平台充分结合使用，以人体器官或局部为单位，引导学生进行形态与功能相结合的深入研究，帮助学生以生动的数字化效果呈现出人体结构所涉及的医学知识，学生的成果除通过平台展示外，还可通过互联网向众多的人群进行医学知识的普及，让学生从解剖学实践中提升自己的能力。

该项目通过数字化解剖学教学（实验）平台的建设，将数字化教材、MOOC 以及数字化实验室应用于教学实践中，面向每年近 800 医学本科生开放，充分调动学生的学习能力。随着数字解剖学在解剖学教学中的应用不断深入，必将推动这门古老传统的学科迈进数字化时代。

5　教学效果对比

2015 年春—2017 年秋在本科教学中部分班级使用了该软件进行教学，以是否使用软件教学分为实验班和对照班，实验班采用软件教学，使用多种教学方法，对照班采用以 PPT 为主的教学方法，两班的课时总数是相同的。在课堂教学过程中安排两次课堂测验、一次期中测验和最后期末考核（标本考核＋期末笔试），共 4 次成绩求平均值做对比，评价教学效果。每个学期结束后进行成绩对比分析，实验班明显高于对照班。

6　未来与展望

该软件将配套完成及出版“人卫 3D 系统解剖”（实验室版）、“人卫 3D 系统解剖”（移动版），这样学生进入实验室可以更清楚所要观察的内容，结合软件提示在实体标本上指认，会极大地加深学生的理解，增强学生的记忆。同时移动版的推出，学生可以下载在手机上，随时随地观看学习，有效利用好课堂外的碎片时间，针对性地完成好课前预习，使得老师上课对基本内容的讲解更轻松，挤出更多的时间来讲解重难点知识内容，课后及时整理复习。该教学系列软件还会配套网站建设，学生可以网上提问，老师以及学生之间相互讨论答疑，老师还可以组织多种类型的练习题目，完成知识拓展，问题讨论。

总之这样的教学软件的使用既可以更好地延续传统教学的精华，又注重了学生适用性原则，力求拓宽视野以达到提高教学水平的目的。通过一个学期的使用学习，教学效果得到了师生一致好评，同时在使用过程中也发现教材还存在一些不足，相信在制作团队的不断努力下，这套教学软件会更加完善，终将建立一整套先进的全面的解剖学教学体系，对解剖教学水平的提高起到巨大的推动作用。

参考文献：

[1] 教育部高教司，高教学会医教专业委员会．中国高等医药教育课程指南［M］．北京：北京大学医学出版社，2004.

[2] 柏树令，王军．解剖学教学改革面临的挑战与对策［J］．解剖学杂志，2006，29（1）：130－132.

[3] 邢雪松，吕威力．解剖学理论课中应用多媒体教学的几点体会［J］．山西医科大学学报（基础医学教育版），2005，7（2）：121－122.

[4] 钟世镇，原林，黄文华．数字人和数字解剖学［M］．济南：山东科学技术出版社，2004.

[5] 张绍祥．数字化人体与数字医学的研究概况及发展趋势［J］．第三军医大学学报，2009，31（1）：01－02.

3D打印技术在口腔修复学实验教学中的应用

王　剑，胡杉杉，秦　汉，蔡　和，张　鑫，董星彤
四川大学华西口腔医学院修复科

摘　要：3D打印技术作为快速成型领域的一种新兴技术，正受到越来越广泛的关注。在口腔修复学领域，3D打印技术可以实现义齿制作的自动化生产，具有广阔的发展前景，但其在教学领域中仍然处于探索阶段。本文阐述了我院开展的将3D打印技术应用于口腔修复学实验课教学的设计和实施过程，然后通过课堂测试和问卷调查的方式，探讨其口腔修复实验教学中的优势。实验结果表明采用3D打印教学方法后，实验组学生不仅课堂测试分数明显高于对照组学生，学生自评和教师评分结果也均显著高于对照组学生。因此，将3D打印技术运用于口腔修复学实验教学中，不仅可以使抽象隐形的专业课知识变得更加形象直观，还可以让学生了解数字化修复的流程，直观地利用3D打印技术来制作义齿，掌握最新义齿制作理念和技术，保持实验教学与临床的全面接轨，实现理论学习到临床实习之间的顺利过渡。

关键词：3D打印　教学　口腔修复学

3D打印（3D printing）又称为增材制造（additive manufacturing，AM），是快速成型技术（rapid prototyping，RP）之一，是一种以数字模型文件为基础，运用粉末状金属或塑料等可黏合材料，通过3D打印机以逐层打印的方式来生成三维实体的技术[1]。该技术已广泛地应用于工业、医疗行业、建筑业、汽车制造业、航空航天、食品、军事等行业[2-4]。在口腔修复学领域，3D打印技术的应用越来越广泛，能涉及各种修复方式[5-7]。现有技术不仅可以利用激光精确快速地打印可摘局部义齿支架纯金属底冠，还可利用逆向工程技术和3D打印技术制作出个性化的桩核[8,9]。通过CBCT的放射学参数及术前软件设计信息，还可以快速地制作出协助种植体精确定位的种植导板[10,11]。

随着3D打印技术的发展，其在教育领域中的应用也受到了研究者的普遍关注。新媒体联盟（New Media Consortium，NMC）在2013年地平线报告中提出，3D打印是未来四到五年值得关注的新技术，将带来教学、学习和研究领域的创新。3D打印应用于教学将有助于提高学习者的动手能力、学习积极性和创新性。在国外，3D打印机有的已经走进了教室，应用于课堂教学[12]。在国内，3D打印也开始进行了初步的教学探索[13]。然而目前3D打印技术在高

校口腔医学实验教学中仍是一片空白，加之其具有知识面广、学科交叉、综合性与实践性强，及多学科交叉的特点，对学生相关基础知识的掌握程度、创新能力、空间思维能力和实践动手能力均有较高要求，学生仅仅通过少量的理论学习无法深入理解3D打印技术。针对该问题，我院在口腔修复学实验课教学中加设了3D打印技术训练课程，让学生能直观地利用3D打印技术来制作义齿，旨在探索其对教学的影响。

1　3D打印技术在口腔修复学实验课教学的应用

1.1　分组

以本院2011级七、八年制学生60人为研究对象，七年制30名学生采用传统教学模式，八年制30名学生采用3D打印教学方法。带教老师均由同一批老师担任，并经集体备课及3D打印模型教学方法培训后进行教学。

1.2　传统教学模式组教学方法

七年制30名学生由带教老师介绍3D打印概念、原理、特点与优势、在口腔修复学的应用现状等，并对3D打印的基本方法和步骤进行相应的讲解。然后由学生分为10人一组PPT讲解3D打印技术应用于口腔修复学的相关内容。

1.3　3D打印教学法组教学方法

对3D打印教学法组进行上述常规授课后，分为10人一组按如下步骤进行3D打印技术的实验教学。

1.3.1　模型扫描

针对目前3D打印在口腔修复临床中的应用现状，将3D打印实验教学分为金属底冠、桩核、可摘局部义齿支架、种植导板四个教学模块进行实验教学。以打印金属底冠为例，首先将预备好的离体牙模型进行光学印模的采集，通过激光扫描获得预备体的光学印模，然后在计算机中重建预备体的数字化三维模型。

1.3.2　设计修复体

利用专业设计软件对修复体进行数字化设计。此过程要求学生对每一类型的修复体有深刻的理解和认识，如在可摘局部义齿支架的实验教学中，学生需在扫描得到的特定的牙列缺损模型上进行支架的设计，包括固位体、连接体、支托、基托等的设计（图1），此过程不仅加深了学生对这一部分知识的掌握和认识，还通过讨论在设计过程中遇到的问题，使学生养成自主思考的能力，增加学生的学习兴趣。

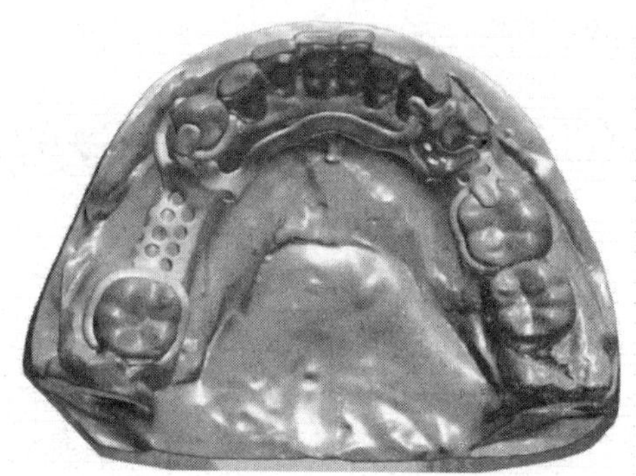

图1　可摘局部义齿支架设计示意图

1.3.3　导入数据，打印熔模

待设计好修复体后，将设计好的修复体数据导入3D打印机，打印出设计的修复体。最后再对打印出的修复体进行检查总结，找出存在的问题并讨论可能的原因。以打印底冠为例（图2），将打印好的树脂熔模戴入预备好的离体牙模型内，观察其是否能完全就位，是否与边缘密合；近远中触点是否紧密；与对颌牙模型咬合后高度是否合适等。然后针对试戴过程中出现的问题再进行分析讨论，找出问题所在并进行总结改正，为以后的操作提供参考。

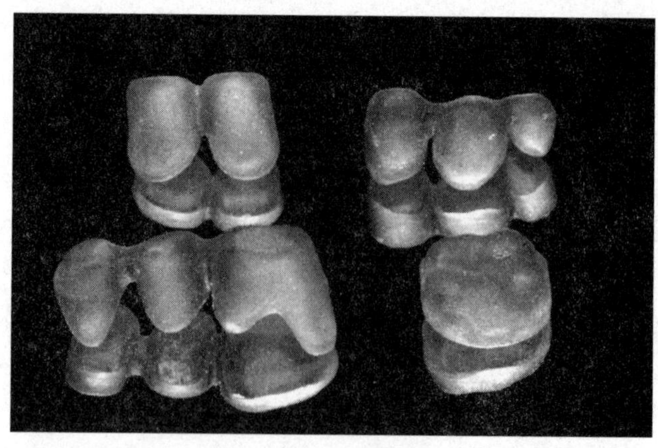

图2　打印的树脂熔模

1.3.4 教师总结和学生反馈

在学生制作完成和讨论结束以后，由带教老师对每组得到的修复体进行评价并提出修改意见。将所收集到的信息进行整理后，对教学过程中存在的问题进行一定的归纳讲解，并结合临床常见问题及相关知识进行全面与系统地总结。

1.4 教学效果评估

通过主管和客观两种形式进行评估。客观评估为在实验课后进行统一的课堂小测试，考察内容主要包括3D打印基础知识、3D打印在口腔修复中的应用以及3D打印数字化修复软件的相关知识，总计10分。主观评估采用调查问卷的形式，包括学生自评和临床实习后带教老师评分两部分，仍以10分为满分。学生自评包括学习兴趣、对数字化修复的理解程度、运用数字化设计软件的能力、对修复体设计软件的掌握程度。老师评价内容包括学生对数字化修复的理解程度和对修复体设计软件的掌握程度。

1.5 统计学方法

采用SPSS19.0进行数据整理和分析，组间比较采用配对样本t检验方法，$p<0.05$视为有统计学差异。

2 教学效果

统计结果显示，采用3D打印教学方法后，实验组学生不仅课堂测试分数明显高于对照组学生，学生自评和教师评分结果也显著高于对照组学生，且均有统计学意义（如表1所示）。

表1 两组学生教学评估分数统计表（$\bar{x} \pm s$）

评估内容		3D打印教学法组	传统教学法组
理论测试		9.28±1.50	7.45±1.08
学生自评	学习兴趣	8.86±1.69	6.12±1.38
	对数字化修复的理解程度	8.45±1.03	6.68±1.27
	运用数字化设计软件的能力	8.97±1.96	6.54±1.06
	对修复体设计软件的掌握程度	8.32±1.37	6.04±1.78

续表

评估内容		3D 打印教学法组	传统教学法组
教师评价	对数字化修复的理解程度	8.28 ± 0.98	6.45 ± 1.06
	对修复体设计软件的掌握程度	8.30 ± 1.68	6.73 ± 1.13

3 讨论

3D 打印技术在口腔修复领域中可以用于打印不同的修复体。计算机辅助设计与制造（CAD/CAM）依靠“减法”为原理，在制作过程中不仅会浪费掉将近 90% 的原料，也使得制作的修复体种类单一，而且不可以批量生产[14]。而 3D 打印技术是“加法”方式的快速成型技术，方便、快捷、操作简单，且能克服“减法”带来的缺点[15]。随着口内或模型光学扫描技术及 CAD 技术联合应用后，3D 打印技术在口腔修复的应用越来越广泛，能涉及各种修复方式。数字化采集信息结合 3D 打印的增材制作特点在制作义齿的过程中相对于传统制作具备显著优势，是口腔修复学发展的一个趋势，目前口腔修复临床制作的修复体已经越来越多使用 3D 打印技术进行制作。因此，在口腔修复学实验课教学中引入 3D 打印教学内容，可以让学生在临床前充分了解和接触 3D 打印技术，并参与 3D 打印修复体的制作，从而让学生掌握口腔修复学的前沿技术和发展趋势。

本院将 3D 打印技术应用于口腔修复实验教学中，针对目前 3D 打印在口腔修复临床上的应用现状，将 3D 打印实验教学分为金属底冠、桩核、可摘局部义齿支架、种植导板四个教学模块进行实验教学。让学生亲自参与 3D 打印技术从修复体扫描、设计到打印的全过程，使学生更加直观形象地了解每一种修复方式的概念、原理、设计，从而更好地掌握教学内容。最后的评估结果表明，将 3D 打印技术运用于口腔修复教学中后，实验组学生不仅课堂测试分数明显高于对照组学生，在学习兴趣、对数字化修复的理解程度、运用数字化设计软件的能力、对修复体设计软件的掌握程度等方面也显著高于对照组学生。

将 3D 打印技术运用于口腔修复教学，有其独特优势。在口腔修复学教学中，学生普遍反映口腔修复学晦涩难懂，而 3D 打印技术的直观性特征恰好可以使该学科大量的抽象隐性知识变得更加形象直观，使教学内容和教学过程变得更加简单，从而使学生对新知识的思路更加清晰，提高学生的逻辑思维能力和理解能力，提高课堂教学效率。另外，3D 打印技术是一种集多领域知识于一体的技术形式，它要求学生综合学习机械设计、计算机技术、控制技术、光学技术、材料科学等多种新兴技术，具有很高的科技含量[16,17]。通过开展3D打印技术的实验教学，可使学生加强多领域知识的学习与融合，同时让学生了解前沿技术的发展和应用、对口腔修复义齿的设计、加工制作过程有更全面的认识，还可以提高学习者的动手能力和参与能力，激发学习者的学习积极性，提高学生的综合技能。

然而目前3D打印仍存在一些缺点与不足。首先，由于3D打印软硬件环境配备代价高昂，需要耗费大量资金，因而3D打印的普及与推广仍存在问题。其次，带教老师在3D打印的教学中起着至关重要的作用。一方面，教师自身是3D打印技术的传授者，要将这一门先进的数字化技术讲授给学生，其自身也必须很好地掌握这一门技术。另一方面，教师要进行3D打印课程的教学设计，帮助和引导学生展开学习活动。因此，这对带教老师提出了更高层次的要求，需要他们从技术和教学设计等层面进行学习和提高，以做好领路人的角色。第三，作为一种新的授课方式，本院选取教学用模型和相关病例尚需进一步完善，未来可结合实际教学需求将相关模型和病例资料综合整理，形成系统教材，力求在合理、科学的基础上充分发挥该教学手段的优势。我国在3D打印技术的培训与推广方面，与其他国家相比还有差距，需要进一步推动新技术的学习，这需要教育行政部门、企业和学校共同努力。

综上所述，3D打印技术以其独特的优势广泛应用于诸多领域，该技术也将在教育领域发挥积极的作用。而将3D打印技术应用于口腔修复教学，使教学与临床接轨，不仅能加强学生的科学思维能力、自学能力和动手能力，还可以为即将进入临床实习阶段的口腔医学生提供更为真实、直观的教学环境，缩小实验室教学和临床实际工作之间的差距，为之后的临床实习和工作打下良好的技术及心理基础。然而，在建设3D打印教学体系过程中，需要多方协调和政策的支持，才能形成良好的教学和研究的氛围。未来3D打印技术在教学领域势必会得到更进一步地深入和发展，并以其独特的方式影响人们生活的方方面面。

参考文献：

[1] Benjamin LS. The evolution of multiplanar diagnostic imaging: predictable transfer of preoperative analysis to the surgical site [J]. J Oral Implantol, 2002, 28 (3): 135-144.

[2] 王忠宏，李扬帆，张曼茵. 中国3D打印产业的现状及发展思路 [J]. 经济纵横，

2013，1（1）：90－93.

[3] 王众．无所不能的3D打印［J］．世界博览，2012（19）：48－51.

[4] Rengier F，Mehndiratta A，von Tengg－Kobligk H，et al. 3D printing based on imaging data：review of medical applications［J］. Int J Comput Assist Radiol Surg，2010，5（4）：335－341.

[5] 郑韵哲，吴琳，王勇．计算机辅助制作技术在口腔修复领域的应用［J］．国际口腔医学杂志，2008，35（6）：704－708.

[6] 杜永涛，王晓影，张聪，等．3D打印技术在全瓷冠修复中的应用［J］．哈尔滨医科大学学报，2015，49（1）：76－79.

[7] Bilgin MS，Erdem A，Aglarci OS，et al. Fabricating complete dentures with CAD/CAM and RP technologies［J］. J Prosthodont，2015，24（7）：576－579.

[8] 王晓波，高勃，孙应明，等．激光立体成形技术制备纯钛全冠的初步研究［J］．实用口腔医学杂志，2009，25（3）：315－318.

[9] 王忠东．应用反求工程和快速成型技术制作个体化桩核的研究［D］．广州：中山大学，2007.

[10] 莫晖，莫业跃，庄秀妹，等．基于3D打印技术新型金属镂空式种植外科导板的临床应用［J］．中华口腔医学研究志，2014，8（2）：128－133.

[11] Flügge TV，Nelson K，Schmelzeisen R. Three－dimensional plotting and printing of an implant drilling guide：simplifying guided implant surgery［J］. J Oral Maxillofac Surg，2013，71（8）：1340－1346.

[12] Parashar V，Whaites E，Monsour P，et al. Cone beam computed tomography in dental education：A survey of US，UK，and Australian dental schools［J］. J Dent Educ，2012，76（11）：1443－1447.

[13] 牛一帆．3D打印在教学中的应用研究［J］．塑料包装，2015，25（1）：35－39.

[14] 孙凤，牛文芝．CAD/CAM全瓷冠临床应用研究进展［J］．口腔颌面修复学杂志，2008，9（3）：232－234.

[15] Strub JR，Rekow ED，Witkowski S. Computer－aided design and fabrication of dental restorations：current systems and future possibilities［J］. J A m Dent Assoc，2006，137（9）：1289－1296.

[16] Derby B. Printing and prototyping of tissues and scaffolds［J］. Science，2012，338（6109）：921－926.

[17] 王富友，任翔，杨柳．3D打印技术在关节外科的应用［J］．中国修复重建外科杂志，2014，28（3）：272－275.

CBL 教学法结合数字化技术在口腔种植实验课程中的应用①

马全诠，蔡潇潇

四川大学华西口腔医学院

摘　要：［目的］探讨“以病例为引导的教学法”（CBL）结合数字化技术在口腔种植实习课程中的应用效果及应用前景。［方法］以临床典型病例为模板，在教师的引导下，学生分组讨论对病例进行治疗方案的设计，并借助数字化手段对病例进行种植外科设计，经过教师修正后在仿头模内完成模拟手术，以及种植修复的操作过程。达到培养和锻炼学生发现问题、分析问题和解决问题的能力的目的。最终以问卷调查的形式进行数据的采集和分析。［结果］92.6%的学生认为此教学法对临床思路和操作非常有帮助；94.4%的学生认为实验课有助于加深对口腔种植学科的理解；94.4%的学生认为此教学方法安排合理。［结论］CBL 教学法结合数字化技术促进了学生自主学习的积极性，有助于学生做到理论联系实际，为学生走向临床打下了良好的基础。

关键词：口腔种植学　教育教学改革　CBL 教学法　数字化技术

1　研究背景

CBL（case - based learning，CBL），以病例为引导的教学法，是与“以问题为引导的教学法”（problem - based learning，PBL）联系极为密切的教学方法。[1]其核心是“以病例为先导，以问题为基础，以学生为主体，以教师为主导”的小组讨论式教学。[2]CBL 教学法从典型病例出发，在教师的引导和设计下，学生分组针对病例进行分析，通过自主查询资料，可以提高学生分析、解决实际问题的能力，更好地巩固理论知识，提高积极性。

口腔种植学融合了颌面外科、口腔修复学、口腔牙周学等多个学科的知识背景，是一门综合性较强、发展势头迅猛的年轻学科。[3]它的出现丰富并改进了口腔医学中缺失牙的修复方式，为患者提供了更多的选择。[4]自口腔种植学部分进入本科生教育以来，如何教导学生掌握种植治疗的基本原则、适应证、

① 本项目受四川大学实验教改项目资助。

禁忌证及基本操作成为口腔种植学专业发展的重点。现行口腔种植学实验课程主要是通过在体外标准石膏模型上使用种植系统工具盒器械预备种植窝洞，并植入种植体的操作过程，让学生了解口腔种植的基本原理。然而，传统的实验课程仅仅专注在种植外科操作的部分，难以结合理论，达不到加深对理论知识体会应用的目的；体外操作视野清晰，与临床实际不符，学生难以直接走向临床；操作过程单一，学生参与度较差；操作方法较为老旧，与数字化快速发展的信息化时代脱节较大。针对现状，我们提出以 CBL 教学法教学，并辅以数字化技术的方法展开口腔种植实验课的教学，以期达到提高和发挥口腔种植学教学的作用，使学生能将书本与实际相结合，加深对所学知识的理解，将专业教育与临床实际更好地联系在一起，提高学生在毕业后的就业适应能力的目的。

2 资料和方法

2.1 经典病例的挑选和编写

从我院种植科收集和筛选单颗牙缺失的简单病例，牙位为下颌第一磨牙，并采集患者的病史、口内照片、CBCT 数据及石膏模型。依据教学大纲要求学生掌握的知识点进行病例的合理撰写，以临床接诊、病史采集、口内检查及辅助检查、诊断及鉴别诊断、治疗计划的制定、治疗方案的设计、手术操作的准备和过程的思路、修复的过程及注意事项等为主线，模拟实际临床过程对病例进行编写，训练学生临床思维。同时联系社会热点，加入心理双轴诊断因素，提高学生的积极性和参与度。CBL 病例包括学生使用的简短版本和教师使用的完整版本。学生版仅包括简短病史、口内照片和 CBCT 截面；教师版包括完整的病史、病例资料并包括引导学生的提问（如患者还需要进行哪些检查、还有哪些修复方式等）。

2.2 实验课程的准备

带教老师挑选编写完成的 CBL 病例，对学生进行分组，分为 3 ~ 4 人的小组。提前准备参考材料（书籍、文献、网课等）、病例的石膏模型、CBCT 数据、口内照片、简要病史等，根据临床诊疗过程设计问题，引导学生进行讨论思考。同时准备模拟种植外科植入过程的种植手术工具盒、种植体、种植修复工具盒、种植修复取模工具等操作课中涉及的工具。同时，提前将病例的

CBCT，模型扫描数据导入计算机设计软件。在实验课1周前理论课后发布CBL病例，学生依据分组挑选感兴趣的病例，分组查阅参考文献及网络公共课程，设计治疗方案并撰写病历。

2.3 教学过程

实验课程分为三部分，包括CBL病例讨论和数字化种植方案的设计；种植外科模拟手术；种植修复过程模拟。

2.3.1 CBL病例讨论和数字化种植方案的设计

学生在课前提交挑选病例的治疗方案及病历，带教老师进行初步阅览，了解学生存在的问题以更好地进行引导。课堂上学生以分组形式，进行简短的病史汇报，老师进行提问，引导学生沿着临床思维模式进行分析，诱导学生根据临床经验和知识点进行逻辑推理，提出合理的治疗方案，最终由老师进行总结和点评。

完成治疗方案设计后，进入计算机模拟手术阶段。结合华西口腔教学实验中心已有硬件条件，学生在教师指导下，根据理论课程讲解的种植治疗的原则（如种植体距天然牙距离至少1.5mm，两枚种植体之间距离至少3mm，种植体周围骨厚度至少1mm）在计算机软件上进行种植体近远中、颊舌向、冠根向的三维位置以及轴向的设计，并进行虚拟手术。教师在学生设计种植体位置和轴向过程中给予评价及修改。

完成这一阶段教学后，学生将了解种植临床接诊和诊疗程序，并基本掌握种植治疗的原则、适应证、禁忌证，以及如何正确设计种植体的三维位置和轴向。

2.3.2 种植外科模拟手术

完成模拟手术后，学生观看录像和带教老师示教，随后学生再在仿头模内石膏模型中进行种植体植入的实际操作。在这一阶段中，结合华西口腔种植科室及教学实验中心的已有硬件条件，让学生认识种植手术中常用器械以及常用种植体系统配套工具。然后使用种植手术工具完成定点，预备种植体窝洞，逐步扩大种植体窝洞，颈部成型，攻丝等一系列种植体植入操作，让学生实际地感受和掌握种植治疗的过程。完成过程中由带教老师进行纠正，操作完成后带教老师对学生的植入过程及结果进行打分。

在评价全体学生的操作过程后，带教老师进行总结，对操作过程中学生出现的问题进行梳理，并介绍临床上实际出现的问题和解决方案。课后，提供种

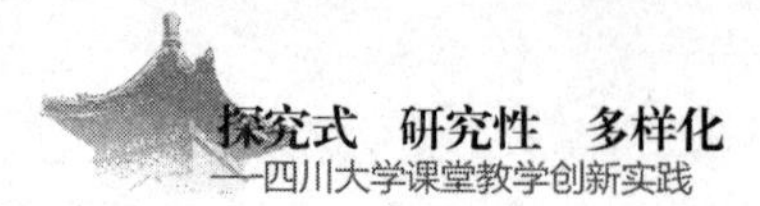

植修复过程的参考资料，使学生能够依据自己植入的种植体位置轴向对修复过程进行设计。

2.3.3　种植修复过程模拟

修复过程实验课程上，学生以分组汇报形式，对修复过程的步骤和可能出现的问题及解决方案进行汇报，在带教老师进行总结和修改后进入操作过程。

观看录像后，学生在仿头模上进行种植体印模的制取，牙龈树脂的制作，模型的灌制。并在模型上根据自己植入的植体位置和深度选择适合的基台，完成修复过程的模拟。

经过实验课程后，能够让学生实现术前虚拟分析与术中实际操作的结合。解决了以往的口腔种植实验课在标准石膏模型上进行种植窝洞预备，不能有效且个性化地模拟口腔邻牙存在情况下的真实术前设计的缺点。通过在实验课程中贯彻 CBL 病例，能够让学生在情景中学习，提高学生的积极性；通过自主学习，学生能够更加积极地查询背景知识，提高学生分组学习和自主学习的能力；通过“从一而终”的教学过程，能够让学生了解在操作中出现失误后应该如何调整和弥补，为学生最终走向临床打下良好基础。

2.4　评价反馈

通过问卷调查的方式了解学生的意见和学习情况。实验课后 1 周，在学生的微信群内发放问卷，以不记名的方式调查学生的满意度。问卷内容包括：课程是否能提高对口腔种植学的理解、课程安排是否合理、教师讲解是否简明、教师教学是否逻辑清晰、课程参与程度、是否能够提高临床诊疗思路、是否满意等。

3　结果

发放问卷共 57 份，回收 54 份，回收率达 94.7%。对 54 份问卷进行分析显示。94.4% 的学生认为实验课有助于加深对口腔种植学科的理解；94.4% 的学生认为此教学方法安排合理；92.6% 的学生认为课程逻辑清晰；94.4% 的学生认为参与度较高；92.6% 的学生认为对临床思路和操作非常有帮助。

4 讨论

随着信息化时代的来临，传统的教学方法难以满足现代高等教育的教学需要。尤其在医学教学中，传统的“以授课为基础”（lecture - based learning，LBL）教学法，难以调动学生的积极性，教学内容枯燥、单调、针对性差，难以实现理论联系临床的教育目标。[5] CBL 教学法在学习的过程中，由老师提供编写完善的经典的病例，学生分组进行自主学习，运用理论课学习到的知识结合老师提供的参考资料，在透彻的了解病例目标后进行诊断和设计，在过程中发现问题并通过自主查询资料解决问题，最终在教师的引导下形成临床思维。通过 CBL 经典案例的学习，能够提高学生学习的主动性、增强学生自主学习、独立思考能力，发现问题和解决问题的能力和分组讨论的能力。在课前学习的过程中，学生学习参考资料，复习专业理论，将学习知识的过程放在课程前，以达到“翻转课堂”（Flipped classroom）的目的，有效利用课堂时间，答疑解惑。[6] 相对于 PBL 教学法，CBL 教学更强调教师的主持作用。[7] 教师在课前对 CBL 病例按照临床逻辑进行重新编写，在课堂上诱导学生进行思考，防止学生思维太过发散而忽略基础问题，避免时间浪费。通过教师的引导，学生逐步形成临床思维，起到“授之以渔”的教学效果。在课堂的最后，教师对课堂中学生出现的问题进行总结，并提出临床上的解决方案和技巧，能够帮助学生更好地适应临床，快速地积累临床技巧。

口腔种植学融合了口腔外科、口腔修复、牙周等多学科的知识，我院口腔种植学主要面向长学制学生和研究生同学，选修本课程的学生普遍具有一定的临床思维和学习背景，具有独立思考的能力。通过 CBL 教学法，大部分学生在课堂上思维更加活跃，课堂氛围轻松，效果显著。

在口腔种植实验课中，我们同时将数字化发展前沿作为一种教学手段，使学生们能够在邻近不同重要解剖结构、不同骨量的种植位点、在不同骨质条件的种植位点数字化设计种植体的植入位置，在计算机软件上进行种植体模拟设计和植入。在模拟手术过程后，在仿头模上按照设计位置和方案进行种植模拟外科和种植修复阶段的模拟。解决了原实验课程体外模型代表性差，种植体系统不全面，落后于现今种植手段的发展的缺点。达到了加深学生对种植外科手术设计的理解，提高实际操作能力。

通过我们的探索，我们认为 CBL 教学法结合数字化技术有助于提高和发挥口腔种植学教学的作用，使学生能将书本与实际相结合，加深对所学知识的理解，将专业教育与临床实际更好地联系在一起，促进了学生自主学习的积极性，有助于学生做到理论联系实际，有利于提高口腔专业学生在种植学方面的实际操作能力，提高学生在毕业后的就业适应能力，为学生走向临床打下了良好的基础。

参考文献：

[1] Williams B. Case based learning——a review of the literature: is there scope for this educational paradigm in prehospital education? [J] Emergency medicine journal, 2005, 22 (8): 577 -581.

[2] 王君玲. PBL、CBL 与 TBL 整合式教学法在口腔临床实习中的应用 [J]. 中国继续医学教育, 2017, (03): 18 -20.

[3] 王方. “以病例为引导”的教学法在口腔种植学教学中的应用 [J]. 口腔颌面外科杂志, 2013, (04): 302 -304.

[4] 宫苹, 梁星. 陈安玉口腔种植学 [M]. 北京: 科技文献出版社, 2011.

[5] 于述伟. LBL、PBL、TBL 教学法在医学教学中的综合应用 [J]. 中国高等医学教育, 2011, (05): 100 -102.

[6] 张金磊. 翻转课堂教学模式研究 [J]. 远程教育杂志, 2012, (04): 46 -51.

[7] 李稻. 医学基础教育中 PBL 和 CBL 两种教学模式的实践与体会 [J]. 中国高等医学教育, 2010, (02): 108 -110.

对口腔颌面影像诊断教学辅助 App 改进的思考①

刘 莉，任家银，刘媛媛，游 梦，
唐 蓓，王 杨，王 虎，罗 恩
四川大学华西口腔医学院

摘 要：口腔颌面影像诊断学是一门实践性很强的应用学科，为不断提高教学质量培养优秀口腔医师，我们在教学中不断探索改革。在数字化信息时代来临背景下，四川大学华西口腔医学院放射教研室与四川大学计算机学院合作开发了基于 Android 系统的口腔颌面影像诊断教学辅助 App 并应用于实践，此次改革较好地调动了学生学习积极性，提高了教学效率。根据教学实践情况，为口腔颌面影像诊断教学辅助 App 未来进一步改进方向提供建议。

关键词：口腔颌面影像诊断学 App 教学改革 改进措施

口腔颌面影像诊断学是由口腔医学基础过渡到口腔医学临床的一门重要的桥梁课程[1]，在实际学习过程中，单纯的理论记忆在短时间内并不能建立有效的图像观察方法及辅助临床的实际诊断，学生需要利用课余时间通过大量的影像阅读，才能逐步提高诊断能力。随着数字信息技术和移动终端设备的不断发展，口腔颌面影像诊断教学早已从胶片时代全面进入数字化时代，四川大学华西口腔医学院放射教研室与四川大学计算机学院合作，开发了基于 Android 系统的口腔颌面影像诊断教学辅助 App[2]。App 依据口腔颌面影像诊断学教学大纲及进度内容，按病种、分章节进行系统设计，将病种的典型影像表现、诊断结果及病变部位等信息融合，突破了学习时间和地点的限制，学习方式更为灵活便捷。

1 对口腔颌面影像诊断教学辅助 App 使用现状的调查

为调查口腔颌面影像诊断教学辅助 App 使用现状，选取四川大学华西口腔医学院 2017—2018 年度秋季学期授课对象，随机抽取 50 名学生进行问卷调查。调查问卷共设置 10 个问题[3]：

---

① 本文系四川大学青年教师基金项目 2017SCU11005 的研究成果之一。

（1）你是否愿意在课余时间使用口腔颌面影像诊断教学辅助 App；

（2）你是否认为 App 对口腔颌面影像学习有帮助；

（3）你是否认为 App 提高了学习兴趣和主动性；

（4）你是否认为 App 能全面系统地指导观察口腔颌面影像；

（5）你是否认为 App 能利用碎片化时间帮助口腔颌面影像学习；

（6）你是否认为 App 直接标注诊断信息降低了独立思考能力；

（7）你是否认为 App 的影像数据量能满足学习需求；

（8）你是否认为 App 内应加入患者主诉、病史、临床检查、病理结果等综合信息辅助诊断；

（9）你是否认为 App 能增进与教师同学间的互动；

（10）你认为 App 在哪些方面还需要改进。

调查显示，80%以上的学生愿意在课余时间使用 App，认为 App 对口腔颌面影像学习有帮助，提高了学习兴趣、主动性和碎片化时间的利用，能全面系统地指导观察口腔颌面影像；约 60%的学生认为 App 直接标注诊断信息降低了独立思考能力；近 40%的学生认为 App 内应加入患者主诉、病史、临床检查、病理结果等综合信息辅助诊断；不足 30%的学生认为 App 的影像数据量能满足学习需求，能增进与教师同学间的互动；对于 App 还需改进方面，多数学生认为 App 在影像数据量和互动性上还需加强。

2 对口腔颌面影像诊断教学辅助 App 存在不足的分析

根据调查情况分析，多数学生愿意使用 App 辅助口腔颌面影像学习并认为提高了学习兴趣、主动性和碎片化时间的利用，说明 App 对口腔颌面影像诊断教学在一定程度上起到了积极作用。但由于口腔颌面影像诊断教学辅助 App 属于单机型应用程序，数据存储容量有限，脱离网络功能单一，目前只具有翻阅图片的功能，学习上缺乏互动性，限制了其在辅助教学中发挥更大作用。

更为关键的是，在口腔颌面影像诊断教学中，学生需要理解同一疾病在影像学中有多种表现形式，同一个影像特点在不同疾病中均可出现。在实际影像诊断过程中，面对各种情况的病人必须综合患者主诉、病史、临床检查、病理结果等信息，加强与临床医生的沟通，采取最为适宜的影像学检查方式，并最终依据影像报告提供的信息才有可能做出准确的分析[4]。但 App 目前还不具备上述方面的功能，在理论知识与实际运用结合上还需进一步加强，使口腔医学专业学生在课余时间通过口腔颌面影像诊断教学辅助 App 建立正确的诊断思路，提高实际诊断能力是我们需要重点解决的问题。

3 对口腔颌面影像诊断教学辅助 App 改进的思考

当前，无线通信技术和移动智能终端迅速发展，客户端服务器型移动学习平台成为主流，其 App 对终端要求更低，内容增减更快，互动体验更佳。口腔颌面影像诊断教学辅助 App 应尽快从单机型应用程序向客户端服务器型移动学习平台过渡，在数据对接、功能设计、互动体验等方面不断改进和发展。

3.1 实现 App 与 PACS 系统数据对接，扩大信息容量

图像存档和传输系统即 PACS 系统在临床上的应用，对医学图像信息进行数字化采集、存储、管理、传输和重现，极大地方便了影像的实验教学。2009年，四川大学华西口腔医院引入 PACS 系统，至今已运行数年，积累了庞大的影像数据，如果口腔颌面影像诊断教学辅助 App 在转型为客户端服务器型移动学习平台后，能够实现与 PACS 系统的数据对接，App 的影像信息量将得到实时地扩充，为口腔医学专业学生提供大量的影像学习案例。

3.2 加入 App 诊断评价功能，达到学以致用

目前，口腔颌面影像诊断教学辅助 App 直接标注诊断信息的功能，极大程度地降低了学生独立思考的能力，对提高实际诊断能力益处不大。辅助 App 的最终目的在于通过大量的、反复的影像学表现观察，提高鉴别疾病的能力。因此在下步 App 的改进中，应加入诊断评价功能，可以实现学生在移动终端上的模拟诊断，并将模拟诊断与医生实际诊断做对比，对其诊断要素做出相应的量化评价，记录评价结果并上传至 App 服务器，作为一定阶段对学生学习进度和质量的信息参考。

3.3 区分 App 终端类型设计，加强师生互动

将口腔颌面影像诊断教学辅助 App 终端类型区分教师和学生两种类型分别进行设计改进。学生类型客户端着重于进度设定、影像比对、模拟诊断、难点标注、在线提问、成绩显示等模块；教师类型客户端着重于学生学习情况的各种分类统计和在线解答等模块，便于教师根据学习情况及时调整授课进度及重难点内容，提高课堂教学效率。同时，通过在线问答的设计加强师生、同学

之间的互动，营造良好的学习氛围，帮助学生在课余时间学习仍然能够及时得到释疑解惑，提高学习质量。

参考文献：

[1] 马绪臣. 口腔颌面医学影像诊断学 [M]. 北京：人民卫生出版社，2012：1.

[2] 任家银，宋宇，刘媛媛. 结合手机 App 与局域网的教学在口腔颌面影像诊断教学改革中的应用 [J]. 高等教育发展研究，2017，34 (3)：26-28.

[3] 薛超然，胡杉杉，罗维佳. 口腔颌面放射影像标注互动交流资源库的建立 [J]. 华西口腔医学杂志，2013，31 (6)：574-577.

[4] 刘莉，刘媛媛，杨前美. 基于临床病例的口腔颌面影像教学改革与实践 [J]. 高等教育发展研究，2014，31 (2)：40-42.

即时反馈——数字化时代人工智能在口腔医学教学中的革新

徐林[1,2]，郑巧[1,2]，廖文[1,2]，江莲[3]，姚洋[1,2]

1 四川大学华西口腔医学院　2 口腔疾病研究国家重点实验室　3 四川大学华西临床医学院

摘　要：随着网络和数字化的发展，人工智能技术被越来越多地应用于各个领域，在高等教育中这一技术所扮演的重要角色正在引起广泛关注。在医学教育中，医学生进入临床前，必须要经过大量的临床前技能训练，尤其在以动手为主的外科医学中十分必要。而目前医学教育存在临床前实践缺乏即时反馈的问题，学生在训练过程中的错误不能被及时指出并得到改正，训练效率比较低下。为了使学生在临床前训练中得到即时反馈，提高教学质量，培养更高质量的人才，我们将人工智能技术引入到口腔种植手术培训中，建立“基于人工智能导航下精准种植实训系统”，此教育模式在精准医学时代背景下有着重大意义。

关键词：人工智能　精准种植　即时反馈　虚拟仿真　教学改革

高等教育的改革规划中提出，改革的根本目的是创新培养方式，调整课程的结构，目标是以先进的技术改善教育内容和教学体系[1][2]。随着信息科学的迅速发展，精准医学的不断推广，人工智能技术被广泛应用于疾病病理诊断、手术实时导航、医学图片处理和护理医学等医学领域中，并且取得了革命性的进步[3][4][5]。而将人工智能技术应用在医学教育中，也可以大大地提高医学教育质量，深化医学教育改革[6][7]。

在以动手能力为主的外科医学中，医学生的临床前培养除了理论知识的学习、操作技能的掌握以外，还应注重训练临床情境的真实重现，以及学生在训练过程中的实时反馈。为了解决目前普遍存在的训练过程中缺乏实时反馈，训练效率低下的问题，我们将人工智能在动作捕捉领域的新成果——人工智能种植导航仪运用到口腔医学生的临床前实训教学过程中。采用配备有种植导航技能训练设备的虚拟仿真教学方式，其核心设备是种植导航仪器及其操作系统。培养学生根据复制的临床病例完成在人工智能导航下的模拟种植手术，实现手术的精准操作。同时，在人工智能导航种植的辅助下，使学生得到计算机和教师的即时反馈，以期能使种植学的教学变得更加现代化、精确化、高效化。

1 改革的背景与必要性

人工智能这一概念出现在20世纪中叶，被人们称为世界的三大尖端科技之一。根据《2016年全球人工智能发展报告》显示，世界人工智能新增企业数量呈现逐年递增的趋势，特别是进入21世纪以来，人工智能企业的年增长量态势迅猛[3]。全球教育家在第201届世界医学会中交流医学教育改革经验时，达成了“医学教育改革要适应数字化医疗卫生保健的变化”的共识[8]。我国教育部印发的《教育信息化十年发展规划（2011—2020）》，也重点指出：“利用先进网络和信息技术，整合资源，构建先进、高效、实用的高等教育信息基础设施”，推进“实验教学平台等信息化建设”。通过计算机技术向学习者提供“自主、交互、开放”的虚拟仿真医学教育模式是国内外高等医学教育革新教学手段的普遍潮流，已成为现代教育技术应用的一大趋势[9]。不难看出，新技术的发展势头迅猛，教育改革势在必行，高校医学教育者要大胆创新，优选成熟、适合的技术融入于教育[7]。

随着社会的发展，人民对医疗的需求越来越大，新型治疗技术对医学人才的要求也越来越高。如果学生在实习过程中出现操作失误，可能导致不可挽回的严重后果。然而，实习生造成医疗事故的事件每年都在发生。因此医学生在进入临床实践前，必须通过大量模拟临床的操作演练来尽可能掌握临床操作技能，并且训练出清晰的临床思维。而目前口腔种植实训教学中，实训与临床进展较为脱节，传统的教学方法也缺少即时反馈，导致医学生严重缺乏模拟临床的练习机会和即时反馈[9]。

口腔人工智能种植导航仪通过对三维医学影像的虚拟可视化应用，结合精确的红外定位技术，实现手术器械、医学影像和人体空间位置的融合，从而达到精确的手术导航，能有效地提高种植精度，大幅度提高种植牙的远期成功率。

一方面，通过设计多种工具和量化手段，可在二维图像和三维重建图像中方便地选择、调整、微调牙冠和种植体与其他口腔组织的位置关系，尽可能地辅助医生根据病人的实际情况进行手术方案的规划。另一方面，手术过程中通过精确的红外光学追踪技术，控制手术的入口点、种植钻的轴向和种植钻尖端的深度信息来帮助医生尽可能地按照术前手术方案来进行实际操作。

虽然人工智能种植导航仪已经在临床进行医用，但是相关的临床前专业培训我国口腔院校尚缺乏足够重视，亟待开展。我们在教学实践中，前瞻性地采用配备有人工智能导航的种植技能训练设备让学生进行拟虚拟仿真临床训练。

学生在人工智能种植导航仪的辅助下，实现实景操作，而教师可通过电脑全程教学转播、指导、纠错和评分。学生可以得到计算机和教师的即时反馈。这种基于虚拟仿真的即时反馈教学方式，既能在不伤害患者的前提下，让学生最大限度地真实感受模拟临床场景，又能让师生及时发现并纠正操作错误。可以进行即时反馈的虚拟仿真实验室教学，既顺应了大数据时代背景下高等教育的发展趋势，也为学生提供了更多的锻炼机会，让学生在进入临床前做好更加充分的准备，是现代社会发展所必需的。为口腔种植教育的临床技能实训教学提供了一个新的教学模式，在中国口腔种植医学生教育史上将具有重要意义。

2 改革的具体内容

2.1 通过人工智能导航仪进行现场模拟临床教学

教师选取临床典型的种植病例将其数字化，加载到可以实现“即时反馈”的人工智能种植导航仪主机程序中，构建演示病例。一方面，老师可以使用此模块进行知识的讲解以及现场示教，使教学变得更生动，学生更直观多角度地掌握种植手术的切开、定点、钻孔、植入和缝合的正确步骤，以及错误操作带来的并发症，和头部危险解剖区域。另一方面，教师将手术步骤通过人工智能种植导航仪进行录像，学生可在课后通过观看教学录像随时进行复习，加深对手术操作步骤的理解与掌握。(图 1)

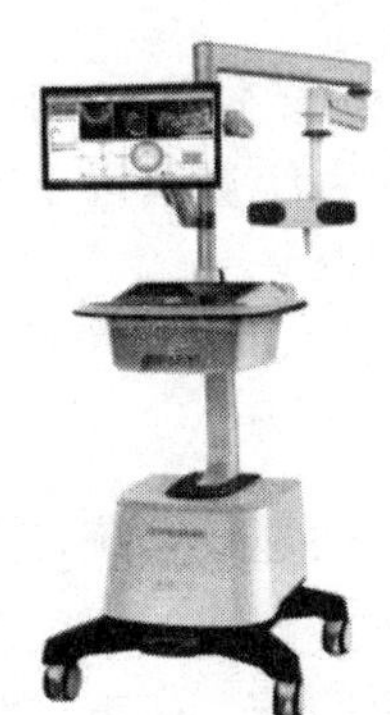

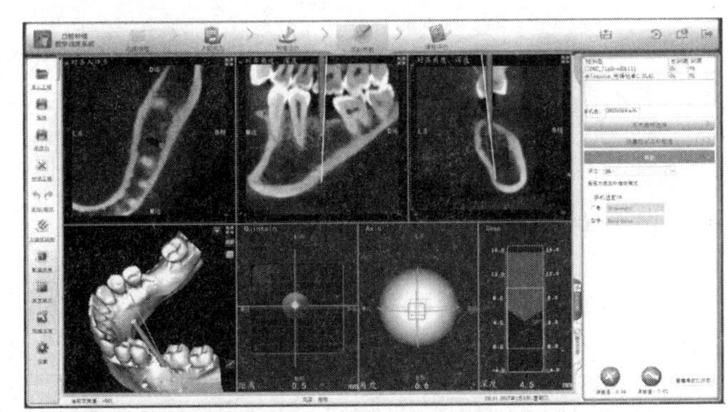

图 1　左为人工智能种植导航仪外观；右为操作屏幕上实时显示的植入点，种植角度，种植深度

2.2 “即时反馈”下种植精准植入手术训练

牙科仿头模教学人体模型与临床患者的实际情况非常接近（图2），在此人体模型口内中安装种植手术训练的口腔模型，构建拟临床病例[10]。让学生通过可“即时反馈”的人工智能种植导航仪进行种植操作。以人工智能导航仪为载体，教师提前设定容错阈值，并对学生实训过程进行录屏。学生按照临床种植步骤，进行数字化术前设计，在计算机实时导航下进行种植，在角度或深度有偏差的时候，计算机将发出报警，实时纠正学生。术后师生一起回看手术录像，检讨手术，提出意见。

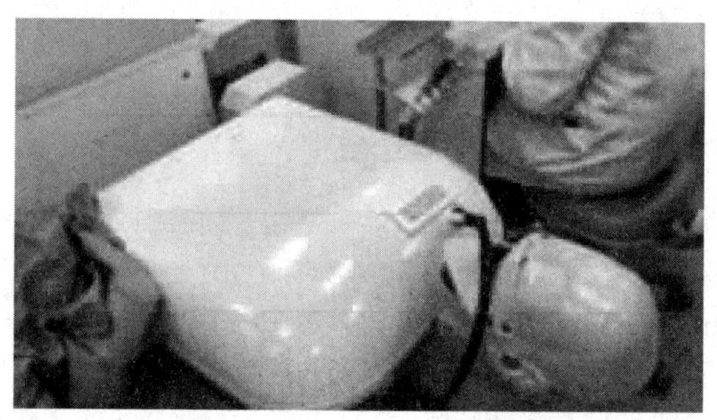

图2 牙科仿头模教学人体模型

2.3 结业考核

数字化种植病例的完成，包括：种植方案设计思路，种植手术 X－Y－Z 轴3个方向上的误差值，角度误差值，手术用时。教师提前对系统进行以上几方面的设置，在学生考试时，由系统对学生进行打分。

2.4 教学体系反馈

在人工智能的辅助下，对学生训练过程的长时间跟踪后，通过数据统计和计算分析，诊断学生存在的知识结构、能力水平、学习需求等多方面的现实差异，不仅可以使学生清楚看到自身的问题所在，以便及时做出调整，还可以帮助教师针对具体情况，调整教学目标、知识结构和重难点，更有针对性地改进教学内容与方式。

3 改革的优势

3.1 “即时反馈”提高学生训练质量

由于学生多老师少的普遍情况，目前学生在进行模拟操作练习过程中很少有机会能够得到老师的纠正点评，有些学生很难发现并改正自己的操作错误。一方面，通过人工智能导航系统，在操作有偏差的时候，计算机将发出报警，实时反馈纠正。另一方面，通过术时的录像，术后老师和学生可以一起观看录像，指出错误并提出意见，再次进行反馈。通过对学生训练的即时反馈，大大提高其训练质量。

3.2 丰富教学的手段

传统教学由于客观条件所限等因素，教学多采用老师示教讲解，然后学生按部就班地进行练习，缺乏丰富多样的教学方法和手段，难以保证学生对教学内容全面地理解掌握。[11]而老师通过人工智能种植导航仪现场教学示教并录像，使学生能多角度地去观看，身临其境，在模拟的环境下反复进行练习，显著提高教学质量。

3.3 提高考核的公平性

在临床技能考核中，需要体现公平和公正。在过去，各校的考核虽然都有较规范和客观的考核标准，但由于教师在把握考核标准方面以及考生考核内容等方面并不完全一样，使考试的结果存在一定的不公平性。而通过教师对系统的提前设置，由系统对学生进行评分，比以往传统的考试更具公平性。使用此系统进行考核，一方面可以充分体现公平性，另一方面可以大大减少教师的工作量。

3.4 提高教与学的有效性

有了人工智能的辅助，在对学生实训过程录制后，通过数据统计和计算分析，诊断学生存在的知识结构、操作水平、学习需求等多方面的现实差异，不仅可以使学生清楚看到自身的学习问题所在，以便于及时做出调整，还可以帮助教师针对具体情况，调整教学目标、知识结构和重难点，更有针对性地改进教学方法。在人工智能和大数据分析的共同支持下，教与学的针对性、有效性和科学性都得到大幅度的提高。

除此之外，“基于人工智能导航下精准种植实训系统”还具有可以反复使用，节约成本，规避现实危险，安全等优点。

4　结语

近年来信息技术的发展势头迅猛，传统教学模式弊端不断显露，教师应该从教育规律出发潜心研究，大胆创新，优选成熟、适合的技术融于教育。[12]新时代下，人工智能技术不断发展，医学教学工作中也越来越注重培养医学生的临床操作能力和教学质量的提高，仿真即时反馈医学教育模式应运而生。[13][14]基于人工智能导航下精准种植“即时反馈”实训教育方式具有创新性，先进性，专业性，是医学教育在大数据时代下的必然产物，值得在医学生的教育中推广，在我国口腔种植医学生教育史上将具有重要意义。

5　致谢

本课题是在四川大学教改项目：四川大学 2017 年实验技术立项基金（20170187：基于人工智能导航下口腔上颌窦提升技术实训系统的模块开发）的支持下进行的。所有作者没有利益冲突。

参考文献：

[1] 刘民，田娟，谢清平. 从相互依存视角看我国高等医学教育改革［J］. 西安电子科技大学学报（社会科学版），2017，27（3）：122－128.

[2] 丁亮. 数字化软件在室内设计教学中的应用［J］. 电子设计工程，2015，23（24）：175－178.

[3] 周婧，王晓楠. 人工智能时代信息技术教学模式探究［J］. 计算机教育，2017（12）：109－112.

[4] 何文喜，牛忠英，赵守亮. 关于提高口腔医学生临床工作能力的几点思考［J］. 牙体牙髓牙周病学杂志，2005（6）：358－359.

[5] 荆芒，刘云，张昕. 虚拟现实技术在医学领域的应用［J］. 智慧健康，2016，2（10）：46－49.

[6] 任银祥，王德贵，宋焱峰，景玉宏，刘向文，张朗，洪建平，尹洁. 数字化技术在人体解剖学教学中的应用［J］. 当代医学，2012，18（31）：162－163.

[7] 汪青. 跨世纪的医学教育：改革是永恒的主题［J］. 复旦教育论坛，2014，12（2）：

103－108.

[8] 孙宝志．参加201届世界医学会（莫斯科）各国交流医学教育改革经验的启示［J］．医学教育管理，2016，2（1）：371－374.

[9] 杨宇峰，徐娜，滕飞，王楠．临床技能虚拟仿真实训教学中心的建设与实践［J］．中国中医药现代远程教育，2016，14（18）：9－11.

[10] 周学东，张凌琳，叶玲，项涛，王亚．虚拟仿真技术在口腔医学教育领域的应用［J］．实验技术与管理，2014，31（5）：4－6，16.

[11] 王彦刚，刘卫平，韩福新，贺晓生．对我国高等医学教育改革的粗浅思考［J］．中华神经外科疾病研究杂志，2016，15（5）：437－439.

[12] 田继红，蒋岱．从虚拟现实（VR）发展看未来医学教育的变革［J］．中国管理信息化，2017，20（6）：209－210.

[13] 刘赟，齐建强，杨眉峰．临床技能教学运用虚拟仿真的思考［J］．光明中医，2017，32（13）：1981－1983.

[14] 焦金金，张建勋，马云伟，于越．信息技术支持下高等医学教育改革的策略研究——以天津中医药大学为例［J］．中国高等医学教育，2014（12）：28－30.